经济管理类课程教材

——金融系列

固定收益证券

第六版

类承曜 编著

GUDING SHOUYI ZHENGQUAN

FINANCE

中国人民大学出版社
·北京·

图书在版编目（CIP）数据

固定收益证券/类承曜编著. -- 6版. -- 北京：中国人民大学出版社，2022.7
经济管理类课程教材. 金融系列
ISBN 978-7-300-30505-9

Ⅰ.①固… Ⅱ.①类… Ⅲ.①固定收益证券-高等学校-教材 Ⅳ.①F830.91

中国版本图书馆 CIP 数据核字（2022）第 054065 号

经济管理类课程教材·金融系列
固定收益证券（第六版）
类承曜　编著
Guding Shouyi Zhengquan

出版发行	中国人民大学出版社		
社　　址	北京中关村大街 31 号	**邮政编码**	100080
电　　话	010－62511242（总编室）		010－62511770（质管部）
	010－82501766（邮购部）		010－62514148（门市部）
	010－62511173（发行公司）		010－62515275（盗版举报）
网　　址	http://www.crup.com.cn		
经　　销	新华书店		
印　　刷	北京密兴印刷有限公司	**版　　次**	2005 年 3 月第 1 版
开　　本	787 mm×1092 mm　1/16		2022 年 7 月第 6 版
印　　张	19.75	**印　　次**	2025 年 5 月第 5 次印刷
字　　数	446 000	**定　　价**	49.00 元

出版说明

改革开放以来，中国的金融走上了高速发展的快车道，获得了前所未有的发展，有关院校都开设了金融课程，以便培养我国急需的人才。

一套高质量的教材是提高教学质量的前提之一。教材规定了教学内容，是教师授课取材之源，是学生求知和复习之本，没有优秀的教材，就无法提高教学质量。中国人民大学出版社推出“经济管理类课程教材·金融系列”，旨在推动国内金融人才培养工作的开展。

组织编写这套教材时，我们遵照以下原则：

1. 教材本土化。为了更快地与国际接轨，许多人主张采用“拿来主义”原则，直接引进国外的教材。实践证明，我国与发达国家相比，国情不同，文化背景不同，思维方式不同，语言表述方式不同，广大的专家教授一致认为：我们培养的是中国金融人才，是为中国的金融服务的，教材还是本土化为宜。应在了解我国现况之后，再学习国外的知识。把中国的背景知识与国际接轨才是我们最需要的。本套教材均为本土原创作品。

2. 精选作者，保证教材质量。金融与国家的政策联系紧密，应用性强，培养的学生既要懂理论又要会应用，既要与国际接轨，又要考虑中国的国情。本套教材的作者涵纳全国“政产学研”方面的学者、专家，从源头上保证了这套教材的质量。

3. 始终保持教材的“精”与“新”。现代金融日新月异，课程设置不断变化。本套教材根据形势的发展，不断推出新课程教材，并不断修订、完善。

4. 形式多种多样，方便教材使用者。大多数教材每章都设有“本章小结”“本章要点”“本章关键术语”“本章思考题”“本章练习题”等栏目。此外，大多数教材还有配套的“学习指导书”，方便读者学习和使用。

总之，本套教材紧密结合当前国内外金融研究的最新成果与金融政策发展的实际情况，全面讲述金融基本理论和基础知识。我们相信“经济管理类课程教材·金融系列”的推出，能够为读者掌握现代金融知识、为社会培养金融人才起到应有的作用。

中国人民大学出版社

第六版前言

自2019年本书第五版出版以来，中国债券市场在稳步发展的同时也面临诸多挑战：全球疫情暴发并持续演变，外部环境更趋严峻复杂，国内经济恢复仍然不稳固、不均衡。在此背景下，监管部门陆续出台了多项举措促进债券市场发展，防范债券市场发生系统性风险：进一步完善债券市场体制机制，推进债券市场统一监管；取消强制评级，推动评级行业高质量发展；推动债券市场互联互通，促进债券市场双向开放；加强地方政府债务风险管控，防范地方政府隐性债务风险；推动公司信用类债券信息披露规则统一，完善公司信用类债券信息披露制度。同一时期，中国债券市场也出现了一些新的变化：绿色债券稳健发展，2020年末存量规模超过8 000亿元；资产证券化市场延续增长态势，产品创新持续推进，2020年末存量规模超过5万亿元；2020年2月，允许符合条件的试点商业银行和具备投资管理能力的保险机构参与中国金融期货交易所的国债期货交易，这标志着利率衍生工具市场发展迈上新台阶。

党的二十届三中全会通过的《中共中央关于进一步全面深化改革 推进中国式现代化的决定》指出要“加快多层次债券市场发展，提高直接融资比重”“健全投资和融资相协调的资本市场功能，防风险、强监管，促进资本市场健康稳定发展”。债券市场能够在推动经济高质量发展、维护金融体系合理流动性、分散金融风险和促进人民群众财富增长等方面发挥重要作用，同时，通过促进经济的健康发展，为实现中国式现代化提供有力的金融支持。根据债券市场的最新发展趋势，本书第六版具体进行了如下修订：对大部分专栏的内容进行了扩充、更新，增添了一些新的专栏；对第二章有关债券市场的一些内容进行了补充和完善，目的在于让读者对债券发行和交易制度有更清晰和准确的了解；对其他一些章节进行了局部修订。另外，此次修订也根据读者意见对一些表述不准确的地方进行了修改，希望对读者学习固定收益证券相关知识有所帮助。书中错漏之处在所难免，欢迎读者批评指正，为本书的完善提供有益的建议。

第一版前言

固定收益证券主要是指债务性金融工具，固定收益证券研究是投资学和金融学的重要组成部分，是投资学和金融学相关专业的必修课。以往由于我国利率没有市场化，因此，固定收益证券市场很不发达，对固定收益证券的研究也处于空白。随着利率市场化的深入，固定收益证券市场必将获得很大的发展。

发达的固定收益证券市场是高效金融市场的前提和基础，固定收益证券市场的发展会极大地推动金融市场的发展和完善。固定收益证券市场在经济运行和金融市场中之所以具有重要的作用，是因为以下几方面的原因：(1) 固定收益证券具有融资功能。从政府的角度看，发行国债是政府获得收入的一种重要形式。不论是从公平的角度还是从效率的角度看，政府的资本性支出都应该通过发行国债融资；通过发行国债增加政府支出是扩大总需求、调节宏观经济的有效手段；弥补财政临时性、季节性收支差额也需要发行国债。从企业的角度看，发行债券具有节税效应，能有效地降低企业的资金成本，提高企业价值，而且与发行股票相比，发行债券能有效地解决信息不对称问题和降低代理成本。(2) 固定收益证券是金融市场上重要的基础性金融资产。固定收益证券在不同的投资主体的资产组合中具有重要作用，固定收益证券市场为金融体系提供了巨大的流动性，为投资者提供了安全性很高的金融资产。固定收益证券的存在能改善投资者面临的有效边界，改善投资者的风险-收益状况。(3) 政府债券的利率构成了整个金融市场的基准利率。(4) 发达的固定收益证券市场是中央银行实施公开市场操作的重要前提，中央银行调控宏观经济的意图通过固定收益证券市场传导到整个经济体系中去。

纵观所有发达的金融市场，都以发达的固定收益证券市场作为基础。经过 30 多年的发展，无论是从交易量还是从交易的活跃程度看，固定收益证券市场都是最重要的金融市场。以美国为例，固定收益证券市场价值占证券市场总价值的 2/3 左右。固定收益证券也从最早的普通债券发展为今天非常复杂的金融工具。浮动利率债券、通货膨胀指数化债券、可转换债券、附加期权的债券、利率期货、利率期权以及各种非常复杂的债务工具纷纷涌现。与此同时，与固定收益证券有关的理论和交易技术也迅猛发展，如固定收益证券的定价理论、风险衡量和管理理论、投资组合理论在最近几十年内的发展突飞猛进，并极大地促进了固定收益证券交易技术的发展。固定收益证券的理论发展和交易实践相辅相成、相得益彰。如今，固定收益证券的分析方法和工具已经成为一种非常复杂的技术，对于固定收益证券市场的相关人员来说，掌握这种技术是非常必要的。

我国的固定收益证券市场从 1981 年财政部恢复发行国债开始起步，历经 20 多年的发展，取得了巨大的成就。但是，就目前来看，我国的固定收益证券市场仍然很落后，与建立高效金融市场的要求仍相去甚远。从全球统计来看，债券总市值相当于全球 GDP 的 95%。我国 2001 年末银行间市场、交易所市场托管的债券，再加上凭证式国债，总共为 27 941 亿元，GDP 为 95 933 亿元，债券总市值仅相当于 GDP 的 29%。

2001 年我国企业债券融资总额为 144 亿元，约占直接融资总额的 12%，2000 年这一数字不到 5%；而美国的企业债券融资总额大约为股票融资总额的 15 倍！上市企业债券的交投很不活跃，债券每天的成交金额很少超过 1 000 万元，这与股票、国债动辄以数十亿元计算的成交金额相去甚远；投资基金、保险公司等机构作为资本市场的主要参与者投资企业债券的数量还很少。

由此可见，我国固定收益证券市场，特别是企业债券市场还很不成熟。但从另一个角度看，其发展潜力却是巨大的。从固定收益证券的需求方面来看，商业银行出于资产组合管理，特别是流动性管理的需要，有必要提高固定收益证券在整个资金运用中的比重；而投资基金、保险公司等非银行金融机构为了实施有效的投资组合管理和风险管理，并依照有关法规的要求，在总资产中也需要持有一定比例的固定收益证券；固定收益证券由于具有税收方面的优势和较高的安全性，因而也成为个人投资者青睐的投资对象。从固定收益证券的供给方面来看，由于近几年实施积极的财政政策，国债余额已经超过了 1 万亿元，今后这些国债的还本主要通过“发新债还旧债”的方式进行；企业为了优化融资结构、获得节税效应、降低资金成本，也必将提高债券融资的比例。目前我国对于大力发展企业债券市场已经达成共识。

当然，固定收益证券市场的迅猛发展还依赖于许多其他条件，如利率市场化，市场参与主体产权明晰，各种法律、法规进一步完善等。随着我国金融改革的不断深入以及金融市场的不断完善，上述各种条件将逐步具备。可以预见，我国的固定收益证券市场面临着巨大的发展机遇，即将迎来一个快速发展的阶段。

对于我国固定收益证券市场的各类参与者而言，掌握固定收益证券方面的理论、分析方法和工具是十分必要的。将西方比较成熟的固定收益证券理论、分析方法和工具介绍给我国的读者，特别是将其与我国的固定收益证券市场的实践相结合，就显得十分迫切。这正是笔者追求的目标。笔者衷心地希望这本书能成为连接西方固定收益理论和我国实践的桥梁。

本书的读者主要是高年级的本科生、研究生、MBA和相关的证券从业人员。本书自成体系，既是固定收益证券方面的入门读物，又对一些债券方面的重要问题进行了深入的介绍，可以满足不同层次读者的需要。本书既可以作为本科生的教材，又可以作为研究生的教材，还可以帮助金融界的相关人员更好地理解和运用固定收益证券。

笔者希望以一种简洁、明晰的风格介绍固定收益证券方面最核心的概念、理论、分析方法和工具。本书的内容虽然很全面，涉及与债券有关的几乎所有内容，但是在内容取舍上始终如一地遵循实用性和操作性标准。本书将理论和实践紧密结合，既全面地介绍了与固定收益证券有关的基础理论，又详细地讲述了基础理论在实践中的具体应用。本书不但能让读者掌握固定收益证券分析的现代方法，为读者提供一套完整的理论与工具，而且能让读者了解在实践中如何运用这些理论和工具。

本书按照一个统一的分析框架对固定收益证券的定价、利率风险管理和投资组合管理进行分析，不但试图涵盖固定收益证券方面最新同时也是最实用的理论和分析工具，而且努力将这些理论和分析工具与我国的实际情况相结合。简洁易懂、理论新颖、内容全面、实用性强、本土化是本书的主要特色。

当然，为了论述的清晰和准确，引入一定的高等数学背景知识是必要的，但是笔者已经将数学知识压缩到了最低限度。多年的教学经验为笔者编写本书提供了宝贵的参考。笔者了解到，学生既不喜欢玄虚艰深的空洞理论，因为这种理论让他们感到茫然，也不喜欢凌乱琐碎的实践经验介绍，因为这无法提高他们的分析能力。因此，本书极力做到理论和实践的平衡，书中所介绍的任何一种概念、理论都能在实践领域得到广泛应用。

为了照顾不同层次读者的需求，本书的内容采用了模式化的编排，读者可以根据自身的实际状况选取特定章节的内容进行学习，而不用担心受到内容不连贯的影响。例如，已经掌握了债券基本知识的读者，可以专门学习有关债券定价的内容，也可以专门学习有关利率衍生工具的内容。

虽然本书介绍的重点是我国债券市场现存的金融工具，但在内容编排上也体现了一定的前瞻性，如对于目前我国金融市场上还不存在的一些特殊的固定收益证券，如利率衍生金融工具，也进行了介绍。可以预见，随着我国金融市场的发展，这些金融工具肯定会出现，而且对这些金融工具的了解有助于我国固定收益证券方面的金融创新。

我国的固定收益证券市场正处于迅速发展时期，目前存在的一些现象、概念具有中国特色，了解这些内容对于中国固定收益证券的投资者而言是非常重要的。另外，了解我国债券投资的相关制度、程序和规定等也是很重要的。因此，在正文之外，本书还编写了专栏，专门介绍这些知识。

“在金融领域，追求财富与追求真理的目标是一致的。”希望这本书在读者追求财富与追求真理的过程中发挥重要的作用！

目　录

第一章
债券的基本知识

第一节　固定收益证券和债券的定义

一、固定收益证券和债券的区别

固定收益证券（fixed-income securities）是一个笼统、宽泛而又不太严格的定义。一般而言，固定收益证券代表拥有对未来发生的一系列具有确定数额的收入流的要求权。固定收益证券不仅包括债券（bonds）、优先股（preferred stocks），还包括商业票据、银行承兑票据、回购协议、大额可转让定期存单以及抵押贷款支持证券[①]（mortgage-backed securities）等多种债务性工具。另外，许多附加期权[②]（options）的债券（如可转换债券）或具有特殊现金流的债券（如浮动利率债券）也被称为固定收益证券，尽管这些债券未来的现金流的数额和日期都不是固定的，这样看来，固定收益证券有时候名不副实。本书所称的固定收益证券主要是指债券。

二、债券的定义和要素

（一）债券的定义

债券是债的证明书。债是按照合同的约定或者依照法律的规定，在当事人之间产生的特定的权利和义务关系。债券是发行人依照法定程序发行，并约定在一定期限内还本付息的有价证券，它反映的是债权债务关系。债券的定义包含四个方面的内容：(1) 债券的发行人是债务人，是借入资金的经济主体；(2) 债券的投资者是债权人，是借出资

① 抵押贷款支持证券是美国金融市场资产证券化的产物。一些商业银行将许多抵押贷款集合在一起构成标的资产，并以该贷款集合产生的现金流为基础发行证券，这种证券就是抵押贷款支持证券。

② 期权（options）有时也被译为选择权。

金的经济主体；（3）债务人利用债权人资金的条件是承诺在一定时期内还本付息；（4）债券反映了发行人和投资者之间的债权债务关系，而且是这一关系的法律凭证。在出现纠纷时，债券是法律依据。

（二）债券的基本要素

债券是投资者和发行人之间的债权债务关系的法律凭证和契约。债券的基本要素有四个：票面价值、债券价格、偿还期限和票面利率。债券的这四个要素可能并不记载在票面上，比如，在许多情况下，债券发行人以公布条例或公告的形式向社会公开宣布债券的期限和利率，只要发行人信誉良好，投资者就会认可。另外，票面上记载的可能不止这四个要素，还可能记载其他一些事项，如还本付息的方式等。

1. 票面价值

票面价值，简称面值，是指债券发行时所设定的票面金额，它代表着发行人借入并承诺未来某一特定日期（如债券到期日）偿付给债券持有人的金额，是债券的本金。为了便于债券统一标准化发行，在各国的金融市场上债券面值一般都是一个固定值。目前，我国发行的债券一般是每张面值为 100 元人民币，美国债券面值一般为 1 000 美元。此外，还要规定面值的币种，即以何种货币作为债券价值的计价标准。

2. 债券价格

债券价格包括发行价格和买卖价格（又称转让价格）。一种债券第一次公开发售时的价格就是发行价格。已经公开发售的债券可以在投资者之间买卖、转让，债券持有人可以在到期日前按照当时的债券买卖价格将债券销售出去。债券的价格并不一定等于债券面值。实际上，债券价格是由债券的面值、票面利率、偿还期限以及适当贴现率等多种因素共同决定的。这方面的内容将在以后的章节详细论述。根据债券价格和面值的关系，可以将债券划分为以下三种类型：

- 平价债券：债券价格＝债券面值
- 溢价债券：债券价格＞债券面值
- 折价债券：债券价格＜债券面值

3. 偿还期限

债券的偿还期限通常简称为期限。债券的偿还期限是个时间段，这个时间段的起点是债券的发行日期，终点是债券票面上标明的偿还日期，也称到期日。在到期日，债券代表的债权债务关系终止，债券的发行人偿还所有的本息。正如本书后面论述的那样，一些债券，如可赎回债券或可回售债券，其发行人或持有人在债券发行以后可以改变债券最初的偿还期限。

但是，对于债券投资者而言，更重要的是从债券购买日起至债券到期日止的期限长度，即债券的剩余期限。如果不做特别强调，本书所提到的偿还期限都是指债券的剩余期限。例如，某种债券发行时的偿还期限为 10 年，从发行日至今已整整过了 3 年，那么这个债券就是 7 年期债券，而不是 10 年期债券。

根据偿还期限的不同，债券可分为长期债券、短期债券和中期债券。一般说来，偿还期限在 10 年以上的为长期债券；偿还期限在 1 年以下的为短期债券；偿还期限在 1 年以上（包括 1 年）10 年以下（包括 10 年）的为中期债券。我国国债的期限划分与上述标准相同，但我国企业债券的期限划分与上述标准有所不同。短期企业债券是指偿还期限在1年以内的债券，中期企业债券的偿还期限在1年以上（包括1年）5年以下（包括5年），长期企业债券的偿还期限在5年以上。①

债券的期限非常重要，这主要有三个原因：第一，债券的期限决定了债券投资者能获得利息的年数以及在获得最终的债券面值之前所经历的时间长度，这是决定债券价格的重要因素。第二，债券的期限决定了债券收益率的高低，本书在第六章将论述，债券期限对收益率的影响取决于收益率曲线的形状。第三，债券价格的波动性与债券的期限密切相关。说得更具体一些，如果其他因素都一样，那么在相同的市场收益率变化幅度下，债券的期限越长，债券价格变化的幅度就越大，这方面的详细论述请参见第五章。

4. 票面利率

票面利率是指债券每年支付的利息与债券面值的比例，通常用年利率表示。票面利率可能在债券票面上标明。投资者获得的利息就等于债券面值乘以票面利率。例如，某种债券的面值为100元，票面利率为8%，投资者每年能获得8元的利息。

按照利息支付方式的不同，债券可分为附息债券（coupon bonds）和零息债券（zero-coupon bonds）。附息债券也叫息票债券，是指在债券票面上附有息票的债券，或是按照债券票面标明的利率及支付方式支付利息的债券。以前很多附息债券的票面上都附有息票，息票上标有利息额、支付利息的日期等内容。债券持有人可以从债券上剪下息票，凭息票领取利息。今天，对于大多数附息债券而言，投资者不必通过呈递息票领取利息了，而是可以定期收到发行人支付的利息。

附息债券利息的支付有按年支付、按半年支付、按季支付甚至按月支付等多种形式。在美国和日本，绝大多数债券都是每半年支付一次利息，而在欧洲国家的债券市场和欧洲债券市场（Eurobond market）上，绝大多数债券是每年支付一次利息。目前，我国大多数附息债券都是按年支付利息。2001年，我国首次发行了半年付息一次的债券。

与每隔一定时期支付利息的附息债券不同，零息债券并不定期支付利息，既可以贴现发行也可以按照面值平价发行。贴现发行的零息债券也被称为贴现债券，其发行时按一定的折扣率，以低于债券面值的价格发行，到期发行人按面值偿还。实际上，贴现债券的利息是在到期日一次性支付，其数额正好等于面值和债券购买价格的差额。例如，投资者以70元的发行价格认购了面值为100元的5年期国债，那么，在5年后到期时，投资者可兑付到100元的现金，其中30元的差价即为国债的利息。我国1993年开始发行贴现债券，期限分别为3个月、6个月和1年。另外一种零息债券则是按照面值销售，债券偿还期限内不支付利息，利息累积计算，在到期日随本金一次性支付。我国在1981—1991年发行的国债多数为一次还本付息的零息债券。

根据债券的票面利率是否固定，还可以将债券划分为固定利率债券和浮动利率债券。固定利率债券就是在偿还期内票面利率保持不变的债券。浮动利率债券是指在偿还

① 各国债券期限划分的标准并不一致。例如，在美国，短期债券的期限一般为13周、26周和52周；中期债券的期限一般长于1年，短于10年；长期债券的期限一般长于10年。

期内票面利率可以变动的债券。浮动利率债券的票面利率等于某个参考利率加上一个固定的利差，随着参考利率的升降而同方向升降。浮动利率债券的参考利率绝大多数是一些重要的金融市场利率①，如美国浮动利率债券主要是以3个月期国库券利率为参考利率，欧洲国家的浮动利率债券的参考利率则多为伦敦银行同业拆借利率（LIBOR）②。1999年3月，国家开发银行在银行间债券市场首次推出长期浮动利率债券。根据我国国情，该浮动利率债券以1年期定期存款利率作为参考利率，每年支付一次利息。

另外，国外债券市场还存在一种新型的浮动利率债券——逆浮动利率债券。与传统的浮动利率债券正好相反，逆浮动利率债券票面利率的变化方向与参考利率的变化方向相反，机构投资者主要运用逆浮动利率债券作为对冲工具。

如果债券按照固定名义金额支付利息，那么投资者所得利息的实际购买力就会受到通货膨胀的侵蚀。为了保护债券投资者的实际购买力不受通货膨胀影响，国外金融市场上出现了通货膨胀指数化债券（inflation-indexed bonds）。该种债券的利息支付额与某种通货膨胀指数挂钩，每次支付的利息都要按照当时的通货膨胀指数进行调整。例如，英国政府1999年1月发行了一种10年期、票面利率为3.6%、面值为100英镑的通货膨胀指数化债券。1999年通货膨胀指数［如居民消费价格指数（CPI）］为160.422 4，而2000年1月的CPI为164.325 7，该债券在2000年1月支付的利息计算如下：

$$100\times 3.6\%\times(164.325\,7/160.422\,4)=3.69\text{（英镑）}$$

△ 专栏1-1

我国的浮动利率债券和通货膨胀指数化债券

1999年3月，财政部和国家开发银行在银行间债券市场上正式发行浮动利率债券，这是我国首次发行浮动利率债券。证券交易所债券市场2000年开始发行浮动利率债券。由于能够降低利率风险，浮动利率债券成为我国债券市场上的一个重要债券品种，也有很多创新型浮动利率债券品种问世。

中国进出口银行于2007年7月27日发行首笔以Shibor（上海银行间同业拆放利率）为基准的浮动利率债券，金额为100亿元，期限为2年。这是银行间债券市场上第一笔以Shibor为基准的债券。该债券的推出进一步丰富了我国债券市场品种，为投资者提供了更多投资选择，同时对我国利率市场化改革、构建与完善以Shibor为基准的金融债券收益率曲线起到了重要作用。

国家开发银行于2012年8月7日发行2012年第三十六期金融债券，该期债券为浮动利率债券，发行总量不超过100亿元，期限为7年，基准利率为中国人民银行规定的1年期定期存款利率，起息日为8月13日，8月17日上市流通。债券存续期内，本期

---

① 也有少数浮动利率债券是以某种商品价格（如原油价格）、股票指数、债券指数或外汇汇率作为确定票面利率的参照基准。

② LIBOR将于2022年起逐步停用，2023年6月30日全部停用。

债券持有人有权选择将持有的全部或部分债券调换为该行发行的2012年第三十五期债券，调换日为每年的8月13日，债券按面值调换，调换比例为1∶1，调换数量最低为面值1 000万元或其整数倍。

受当时通货膨胀的影响，我国在20世纪80年代末期和90年代初期，对债券的利率采取了所谓的“保值贴补”政策，即根据物价指数来调节债券当期利率。例如，财政部于1989年发行了保值贴补国债，期限为3年，利率随中国人民银行规定的3年期定期存款利率浮动，在此基础上加保值贴补率，外加一个百分点。这在某种程度上可以看作一种初级的通货膨胀指数化债券。

需要指出的是，1999年以来发行的浮动利率国债与以前年度发行的保值贴补国债有很大的不同。首先，经济背景不同。浮动利率国债出现在通货紧缩时期，名义利率水平很低；保值贴补国债则出现在通货膨胀时期，利率水平正处于上调阶段。其次，利率确定方式不同。浮动利率国债的利率为在1年期定期存款利率基础上加一定的利差，并随定期存款利率的变动而变动；保值贴补国债则是以票面利率为基础，加上到期时根据通货膨胀率确定的保值贴补率。最后，期限不同。早期浮动利率国债期限较长，通常在7年以上；保值贴补国债期限一般为3年和5年。

（三）债券的其他要素

1. 附加期权

许多债券都附加了一些期权条款，赋予发行人或投资者某种期权。最常见的债券附加期权条款就是债券的赎回条款（call provisions）和回售条款（put provisions）。债券的赎回条款赋予发行人在到期日之前按照约定的价格赎回全部或部分债券的权利。赎回权对于发行人是有利的，如果将来利率降低，发行人可以通过发行利率更低的新债券来替换原来发行的高利率债券，从而降低借债成本。另外，发行人也可以在将来产生预料外的高现金流时尽早偿还债务。债券发行人可以利用赎回权改变债券的期限。对于投资者而言，赎回权是不利的。如果将来利率较高的债券被赎回，投资者只能将获得的资金投资于利率更低的债券；而且，赎回条款的存在限制了利率下降导致的债券价格上涨的幅度，减少了投资者可能获得的资本利得，从而降低了其收益率。由于赎回条款对发行人有利，对投资者不利，因此为补偿投资者，在其他条件均相同的情况下，附加赎回条款的债券的收益率要高于没有赎回条款的债券的收益率。

而附加回售权的债券则赋予了投资者在规定的日期将债券按照面值回售给发行人的权利。投资者可以在利率升高的情况下将债券按照面值回售给发行人，避免了利率升高导致的债券价格下降的损失，而且投资者也可以将资金用于购买收益率更高的债券。因此，附加回售权的债券的收益率要低一些。

另外一种附加期权的企业债券是可转换债券。可转换债券的持有人有权在一定时间内将债券转换成确定数量的发行人的普通股票，从而分享公司股票价格上升的好处。可转换债券被视为一种混合证券，兼具股票和债券两种特性，打破了股票和债券的传统界限。还有一些公司发行的债券附加了认股权证（warrants）。认股权证是一种允许持有人（即投资者）有权利但无义务在指定的时期内以确定的价格向发行公司购买该公司股票的证券。每一份认股权证都要详细地说明权证持有人可以购买的股票数量、购买价格和到期日。绝大多数情况下，认股权证都是附加在债券上发行。债券合约中都会注明认股权证能否与债券分开，即认股权证在债券发行后能否单独出售和流通。一般情况下，认股权证可以在发行后立即与债券分开而单独出售和流通。附加认股权证的公司债券和可转换债券不同，前者在持有人行使认股权后债券形态依然存在；而后者在转换权行使后，债券形态消失。

△ 专栏 1-2

我国可转换债券的发展

我国证券市场早期进行过可转换债券（简称“可转债”或“转债”）的试点工作，如深宝安、中纺机、深南玻等公司先后在境内外发行了可转换债券。1996 年，我国政府决定选择有条件的公司作为可转换债券的试点。1997 年，国务院证券委员会颁布了《可转换公司债券管理暂行办法》，规范了可转债的发行条件、上市条款和可转债转股和偿还等细则，是我国市场上第一个关于可转债的规范性文件，标志着我国可转债市场开始步上正轨。经过几年的试点发展后，我国的可转债市场进入一个全面启动、规范发展的新阶段。2001 年 4 月，《上市公司发行可转换公司债券实施办法》（简称《实施办法》）及其三个配套文件正式出台，标志着可转换公司债券成为一种重要的金融工具。《实施办法》的推出，大大简化了可转换公司债券发行申报及核准程序，上市公司发行可转换公司债券采取企业申请、主承销商推荐制度，符合发行条件的上市公司都可以在中介机构的配合下，申请发行可转换公司债券，为发行可转换公司债券奠定了较完备的法律基础。2010 年后，随着工行转债、中行转债等新债的相继上市，沪深可转债的存量余额迅猛扩大。可转债扩容缓解了市场供不应求的现状，带来了流动性的大幅上升，可转债基金仓位变化和品种选择都更加灵活，投资可转债获取收益的机会也明显增加。深圳证券交易所 2012 年 7 月 4 日发布通知称，为进一步完善深圳债券市场基础制度，简化债券回购模式，提高市场吸引力，深圳证券交易所和中国证券登记结算有限责任公司深圳分公司拟允许可转换公司债券作为质押券进行回购交易。2017 年，监管机构增加对定增发行的股本限制并设定再融资间隔期，上市公司定增融资受到了约束，可转债融资又一次进入上市公司的视野。在再融资新规和可转债信用申购制度的推动下，可转债市场迎来快速发展期。截至 2021 年 7 月 10 日，市场存量可转债有 426 只，存量规模达 5 915.82 亿元。

2. 抵押、担保条款

按债券发行时有无抵押、担保条款可将债券分为信用债券、抵押债券和担保债券。信用债券指仅凭筹资人的信用发行的、没有抵押品和担保条款的债券。信用债券只适用于信用等级高的债券发行人，一般附加了一些限制性条款以保护投资者利益。抵押债券是指债券发行人以不动产（如土地、房产和机器设备等）或有价证券（如股票、政府债券）作为抵押品而发行的债券。如果债务人到期不能按规定条件还本付息，债权人可以行使抵押权，占有或拍卖抵押品以作为补偿。担保债券是指由第三者担保偿还本息的债券，如果债务人到期不能还本付息，债券投资者有权向担保人追讨债务。

3. 偿债基金条款

该条款要求发行人每年回购一定数量的发行在外的债券，偿债基金（sinking fund）就是由发行人准备的用于回购债券的基金。一般而言，发行人可以采取两种方式回购自己的债券：一种方式是，在债券价格低于面值时发行人在债券市场上回购一定数量的债券；另一种方式是，发行人将基金委托给受托人保管，由受托人根据抽签结果回购一定数量的债券。采用后一种方式要事先确定回购价格，回购价格一般等于债券面值。从投资者的角度看，偿债基金条款至少有以下几方面的好处：第一，由于债券发行人通过偿债基金分次偿还债券，所以该条款降低了债券的违约风险；第二，提高了某些债券的流动性；第三，附加偿债基金条款的债券的价格比较稳定，因为债券价格一旦下降，发行人就会积极地回购。由于上述原因，附加偿债基金条款的债券的收益率比不附加该条款的同类债券的收益率要低。当然，偿债基金条款也可能给投资者造成不利影响。如果债券发行后利率下降了，根据偿债基金条款，一部分债券将按照回购价格被回购，这将给投资者带来损失，投资者既无法实现利率下降导致的债券价格上涨的资本利得，获得的资金也只能按照更低的利率水平投资。所以从这个角度看，在利率水平比较高的时期，未来利率下降的概率很大，利率处于下行通道中，附加偿债基金条款的债券反而不被投资者看好，因此只能以较低的价格（即较高的收益率）吸引投资者的投资。

4. 债券本金的偿还方式

除了常见的到期还本付息外，实践中债券本金的偿还方式还有多种，表 1-1 对债券本金的各种偿还方式进行了比较。许多债券可以提前偿还，但是，一些债券规定了宽限期。债券的宽限期是指债券发行后不允许提前偿还、转换的时间，它一般是根据债券偿还期限的长短来确定的。

表 1-1 债券偿还方式

分类依据	偿还方式	优点
偿还期限	到期偿还：是指按发行债券时规定的还本时间，在债券到期时一次性全部偿还本金的偿债方式	手续简便、计算简便
	期中偿还：是指在债券到期日之前由债务人采取在债券市场上回购债券或直接向债券持有人支付本金的偿还方式。它包括部分偿还和全额偿还两种形式；在偿还的具体时间上，又有定时偿还和随时偿还之分	减轻发行人（即债券发行人）集中还本的压力
	展期偿还：是指在债券期满后又延长原规定的还本付息日期的偿还方式。它通常适用于附加延期售回条款的债券	省去新发债券的麻烦

续表

分类依据	偿还方式	优点
偿还次数	部分偿还：是指从债券发行日起，经过一定宽限期后，按发行额的一定比例陆续偿还，到债券期满时全部还清的偿还方式	减轻发行人集中还本的压力
	全额偿还：是指在债券到期之前，偿还全部本金的偿还方式	在资金充裕时避免支付更多的利息；在利率下降时通过发新还旧的方式降低债务利息成本
偿还时间	定时偿还：是指债券宽限期过后，分次在规定的日期，按一定的偿还率偿还本金的偿还方式。一般的做法是在每个利息支付日，连同付息一并向投资者偿还一部分本金，到债券期满时全部还清	减轻发行人集中还本的压力
	随时偿还：也称任意偿还，是指债券宽限期过后，发行人可以自由决定偿还时间，任意偿还债券的一部分或全部的偿还方式	发行人可选择有利时机偿还，降低筹资成本
	抽签偿还：是指在期满前偿还一部分债券时，通过抽签方式决定应偿还债券的号码的偿还方式。它可以分为一次性抽签和分次抽签两种，前者是对发行的债券在到期前的某个时间集中抽签一次，以决定各次还本债券号码；后者是对发行的债券按分批还本次数定期抽签，以确定还本债券号码	有利于发行人严格遵守信用契约
	买入注销：是指债券发行人在债券到期前按照市场价格从二级市场购回自己发行的债券而注销债务的偿还方式	发行人可以根据自己的资金状况灵活地还本

第二节 债券的风险

债券投资者可能遭受以下一种或多种风险：(1) 利率风险；(2) 信用风险；(3) 提前偿还风险；(4) 通货膨胀风险；(5) 流动性风险；(6) 汇率风险。债券投资者面临的风险远不止这些，其他的风险还包括波动性风险、风险的风险、收益率曲线风险、事件风险和税收风险等。但是这些风险只有在特定的场合才比较突出。对于这些风险，有兴趣的读者请参阅书后的有关参考文献。

一、利率风险

利率的变化有可能使债券投资者面临两种风险：价格风险[①]和再投资风险。

(一) 价格风险

在第三章我们将看到，一种债券的价格与利率变化成反比。当利率上升（下降）

① 利率变动产生的债券价格风险又叫市场风险。

时，债券的价格便会下跌（上涨）。对于持有债券直至到期的投资者来说，到期前债券价格并不会受到利率变化的影响；但是，对于在债券到期日前出售债券的投资者而言，如果购买债券后市场利率水平上升，债券的价格将下降，投资者将遭受资本损失。这种风险就是利率变动产生的价格风险。利率变动导致的价格风险是债券投资者面临的最主要的风险。本书第四章将详细论述决定债券价格风险的一些因素，并解释如何衡量这种风险。

（二）再投资风险

投资者投资于债券获得的收益有三个来源：(1) 利息支付；(2) 债券被偿还、出售或到期时的资本利得（或资本损失）；(3) 利息再投资收入，或者利息的利息。利息再投资收入的多少主要取决于再投资发生时的市场利率水平。如果利率水平下降，获得的利息只能按照更低的收益率水平进行再投资，这种风险就是再投资风险。债券的持有期限越长，再投资风险就越大；在其他条件都相同的情况下，债券的票面利率越高，债券的再投资风险也越大。

二、信用风险

信用风险包括违约风险和信用利差风险。违约风险是指固定收益证券的发行人不能按照契约如期足额地偿还本金和支付利息的风险。一般而言，政府债券没有违约风险①，这主要是由于政府具有征税和发行货币的权力。非政府债券或多或少都存在违约风险。在金融市场上，风险和收益成正比，因此，公司债券、金融债券的收益率要高于同类政府债券。在债券市场上，只有那些违约风险很高、濒临破产的公司的债券，投资者才会关注其可能发生的违约行为。而对于其他债券，投资者更关心的是债券可以被觉察到的信用风险变化以及这种风险变化对债券收益率（价格）的影响，即信用利差风险。信用利差是指某种债券的收益率与同期限的无风险债券收益率之差。这是因为，即使公司实际违约的可能性很小，公司信用利差风险变化导致的信用利差变化也会极大地影响债券的市场价格。在债券市场上，可根据评级公司所评定的信用等级来估计债券发行人的信用利差风险。

三、提前偿还风险

如前所述，某些债券赋予了发行人提前偿还的权利，如可赎回债券的发行人有权在债券到期前提前赎回全部或部分债券。这种权利对于发行人是有利的：如果在未来某个时间市场利率低于发行债券的票面利率，发行人可以赎回这种债券并用按较低利率发行的新债券来代替它；而且这种在到期前赎回债券的权利使发行人将来可以按照更低的成本对债务进行再融资。从投资者的角度看，赎回条款有三个不利之处：第一，可赎回债券的未来现金流是不确定的，风险较大。第二，当利率下降时，发行人会提前赎回债券，投资者则面临再投资风险。当债券以购入时确定的价格被提前赎回时，投资者不得

---

① 严格来说，只有政府发行的内债才没有违约风险，政府发行的外债仍然有违约风险。内债是指用本国货币作为计价单位的政府债券，而外债则是用外国货币作为计价单位的政府债券。

不对所得收入按照更低的利率进行再投资。第三，减少了债券获得资本利得的潜力。当利率下降时，债券的价格将上升。然而，因为债券可能被提前赎回，所以这种债券的价格不可能大大超过发行人所支付的价格。

四、通货膨胀风险

通货膨胀风险也称购买力风险。对于投资者而言，更有意义的是实际购买力。通货膨胀风险是指由于存在通货膨胀，债券的名义收益不足以抵消通货膨胀对实际购买力造成的损失的风险。例如，某投资者购买 1 年期债券，债券的票面利率是 10%，面值为 100 元，该年度的通货膨胀率为 20%。实际上，年末总收入 110 元的实际购买力小于年初 100 元的实际购买力。但是，通货膨胀导致利率上升从而债券价格下降的风险属于利率风险而非通货膨胀风险。

五、流动性风险

流动性是金融资产的一个重要特性。流动性是指一种金融资产迅速地转换为交易媒介（货币）而不致遭受损失的能力。在实践中，债券的流动性通常用该债券的做市商报出的买卖价差来衡量。价差越大，说明债券的流动性越小。债券的流动性风险是指一种债券不能迅速地按照当前的市场价格销售出去的风险。一般而言，债券的流动性风险越大，投资者要求的收益率越高。而债券的流动性风险主要取决于该债券二级市场参与者的数量，参与者数量越多，债券的流动性就越强，流动性风险也相应越小。另外，债券的交易者结构越复杂，投资者的计划投资期限越长，债券的流动性风险就越不重要。

六、汇率风险

如果债券的计价货币是外国货币，则债券支付的利息和偿还的本金能换算成多少本国货币还取决于当时的汇率。如果未来本国货币贬值，按本国货币计算的债券投资收益将会降低，这就是债券的汇率风险，又称货币风险。

第三节　债券的种类

可以根据不同的标准对债券进行分类，国际上最常见的一种分类方法是将债券划分为政府债券、公司债券、资产证券化产品、货币市场工具和国际债券。需要特别指出的是，在债券市场上，虽然货币市场工具和国际债券与前三类债券有重合之处，但由于其特殊性，故单列出来详细介绍。

一、政府债券

政府债券的发行主体是政府，它是指政府财政部门或其代理机构为筹集资金、弥补财政收支不平衡，以政府名义发行的债券。政府债券又可以进一步划分为中央政府债券、地方政府债券和政府机构债券。大多数国家规定，购买政府债券获得的收益可以享受免税待遇。由于中央政府拥有征税和发行货币的权力，因此，中央政府债券没有违约风险。同时，在各国债券市场上中央政府债券是最主要的交易品种，具有很强的流动性。因此，中央政府债券的收益率是最低的，一般都是债券市场的基准利率。

（一）中央政府债券

以美国为例，美国财政部主要发行三种类型的可流通国债，即国库券（bills）、中期债券（notes）和长期债券（bonds）。它们都是美国政府的直接债务，可在二级市场上自由买卖。大多数可流通国债不可被提前赎回。所有可流通国债都是以记账方式发行的，购买单位为一手（1 000 美元）或其整数倍。

国库券是短期的债券，期限有 13 周、26 周和 52 周三种。国库券多为贴现发行，到期按面额偿还本息。

中期债券的期限一般长于（含）1 年短于（含）10 年。一般中期债券每半年付息一次，到期按面额偿还本金。目前美国财政部发行的中期债券的期限有 2 年、5 年和 10 年三种。

长期债券的期限一般长于 10 年，每半年付息一次，到期按面额偿还本金。目前，美国财政部在每年的 2 月、8 月和 11 月发行 30 年期长期债券。

（二）地方政府债券

地方政府债券又称市政债券，是指有财政收入的地方政府为筹集资金而发行的一种债券。这种债券以地方政府的财政收入作为还本付息的来源。美国地方政府债券的利息一般都免缴联邦所得税和债券发行地的地方政府征收的所得税。

美国市政债券主要分为两种，即一般责任债券和收入债券。

1. 一般责任债券

一般责任债券是由州和市政府或其附属机构发行的债券。州政府发行市政债券主要是为修建高速公路、桥梁和住宅等设施募集资金。这些设施最终会产生收入，可以用来偿还债券本息。其他级别的地方政府发行市政债券也是为特定项目融资，依靠工程完工后的收益来偿还债务。

此外，一般责任债券还以州和各级地方政府所拥有的不受限制的征税权作为担保。当工程延期不能还款，或者工程本身不能产生足够的收益还款时，各级政府有权用一部分税收收入作为还本付息的来源。由于州政府税收的种类和来源都较多，因此州政府发行的市政债券信用程度比较高，常被看作完全信用担保的债券。

2. 收入债券

收入债券主要由医院、大学、机场以及其他一些公用事业机构发行，用于特定项目的建设，以这些机构所创造的营业收入作为还本付息来源，而不是以地方政府的征税能力作为还本付息保证。这些项目收入稳定可靠，债券的还本付息比较有保证，但因为没有地方政府征税能力作为保证，其风险要高于一般责任债券，收益率也相应地高于一般责任债券。

（三）政府机构债券

政府机构债券是由政府所属机构或公共团体发行，由政府提供担保的债券。以美国为例，政府机构债券即联邦机构债券，一般是指政府有关机构以自己的名义，而不是以政府或国家的名义发行的债券；或虽发行债券的机构不是政府机构，而是私营机构，但是其从政府那里得到了发债的特许，政府出于对宏观经济的考虑，为这些债券提供一定程度的信用担保，或进行某种方式的监管。根据上述定义，可将联邦机构债券分为两类：政府资助机构债券和联邦有关机构债券。

1. 政府资助机构债券

政府资助机构是经美国国会批准建立的特殊实体。这类机构虽然是私有的，但其经营管理方完全类似于公众机构。政府部门建立这类机构的目的是资助某些经济部门，如农业部门、家庭部门以及向学生提供信贷的部门，减少其借款成本。

在所有这些政府资助机构所发行的债券中，美国政府只为农场信贷融资协助公司发行的债券提供完全的信用担保，因此投资者投资于除此以外的政府资助机构发行的债券是有信用风险的。它们与国债在收益方面的差别大致反映了其信用风险的大小。

2. 联邦有关机构债券

联邦有关机构是联邦政府的分支部门，但是它们并不直接在市场上发行债券。这是因为每一家机构的资金需求规模都比较小，单独融资成本会比较高。一般情况下，它们通过联邦融资银行（Federal Financing Bank）统一发行债券。

联邦有关机构主要有美国进出口银行、商品信用公司、农场主住宅管理局、总服务局、小企业管理局、田纳西流域管理局等。

联邦有关机构债券的发行可以免于在证券交易委员会登记。除了私人出口融资公司和田纳西流域管理局的债券外，其他所有联邦有关机构的债券都得到联邦政府的全部信用支持。它们通过发行债券获得的资金主要用来向一些个人、企业或政府机构发放低息的长期贷款，以支持出口贸易、农业或中小企业的发展。特殊情况下也向大公司发放贷款，以帮助它们渡过难关。

二、公司债券

公司债券是指公司依照法定程序发行的，约定在一定期限内还本付息的有价证券。公司债券是公司为筹措长期资金而发行的一种债务契约，代表着发行债券的公司和投资者之间的一种债权债务关系。债券持有人是公司的债权人，不是所有者，无权参与或干涉公司的经营管理，但债券持有人有权按期收回本息。公司债权人相比股东有优先的收益分配权，而且在公司破产清理资产时其偿还顺序排在股东之前。由于公司主要以本身的经营利润作为还本付息的保证，如果公司发行债券后经营不善，可能无力还本付息，投资者就面临利息甚至本金损失的风险，所以在公司发行债券时，一般要对公司进行严格的信用审查或要求发行公司有财产抵押或其他机构提供的担保，以保护投资者利益。另外，公司债券由于具有较大的信用风险，其收益率通常也高于政府债券。一般而言，公司债券的利息收入和资本利得要缴纳个人所得税。对公司而言，发行公司债券可以享受税盾的好处，即公司的债务利息在税前扣除，可以充分发挥财务杠杆的作用。

按是否有担保，公司债券可以分为担保债券和信用债券。担保债券是指由第三方或公司自身的财产来担保公司债券的还本付息的债券。信用债券是以债券发行公司自身的信用作为担保所发行的债券。

公司债券持有人通常会要求公司债券的发行人每年回购一定比例的债券，即满足偿债基金的要求。发行债券的公司通常采用到债券市场逐步回购自己所发行的债券或每年赎回部分可赎回债券的方式达到偿债基金的要求。具体采用哪种方法视当时的市场情况而定。若市场利率高于债券利率，则债券市场价格会降低，这时公司直接从债券流通市场上回购自己所发行的债券比较有利；若市场利率低于债券利率，债券市场价格会上升，这时公司采取赎回的方法比较有利。

美国的公司债券交易既可以在交易所内进行，也可以在场外交易市场（over-the-counter market，简称 OTC 市场）进行。场外交易市场由成千上万个遍布全美国的经纪人和交易商组成，通过电话委托系统进行交易。这些证券经纪商既可以作为客户的经纪人（代理人）执行客户买卖公司债券的指令，又可以作为自营商自己从事公司债券的买卖。在美国，从事公司债券挂牌交易的交易所主要有纽约证券交易所（New York Stock Exchange，NYSE）和美国证券交易所（American Stock Exchange，AMEX）。但是同场外交易市场相比，在交易所挂牌交易的公司债券的规模要小得多，绝大多数公司债券在场外交易市场交易，甚至一些在交易所挂牌交易的公司债券也有自己的场外交易场所。

公司债券通常由专业化的信用评级机构进行信用风险评级，市场参与者把评级结果作为参考因素之一。美国有三家主要的评级机构——穆迪、标准普尔和惠誉。每家机构都有自己独特的一套用字母表示的信用等级系统，其共同点是：等级越低的债券，违约风险越大，收益率越高。

有些公司债券在发行时会给予债券发行人或者债券购买者一定的期权，这种附加期权的公司债券既具有一般公司债券的特点，又具有其自身的独特性质。这种债券主要包括可赎回债券和可转换债券。前者是赋予发行人一定的期权，发行人可以在一定条件下以事先约定的价格赎回债券；后者是赋予购买者一定的期权，购买者可以在一定的条件下将其所持有的债券转换成发行债券的公司的股份。

金融机构，特别是商业银行发行的债券是一种特殊的公司债券，被称为金融债券。[①] 由于银行等金融机构在一国经济中占有较特殊的地位，政府对它们的运营又实施严格的监管，因此，金融债券的信用等级通常高于其他公司债券，违约风险相对较小，收益率通常低于一般的公司债券，但高于风险更小的国债和银行定期存款利率。

三、资产证券化产品

20 世纪 70 年代开始的资产证券化是最重要的金融创新。资产证券化是将缺乏流动性但能够产生可预见的稳定现金流的资产，通过一定的结构安排，对资产中的风险与收益要素进行分离与重组，进而转换成在金融市场上可以流通的标准化证券的过程。资产证券化可以提高金融资产的流动性，能够让债券投资者和发行人更好地管理风险，因此，资产证券化自出现之后，发展十分迅速。

进行资产证券化的资产应当满足以下条件：

---

① 在英国、美国等西方国家，金融机构发行的债券被归为公司债券。在我国及日本等国家，金融机构发行的债券被称为金融债券。

（1）基础资产在未来可以产生确定的现金流；

（2）基础资产必须具有标准化、高质量的合同条款；

（3）基础资产必须具有相似的到期日结构期限；

（4）基础资产的抵押物有较高的变现价值；

（5）基础资产的持有人必须有良好的信用记录，具有相对稳定的坏账统计记录，可以预测未来类似损失的发生概率。

为确保发行人按时支付债券本息，保证债券交易质量和安全性，要对资产证券化产品进行信用增级。信用增级技术主要有两种：内部信用增级和外部信用增级。前者主要依赖于应收账款等资产本身，主要工具有优先/次级结构、出售者追索权、超额抵押、现金抵押、储备基金、利差账户。后者主要依赖于独立的第三方信用，主要工具有相关方的担保、信用证、单线保险、多线保险。

根据产生现金流的证券化资产的类型不同，资产证券化产品可分为抵押贷款支持证券（mortgage-backed securities，MBS）、资产支持证券（asset-backed securities，ABS）和担保债务凭证（collateralized debt obligation，CDO）三大类。其区别在于：MBS 的基础资产是住房抵押贷款，ABS 的基础资产是除住房抵押贷款以外的其他资产，CDO 是以抵押债务信用为基础，对债券、贷款等资产进行结构重组，重新分割投资回报和风险，以满足不同投资者需要的创新性衍生证券产品。下面以抵押贷款支持证券和资产支持证券为例对资产证券化产品进行具体介绍。

（一）抵押贷款支持证券

抵押贷款支持证券是指金融机构（主要是商业银行）把自己所持有的流动性较差但具有未来现金流的住房抵押贷款聚集重组为抵押贷款群组，由证券化机构以现金方式购入，经过担保或信用增级后以证券的形式出售给投资者的一种资产证券化产品。MBS 是最早的资产证券化产品，它最早产生于 20 世纪 60 年代的美国。它主要是由美国住房专业银行及储蓄机构利用其贷出的住房抵押贷款发行的一种资产证券化产品。

根据支付方式的不同，MBS 大致可以分为以下类型：

（1）过手 MBS（pass-through MBS）。其资产池产生的任何现金流都不经过分层组合，而是原原本本地支付给投资者。

（2）担保抵押债券（collateralized mortgage obligation，CMO）。其现金流经过分层组合、重新安排后分配给有不同需求的投资者。其推出是为了解决抵押贷款支持证券由于抵押贷款预先偿付带来的风险问题。担保抵押债券通过发行具有不同期限、不同收益-风险特性的抵押债券，使得预先偿付风险在不同的债券投资者之间重新分配。例如，对于风险厌恶的投资者，发行还款期限固定、利率较低的债券，同时发行一种辅助债券吸收所有提前还款带来的风险，以满足风险爱好投资者的需求。这样，担保抵押债券就实现了风险在不同投资者之间的重新分配。

（3）剥离式 MBS（stripped MBS，SMBS）。其将现金流的利息和本金分离并分别支付给相应的投资者，又分为利息型（interest only，IO）SMBS 和本金型（principal only，PO）SMBS。

（二）资产支持证券

资产支持证券和抵押贷款支持证券有许多相似之处：两者都以某种有稳定现金流的

资产为基础发行债券；都通过担保进行信用增级；其出发点都是增强资产的流动性；等等。但两者也有显著区别，资产支持证券涵盖的抵押资产范围远大于抵押贷款支持证券，种类也比抵押贷款支持证券要多。

目前美国市场上主要的证券化基础资产共有四大类：

（1）消费信贷，包括居民住宅抵押贷款、汽车销售贷款、信用卡应收款及各种个人消费贷款。

（2）商业抵押贷款，包括商业房地产抵押贷款、贸易收款、各类工商企业贷款。

（3）租赁应收款，包括计算机租赁、办公设备租赁、汽车租赁、飞机租赁。

（4）其他未来有稳定现金流的资产，包括人寿保单、公用事业费收入、航空公司机票收入、公园门票收入、俱乐部会费收入及债券收入等。

其中发行额最大的三种资产支持证券是汽车贷款担保资产支持证券、信用卡担保资产支持证券和住宅权益担保资产支持证券。

四、货币市场工具

货币市场被定义为到期期限为一年或短于一年的债务工具市场。货币市场工具是投资者管理流动性并获得一定收益的重要金融工具。本节介绍以下四种主要货币市场工具。

（一）商业票据

对一个需要短期资金且信用等级较高的公司来说，除了银行借贷，还可以通过发行商业票据的方式进行融资。商业票据是作为发行机构的债务在公开市场上发行的短期无担保的期票。大多数商业票据的期限都少于 270 天，最常见的期限是 30～50 天。

尽管商业票据的典型发行人具有较高的信用等级，但近几年，那些信用等级较低、不太出名的小公司也可以发行商业票据。它们通过从信用等级高的公司得到信用支持，或者用高品质的资产作为抵押品来发行票据。通过前一种方式发行的票据称为信用支持商业票据，通过后一种方式发行的票据称为资产支持商业票据。信用支持商业票据的一个例子是以信用证支持的商业票据。信用证的条款明确规定：若发行人到期无力支付，开证行要保证代为偿还。银行出具信用证要收取一定的费用。信用支持商业票据还可以通过从保险公司取得履约保证的形式进行信用增级。资产支持商业票据是由大公司发行的，它可以通过某种具有特殊目的的工具来聚集资产，发行债券。用于担保的资产包括信用卡应收款项、汽车和设备租赁、健康医疗应收款项，甚至还包括小型公司贷款。

商业票据的利率一般高于国库券的收益率，原因有三个：首先，商业票据的投资者面临着信用风险；其次，由于投资于国库券得到的利息可以免征州和地方所得税，所以商业票据不得不提供较高的收益率来弥补这种税收上的劣势；最后，商业票据的流动性不如国库券。

（二）银行承兑汇票

银行承兑汇票是一种促进商业贸易的工具，其中银行承担了向汇票持有人最后支付的责任。银行承兑汇票在商业贸易中发挥的融资作用称为承兑融资。

银行承兑汇票与国库券和商业票据一样，也是贴现出售的，其投资者主要是货币市场共同基金和市政机构。

投资于银行承兑汇票的投资者面临信用风险，即借款人和承兑银行在票据到期日都不能支付本金的风险。因此，同样期限的银行承兑汇票会提供高于国库券的收益率。

（三）大额可转让定期存单

存单是由银行或储蓄机构发行的一种证明书，用以证明特定数量的货币已经存储在开单的存储机构。美国的银行发行的存单由联邦存款保险公司担保，但是担保数额最高只有 25 万美元。对于到期日没有最长期限的限制，但最低不能少于 7 天。

美国货币市场上的大额可转让定期存单通常是 100 万美元或者更大的面额，客户可以在公开市场上出售转让，流动性好。存单的投资者大部分是投资公司，其中有大量的货币市场基金。银行和银行信托部门、一些市政机构和公司也是存单的投资者。

与国库券、商业银行票据、银行承兑汇票不同的是，存单的收益率是以所付利息为基础来标价的。在美国发行的存单一般每半年付一次息，一年按 360 天计算。标注在存单上的收益率是不同的，受以下三种因素影响：（1）发行银行的信用等级；（2）存单的期限；（3）存单的供给和需求状况。存单的供给状况是由银行的贷款需求和筹集其他替代资金的成本所决定的。

（四）回购协议

回购协议是指在出售证券的同时，约定在未来设定的日期，以约定的价格由出售者从购买者手中买回证券的协议。其本质上是一种抵押贷款，即借款人用证券作为抵押来获得贷款。回购价格和出售价格之间的差额就是贷款的美元利息成本。期限为一天的回购称为隔夜回购，期限长于一天的回购称为定期回购。

回购协议中的抵押品可以是国库券、货币市场工具、联邦机构债券和抵押贷款支持证券。回购协议中的交易双方都面临信用风险，一般通过保证金制度和盯市制度进行规避。贷款金额一般低于用作抵押品的债券的市场价值，用作抵押品的债券的市场价值超过贷款价值的部分称为保证金。这样当抵押品的市场价值下跌时可以给贷款者提供一定的保护。盯市是指在规范的基础上由市场来评定抵押品。当市场价值以特定比例变动时，回购协议的资金头寸也相应调整。如果抵押品价值下跌，那么可以要求追加保证金或对回购协议重新定价，两种方法任选其一。

一些国家的中央银行常通过在回购市场上买入或卖出抵押品来执行货币政策，通过公开市场操作来影响短期利率。回购市场已发展成为货币市场中最重要的部分之一。

五、国际债券

国际债券是一国政府、金融机构、工商企业或国际组织为筹措和融通资金，在国外金融市场上发行的以外国货币为计价货币的债券。一般来说，国际债券主要包括两类：一类是外国债券；另一类是欧洲债券。

外国债券是指一国借款人在本国以外的某个国家发行的以发行市场所在国货币为计价货币的债券。如 1982 年 1 月，中国国际信托投资公司在日本东京发行的日元债券就是外国债券。

欧洲债券是指借款人在本国境外市场发行的不以发行市场所在国的货币为计价货币

的国际债券。例如，法国一家机构在英国债券市场上发行的以美元为计价货币的债券即为欧洲债券。欧洲债券的发行人、发行地以及计价货币分别属于三个不同的国家。[①]

国际债券的重要特征是：发行人和投资者属于不同的国家，筹集的资金来源于国外金融市场。

▲ 专栏 1－3

熊猫债券

熊猫债券指境外机构以人民币为计价货币在中国金融市场（在岸市场）发行的债券，是一种外国债券。

2005 年 10 月，当时国际金融公司和亚洲开发银行获准在我国银行间债券市场分别发行 11.3 亿元和 10 亿元人民币债券，这是中国债券市场首次引入国际多边金融机构发行主体，标志着熊猫债券的诞生。

2014 年我国熊猫债券市场开始步入了一个崭新的历史阶段，这主要得益于人民币国际化进程的加快以及金融系统对外开放的不断推进。2014 年 3 月，戴姆勒股份公司获准在银行间市场发行一期规模为 5 亿元的熊猫债券。该债券的发行具有多重意义：一是标志着我国熊猫债券市场的重启；二是发行主体由早先的金融机构拓展到非金融机构，标志着熊猫债券发行主体的多元化；三是在发行方式上，首次以非公开方式发行熊猫债券，标志着熊猫债券的发行方式不再单一。熊猫债券的发行人分为两类，包括纯境外发行人以及中资红筹企业。其中后者主要指在境外注册，但业务运营集中在境内的中资企业。境外发行人涵盖外国主权政府、国际开发机构、金融机构、非金融企业等各个类型。从现状来看，红筹企业依然是熊猫债券市场的主要参与者，纯境外主体参与程度依然较低，占比不足 50%。

2018 年 9 月，中国人民银行、财政部发布《全国银行间债券市场境外机构债券发行管理暂行办法》。2019 年以来，中国银行间市场交易商协会先后发布《境外非金融企业债务融资工具业务指引（试行）》和《境外非金融企业债务融资工具分层分类管理细则》等文件。2020 年 5 月，国务院金融稳定发展委员会办公室拟发布 11 条金融改革措施，其中第八条就是：发布《外国政府类机构和国际开发机构债券业务指引》，进一步完善熊猫债券信息披露要求，细化熊猫债券发行规则，鼓励有真实人民币资金需求的发行人发债，稳步推动熊猫债券市场发展。经过多年试点实践，两类机构熊猫债券发行人数量不断增多。中国银行间市场交易商协会数据显示，截至 2020 年 11 月末，共有 9 家外国政府类机构（包括 7 家主权政府类机构和 2 家地方政府类机构）以及 4 家国际开发机构在中国银行间市场交易商协会注册 824.6 亿元熊猫债券，发行 339.6 亿元。

熊猫债券市场发展的意义非同一般。首先，它有利于推动我国债券市场的快速发展

① 欧洲债券是个不太严格的概念。另一种观点是，只要是债券发行人去境外发行的、计价货币所属国家与发行地国家不一致的债券就是欧洲债券。例如，英国借款人在美国发行的英镑债券也是欧洲债券。

与国际化进程。允许境外机构发行人民币债券，标志着我国在放开资本项目管制的过程中迈出了试探性步伐。其次，熊猫债券的发行也将大大有利于人民币国际化。一种货币要实现国际化，必须同时具备贸易结算货币、投资货币、储备货币这三种角色，而熊猫债券的发行拉开了人民币作为投资货币的序幕，这是人民币国际化进程中非常重要的一步。熊猫债券促进了中国债券市场的对外开放，也使人民币投资者得以规避汇率风险。

△ 专栏 1-4

欧洲债券的产生和发展

欧洲债券产生于 20 世纪 60 年代，是随着欧洲货币市场的形成而兴起的一种国际债券。一方面，20 世纪 60 年代以后，美国资金不断外流，美国政府被迫采取一系列限制性措施。1963 年 7 月，美国政府开始征收“利息平衡税”，规定美国居民购买外国在美国发行的证券，所得利息一律要纳税。1965 年，美国政府又颁布条例，要求银行和其他金融机构限制对国外借款人的贷款数额。这两项措施增加了外国借款人在美国发行美元债券或获得美元贷款的成本。另一方面，在 20 世纪 60 年代，许多国家有大量盈余美元，需要进行投资以获取利息，于是一些欧洲国家的借款人开始在美国境外发行美元债券，这就是欧洲债券的由来。欧洲债券最初主要以美元为计价货币，发行地以欧洲为主。20 世纪 70 年代后，随着美元汇率波动幅度增大，以联邦德国马克、瑞士法郎和日元为计价货币的欧洲债券的比重逐渐增加，同时，发行地开始突破地域限制，在亚洲、北美洲以及拉丁美洲等地发行的欧洲债券也日渐增多。

欧洲债券自产生以来，发展十分迅速，1992 年的发行量为 2 761 亿美元，1996 年的发行量增至 5 916 亿美元。在国际债券市场上，欧洲债券所占比重远远超过了外国债券。欧洲债券之所以对投资者和发行人有如此巨大的魅力，主要有以下几方面的原因：第一，欧洲债券市场是一个完全自由的市场，债券发行较为自由灵活，既不需要向任何监督机关登记注册，又无利率管制和发行数额限制，还可以选择多种计价货币。第二，发行欧洲债券筹集的资金数额大、期限长，而且对财务信息披露的要求不高，方便筹资者筹集资金。第三，欧洲债券通常由几家大的跨国金融机构办理发行，发行面广，手续简便，发行费用较低。第四，欧洲债券的利息收入通常免交所得税。第五，欧洲债券以不记名方式发行，并可以保存在国外，适合一些希望保密的投资者的需要。第六，欧洲债券的安全性和收益率高。欧洲债券发行人多为大公司、各国政府和国际组织，它们一般都有很高的信誉。同时，由于免税和不受管制，欧洲债券的收益率也较高。

对于中国的国际债券发行人而言，扬基债券、武士债券与龙债券是三种最重要的外国债券。

（一）扬基债券

扬基债券[①]是在美国债券市场上发行的外国债券，即美国以外的政府、金融机构、工商企业和国际组织在美国国内市场发行的以美元为计价货币的债券。扬基债券具有如下几个特点：（1）期限长、数额大。扬基债券的期限通常为5～7年，一些信誉好的大机构发行的扬基债券期限甚至可达20～25年。近年来，扬基债券的发行额平均为7 500万～1亿美元，有些甚至高达几亿美元。（2）美国政府对其控制较严，申请手续远比一般债券烦琐。（3）发行人以外国政府和国际组织为主。（4）投资者以人寿保险公司、储蓄银行等机构为主。

（二）武士债券

武士债券是外国发行人在日本债券市场上发行的以日元计价的中长期债券。武士债券均为无担保发行，期限通常为3～10年，一般在东京证券交易所交易。第一只武士债券是亚洲开发银行在1970年12月发行的。早期武士债券的发行人主要是国际机构，1973—1975年由于受到世界石油价格暴涨的影响，日本国际收支恶化，武士债券的发行也随之中断。20世纪80年代以后，日本经常项目出现巨额顺差，国内资金充裕，于是放宽了对外国债券的发行限制，导致武士债券发行量大幅增加。

（三）龙债券

龙债券是以非日元的亚洲国家或地区的货币发行的外国债券。龙债券是东亚经济迅速增长的产物，从1992年起，龙债券得到了迅速发展。龙债券在亚洲地区（中国香港或新加坡）挂牌上市，其期限通常为3～8年。龙债券对发行人的信誉要求较高，一般为政府及相关机构。龙债券的投资者包括官方机构、中央银行、基金管理人及个人投资者等。龙债券一般是一次到期还本、每年付息一次的长期固定利率债券；或者是以美元计价，以伦敦银行同业拆借利率为基准，每一季或每半年重新设定一次利率的浮动利率债券。龙债券的发行以非亚洲货币标定面额，尽管有一些债券是以加拿大元、澳大利亚元和日元标价，但多数是以美元标价。

△ 专栏1-5

中国石化集团公司成功发行30亿美元国际债券

我国发行国际债券始于20世纪80年代初期。当时，在改革开放的政策指导下，为利用国外资金，加快我国的建设步伐，我国的一些金融机构率先步入国际资本市场，以发行债券的形式筹资。1982年1月，中国国际信托投资公司在日本东京资本市场上发行了100亿日元的债券，期限为12年，利率为8.7%，采用私募方式发行。随后，在20世纪80年代中后期，福建投资信托公司、中国银行、上海国际信托投资公司、广东国际信托投资公司、天津国际信托投资公司、财政部、交通银行等也先后在东京、法兰

① “扬基”一词英文为“Yankee”，意为“美国佬”。

克福、香港、新加坡、伦敦发行国际债券，发行币种包括日元、港元、联邦德国马克、美元等，期限均为中长期，最短的5年，最长的12年，绝大多数采用公募方式发行。20世纪90年代以后，随着我国综合国力的不断增强，我国的国际债券信用等级不断上升，特别是1996年，我国政府成功地在美国市场上发行了100年期扬基债券。

2012年5月14日，中国石化集团公司成功发行了30亿美元国际债券，标志着我国国际债券发行进入了一个新阶段。此次发债取得了多项突出成果：

首先，创新了发行结构。这是中央企业首次采用集团公司境外特殊目的载体（special purpose vehicle，SPV）作为发债主体、集团公司提供全额担保的结构发行债券，既能充分发挥集团公司上中下游一体化的协同效应优势，又能满足投资者的避险需求。

其次，认购规模创中国企业境外发债历史新高，在亚洲地区2012年美元债券认购规模中也属最大。全球参与认购的各类机构投资者达513个，认购规模高达191亿美元。

再次，单次发行规模创中国企业发行美元债券的最高纪录，也是亚洲地区2012年全球美元债券发行规模最大的一次。最终完成的发行规模合计30亿美元，其中5年期、10年期和30年期发行额均为10亿美元。

最后，最终发行价格创中国企业发行境外美元债券最低。按3年期债券的综合票面利率比较，此次发债综合票面利率为3.84%，其中5年期债券的票面利率为2.75%，10年期和30年期债券的票面利率分别为3.9%和4.875%，是截至其发行日中国企业发行基准美元债券历史上的最低票面利率，为中国企业树立了良好的市场形象。

第四节　中国债券的品种

在中国的债券市场上，通常根据债券价格或收益率受哪种因素的影响较大将债券分为利率品种和信用品种。前者指价格只受基准利率影响的债券，而后者指价格除了受基准利率影响外，还受到自身信用风险状况影响的债券。

一、利率品种

利率品种也称为利率债，发行人为国家或信用等级与国家相当的机构，因而该类债券没有信用风险，收益率变动主要和基准利率变动有关。利率债主要包括国债、中央银行票据、政策性金融债券、地方政府债券、政府支持机构债券等。

（一）国债

国债是由财政部发行的具有免税特征的债券，是目前国内唯一在交易所、银行间市场、商业银行柜台均有发行并交易的债券品种，也是交易比较活跃的债券品种。由于相对于其他债券品种有无风险和免税的特点[①]，国债收益率也是市场基准利率。目前财政

① 《中华人民共和国个人所得税法》规定，个人的利息、股息、红利所得应该缴纳个人所得税，但国债和国家发行的金融债券的利息可免征个人所得税。

部按季公布国债发行计划，国债发行量的多少也取决于国家财政政策走向。

我国发行的国债主要分成两大类，即普通型国债和特殊型国债。普通型国债一般有规律地发行，主要包括储蓄国债和记账式国债两种，是财政政策的工具之一，期限通常在 1 年以上，以中长期为主。其中储蓄国债只在银行柜台发行，投资者主要为个人，不能流通，其流动性通过提前兑付实现；记账式国债则主要面向银行间债券市场和交易所跨市场发行，投资者主要为机构。特殊型国债主要有特种定向债券、特种国债和专项国债等几种。

1. 储蓄国债

储蓄国债分为传统凭证式储蓄国债和电子式储蓄国债。① 通常，人们按照习惯将传统凭证式储蓄国债称为凭证式国债，而将 2006 年 6 月底首发的电子式储蓄国债称为电子式国债。凭证式国债是债权人认购债券的收款凭证，而不是债券发行人制定的标准格式的债券。它是一种国家储蓄债券，可记名、挂失，以凭证式国债收款凭证记录债权，可提前兑付，不能上市流通，从购买之日起计息，发行对象主要是个人投资者。电子式国债是指财政部在境内发行，以电子方式记录债权的不可流通人民币债券。它只面向境内中国公民，企事业单位、行政机关等机构投资者不能购买。电子式国债以 100 元为赎买单位，并按单期国债设个人国债账户最低、最高购买限额，以区别于居民储蓄。电子式国债的利息免征所得税。到期后，承办银行自动将投资者应收本金和利息转入其资金账户。

2. 记账式国债

记账式国债是一种只在电脑账户中做记录，而没有实物形态的债券。它以电脑记账形式记录债权，通过无纸化方式发行并可以在国债二级市场上交易，可以记名、挂失。记账式国债可以在债券市场上流通。

3. 特种定向债券

特种定向债券简称定向债券，是一国政府为了贯彻实施某些专门政策而向特定对象发行的国家债券，一般由政府财政担保，所募集的资金一般用于国家所规定的项目。特种定向债券采取定向募集的方式发行，以财政部统一印制的特种定向债券收款凭证记录债权，由各地财政部门具体办理发行及兑付手续，可以记名、挂失，但不能上市转让，期限比较长，收益率一般相对较高。许多欧美国家都向社会保险基金定向发行特种定向债券，目的是保障社会保险基金的安全，实现其保值增值。

4. 特种国债

特种国债是指不定期发行的、用于特殊用途的国债。例如，财政部于 1998 年 8 月向四大国有独资商业银行发行了 2 700 亿元长期特种国债，所筹集的资金全部用于补充国有独资商业银行资本金。

5. 专项国债

专项国债是指不定期发行的用于专门用途的国债。例如，财政部于 1998 年 9 月面

① 历史上中国发行过实物国债，它是一种具有标准格式实物券面的债券。在其标准格式的债券券面上，一般印制了债券面额、债券利率、债券期限、债券发行人全称、还本付息方式等各种债券票面要素，不记名、不挂失，可上市流通。

向四大国有独资商业银行发行了 1 000 亿元年利率为 5.5%的 10 年期附息国债，专项用于国民经济和社会发展急需的基础设施投入。

（二）中央银行票据

中央银行票据简称央票，是央行为调节基础货币而向金融机构发行的票据，是一种重要的货币政策日常操作工具，期限一般在 3 年以下。央票正式作为中国常用的货币政策工具始于 2003 年，最初的目的是增加公开市场业务的操作工具，扩大银行间债券市场交易品种。

目前央票固定每周二和周四发行，每周发行量为 100 亿～2 000 多亿元不等。主要政策目的是调节金融机构的资金流动性、对冲外汇占款等。因此，央票并不单纯是债券市场中的一个品种，而且是央行货币政策的工具。根据央行货币政策调整的需要，央票的市场供应量是不断调整的，此外，央票发行利率也反映了央行对市场利率的指导与调控。

（三）政策性金融债券

金融债券是由金融机构发行的债券，目前主要在银行间市场发行并交易，主要包括政策性金融债券、普通金融债券、次级债券及混合资本债券。金融债券最初主要是政策性银行为了在市场中融资而发行的，2004 年以后中国人民银行开始允许商业银行发行金融债券补充次级资本等。目前金融债券的发行主体主要是国家开发银行、中国进出口银行、中国农业发展银行，商业银行发行的金融债券的总量占比不大。金融债券中只有政策性金融债券属于利率品种，因此，下面只介绍政策性金融债券，而将普通金融债券、次级债券和混合资本债券放在后面的信用品种中介绍。

政策性金融债券是我国开发性金融机构（国家开发银行）和政策性银行（中国农业发展银行、中国进出口银行）为筹集信贷资金，经国务院批准，向国有商业银行、区域性商业银行、城市商业银行、农村信用社等金融机构发行的金融债券。政策性金融债券为无纸化登记债券，由中央国债登记结算有限责任公司（以下简称“中债登”）负责托管登记，各认购人均在中债登开设托管账户，中债登接受开发性金融机构和政策性银行的委托办理还本付息业务。金融债券是仅次于央票与国债的第三大券种。特别是国家开发银行发行的政策性金融债券，由于发行量较大、信用等级高、定价的市场化程度高、创新品种丰富而成为银行间债券市场最活跃的品种，且无论从期限上、付息方式上还是结构上看，都几乎涵盖了市场中的所有品种。

1994 年 4 月，国家开发银行首次发行政策性金融债券。1997 年以前，政策性金融债券都以行政摊派方式发行，市场流动性很差。1998 年，国家开发银行政策性金融债券采用市场化方式发行，取得了重要突破。截至 2019 年上半年，国家开发银行金融债券累计发行量突破 17.7 万亿元，实现了历史性突破。国家开发银行金融债券市场存量达到 8.2 万亿元，占中国债券市场的近 1/4，是全球发行债券余额最大的银行。国家开发银行已累计兑付债券本息 9.7 万亿元，为投资者提供了丰厚的回报。

（四）地方政府债券

我国地方政府债券以省、自治区、直辖市和计划单列市政府为发行和偿还主体，其信用实际上接近于国债，信用评级一般可达到 AAA 级。根据资金来源，地方政府债券可以划分为一般债券和专项债券。

一般债券指省、自治区、直辖市政府（以及经省级政府批准自办债券发行的计划单列市政府）为没有收益的公益性项目发行的、约定一定期限内主要以一般公共预算收入还本付息的政府债券。一般债券资金收支列入一般公共预算管理。

专项债券是为有一定收益的公益性项目发行的、约定一定期限内以公益性项目对应的政府性基金或专项收入还本付息的政府债券。专项债券资金纳入政府性基金预算管理。地方政府专项债券可细分为项目收益专项债券和普通专项债券。项目收益专项债券直接对应项目资产和收益，实现项目收益融资自求平衡；普通专项债券用途包括重大基础设施建设、城镇化项目、公益性事业发展项目、脱贫攻坚等，仅用于公益性资本支出，不得用于经常性支出。按照财政部印发的《关于做好 2018 年地方政府债务管理工作的通知》，我国将合理扩大专项债券使用范围，鼓励地方创新和丰富债券品种，按照中央经济工作会议确定的重点工作，优先在重大区域发展以及乡村振兴、生态环保、保障性住房、公立医院、公立高校、交通、水利、市政基础设施等领域选择符合条件的项目，积极探索试点发行项目收益专项债券。

2009 年我国首次在全国范围内发行地方政府债券，发行规模为 2 000 亿元，由省级政府在国务院核准的额度内提交申请并批准发行。

（五）政府支持机构债券

政府支持机构债券由政府支持的公司或金融机构发行，并由政府提供担保。一般地，政府支持机构债券通过中债登发行，在银行间债券市场交易，主要在中债登托管。目前我国政府支持机构债券有两种：一是中央汇金投资有限责任公司发行的债券，二是中国铁路总公司（原铁道部）发行的铁路建设债券。两者具有国家信用，享有超 AAA 评级。

二、信用品种

信用品种即信用债，是指具有信用风险的债券。这种债券的发行人没有国家信用背书，存在违约风险，发行人信用水平是影响债券收益率的重要因素。信用债主要包括公司债券、企业债券、非金融企业债务融资工具、中小企业私募债券、资产证券化产品以及非政策性金融债券等。在中国，信用品种主要依据债券的监管主体分类，如公司债券由中国证券监督管理委员会（以下简称“证监会”）监管，企业债券由国家发展和改革委员会（以下简称“发改委”）监管，非金融企业债务融资工具由中国银行间市场交易商协会监管。

（一）公司债券

公司债券，是指公司依照法定程序发行、约定在一定期限内还本付息的有价证券。公司债券是由股份有限公司或有限责任公司发行的债券，《中华人民共和国公司法》（以下简称《公司法》）和《中华人民共和国证券法》（以下简称《证券法》）对此做出了明确规定。在中国发行公司债券有五大优势：

一是发行程序规范、简化。公司债券发行采用核准制，实行保荐制度。根据规定：发行审核委员会（以下简称发审委）按照《中国证券监督管理委员会发行审核委员会办法》规定的特别程序审核申请文件。由于引进了股票发行审核中已经比较成熟的发审委制度，公司债券的发行程序较为规范，不再要求公司股东大会对是否分次发行以及发行期限的安排、债券利率或其确定方式、担保事项、回售条款或者赎回条款、还本付息的期限和方式做出决议，而是由公司视不同市场环境在发债时具体确定，这在一定程度上降低了股东大会的召开频率，简化了发行程序。

二是担保灵活。公司债券没有强制要求担保。

三是债券受托管理人制度。根据规定，公司应当为债券持有人聘请债券受托管理人，受托管理人有明确的义务来保护债券持有人的利益。

四是储架发行制度。相关规定允许一次核准、分次发行。自核准发行之日起，公司应在 6 个月内首期发行，剩余数量应当在 24 个月内发行完毕。超过核准文件限定的时效未发行的，须重新经证监会核准后方可发行。这种国外成熟市场常见的储架发行制度简化了发行程序，提高了发行效率，为将来其他产品也采用这种发行方式打开了空间。

五是价格市场化。根据规定，公司债券的发行价格由发行人与保荐人通过市场询价确定，这就明确了发展公司债券的核心问题，即价格的市场化。因此，公司债券在票面利率的设计上具有广阔的创新空间和自由度。

2007 年 9 月 24 日，我国第一单公司债券——长江电力公司债券——成功发行。经中国证监会核准，长江电力公司获准发行不超过 80 亿元人民币的公司债券，采取分期发行的方式，首期发行 40 亿元。这是自 2007 年 8 月证监会发布《公司债券发行试点办法》后第一家获准发行公司债券的公司。

（二）企业债券

企业债券是由中央政府部门所属机构、国有独资企业或国有控股企业发行的债券。我国的企业债券发行的主要依据是《企业债券管理条例》。《企业债券管理条例》中对企业债券的定义是“企业依照法定程序发行、约定在一定期限内还本付息的有价证券”。

在我国，企业债券和公司债券的区别体现在四个方面。一是发行主体不同。公司债券目前仅能由上市的股份有限公司发行，企业债券则是由中央政府部门所属机构、国有独资企业或国有控股企业发行。二是募集的资金的用途不同。企业债券募集的资金一般用于基础设施建设、固定资产投资、重大技术改造、公益事业投资等方面；而公司债券主要是为了满足公司自身的具体经营需要。三是监管机构不同。公司债券的发行实行核准制，由中国证监会审核发债公司的材料是否符合法律制度规定。而企业债券的发行则由发改委审批。四是对信息披露的要求不同。企业债券发行人没有严格的信息披露义务；公司债券发行人有较为严格的信息披露义务。我国公司债券和企业债券的详细比较见表 1－2。

表 1－2　公司债券和企业债券的比较

	企业债券	公司债券
法律依据	企业债券的发行、交易主要适用国务院发布的《企业债券管理条例》的规定	公司债券在《公司法》中有专章（第七章“公司债券”）规定，同时也是《证券法》中明文规定的证券的一种，其发行、交易适用《公司法》《证券法》的相关规定

续表

	企业债券	公司债券
发行主体	企业债券是由中央政府部门所属机构、国有独资企业或国有控股企业发行的债券，它对发债主体的限制比公司债券大得多	公司债券是由依照《公司法》设立的股份有限公司或有限责任公司发行的债券，目前仅能由上市的股份有限公司发行
审批制度	企业债券发行需要经发改委报国务院审批	公司债券主要由证监会负责审批工作，类似于增发核准制，只要经过证监会核准的公司就可以发行公司债券
募集的资金的用途	企业债券募集的资金仅能用于固定资产投资和技术革新改造，并与政府部门审批的项目直接相关	公司债券是公司根据经营运作的具体需要所发行的债券，它的主要用途包括固定资产投资、技术更新改造、改善公司资金来源的结构、调整公司资产结构、降低公司财务成本、支持公司并购和资产重组等。因此，只要不违反有关制度规定，募集的资金如何使用几乎完全是发债公司自己的事，无须政府部门关心和审批
信用基础	企业债券不仅通过国有机制贯彻政府信用，而且通过行政强制落实担保机制，所以它的信用级别与其他政府债券大同小异	发债公司的资产质量、经营状况、盈利水平和可持续发展能力等是公司债券的信用基础。与此对应，各家公司的债券价格和发债成本有着明显差异。运用担保机制可以增强公司债券的信用，但这一机制不是强制规定的
发债额度	不低于10亿元	最低限为1 200万～2 400万元

（三）非金融企业债务融资工具

非金融企业债务融资工具（以下简称“债务融资工具”）是指具有法人资格的非金融企业（以下简称“企业”）在银行间债券市场发行的，约定在一定期限内还本付息的有价证券。

非金融企业债务融资工具目前主要包括短期融资券（短融）、中期票据（中票）、中小企业集合票据等类型。

1. 短期融资券和中期票据

短期融资券和中期票据都是指具有法人资格的非金融企业在银行间债券市场发行的，约定在一定期限内还本付息的债务融资工具。二者的区别在于发行期限不同，短期融资券的期限在1年以内，中期票据的期限在1年以上，一般为3～5年。

短期融资券和中期票据的发行方式、发行地点、审批方式都是相同的。二者均在中国银行间市场交易商协会注册，由金融机构承销、进行余额管理，一次审批、分期发行。在发行额度上，企业待偿还余额不超过企业净资产的40%。发行地点是银行间债券市场，在中债登集中登记托管。

2. 中小企业集合票据

中小企业集合票据是指2个（含）以上、10个（含）以下具有法人资格的中小非金融企业，在银行间债券市场以统一产品设计、统一券种冠名、统一信用增级、统一发行注册方式共同发行的，约定在一定期限内还本付息的债务融资工具。

企业发行集合票据应依据《银行间债券市场非金融企业债务融资工具注册工作规程》在中国银行间市场交易商协会注册，一次注册、一次发行。企业发行集合票据应遵守国家相关法律法规，任一企业集合票据待偿还余额不得超过该企业净资产的40%。任一企业集合票据募集的资金额不超过2亿元人民币，单只集合票据注册金额不超过10亿元人民币。企业发行集合票据应采取偿债保障措施，并在发行文件中进行披露，包括信用增级措施、资金偿付安排以及其他偿债保障措施。企业发行集合票据应披露集合票据债项评级、各企业主体信用评级以及专业信用增级机构（若有）主体信用评级。企业应在集合票据发行文件中约定投资者保护机制，包括应对任一企业及信用增级机构主体信用评级下降或财务状况恶化、集合票据债项评级下降以及其他可能影响投资者利益情况的有效措施。

（四）中小企业私募债券

中小企业私募债券是未上市中小微型企业以非公开方式在证券交易所发行的公司债券。《深圳证券交易所中小企业私募债券业务试点办法》明确规定：试点期间，符合工业和信息化部等联合发布的《关于印发中小企业划型标准规定的通知》规定的未上市非房地产、金融类的有限责任公司或股份有限公司，只要发行利率不超过同期银行贷款基准利率的3倍，并且期限在1年（含）以上，就可以发行中小企业私募债券。

上海证券交易所（以下简称上交所）2012年6月8日发布公告称，上交所中小企业私募债券第一单当日成功发行，由此我国首只中小企业私募债券正式诞生。公告显示，由东吴证券承销的苏州华东镀膜玻璃有限公司5 000万元中小企业私募债券当日上午发行完毕。本只中小企业私募债券期限为2年，发行利率为9.5%，每年付息一次，由苏州国发中小企业担保投资有限公司提供保证担保。6月7日，发行人向上交所提出备案申请，6月8日该公司收到上交所出具的《接受备案通知书》，从而成为第一只成功发行的中小企业私募债券。

中小企业私募债券发行规模不受净资产的40%的限制，需提交最近两年经审计的财务报告，但对财务报告中的利润情况无要求，不受年均可分配利润不少于公司债券1年的利息的限制。中小企业私募债券募集的资金的用途不受限制，较为灵活，可用来直接偿还债务或补充营运资金，不限定为固定资产投资项目。

中小企业私募债券为非公开发行债券，在上交所固定收益平台和深交所综合协议平台挂牌交易或在证券公司进行柜台交易转让，发行、转让及持有账户合计限定为不超过200个。

中小企业私募债券是完全市场化的公司债券，也被称作中国版的垃圾债券。垃圾债券最早起源于美国，是信用评级在标准普尔公司BB级或穆迪公司Ba级以下的公司发行的债券。垃圾债券向投资者提供高于其他债务工具的利息收益，因此也被称为高收益债券，但投资垃圾债券的风险也高于投资其他债券。

（五）资产证券化产品

资产证券化是指对缺乏流动性但具有可预期的稳定的未来现金流的资产进行组合，

并依托该现金流在金融市场上发行可以流通买卖的资产支持证券的活动。我国资产证券化产品主要包括三大类：银保监会主管的信贷资产证券化产品（信贷 ABS)、证监会主管的企业资产证券化产品（企业 ABS）和中国银行间市场交易商协会主管的资产支持票据（ABN)。

信贷资产证券化是指把缺少流动性但有未来现金流的信贷资产（如银行的贷款、企业的应收账款等）经过重组形成资产池，并以此为基础发行证券。2005 年 4 月，中国人民银行、中国银行监督管理委员会颁布了《信贷资产证券化试点管理办法》等一系列规范文件，同年开始第一批试点，国家开发银行与中国建设银行先后推出接近 100 亿元的信贷支持证券（开元证券）和 30 亿元的个人住房抵押贷款支持证券（建元证券)。

企业资产证券化作为一种融资创新，是证券公司以专项资产管理计划为特殊目的载体，以计划管理人身份面向投资者发行资产支持受益凭证，按照约定用受托资金购买原始权益人能够产生稳定现金流的基础资产，将该基础资产的收益分配给受益凭证持有人的专项资产管理业务。根据证监会发布的《证券公司客户资产管理业务试行办法》等相关规定，中金公司于 2005 年 9 月推出了首个客户资产管理业务——中国联通 CDMA 网络租赁费收益计划。

根据 2012 年 8 月 3 日中国银行间市场交易商协会正式颁布的《银行间债券市场非金融企业资产支持票据指引》，资产支持票据指非金融企业在银行间债券市场发行的，以基础资产所产生的现金流作为还款支持的，约定在一定期限内还本付息的债务融资工具。该创新产品突出“资产支持”，即通过对基础资产产生的现金流实施归集和管理，实现对基础资产产生的现金流的有效控制，为资产支持票据的还本付息提供有力支持。2012 年 8 月 6 日，首批三个试点项目正式获得了注册批文。试点项目涉及上海浦东路桥建设股份有限公司、南京公用控股（集团）有限公司、宁波城建投资控股有限公司三家企业。首批试点项目的支持资产包括公用事业收费权、BT（建设移交）项目应收账款等多种类型。

（六）非政策性金融债券

商业银行发行的普通金融债券、混合资本债券及次级债券同样没有国家信用背书，存在违约风险。

1. 普通金融债券

普通金融债券指金融机构对其借款者承担还本付息义务所开具的凭证，其持有者是债权人。其特点之一就是形式上类似于银行储蓄中的定期存款。普通金融债券的发行者与持有者之间是债权债务关系，购买普通金融债券是一种投资行为，而定期存款只是一种储蓄行为。普通金融债券的预期收益一般要大于定期存款的预期收益，但由于部分年份为有效抑制通货膨胀，我国实行了保值储蓄，所以 3 年期普通金融债券的收益率实际上低于同期居民储蓄利率。普通金融债券一般不记名、不挂失，但可以抵押和转让；发行对象主要为个人，利息收入可免征个人所得税；不计复利，不能提前支取，延期兑付亦不计逾期利息；利率固定，一般都高于同期居民储蓄利率。

2. 混合资本债券

我国的混合资本债券是指商业银行为补充附属资本发行的、清偿顺序位于股权资本之前但列在一般债务和次级债务之后、期限在 15 年以上、发行之日起 10 年内不可赎回的债券。

3. 次级债券

次级债券是指固定期限不低于 5 年（包括 5 年），除非银行倒闭或清算，不用于弥补银行日常经营损失，且该项债务的索偿权优于公司股本权益但排在存款和其他负债之后的商业银行长期债券。次级债券里的“次级”仅指其求偿权“次级”，并不代表其信用等级一定是“次级”。

次级债券属于附属资本的范畴。作为附属资本，次级债券不得超过核心资本的 50%，银行可以发行不超过其核心资本总额 50%的次级债券和有偿还期的优先股，超出部分不能计入资本金。在利息和本金的偿付顺序上，次级债券位于高级债务之后、股权之前；次级债券的期限不得少于 5 年，且不能加速偿还；次级债券必须是未经担保的。

按照次级债券的定义，除非银行破产或清算，否则次级债券不能用于弥补银行日常的经营损失，即在正常的情况下，次级债券不能用于冲销银行的坏账。次级债券只是在一定期限内具有资本的属性，并非银行的自有资本，最终仍需要偿还，从而也就无法替代核心资本的功能，并不能从根本上解决银行资本充足率不足的问题，它只不过给银行提供了一个改善经营状况、调整资产结构的缓冲期。这正是巴塞尔委员会在规定资本充足率指标的同时，又单独规定核心资本充足率指标的初衷。

第二章
债券市场和债券交易

第一节 固定收益证券市场的定义和分类

金融市场就是交易金融资产的市场。固定收益证券市场是金融市场的一个重要组成部分，是交易固定收益证券的场所。根据不同的分类标准，固定收益证券市场可分为不同的类别。

一、货币市场和资本市场

根据固定收益证券的期限，可将固定收益证券市场划分为货币市场和资本市场。

（一）货币市场

货币市场是交易短期债务工具（期限为 1 年以下）的金融市场。银行间同业拆借市场、银行间债券市场和票据市场构成了我国货币市场的主体。我国其他的货币市场还包括：国债回购市场、大额可转让定期存单市场以及期限在 1 年以下的债券市场。

其中，银行间同业拆借市场是商业银行进行流动性管理、调剂短期资金余缺的金融市场。全国银行间同业拆借市场于 1996 年 1 月 3 日开始运行，商业银行拆借最长不超过 4 个月，这个市场实行自主报价、格式化询价、确认成交的交易方式。

△ 专栏 2－1

同业存单

在我国货币市场中存在一种非常重要的货币市场工具——同业存单。同业存单是指由银行业存款类金融机构法人在全国银行间市场上发行的记账式定期存款凭证。发行者包括政策性银行、商业银行、农村合作金融机构以及中国人民银行认可的其他金融机构，投资和交易主体为全国银行间同业拆借市场成员、基金管理公司及基金类产品。

同业存单发行采取电子化的方式，在全国银行间市场上公开发行或定向发行。公开发行的同业存单可以进行交易流通，并可以作为回购交易的标的。定向发行的同业存单只能在该同业存单初始投资人范围内流通转让。同业存单二级市场交易通过同业拆借中心的电子交易系统进行。

同业存单的发行利率、发行价格等以市场化方式确定。其中，固定利率存单期限原则上不超过1年，具体为1个月、3个月、6个月、9个月和1年，参考同期限 Shibor 定价。实际发行以1个月和3个月为主。浮动利率存单以 Shibor 为浮动利率基准计息，期限原则上在1年以上，包括1年、2年和3年。

2021年4月，上海清算所同业存单托管规模合计为12.3万亿元，其规模占中国债券市场存量的10%左右。

（二）资本市场

资本市场为交易1年及1年以上的长期债务性工具和优先股的市场。

在理论研究和金融市场实践中，以1年为分界线将固定收益证券市场划分为货币市场和资本市场是一种习惯做法，这种划分方法多少有点武断。一般而言，使用期限在1年以下的资金被认为是短期资金，用作流动性资金；而期限在1年以上的资金则用作资本性支出，作为长期资金运用。

△ 专栏2-2

我国银行间同业拆借市场的发展

同业拆借主要用于调整资金头寸，满足银行同业之间因为支付清算需求产生的短期资金需求。中国的银行间同业拆借市场产生于20世纪80年代初期，它的发展历经多次反复。1985年我国实行“实存实贷”的信贷管理体制，鼓励金融机构以有偿方式相互融通资金，促进了银行间同业拆借市场的初步形成。1986年国务院发布的《中华人民共和国银行管理暂行条例》标志着银行间同业拆借市场的正式启动。1988年下半年我国发生了严重的通货膨胀，部分银行对于拆借资金的“短借长用”进一步加剧了经济形势的恶化。1990年中国人民银行制定了《同业拆借管理试行办法》，使市场秩序得到改善，银行间同业拆借市场得以迅速发展。1990—1993年，我国银行间同业拆借市场经历了飞速发展，交易量由1990年的2 500亿元增至1993年的4 000亿元。如此快速的增长也暴露了金融机构之间混乱的拆借行为，助长了房地产和股票投机行为，成为当时引发通货膨胀的重要原因之一。根据国务院整顿金融秩序的精神，中国人民银行开始更加规范地建立银行间同业拆借市场。1993年7月，在整顿、规范银行间同业拆借市场，取消各种形式的资金市场的同时，中国人民银行建立了融资中心，负责组织当地的短期资金融通。1995 年，中国人民银行进一步提出“有堵有疏”的管理办法，通过建立计算机交易网络，将各地分散的银行间同业拆借活动纳入统一的银行间同业拆借市场。11 月，中国人民银行决定撤销各商业银行的融资中心、资金市场等银行间同业拆借中介机构，并从 1995 年第四季度起着手建立全国统一的银行间同业拆借市场。

1996 年 1 月 3 日，全国统一的银行间同业拆借市场正式建立。信用拆借电子交易系统正式启用，标志着全国统一的银行间同业拆借市场在我国诞生，从此，我国的银行间同业拆借市场进入崭新的规范化发展阶段。商业银行总行、城市商业银行、融资中心等机构组成银行间同业拆借市场一级网络，直接通过全国银行间同业拆借中心提供的电子交易网络进行拆借交易，中国人民银行对各商业银行的拆借资金的期限和额度进行了限制；其余金融机构参加当地融资中心的拆借业务，组成二级网络。1997 年 1 月 27 日，中国人民银行印发《关于中国外汇交易中心业务工作归口管理及有关问题的通知》，明确中国外汇交易中心与全国银行间同业拆借中心一套机构、两块牌子。中国外汇交易中心暨全国银行间同业拆借中心（CFETS，简称交易中心）为中国人民银行直属事业单位，主要职能是：提供银行间外汇交易、人民币同业拆借、债券交易系统并组织市场交易；办理外汇交易的资金清算、交割，提供人民币同业拆借及债券交易的清算提示服务；提供网上票据报价系统；提供外汇市场、债券市场和货币市场的信息服务；开展经中国人民银行批准的其他业务。2002 年 6 月，交易中心开始为金融机构办理外币拆借业务，统一的国内外币同业拆借市场正式启动。

从 1998 年开始，各类非银行金融机构陆续成为全国银行间同业拆借中心会员。1998 年，保险公司进入银行间债券市场进行债券现券和回购业务；1999 年，中国人民银行批准证券公司和基金管理公司进入全国银行间同业拆借市场，沟通了货币市场和资本市场。这一方面开辟了证券公司、基金公司和保险公司合规的融资渠道，又通过交易主体的沟通，使银行间债券市场和证券交易所债券市场相互连接。截至 2020 年 8 月，全国银行间同业拆借中心的会员共有3 837 家，覆盖国内包括中资商业银行、在华外资银行分行、中外资保险公司、证券公司、基金公司、农村信用社联社等几乎所有的金融机构。

从银行间同业拆借的利率指标看，有用于报价的，也有用于成交的 IBO（全银行间市场的拆借利率）。对银行间同业拆借影响力更大的指标是 Shibor，部分金融衍生品比如 IRS 也是以 Shibor 为标的。Shibor 作为报价利率，是以 18 家比较大的银行（分别为 6 大国有银行＋8 家股份制银行＋国家开发银行＋汇丰银行＋上海银行＋北京银行）的报价为基础得出的。

银行间同业拆借期限一般超短，有隔夜、7 天、14 天、1 个月、3 个月等，以隔夜和 7 天为主，二者交易量占比超过了 95%。

二、一级市场和二级市场

根据交易的对象是新发行的证券还是已经发行过的证券，固定收益证券市场可分为一级市场和二级市场。

（一）一级市场

一级市场也称发行市场，是组织新证券发行业务的市场。一级市场是政府或企业发行固定收益证券以筹集资金的场所。

债券发行市场主要由发行人、认购者和委托承销机构组成。债券的发行人包括：国家、政府机构和金融机构，还有公司、企业和其他法人。债券认购者是指购买债券的投资者，主要有社会公众团体、企事业法人、证券经营机构、非营利性机构、外国企事业机构和个人投资者。而委托承销机构就是代发行人办理债券发行和销售业务的中介人，主要有投资银行（证券公司）、商业银行和信托投资公司等。

（二）二级市场

二级市场也称流通市场，是买卖已发行证券的市场。当固定收益证券持有人想将未到期的固定收益证券提前变现时，需要在二级市场上寻找买主将证券销售出去。债券一经认购，即确立了一定期限的债权债务关系，但通过债券流通市场，投资者可以转让债券。

一级市场和二级市场相辅相成，是互相依存的整体。首先，一级市场是二级市场存在的前提和基础，没有证券发行，自然谈不上证券的买卖和转让。其次，二级市场为一级市场提供流动性，如果没有二级市场，新发行的证券就会由于缺乏流动性而难以销售，从而导致一级市场萎缩。二级市场还可以为一级市场发行的新证券提供价格信号。另外，二级市场的存在使投资者的短期资金来源转作长期资金运用，扩大了长期资金规模。最后，二级市场将交易者集中在一起并通过高效率的方式完成交易，极大地降低了搜寻成本和交易成本。

▲ 专栏 2－3

债券市场的重要作用

高效率的债券市场在金融体系中发挥着重要的、不可替代的作用。公司举债融资时可以申请银行贷款，也可以发行债券。一个国家即使商业银行体系很完善，也需要发展债券市场，因为商业银行与公司债券市场在很大程度上不是替代关系，而是相辅相成的关系。商业银行更适合提供中短期贷款，否则存贷款的期限错配问题就会很严重，而企业长期资本支出通过发行期限匹配的债券来融资则更适当。商业银行与贷款企业之间形成长期关系，而且商业银行拥有贷款企业的私有信息，可以从整个经济周期角度考量企业风险，为其提供长期的贷款服务。此外，商业银行能更好地对冲企业跨时风险，因为商业银行的贷款利率长期内比较稳定，而不会短期内根据企业的风险频繁调整，这可以极大地减少企业融资成本的波动性，降低企业风险。由于商业银行拥有企业的私有信息、其贷款流动性差以及能为企业提供跨时的风险对冲，所以商业银行会收取更高的风险报酬。而信息不对称问题不严重的大企业则可自主选择在成本最低时发行债券。完善的公司债券市场还可以为商业银行管理流动性提供工具：商业银行可以投资一定比例的公司信用类债券，从而提高资产组合的流动性。另外，商业银行也可以将一部分资产通过证券化方式转换成债券。从保险公司、养老金等机构投资者角度看，长期公司债券是满足未来偿付支出需要的、最合适的安全投资工具。从防范系统性金融风险的角度看，在银行体系陷于危机时，发达的债券市场可以帮助企业进行债务融资，降低银行危机的负面影响。富有活力的债券市场也会对银行形成竞争压力，促进银行体系提高效率和创新。

除了公司信用债券市场外，完善的政府债券（利率债）市场构成了金融体系的基石。由于政府债券没有信用风险，所以其安全性最高，价值（以及价格）非常稳定，同时可以提供一定收益以弥补时间价值。另外，政府债券发行规模巨大，导致政府债券流动性往往也最强。所以，政府债券市场为整个金融体系提供了最基础、最广泛的流动性。从微观上看，政府债券成为金融机构管理流动性最重要的工具：金融机构将流动性资金投资于政府债券，需要流动性时既可以卖出政府债券，也可以将政府债券作为抵押品开展回购交易，从而获得流动性；从宏观上看，政府债券市场的流动性是整个金融体系最核心的部分，中央银行也是通过政府债券市场来管理整个金融体系的流动性的。

政府债券市场的收益率是整个金融市场的基准利率。其他金融资产的收益率都是基准利率再加一个风险报酬。① 现代投资组合理论揭示：在风险资产组合中加入无风险资产（政府债券），会提高所有投资者的福利水平。而一个国家的货币成为国际货币的前提就是拥有一个完善的政府债券市场，因为只有这样外国投资者才能将获得的货币资金投资于政府债券，从而实现安全性、流动性和盈利性的最优组合。

正是由于政府债券市场具有安全性、高流动性、价格的基准性以及投资者的广泛性，政府债券市场成为中央银行实施货币政策的重要场所。

三、交易所市场和场外交易市场

根据市场组织形态，固定收益证券的二级市场又可进一步分为交易所（场内交易市场）市场和场外交易市场。

（一）交易所市场

证券交易所是证券市场交易的固定场所，证券的买卖双方（或他们的代理人和经纪人）在交易所的一个中心地点见面并进行交易。证券交易所是专门进行证券买卖的场所，如我国的上海证券交易所和深圳证券交易所。交易所的组织形式有公司制和会员制（事业法人）两类。会员制交易所是不以营利为目的的组织，实行自律管理，会员大会是其最高权力机构。我国的证券交易所目前实行的是会员制。交易所作为债券交易的组织者，本身不参加债券的买卖和价格的决定，只是为债券买卖双方创造条件，提供服务，并进行监管。

虽然个人一直是我国交易所债券市场的参与主体，但主要的市场份额集中在机构手

① 发达的金融衍生品市场可以为信用风险、流动性风险等各类风险准确定价，如信用违约互换（CDS）市场就可以为信用风险定价。

中。证券公司、保险公司、基金管理公司以及一大批国有企事业单位组成了债券交易所市场的机构投资者群体，控制了80%的国债托管量和98%的国债交易量。由于中债登不能真正统揽债券的统一登记和过户，沪深交易所的债券资产还游离于中债登之外。

（二）场外交易市场

场外交易市场是在证券交易所以外进行证券交易的市场。我国债券场外交易市场主要包括柜台市场和银行间债券市场。许多证券经营机构都设有专门的证券柜台，通过柜台进行债券买卖。在柜台市场中，证券经营机构既可以作为自营商（dealer，也称交易商）用自有资金作为客户对家买卖债券，也可以作为经纪人（broker）代理客户买卖债券，协助客户完成债券买卖。2002年1月31日，中国人民银行颁布了《商业银行柜台记账式国债交易管理办法》。从2002年6月开始，工、农、中、建四家商业银行的部分营业网点开办了柜台记账式国债交易业务，按照报价以自营方式与投资人进行债券买卖。除金融机构外，凡持有有效身份证件的个人以及企业或事业社团法人，均可在商业银行柜台开立国债托管账户并进行国债买卖。这标志着商业银行柜台记账式国债交易的开始，这个债券场外交易市场具有极大的发展潜力。此外，我国还有一个非常重要的债券场外交易市场——银行间债券市场，这个由中国人民银行建立的场外债券市场，建立初期成员为商业银行，目前成员包括各类金融机构，交易品种为国债和政策性金融债券。银行间债券市场是中国债券市场交易的主体场所，在中国债券市场中发挥主导作用（见图2-1）。

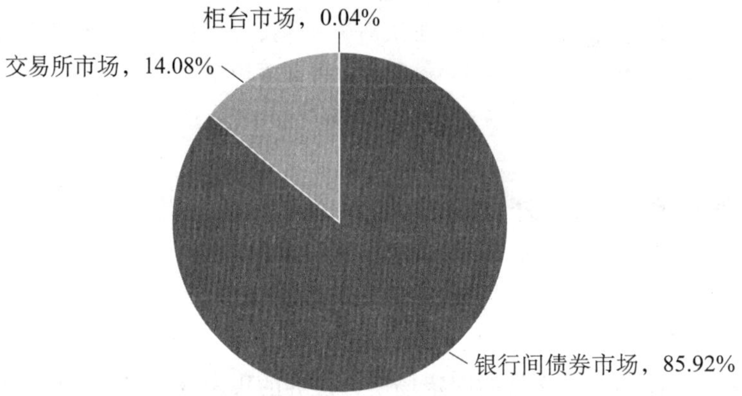

图2-1　2021年12月末各债券市场债券托管量

资料来源：中国债券信息网。

专栏2-4

我国银行间债券市场的发展

银行间债券市场是指依托于中国外汇交易中心暨全国银行间同业拆借中心和中央国债登记结算有限责任公司、银行间市场清算所股份有限公司建立的由以商业银行为主体的各类机构投资者参与的债券市场。

银行间债券市场是中国债券市场的主体，债券存量接近全市场的90%。该市场属于大宗交易市场（批发市场），参与者是各类机构投资者，实行双边谈判成交，主要实行“实时、全额、逐笔”的结算方式。2020年，银行间债券市场托管量突破100万亿元，年度交易量超过200万亿元，市场法人参与机构超过4 000家。

在中国金融业实行分业经营和分业监管的背景下，1997年，为防止银行资金违规流入股市，国务院决定让商业银行集体退出证券交易所回购市场，在银行间市场开展回购交易。同年6月16日，交易中心向金融机构推出债券电子交易系统，标志着全国统一的银行间债券市场正式创立。这一系列顶层设计不仅催生了全国统一的银行间外汇、货币和债券市场，而且为我国汇率形成机制改革、利率市场化改革、货币政策传导、宏观审慎管理等奠定了坚实的基础。

之后，银行间债券市场相继推出了多个国债和政策性金融债券品种。在交易方式上，回购和现券买卖同时推进，回购的期限从1天到1年不等。尤其值得指出的是，银行间债券市场成为我国利率市场化改革的突破口。最初是国家开发银行和中国进出口银行自1998年开始率先在这个市场上恢复市场化发行政策性金融债券，继而是财政部在停止了3年多以后，于1999年再次在银行间债券市场招标发行国债。2000年2月，财政部进一步恢复了银行间债券市场承销商制度，2001年，又推出了国债净价交易制度和按季公布发债计划的安排。2002年4月15日起，银行间债券市场实施准入备案制，所有金融机构投资者均可自由进入银行间债券市场。这期间银行间债券市场的债券发行量、交易量与托管量已超过了交易所债券市场。2002年10月，债券结算代理业务对象范围扩大，非金融机构法人投资者也可以进入银行间债券市场，企业通过结算代理行可以在债券市场进行现券买卖和逆回购交易。银行间债券市场成员从商业银行扩展到财务公司、保险公司、证券公司、证券投资基金以及外资银行在华分行等各类金融机构，银行间债券市场已成为机构市场的代名词。2005年，中国人民银行提出了“创新、发展、规范、协调”的银行间债券市场建设方针，着力构建市场化约束机制以实现债券市场的协调发展。2007年，中国银行间市场交易商协会成立，银行间债券市场从此进入新的发展阶段，银行间债券市场的合格机构交易产品由原先的行政审批制，改为协会注册、监管机构备案的管理模式，进一步提高了债券市场产品创新的市场化程度。2016年2月14日，中国人民银行公布《全国银行间债券市场柜台业务管理办法》，首次允许符合条件的企业和个人通过银行柜台直接参与银行间债券市场债券买卖。

为提高直接融资比重，提升金融服务实体经济能力，银行间债券市场于2005年推出了短期融资券，2008年推出了中期票据，2010年推出了超短期融资券，2011年推出了非公开定向债务融资工具，以持续的改革创新举措满足企业多样化的融资需求。2013年12月9日，银行间市场推出同业存单，标志着存款利率市场化再次迈出实质性的一步。此后，银行间市场创新推出了标准利率衍生品、标准化人民币外汇掉期、标准债券远期、外币拆借、信用违约互换、利率期权等交易产品，推动人民币对多种货币开展直接交易，进一步推动人民币对若干种货币开展银行间外汇市场区域交易，金融产品序列趋于完整。

中国人民银行也在借鉴成熟债券市场的发展经验，广泛征求市场交易主体意见的基础上，颁布实施了《全国银行间债券市场债券交易管理办法》和《中国银行间市场债券回购交易主协议（2013 年版）》，这两个文件构成了银行间债券市场的规则基础。随着交易机制日益丰富，交易中心先后创新推出了一系列交易方式：从一对一询价的场外市场，到建立做市商制度提高市场流动性，引入货币经纪公司进行撮合成交促进市场价格发现，再到 X-bond 电子化交易平台引领从人工交易到电子化交易的跨越。银行间市场可提供竞价、撮合、询价、请求报价、点击成交、拍卖等适用于不同交易品种、不同市场主体的交易方式，极大地满足了市场多样化的交易需求。

银行间债券市场积极推进对外开放。随着中国人民银行等主管部门采取多种措施放宽市场准入、简化入市流程、取消投资额度限制，境外机构投资银行间市场的深度、广度以及便利化程度不断提高。2017 年 7 月，具有里程碑意义的"债券通"成功上线，交易中心与境外主流交易平台 Tradeweb 实现互联互通，银行间债券市场对外开放步入快车道。截至 2021 年 4 月末，进入境内银行间外汇市场的境外机构总数达 121 家，进入境内银行间债券市场的境外机构总数达 3 740 家。2020 年，境外机构在银行间市场成交 43.5 万亿元，与 2013 年相比涨幅接近 49 倍。

2020 年，银行间市场交易规模再上新台阶，全年成交 1 618 万亿元，较 2012 年增长逾 3.2 倍。近年来银行间债券市场交易日趋活跃，流动性逐步增强。中国人民银行自 2001 年起，陆续推出结算代理、双边报价、净价交易等举措，提高了市场流动性，特别是对活跃现券交易发挥了重要作用。2020 年，回购交易额达到 1 291.97 万亿元，现券成交额接近 241.02 万亿元（见表 2-1）。随着市场交易额的快速攀升，债券流动性大幅提高。银行间债券市场调剂资金余缺的能力不断增强，充分发挥了作为金融机构短期投融资主渠道的作用。

在交易规模屡创新高的同时，银行间债券市场成员（会员）队伍也在不断发展壮大。截至 2021 年 4 月末，银行间外汇市场会员有 740 家，较 2012 年末增长了逾 1 倍；银行间本币市场成员有 38 845 家，较 2012 年末增长了 6.2 倍。

表 2-1　银行间债券市场交易情况　　单位：亿元

年份	回购	现券	合计
2002	101 885	4 412	106 297
2003	119 759	31 610	151 369
2004	99 653	28 196	127 849
2005	165 078	63 379	228 457
2006	273 513	109 327	382 840
2007	462 872	165 916	628 788
2008	599 954	408 270	1 008 224
2009	725 730	488 682	1 214 412
2010	947 929	676 872	1 624 801
2011	1 121 477	677 586	1 799 063
2012	873 623	386 267	1 259 890

续表

年份	回购	现券	合计
2013	1 645 216	422 166	2 067 382
2014	2 295 021	395 022	2 690 043
2015	4 631 453	841 628	5 473 081
2016	6 082 628	1 212 143	7 294 771
2017	6 449 768	1 031 562	7 481 330
2018	7 567 062	1 498 418	9 065 480
2019	10 897 000	2 134 300	13 031 300
2020	12 919 700	2 410 200	15 329 900

说明：表中所指银行间债券市场回购和现券交易均不包括公开市场业务交易数据，合计不包括债券借贷数据。
资料来源：中国债券信息网。

第二节 债券的发行市场

一、债券发行方式

政府、金融机构和工商企业在发行债券时，可以选择不同的投资者作为发行对象。我国目前的债券发行方式主要有私募发行、柜台发行和公募发行三种。

（一）私募发行

私募发行又称不公开发行或内部发行，是指面向少数特定的投资者发行证券的方式。私募发行的对象大致有两类：一类是个人投资者，例如公司原有股东或发行机构自己的员工；另一类是机构投资者，例如大的金融机构——保险公司、养老基金等，或与发行人有密切往来关系的企业等。私募发行有确定的投资者，发行手续简单、信息披露的要求不高、发行时间短、发行成本低。由于私募发行牵涉的债权人数量少，因此一旦发生违约，双方更容易协商解决。但私募发行的不足之处是投资者数量有限、流动性差。私募发行的债券的利率通常高于同类公募发行的债券。私募发行的具体做法是：发行人根据市场的需求，与债券认购人协商确定债券票面利率、价格、期限、付息方式、认购数量和缴款日期等发行条件，认购费用和认购人义务并签署债券认购协议。

（二）柜台发行

国债、政策性金融债券以及地方政府债券经常采用柜台方式发行。商业银行柜台债券发行通常与银行间市场同步进行，一般根据银行间债券市场招标定价结果确定发行价格，由承销商成员进行承购和分销。其中，关键期限记账式国债在银行间市场与柜台同时分销，由承销商使用在银行间债券市场自营中标的额度进行柜台分销；政策性金融债券和地方政府债券由发行人确定柜台上市债券，并进行柜台额度追加招标，由承销商进行柜台分销；储蓄国债仅在柜台发行，由发行人单独确定发行价格。

（三）公募发行

公募发行又称公开发行，是指发行人通过金融机构向不特定的社会公众广泛地发售债券。在公募发行方式下，所有合法的社会投资者都可以参加认购。为了保障广大投资者的利益，各国对公募发行都有严格的要求，如发行人必须有较高的信用，必须符合证券主管部门规定的各项发行条件，发行人必须详细地披露信息，必须经主管机关批准后方可发行。公募发行面向公众投资者，发行面广，投资者众多，可以筹集大量的资金，而且债券分散，不易被少数大债权人控制。只有公募发行的债券才能申请在交易所上市，因此公募发行可以增强债券的流动性。但是，公募发行的缺点也是明显的：发行过程复杂，信息披露的要求高，登记核准所需时间长，发行成本也比较高。

公募发行和私募发行各有优劣。公募发行由于公开性受到了投资者和媒体更多的关注。但是，在西方成熟的证券市场中，随着养老基金、投资基金和保险公司等机构投资者的迅猛发展，私募发行近年来呈现迅速发展的趋势。例如，美国有50%以上的负债采用私募方式发行。①

二、投资银行作为承销商在债券发行中的作用

在债券的发行过程中，投资银行发挥着重要的作用。采用私募方式发行债券时，投资银行可以帮助发行人设计债券、确定债券价格以及联系潜在的投资者，或者向投资者提供投资建议。

采用公募方式发行债券时，投资银行作为承销商在一级市场上协助债券发行。承销是指金融机构借助自己在证券市场上的信誉和营业网点在规定的发行有效期限内将债券销售出去。根据金融机构在承销过程中所承担的风险和责任的不同，承销又可分为代销和包销两种方式。

（一）代销

代销是指债券发行人委托承销业务的金融机构（又称为承销机构或承销商）代为向投资者销售债券。承销商按照规定的发行条件，在约定的期限内尽力推销，到销售截止日，如果债券没有全部销售出去，那么未销售出去的债券退还给发行人，承销商不承担任何发行风险。在代销协议中，承销商和发行人之间是委托-代理关系，承销商的收入来自佣金收入。代销发行比较适合信誉好、知名度高的大型企业，由于信息不对称的问题不严重，这些企业的债券容易被广大投资者接受，代销方式能有效地降低发行成本。

（二）包销

包销是指发行人与承销机构签订合同，由承销机构按一定价格买下全部债券②，并按合同规定的时间将价款一次性付给发行人，然后由承销机构按照略高的价格向公众投资者销售。在包销过程中，承销商与发行人之间是买卖关系，即承销商将债券低价买进然后高价卖出，赚取买卖价差并承担全部销售风险。对发行人而言，包销方式既能保证

---

① 此处的负债包括商业贷款。

② 在实践中还有一种不太常见的形式——余额包销，指发行人委托承销商在约定期限内发行债券，到销售截止日，未售出的余额由承销商按协议价格认购。余额包销实际上是先代理发行，后包销，是代销和包销的结合。

如期及时地得到全部所需的资金，又无须承担发行过程中的价格变动风险，其不利之处是发行成本高。

三、债券公募发行价格的确定

债券发行过程中的核心环节是确定发行价格（发行收益率）。债券公募发行价格的确定有两种方式：公开招标和簿记建档（book building）。公开招标适用于发行规模大、定价简单且投资者容易对价格形成共识的债券，如利率品种和信用等级高、发行规模大的信用品种。公开招标将在本章第五节中详细介绍。簿记建档则适用于发行规模不大、影响定价的因素多而且复杂、投资者对价格存在分歧的信用品种。簿记建档的一般流程是：首先由簿记管理人（一般为主承销商）进行预路演，发行人和簿记管理人根据预路演获得的市场反馈信息与投资者需求共同确定申购价格区间。然后进入路演阶段，债券发行人与投资者以一对一的方式进行更加深入的沟通，同时，簿记管理人开展簿记建档工作，由权威的公证机关进行全程监督。主承销商一旦接收申购订单，就要立刻交由公证机关核验原始资料，并对订单进行统一编号，确保订单的合规性、完整性。主承销商在公证机构的监督下，将投资者在每一价格上的累计申购总金额录入电子系统，形成价格需求曲线，并以此为基础，与发行人共同确定最终的发行价格。

第三节　债券的流通市场和价格形成方式

流通市场是买卖已经发行的债券的市场。发行市场和流通市场的本质区别是：流通市场中债券购买者支付的资金并不会流向债券的发行人，而是流向债券的销售者。交易商和经纪人对于二级市场的良好运行至关重要。交易商和经纪人可以有效地降低债券市场的交易成本，提高债券的流动性和发现合理的价格。交易商可以运用自己的账户和资金直接进行证券买卖，赚取买卖价差。经纪人则只充当证券买者和卖者的中间人，从事代客买卖业务，其收入来自佣金。在债券市场上，投资银行、商业银行和货币经纪公司等金融机构作为交易商和经纪人发挥了重要作用。

投资者在债券流通市场上买卖债券会形成债券价格，即债券成交价格。债券的成交价格是由买卖双方在一定的交易原则下，由市场供求条件决定的价格。在不同的市场结构下，债券价格的形成方式是不一样的，理解市场结构和价格形成方式是非常重要的。大体而言，债券二级市场的价格形成制度有三种：客户委托单驱动制度、交易商报价驱动制度和双方协议转让定价制度。

一、二级市场上三种主要的价格形成制度

按照形成价格的直接主导力量，债券市场可分为客户委托单驱动市场和交易商报价驱动市场。前者的成交价是由买卖双方直接决定的，投资银行等金融机构在成交价形成过程中只作为经纪人发挥作用，目的是使市场整体交易更平稳、顺畅。具体做法是：投资者委托经纪人报出有关买卖债券的价格和交易量的指令，计算机交易系统根据“价格

优先、时间优先”原则匹配成交。我国的上交所、深圳证券交易所（以下简称深交所）就属于客户委托单驱动市场。在我国金融市场实践中，客户委托单驱动通常被称为“撮合竞价”。

根据价格形成是否连续，基本上可将债券市场分为连续市场和集合市场。在连续市场上，当买卖双方连续委托买进或卖出上市债券时，只要彼此符合成交条件，交易就可在交易时段中的任何时点发生，成交价格随着供求条件的变化以及时间的推移不断变化。在集合市场上，买卖双方间隔一段较长时间，市场累积一定量的买卖申报后才做一次集中成交。集合市场确定成交价的原则是：在有效价格范围内选取使所有有效委托产生最大成交量的价位。所有委托都按照同一成交价格成交。

交易商报价驱动是指交易商提出买卖报价，其他投资者根据交易商提出的买卖报价与该交易商进行交易。目前，我国债券场外交易市场（如银行间债券市场和记账式国债银行柜台交易市场）也采用交易商报价驱动制度。我国债券市场通常把交易商报价驱动称为“双边报价”。

双方协议转让定价（询价）一般是机构投资者之间进行大宗批发交易采用的价格成交制度。双方通过交易系统报出价格和数量，通过直接协商确定交易价格和交易数量。

在债券二级市场上常常有货币经纪人发挥着信息传递、价格发现的功能，但经纪公司本身只是发挥中介作用，通过自身拥有的信息促成买卖双方达成交易，按照成交额的某一比例收取佣金，本身不参与交易过程。

二、做市商制度

最典型、最完善的交易商报价驱动制度就是做市商制度。从发达国家债券市场的运行实践看，债券场外市场通常采用做市商制度。做市商是指在债券市场上，由具备一定实力和信誉的债券经营机构作为特许交易商，不断地向公众投资者报出某些特定债券的买卖价格（即双边报价），并在该价位上接受公众投资者的买卖要求，以其自有资金和债券与投资者进行债券交易。做市商的这种连续不断的买卖，可以达到增强市场流动性和满足公众投资者的买卖需求的目的。

在债券市场交易中，在任何时间投资者下达的买入和卖出证券的委托单数量都可能出现暂时性的不平衡，这可能产生两个问题：首先，在债券的供求关系没有变化的条件下可能造成债券价格的剧烈波动；其次，投资者如果想立刻成交就必须支付偏离清算价格的价格。例如，A 债券的价格始终保持在 97 元的合理价位，假设大量的买单涌入市场，而又没有相应数量的卖单满足这种需求，这种供求的暂时性不平衡有可能将 A 债券价格推至 101 元。尽管 A 债券发行人的基本面没有发生任何显著变化，但是债券的价格还是发生了剧烈的波动。如果 A 债券的购买者想立刻成交，就必须支付 101 元而不是 97 元，其差额 4 元被看作交易“即时性”的价格。即时性是指立刻成交的能力，它源于投资者不愿意等到等额的、方向相反的委托单出现使价格恢复到合理水平才成交。这种债券供求的暂时性不平衡的存在是建立做市商制度最根本的原因。做市商向债券市场提供了即时性并保持了价格的稳定，并且为市场参与者提供了更充分的价格信息。在某些债券市场中，做市商还提供类似拍卖师的服务，从而维护了市场的秩序和公正。

做市商买卖价差可以被看作做市商提供上述服务的价格。哪些因素决定了买卖价差的大小呢？首先是做市商的经营成本，如为完成交易而需要购置的设备以及员工的工资等。其次是做市商承担的风险，这包括两方面的内容：一方面与市场厚度有关。市场厚度可以用交易的频率表示，交易越频繁，市场就越厚；市场越厚，做市商持有债券的时间就可能越短，债券价格发生不利变化给做市商造成损失的可能性就越小，做市商的买卖价差也就越小。另一方面与信息不对称有关。某些市场参与者（如发行人或某些机构投资者）可能拥有更多与债券有关的信息，做市商与这些市场参与者交易就可能遭受损失。做市商必须扩大买卖价差以保护自己免受这种信息不对称造成的损失。因此，与债券有关的信息越不透明，买卖价差就越大。

三、我国债券二级市场交易方式和价格形成制度[①]

（一）银行间债券市场交易方式

银行间债券市场的交易达成主要通过交易双方自主谈判、逐笔成交。双方谈判过程即询价过程和达成交易并形成交易合同的过程，可以通过中国外汇交易中心的电子交易系统（CFETS 系统）进行，也可以通过电话、传真等方式进行。交易达成后，交易双方要统一在 CFETS 系统中输入交易数据，生成成交单。

（1）询价交易。它是指交易双方自行协商确定交易价格以及其他交易要素的交易方式。在询价交易方式下，报价包括意向报价、双向报价和对话报价三种报价方式。意向报价是指交易成员向全市场、特定交易成员和/或系统用户发出的，表明其交易意向的报价。双向报价是指交易成员向全市场发出的，同时表明其买入/卖出或融入/融出意向的报价。对话报价是指交易成员为达成交易，向特定系统用户发出的交易要素具体明确的报价，受价方可直接确认成交。

（2）点击成交。它是指报价方发出具名或匿名的要约报价，受价方点击该报价后成交或由限价报价直接与之匹配成交的交易方式。报价方式包括做市报价（双边报价）和点击成交报价（单边报价）。做市报价是指报价方就某一券种同时报出买入和卖出价格及数量的报价，做市商和尝试做市机构可对其设定的做市券种进行双边报价。点击成交报价是指报价方就某一券种报出买入或卖出价格及数量的报价。

（3）请求报价。它是指要价方向特定市场成员发出报价请求，报价方据此回复交易价格及其他交易要素，并由发出请求的市场成员确认成交的交易方式。做市机构可进行请求回复。

（二）交易所债券交易方式

（1）自由竞价、撮合成交，即按照“价格优先、时间优先”的原则竞价成交。竞价方式包括在每日开盘时采用集合竞价方式、在日常交易时间采用连续竞价方式。竞价的结果有三种：全部成交、部分成交、不成交。

（2）大宗交易方式。对于在上交所进行的单笔买卖申报数量不低于 1 000 手，或交

① 本部分内容取材于中央国债登记结算有限责任公司研发部编写的《中国债券市场概览》（2020 年版）。

易金额不低于100万元的现券及回购交易，以及在深交所进行的单笔交易数量不低于500手，或交易金额不低于50万元的现券及质押式回购交易，认定为大宗交易。大宗交易采用协议交易或盘后定价。

（3）固定收益平台。固定收益平台是上交所推出的与集中竞价系统平行的债券交易电子平台，定位于机构投资者，交易商（经证监会或中国人民银行批准的证券公司、信托投资公司、基金管理公司、保险公司、财务公司等）可以直接参与，普通投资者不能直接参与。

（三）商业银行柜台债券交易方式

柜台流通式债券业务品种包括经发行人认可的已发行国债、地方政府债券、国家开发银行债券、政策性银行债券和发行对象包括柜台业务投资者的新发行债券，交易双方分别是柜台业务开办银行与个人及中小机构等柜台业务投资者。柜台交易营业时间内，开办银行对债券进行连续双边报价，在其开办柜台交易的营业网点挂出全行统一的债券买卖价格及供投资人参考的到期收益率。投资人卖出债券，开办银行按公布价格买入；投资人买入债券，开办银行按公布价格卖出。柜台交易通过开办银行柜台交易业务处理系统进行，交易营业日为每周一至周五，法定节假日除外。投资人进行柜台交易前应以真实身份开立债券托管账户，按照开办银行的要求开立或指定与之对应的资金账户，在买卖债券时，应向开办银行提交书面的指令。柜台业务开办银行实时办理债券和资金交割结算，并于交易结束后向中债登发送有关数据及结算指令，交易信息传至中国外汇交易中心进行备案。储蓄国债（电子式）不可交易，投资者可办理提前兑取。

▲ 专栏2-5

银行间债券市场价格形成制度：从双边报价到做市商

我国的银行间债券市场属于机构投资者参与的批发市场，其价格形成制度采用的是做市商的双边报价。2000年以来，中国人民银行采取了一系列措施，推动银行间债券市场金融机构的双边报价业务。2000年，中国人民银行在《全国银行间债券市场债券交易管理办法》中列入了双边报价商规定，鼓励金融机构进行债券双边报价的尝试，为做市商制度的建立做准备。

双边报价业务是指金融机构根据自身情况，对全国银行间债券市场可进行现券交易的债券，在一定的债券买卖价差范围内，连续报出买入价格和卖出价格，维持市场流动性，满足市场需求。双边报价商的权利和义务接近于做市商，可以看作做市商的雏形。

为了进一步完善双边报价业务，2001年3月，中国人民银行下发了《关于规范和支持银行间债券市场双边报价业务有关问题的通知》，规定了金融机构申请成为中国人民银行批准的双边报价商的条件，并确定了双边报价商应遵守的业务规范以及中国人民银行给予双边报价商的支持措施。双边报价商的主要权利有：（1）经有关发债人同意，双边报价商享有在一级市场购买债券的便利；（2）中国人民银行通过公开市场业务支持双边报价商的融资需要；（3）中国人民银行根据货币政策的需要和双边报价商对债券的报价与交易情况，通过公开市场进行现券交易和融券业务；（4）可以获得全国银行间拆借中心的双边报价系统提供的技术支持。双边报价商的主要义务包括：（1）双边报价商进行债券现券双边报价的价差不得超过中国人民银行规定的幅度，并须将本机构确定双边报价价差的依据报告中国人民银行；（2）双边报价商须将双边报价债券的券种报中国人民银行备案，双边报价商至少承诺对一种债券保持每日连续的双边报价，并保持一定的交易量；（3）应及时满足央行公开市场操作的需要，保证央行交易优先成交（价格优先和时间优先）；（4）双边报价商必须定期向中国人民银行提交债券市场分析报告和本机构交易情况报告。

2001 年 7 月 19 日，中国人民银行批准了 9 家商业银行的全国银行间债券市场双边报价商资格。推出双边报价商是发展中国债券市场重要的基础性制度建设工作，是完善市场交易方式的关键一环，对提高债券市场流动性、建立做市商制度、提高货币政策传导的及时性和有效性将起到积极的推进作用，也为我国债券场外交易市场建立完善的做市商制度奠定了坚实的基础，必将对我国债券市场的发展产生深远的影响。

为完善全国银行间债券市场做市商制度，提高市场流动性，促进市场价格发现功能的发挥，推动我国债券市场发展，中国人民银行制定了《全国银行间债券市场做市商管理规定》，该规定自 2007 年 2 月 1 日起正式施行。该规定重新确定了银行间债券市场做市商制度的基本框架，有利于增强做市商的做市能力，提高做市商业务开展的主动性和灵活性，促进市场价格发现，并有效强化对做市商的激励约束。十多年来，做市商已成为推动债券市场发展的重要力量。目前，做市机构贡献了超过 60%的交易量，活跃券报价价差持续缩窄，推动形成反映供求关系的收益率曲线。

银行间债券市场的发展已经为做市商制度的完善提供了坚实的基础。从制度支持来看，财政部、国家开发银行相继推出了做市支持制度，为做市商提供灵活调整头寸的手段。从交易机制来看，银行间债券市场已具备国际常用的做市报价、请求报价、指示性报价、询价等传统交易机制，并创新性地推出了符合国情的匿名点击（X-Bond）、匿名拍卖（X-Auction）、匿名询价（X-Bargain）等新交易机制，为做市商做市、平盘提供了丰富的工具。从国际化程度来看，银行间债券市场、债券通等渠道的相继开放，为做市商提供了“出海”的便利通道。电子化交易方面，交易中心全面开放交易接口，为做市商探索自动化交易、智能交易提供了技术土壤。2020 年 9 月，国务院正式取消银行间债券市场双边报价商行政许可事项，中国人民银行统筹做市商制度改革，银行间债券市场向全面法治化、市场化又迈出了重要一步。此次改革主要围绕简政放权、加强事中事后监管的原则展开，旨在建立更为市场化的激励约束机制，激发做市商的做市积极性。改革内容主要包含四个方面：一是取消行政审批，鼓励具有做市能力与做市意愿的金融机构提供做市服务。二是平衡做市商权利与义务，充实做市商权利，并强调做市商维护市场稳定、促进市场价格发现的义务。三是加强事中事后管理，一方面，通过交易中心与做市商之间的做市协议建立市场化激励约束机制；另一方面，通过中国银行间市场交易商协会的做市业务评价体系为市场提供交易参考。四是规范做市行为，强化对做市行为的监测和监督管理，规范市场运行。

2020 年 12 月 25 日，中国人民银行发布 2020 年第 21 号公告，完善银行间债券市场现券做市商管理有关事宜。全国银行间同业拆借中心同步发布《全国银行间同业拆借中心银行间债券市场现券做市商业务操作指引》，进一步明确了现券做市商业务的操作流程。至此，中国银行间债券市场做市商制度正式迈入全新的发展阶段。

第四节　债券的交易和结算方式

完整的债券交易过程包括交易、结算等多个细分环节。债券市场的交易、结算等基础设施对于保障债券市场的高效、安全运行发挥着至关重要的作用。交易就是买卖双方确认交易价格和数量的过程；结算就是交易双方债权债务清讫，资金完成转移，并通知收付双方做到账确认的过程。交易在债券市场的交易平台上进行，结算则在结算后台的基础设施上进行。例如，在中国银行间债券市场上，中国外汇交易中心暨全国银行间同业拆借中心承担交易功能；中央国债登记结算有限责任公司和银行间市场清算所股份有限公司（上海清算所，简称上清所）承担结算功能。

一、债券的交易方式

债券的交易方式大致可分为现券买卖、债券回购交易、债券期货（远期）交易和债券借贷。

（一）现券买卖

现券买卖是指交易双方以约定的价格转让债券所有权的交易行为，即一次性的买断行为。现券买卖是债券交易中最普遍的交易方式，在该交易方式下，买卖双方对债券的成交价达成一致，在交易完成后立即办理债券的交割和资金的交收，或在很短的时间内办理交割、交收。

（二）债券回购交易

债券回购交易是一种以债券作为抵押品的短期融资行为。债券回购交易是指债券买卖双方在成交的同时就约定在未来某一时刻按照现在约定的价格双方再进行反向交易的行为。在交易中买卖双方按照约定的利率（年收益率）和期限，达成资金拆借协议，由融资方（债券持有人、资金需求方）以持有的债券作为抵押，获取一定时期内的资金使用权，回购期满后归还借贷的资金，并按照事先约定支付利息；融券方（资金的供给方）则在回购期间内暂时放弃相应资金的使用权，同时获得融资方相应期限的债券抵押权，并于到期日收回融出资金并获得相应利息，归还对方抵押的债券。

根据回购期内作为抵押的债券是否可以动用，债券回购交易进一步分为封闭式回购和开放式回购。前者在回购期间回购双方都不能动用用作抵押的债券。后者在回购期间抵押债券归融券方所有，融券方可以使用该笔债券，只要到期有足够的同种债券返还给融资方即可。目前我国债券回购业务的券种只限于国债和金融债券。

（三）债券期货（远期）交易

债券期货（远期）交易是双方达成交易以后，按照期货合约中规定的价格在未来某一特定时间进行清算和交割的交易。

(四) 债券借贷

债券借贷是债券融入方以一定数量的债券为质物，从债券融出方借入标的债券，同时约定在未来某一日期归还所借入的标的债券，并由债券融出方返还相应质物的债券融通行为。债券借贷期间，如果发生标的债券付息，债券融入方应及时向债券融出方返还标的债券利息。债券融入方向融出方支付债券借贷费用，费用标准由借贷双方协商确定。

二、债券的结算方式

债券结算是在一笔债券交易达成之后的后续处理过程，包括清算和交割、交收两项内容。清算就是交易双方债权债务计算的处理过程，目的是确定结算头寸，具体做法是在每一营业日中对每个债券经营机构成交的债券数量与价款分别予以轧抵，对债券和资金的应收或应付净额进行计算。在债券交易过程中，买卖双方达成交易后，应在事先约定的时间内履行合约，买方需要交付一定款项以获得所购债券，卖方需要交付一定债券以获得相应价款。在这一钱货两清的过程中，债券的收付称为交割，资金的收付称为交收。清算与交割、交收既有密切联系，又存在本质区别。从发生的时间次序来看，先清算后交割、交收，清算是交割、交收的基础和前提，交割、交收是清算的后续与完成。两者最根本的区别在于：清算是对应收债券、应付债券及价款的轧抵计算，其结果是确定应收、应付净额，并不发生财产所有权的实际转移；交割、交收是对应收、应付净额（包括债券与价款）的划转，发生财产所有权的实际转移。综上所述，债券结算业务是指债券市场的参与者之间进行债券交易而引起的债权登记变更行为（债券过户、债权质押转移等）以及相应的资金划转业务。

由于各债券市场的传统和交易方式存在差异，各市场对从交易日到交割、交收日之间的时间间隔的规定也不完全相同，主要包括以下几种类型：

（1）当日交割、交收。即债券买卖双方在交易达成之后，于成交当日进行债券的交割和资金的交收，简称 T+0。

（2）次日交割、交收。即债券买卖双方在交易达成之后，于下一个营业日进行债券的交割和资金的交收，简称 T+1。

（3）例行日交割、交收。即债券买卖双方在交易达成之后，按所在交易市场的规定，在成交日后的某个营业日进行债券的交割和资金的交收，简称 T+n。

目前，我国各债券市场现券买卖、债券回购主要采用 T+1 交割、交收方式。凡回购业务，须进行两次结算，有两个交割日，分别称为首期交割日和到期交割日。尽早完成交割、交收对提高市场交易效率、防止发生结算风险有重要作用。在现代计算机、通信技术的支持下，缩短交易和交割、交收之间的时间间隔，最终实现 T+0 交割、交收，是发展的方向。

主要的债券结算方式包括：纯券过户、见券付款、见款付券、券款对付四种。

（1）纯券过户。它是指买卖双方要求中债登在结算日办理债券的交割过户时无须通知其资金结算情况的结算方式，只用于现券买卖的结算。国际证券业称这种方式为 FOP (free of payment)，即不以资金结算为条件的债券过户。在结算成员双方信誉比较好又彼此了解的情况下可以选用此方式。选择此结算方式，每一方都不应以未收到对方的券或款为由不如期履行交付义务。

(2) 见券付款。它是指在结算日买方（融券方）通过债券簿记系统得知卖方（融资方）有履行义务所需的足额债券，即向对方划付款项，然后通知中债登办理债券结算的结算方式，用于现券买卖和封闭式回购首期的结算。这是一种对买方（融券方）有利的结算方式。

(3) 见款付券。它是指在结算日卖方（融资方）确认已收到买方（融券方）资金后即通知中债登办理债券结算的结算方式，用于现券买卖和封闭式回购到期的结算。这是一种对卖方（融资方）有利的结算方式。

(4) 券款对付。它是指在结算日债券与资金同步进行结算并互为结算条件的结算方式，国际证券业称其为 DVP (delivery versus payment)。根据国际同行业经验，债券簿记系统与支付系统协同运作，同时进行债券和资金的转账，并配合相应的质押融资融券机制，可实现实时的、高效率的 DVP。但我国由于国家支付体系建设的滞后，目前尚未实现券款对付。

目前，我国银行间债券市场国债结算方式主要有三种，即纯券过户、见券付款和见款付券，资金清算则由付款方到当地的中央银行分支机构通过电子联行划拨。其中，纯券过户方式对交易双方都有较大风险，见券付款仅对付款方有利，而见款付券只对付券方有利。目前我国正在着手建立全国性的即时全额支付系统。随着该系统的建立，国债交易将可实现券款对付的结算方式。这将有利于控制结算风险，提高国债交易效率，从而为中国国债市场的安全、高效运作提供可靠的技术保证。

三、债券市场的登记托管制度

债券登记与托管是伴随金融市场的产生与发展自然演化出来，用于提高交易结果执行的确定性和便捷性的基础性制度安排。

债券登记是指登记机构依据法律法规，受债务人委托，以簿记方式记录债券信息，确认债券权属的行为。债券托管是指托管机构接受债券持有人委托，对债券持有人的债券权益进行维护和管理的行为。债券登记的目的在于确权，而债券托管是一种服务，其目的在于确保安全和交易便捷。在实行无纸化模式后，债券登记和托管的共同形式是簿记。信息技术的进步使得债券登记和托管在实务操作层面的边界逐步模糊，即登记和托管都以电子簿记方式作为实现手段，均表现为对债券账户信息的管理。中国的债券市场基本实现了对债券登记、托管和结算的集中化管理。在中国境内，债券中央托管机构同时承担债券登记职能，又称债券登记托管结算机构。在交易所市场，交易前台是市场中枢；在分散运行的场外市场，结算后台基础设施是市场中枢，交易前台主要负责传递交易信息、寻找交易对手，真正的资金、债券等金融要素的流动是在后台进行的。

根据托管层级的不同，债券托管分为一级托管和多级托管。其中，一级托管是指最终投资者以自己的名义将债券托管于中央托管机构，由其直接管理投资者的债券权益；

多级托管是指终端投资者将债券托管于中介机构，中介机构再以自己的名义托管于上一级中介机构，直至中央托管机构。中介机构是其托管债券的名义持有人，终端投资者只能通过中介机构主张债券权利。在现代化债券市场上，一级托管对于提升市场效率更有优势：权利界定清晰，能更好地保护投资者利益；去掉了中间环节，能减少操作风险；信息透明，有利于监管和防范风险。

▲ 专栏 2-6

中国的公开市场操作简介

中央银行（简称央行）是债券市场上一个重要的参与者，中央银行主要是通过公开市场操作对债券市场产生重要影响的。在多数发达国家，公开市场操作是中央银行吞吐基础货币、调节市场流动性的主要货币政策工具。中央银行通过与其指定交易商进行有价证券和外汇交易，实现货币政策调控目标。中国的公开市场操作包括外汇公开市场操作和人民币公开市场操作两部分。外汇公开市场操作于 1994 年 3 月启动，人民币公开市场操作于 1998 年 5 月 26 日恢复交易，规模逐步扩大。自 1999 年以来，公开市场操作已成为中国人民银行货币政策日常操作的重要工具，在调控货币供应量、调节商业银行流动性水平、引导货币市场利率走势等方面发挥了积极的作用。

中国人民银行从 1998 年开始建立公开市场业务一级交易商制度，选择了一批能够承担大额债券交易的商业银行作为公开市场业务的交易对象。截至 2019 年，公开市场业务一级交易商有 49 家，其中包括 6 大国有商业银行、11 家股份制商业银行（不包括渤海银行）、18 家城商行、5 家农商行、4 家外资银行、2 家券商（中信证券和中金公司）以及国家开发银行、中国进出口银行、中债信用增进投资股份有限公司。这些交易商可以运用国债、政策性金融债券等作为交易工具与中国人民银行开展公开市场业务。从交易品种看，中国人民银行公开市场业务债券交易主要包括回购交易、现券交易和发行中央银行票据。其中，回购交易分为正回购和逆回购两种。正回购为中国人民银行向一级交易商卖出有价证券，并约定在未来特定日期买回有价证券的交易行为；逆回购为中国人民银行向一级交易商购买有价证券，并约定在未来特定日期将有价证券卖给一级交易商的交易行为。正回购为央行从市场收回流动性的操作，正回购到期则为央行向市场投放流动性的操作。逆回购为央行向市场投放流动性的操作，逆回购到期则为央行从市场收回流动性的操作。现券交易分为现券买断和现券卖断两种，前者为央行直接从二级市场买入债券，一次性地投放基础货币；后者为央行直接卖出持有的债券，一次性地回笼基础货币。中央银行票据即中国人民银行发行的短期债券，央行通过发行中央银行票据可以回笼基础货币，中央银行票据到期则体现为投放基础货币。

国债与中央银行票据是较容易混淆的两个概念。国债是一国政府为了募集资金而发行的债务凭证，而中央银行票据则是一国的中央银行为了调节货币供应而对商业银行发行的债务凭证。两者的区别见表 2-2。

表 2-2　中央银行票据与国债的区别

	中央银行票据	国债
发行机构	中央银行	财政部
投资者	金融机构	金融机构、企业、个人投资者
作用	管理市场中的货币量	平衡财政收支

资料来源：中国财政部网站。

专栏 2-7

中国债券市场上的中央托管机构

高效的金融基础设施是债券市场健康运行的重要保障。完善债券登记托管结算体系的重要性日益受到关注。国际组织颁布的《金融市场基础设施原则》（PFMI）对中央托管提出了核心要求，提出“出于安全与效率的原因，应尽可能在最大范围内实现中央托管”，“通过将托管结算操作集中于单一实体，可以实现规模经济并有效降低成本”。在中国债券市场上，目前涉及债券集中托管业务的机构有三家：中债登、中国证券登记结算有限责任公司（简称中证登）、上清所。三者的比较见表 2-3。

表 2-3　三家中央托管机构比较

		中债登	中证登	上清所
成立时间		1996 年	2001 年	2008 年
批准机构		国务院	证监会	中国人民银行
监管机构		中国人民银行、财政部、银保监会、发改委、证监会	证监会	中国人民银行
所有权性质		国有独资公司	股份制公司	股份制公司
主要品种		国债、地方政府债券、政策性金融债券、政府支持机构债券、企业债券、信贷资产支持证券、商业银行债券、非银行金融机构债券、国际机构债券等（国债、地方政府债券、企业债券为总托管）	公司债券、股票、基金等（国债、地方政府债券、企业债券为分托管）	非金融企业债务融资工具、可转让存单等
债券业务份额（截至 2020 年末）	总登记量*	77.14 万亿元，占 73.95%	13.81 万亿元，占 13.24%	13.37 万亿元，占 12.81%
债券业务份额（截至 2020 年末）	交易结算	943.23 万亿元，占 61.24%	294.61 万亿元，占 19.13%	302.26 万亿元，占 19.63%
结算方式		实时全额	全额+净额	全额+净额

说明：* 份额统计不包括同业存单。

中债登于1996年经国务院批准设立，是具有系统重要性的国家级金融市场基础设施。该公司为中国债券市场提供包括债券发行、登记托管、交易结算、付息兑付、估值、担保品管理、信息披露等在内的全生命周期服务，是支持中国债券市场安全平稳运行的中枢。2020年，该公司支持发行各类债券约22万亿元，累计办理债券结算超过1 700万亿元，是国内最大的债券交易结算平台。2020年末，该公司托管债券超77万亿元，债券托管量约占全市场的74%，在债券登记托管中居主导地位，品种涵盖国债、地方政府债券、企业债券、央行票据、政策性银行债券、金融债券、信贷资产支持证券等品种。该公司打造国际先进的担保品管理系统，成为全球最大的债券担保品机构；依托成熟稳定、安全高效的中央托管结算服务体系，提出了以“中央确权、穿透监管、多级服务、合作共赢”为指导思想的中债方案，构建了债券登记托管结算多层次服务体系。

第五节 中国的国债市场

一、国债市场的演变

1981年1月，我国颁布了《中华人民共和国国库券条例》，财政部恢复发行国债。经过40多年的时间，我国国债市场建设取得了巨大的发展。一级市场发行制度的市场化程度越来越高，国债品种越来越多元化，二级市场从实物柜台交易逐渐发展到以交易所和银行间债券市场为主体框架的国债交易，交易规模也突飞猛进。

对国债发行规模的管理制度经历了两个阶段：第一阶段是1979—2005年，采用年度国债发行额管理制度。某个年度国债发行额是当年财政赤字与借新还旧之和。第二阶段是2006年以后，采用国债余额管理制度，即年末国债余额限额管理。某年末国债余额限额等于上年末国债余额限额与当年财政赤字之和。每年年初，全国人大审批当年财政赤字和年末国债余额限额。如遇特殊情况需要增加财政赤字或发行特别国债，年末国债余额限额相应增加。在年末国债余额限额内，可根据国库存款充裕情况少发国债，并决定品种结构、期限结构和发行节奏。基本按财政赤字和借新还旧决定发行额。

我国国债市场的发展主要表现在以下几方面：

（一）发行规模快速增长

我国国债发行规模快速增长，20世纪80年代初每年发行几十亿元，2000年发行量达到4 657亿元，2007年我国国债的发行量达到突破性的23 483.44亿元。截至2021年末，我国国债年发行量已达66 758.06亿元（见表2-4）。

（二）发行种类增多

我国国债市场的交易品种目前主要包括面向个人投资者发行的不可流通的储蓄国债与面向机构和个人投资者发行的可流通的记账式国债。储蓄国债包括凭证式国债和电子式国债，两者差别不是很大。记账式国债包括关键期限国债和非关键期限国债，其中关键期限国债在银行柜台市场零售和交易。

表 2-4　1981—2021 年我国国债的年发行规模　单位：亿元

年份	发行规模	年份	发行规模
1981	48.66	2002	5 934.40
1982	43.83	2003	6 283.40
1983	41.58	2004	6 923.90
1984	42.53	2005	7 042.00
1985	60.61	2006	8 883.30
1986	62.51	2007	23 483.44
1987	117.07	2008	8 549.00
1988	132.17	2009	16 280.66
1989	263.91	2010	17 849.94
1990	197.24	2011	15 609.80
1991	281.27	2012	14 527.33
1992	460.77	2013	16 944.01
1993	381.32	2014	17 747.32
1994	1 028.57	2015	21 075.37
1995	1 510.86	2016	30 657.69
1996	1 847.77	2017	40 041.79
1997	2 412.03	2018	36 010.97
1998	3 228.77	2019	40 091.00
1999	3 715.03	2020	70 173.25
2000	4 657.00	2021	66 758.06
2001	4 884.00		

资料来源：中国财政部网站。

财政部发行过保值国债，但主要发行固定利率国债，包括贴现国债和附息国债。

从期限上看，2005 年之前并没有 1 年期以下的国债，从 2006 年 3 月财政部发行 3 个月期记账式二期国债开始，真正意义上的短期国债才开始发行。2009—2012 年国债期限品种越来越丰富。贴现国债的期限主要为 91 天、182 天、273 天三种；附息国债包括关键期限（1 年、3 年、5 年、7 年、10 年）国债（以 7 年、10 年为主）和非关键期限（2 年、15 年、20 年、30 年、50 年）国债。储蓄国债的期限为 1 年、3 年、5 年。2012—2017 年，我国关键期限国债发行额占比在 70%以上。自 2009 年之后 15 年期国债已停止发行，2016 年之后 20 年期国债已停止发行。目前，我国国债市场上有 50 年、30 年、10 年、7 年、5 年、3 年、2 年、1 年、9 个月、182 天、91 天等期限。国债发行种类的增多确保了市场上的交易热情，也为个人投资者和机构提供了更多投资机会。

（三）发行方式更加合理

我国自 1981 年恢复国债发行以来，国债发行方式经历了从 20 世纪 80 年代的行政分配，到 90 年代初的承购包销，再到目前的定向发售、承购包销和公开招标发行并存的发展过程。总的变化趋势是不断趋向低成本、高效率的发行方式，逐步走向规范化和市场化。

1981—1990 年，我国国债的发行基本上是依靠行政摊派的办法完成的。

1991 年，财政部第一次组织国债发行的承购包销，这标志着国债一级市场初步建立起来。承销制是一种协议性的市场发行方式，这种发行方式有两个特点：一是由承销合同确定发行人与承销人的权利义务关系；二是由承销人向投资者分销，分销不出去的部分由承销人自己认购。我国国债发行渠道依托承销团，包括记账式国债承销团和凭证式国债承销团，以及储蓄国债（电子式）代销试点银行。

自 1999 年第九期记账式国债开始，中国的国债市场记账式国债发行基本上采用招标机制。[①] 按招标的类型划分，先后采用过缴款期招标、价格招标和收益率招标的方式；按竞标规则划分，财政部先后在短期贴现国债发行中采用了荷兰式单一价格拍卖方式，在中长期国债和附息国债的发行中采用了美国式多重价格拍卖方式。继荷兰式和美国式招标方式后，2004 年财政部推出了多种价格（混合式）招标方式，该招标方式结合了原有的荷兰式及美国式招标方式的特点，有助于降低发行成本，提高承销团成员对国债投标的精准度，并充分发挥国债招投标的价格发现作用。

（四）交易市场活跃，交易手段灵活

我国国债交易市场包括银行间债券市场和交易所债券市场，两个市场的交易量都飞速增长。以银行间债券市场为例，截至 2018 年，我国银行间债券市场的年现券交易规模达到 150 万亿元。

国债交易品种包括现券交易和回购交易，也包括 2005 年推出的远期交易试点。在 1997 年之前，国债交易基本都是现券交易。1997 年银行间债券市场开展质押式回购业务。2004 年，我国又推出了买断式回购。买断式回购有助于债券的流通，也有助于在市场中实现套利，进而有利于债券的定价。

（五）便利了央行公开市场操作

1998 年 5 月，中国人民银行恢复了公开市场业务，有力地促进了银行间债券市场的发展。央行通过公开市场操作来调控和引导一级交易商在市场的交易，并传递和影响银行间债券市场债券交易结算业务；央行公开市场操作的债券回购利率，成为银行同业间债券回购利率的指导性利率。

二、国债的发行

我国目前的国债发行方式有定向发售、承购包销和公开招标发行三种，适合在不同的情况下采用。

（一）定向发售

目前，我国财政部根据需要向社会养老基金、保险基金和金融机构等特定机构发行特种国债。由于数量少、规模有限，所以仍采取定向私募的行政分配方式。

---

① 储蓄国债采取行政定价，发行利率参考居民定期存款利率确定。

（二）承购包销

承购包销方式目前主要应用于不可上市流通的凭证式国债的发行。它是由各地的国债承销商组成承销团，通过与财政部签订承销协议来决定发行条件、承销费用和承销团的义务，并由其负责在市场上转售，未能售出的余额均由承销团认购，因此是带有一定市场因素的国债发行方式。承购包销方式实质上是以承购包销协议确定承销团包销数额与承销条件的发行方式。

（三）公开招标发行

国债公开招标发行是指通过招标的方式来确定国债的承销商和发行条件。公开招标发行方式的市场化程度更高，比较适合认购者众多、信用等级高、单次发行规模较大的国债、政策性金融债券、大型企业发行的企业债券等券种。承销商按照财政部确定的当期国债招标规则，以竞标方式确定各自承销的国债份额及承销成本，财政部则按规定取得发债资金。公开招标可分为缴款期招标、价格招标和收益率招标三种形式。

1. 缴款期招标

缴款期招标是指在国债的票面利率和发行价格已经确定的条件下，按照承销商向财政部缴款的先后顺序获得中标权利，直至满足预定的发行额为止。在规定的最长缴款限期内，由各承销商就缴款日期投标，然后按投标的缴款日期的长短从短到长排列，时间短者优先。

2. 价格招标

价格招标主要是在贴现国债的发行中使用，按照投标人所报买价自高向低的顺序中标，直至满足预定发行额为止。如果中标规则是荷兰式，那么所有中标价格中的最低价格为当期国债的承销价格，中标的承销商都以相同的承销价格来认购中标的国债数额；如果中标规则是美国式，那么承销商分别以各自出价来认购中标数额。例 2－1 对荷兰式招标和美国式招标进行了对比。

［**例 2－1**］　当面值为 100 元、总额为 200 亿元的贴现国债招标发行时，若有 A、B、C、D 四个投标人，它们各自的投标价、投标额、中标额和中标价如表 2－5 所示。

表 2－5　各投标人的投标价、投标额、中标额和中标价

	A	B	C	D
投标价（元）	90	85	80	75
投标额（亿元）	80	70	90	100
中标额（亿元）	80	70	50	0
荷兰式招标中标价（元）	80	80	80	
美国式招标中标价（元）	90	85	80	

那么 A、B、C 三者的中标额分别为 80 亿元、70 亿元和 50 亿元。注意，C 的投标额 90 亿元的中标额仅为 50 亿元。三者中标额之和正好等于本次预定发行总额 200 亿元。D 则没有中标。在荷兰式招标规则下，中标价都为最低的投标价 80 元；在美国式招标规则下，中标价分别是自己的投标价，即 A、B、C 的中标价分别为 90 元、85 元

和80元。

而标的为价格的混合式招标，以各标位中标数量为权重计算全场加权平均中标价格，投标人中标价格高于或等于全场加权平均中标价格的标位，按全场加权平均中标价格购买当期国债；投标人中标价格低于全场加权平均中标价格一定数量以内的标位，按各中标价格购买当期国债；低于全场加权平均中标价格一定数量以上的则全部落标。

［例2-2］ 假设某期国债招标量为200亿元，采用混合式招标方式对收益率进行招标。在实际招标过程中，全部承销商最低竞投标位是3%，最高竞投标位是4%。

按照混合式招标的规则，财政部将从3%开始的标位竞投数量进行累计，假设到3.7%时，竞投数量累计为200亿元。由此，3%到3.7%这一利率区间就是混合式招标时全场加权平均中标利率的计算区间，具体计算方法是：将3%到3.7%这一利率区间所有标位按照竞投数量进行加权平均，得出全场加权平均中标利率。我们假设这个利率是3.4%，而我们将3.7%命名为最优中标标位。

这样，就出现了两个利率区间段：3%～3.4%及3.41%～3.7%。

所有在3%～3.4%区间进行竞投的承销商，都将按照3.4%的利率进行承销。所有在3.41%～3.7%区间进行竞投的承销商，都将按照各自的投标利率进行承销。

因此，如果某承销商幸运地选择了在3.41%～3.7%区间进行竞投，那么相对于那些按照全场加权平均中标利率进行承销的承销商而言，就拥有了一定的利差优势。

3. 收益率招标

收益率招标方式多适用于附息国债的发行，此时国债发行的标的是收益率。按照投标人所报收益率自低向高的顺序中标，直至满足预定发行额为止。收益率招标同样可分为荷兰式招标和美国式招标两种形式，原理与上述价格招标类似。如果是荷兰式招标，那么当标的为利率时，最高中标利率为当期国债的票面利率；当标的为利差时，最高中标利差为当期国债的基本利差。如果是美国式招标，那么全场加权平均中标利率为当期国债的票面利率，承销商分别以各自出价来认购中标数额。

在我国，只有国债承销团成员才有权参与记账式国债公开招标发行，包括竞争性招标和非竞争性招标。其他机构投资者和个人只能够参加凭证式国债的买卖，或向参与国债公开招标发行的承销商认购国债。

为了进行必要的招标筛选，财政部在国债公开招标发行前通常不仅会规定最低、最高投标量限制，通常还会设置一定的投标价格区间。这一措施也会减少独立投标人的数量，鼓励小规模投资机构和个人进行投标合并，从而达到使投标过程中产生非竞争性行为的效果。如果价格区间设置错误，会对市场造成冲击，甚至影响国债的发行，加重财政负担。

▲ 专栏2-8

信用债市场的发展

中国债券市场上除了利率债之外，还有信用债。信用债的发行主体是企业，存在违约可能和信用风险。信用债主要包括三大类：企业债券、公司债券和非金融企业债务融资工具，分别由发改委、证监会和中国银行间市场交易商协会监管。另外，商业银行在银保监会和中国人民银行的共同监管下发行信用债，主要包括次级债券等信贷资产证券化产品，还有少量由其他非银行金融机构发行的金融债券。

国内信用债发行始于 1984 年，是企业自发形成的融资活动，最初主要采取内部集资的模式。据粗略估计，到 1986 年底大致发行了 100 亿元此类债券。随着此类债券规模的扩大，为了规范企业自行募集债券的行为，国务院于 1987 年 3 月 27 日发布了《企业债券管理暂行条例》，开启了真正意义上的国内信用债元年。当时的信用债带着较为浓厚的行政管理色彩，依据《企业债券管理暂行条例》，企业债券的发债主体仅限于全民所有制企业，推出企业债券的初衷是保证国家重点项目的建设。发改委每年对企业债券的发行额度做出总量安排和结构控制，规模在 3 000 万元以上的企业债券的发行需要由中国人民银行总行审批，甚至连企业债券的转让也需要经过中国人民银行的审查批准。

2005 年，以短期融资券的推出为标志，信用债市场进入了快速增长期。在相对完善的制度基础上，一系列新的信用债品种被推出：2005 年 5 月，银行间债券市场的短期融资券试水；2007 年 10 月，交易所第一只公司债券长江电力问世；2008 年 4 月，银行间债券市场新增中期票据；2010 年，超短期融资券面世。目前银行间债券市场的主流品种基本补全，尤其 2015 年《公司债券发行与交易管理办法》的发布彻底激发了交易所债券市场的活力，发债主体的范围被进一步扩大至所有的公司制法人，公司债券的发行规模出现了爆发式的增长。

信用债市场之所以迅猛发展，一方面是由于企业和地方政府融资平台巨大的融资需求，另一方面是由于信用债发行的市场化。2005 年以前，发改委对企业债券发行采取严格的额度审批制度，限制了企业债券的增长速度，信用债年发行量最高也未超过 700 亿元。中国人民银行 2005 年推出短期融资券时实行备案制，2007 年授权中国银行间市场交易商协会管理以后，开始实行注册制。发改委从 2008 年起，简化了企业债券核准程序，由原来的先核定发行规模、再批准发行方案两个环节，改为直接核准发行一个环节，按照条件核准，成熟一家发行一家，这促进了企业债券，特别是城投债的迅猛发展。市场化的发行制度极大地促进了信用债市场的发展。

在信用债发展初期，我国对信用债发行企业的监管要求比较高，加之在各方的努力下，中国信用债自诞生起一段时期内没有发生过实质性违约，导致市场参与者形成了中国信用债刚性兑付的预期，扭曲了信用债定价机制。随着 2009 年中国经济进入新常态，产能过剩行业遇到了债务兑付困难。2014 年 3 月 4 日“11 超日债”最终利息违约打破了中国债券市场零违约的局面，之后信用债违约事件时有发生，引起了各方的关注。

第六节　债券评级

信用评级，是指信用评级机构对影响经济主体或者债务融资工具的信用风险因素进行分析，就其偿债能力和偿债意愿做出综合评价，并通过预先定义的信用等级符号进行表示。[①] 债券评级就是由独立的私人机构对债券的信用风险进行评级。债券评级的对象是信用风险，不包括其他类型的风险，如利率风险等。债券评级对投资于何种债券也不提出任何建议。在债券市场上，债券评级具有重要作用。

对于一只债券的评级，有主体评级和债项评级之分。主体评级反映的是公司本身的信用风险等级，代表公司对其债务的偿付能力；而债项评级反映的是公司对特定债务的相关偿付能力，在企业本身的基础上做了进一步细化。需要特别注意的是，债项评级是针对公司发行的某种特定的债券进行的，而不是对发行债券的公司主体进行评级。例如，某家公司的整体财务状况不佳，但是如果它发行的债券有足额的资产作为抵押或者有实力雄厚的机构作为担保人，则该公司发行的债券仍是高等级的。一般而言，某只债券的债项评级不会低于其主体评级。如果有外部信用增级措施（如抵押、担保等），债项评级往往高于主体评级。[②]

按照评级方法，目前债券市场上的评级可以分为基于基本面的传统评级和基于市场面的市场隐含评级两种。传统评级主要是基于行业、治理、经营、财务等进行定量和定性分析，再通过相关模型等进行打分，从而进行分档评级。市场隐含评级基于市场有效的前提，从市场价格信号和发行主体相关基本面信息等因素中提炼出动态信息，即期反映市场投资者对债券的信用评价。

一、债券评级机构的作用

债券评级机构的作用主要在于识别风险、参考定价、提高市场效率、助力融资环境的改善。从理论上讲，债券评级机构至少发挥了两个重要作用：提供信息和认证。评级机构之所以提供信息，主要是因为存在这方面的市场需求；而提供认证则与政府监管密不可分。

与其他金融市场一样，债券市场上也存在信息不对称问题，信息不对称将会引发逆向选择和道德风险问题。如果信息不对称问题非常严重，将会妨碍债券市场的正常运行。债券评级机构能在一定程度上解决信息不对称问题，提高债券市场的效率。由于存在规模经济效应以及在收集、加工信息方面的专业化，评级机构在向投资者提供与债券违约风险有关的信息的过程中能有效地降低信息搜寻成本。另外，评级机构能向债券发行公司的利益相关者（如供应商、客户和雇员）提供有价值的信息，降低利益相关者的信息搜寻成本。

但是，针对美国债券市场的大量理论研究表明，债券等级仅仅是确认了债券已经存在的风险而不是影响了其风险，这意味着评级机构只具有认证作用而没有提供信息的作用。也就是说，当评级公司调整债券等级时，债券价格并未出现显著的异常变化，这是因为评级机构评定债券等级主要是以公开信息为基础，而对债券等级进行调整所依据的

① 评级公司都是独立的私人企业，不受政府控制，也独立于证券交易所和证券公司。它们提供的评级结果只供投资者决策时参考，因此，它们对投资者负有道义上的义务，但并不承担任何法律上的责任。

② 不过也有特殊情况，比如金融机构的次级债券的债项评级是低于主体评级的，这主要是因为次级债券的偿付顺位低于一般债务，因此实际保障能力低于公司正常偿债能力。

公开信息已经反映在债券的价格中了。也有一些理论研究表明，债券等级的改变确实引起了债券价格的变化，只是幅度很小，在宣布等级变化的两天内平均价格变化幅度不到2%①，这表明评级机构向市场提供了公开信息以外的新信息，这可能是因为评级机构与发行债券的公司存在更密切的接触。

政府机构对某些金融机构的监管产生了对评级机构认证的需求。例如，一些国家的法律要求，某些金融机构只能投资于投资级的债券或只能投资于 AAA 级的债券，以确保金融机构的稳健。当然，作为一种高度概括性的指标，评级结果也可以被其他市场参与者广泛使用，这可以有效地降低签订合约的成本。例如，公司管理层可以要求资金的管理人只能投资于 AA 级以上的债券。

二、评级的程序

虽然各个评级机构评估的逻辑略有不同，但它们所考察的因素大体相同，包含宏观环境、行业前景、企业竞争地位、业务状况、盈利能力、财务风险等，并且在个体初始评级的基础上加入了外部支持因素的影响。具体而言，债券评级主要包括以下六个步骤：

（1）由债券发行人或其代理人向证券评级机构提出评级申请，并根据评级机构的要求提供详细的书面材料。

（2）证券评级机构与发行单位的主要负责人见面，就书面材料中值得进一步调查的问题和其他有关情况提出询问。

（3）证券评级机构对申请评级单位的各方面情况进行分析。分析的内容主要包括：1）发行人所属行业的发展状况以及发行人在该行业中的地位；2）发行人的经营管理情况、内部审计体制、资本构成的安全性和偿付本息的能力；3）信托合同中规定的财务限制条款和债券的优先顺序；4）对发行人所属国家或地区做出评价，分析其政治风险和经济风险；5）分析发行人在国家政治经济中的重要性和国家与发行人的关系。

（4）在调查分析的基础上，证券评级机构会通过投票决定债券等级，并与发行人联系，征求其对评级结果的意见。如果发行人不同意评级机构的评级结果，可提交书面理由，申请变更债券等级，但这种变更申请只能有一次。

（5）证券评级机构评定债券等级后，一方面通知评级申请人，另一方面将评级结果汇编成册，通过媒体公开发行。

（6）证券评级机构根据各申请评级单位的财务、经营活动变化，定期调整债券等级。

三、债券等级分类及其说明

目前国际上公认的最具权威性的债券评级机构主要有美国的标准普尔公司（简称标准普尔）和穆迪投资者服务公司（简称穆迪）。上述两家公司对多种类型的固定收益证券进行评级，既包括各种类型的债券，也包括短期商业票据等。债券评级结果用具有一定编码规则的字母组合表示，两家机构的等级划分大同小异。表 2－6 提供了标准普尔

① 研究表明，等级向下调整对价格的影响大于向上调整对价格的影响。

和穆迪的债券等级分类和标准普尔债券等级的相应说明。标准普尔的债券等级从高到低可划分为：AAA级、AA级、A级、BBB级、BB级、B级、CCC级、CC级、C级和D级。穆迪的债券等级从高到低可划分为：Aaa级、Aa级、A级、Baa级、Ba级、B级、Caa级、Ca级、C级和D级。AAA（Aaa）级债券具有最高质量和最低违约风险，D级是最低等级债券，它表明发行公司无法履行还本付息的义务。前四个等级的债券信誉高，违约风险小，属“投资级债券”，第五级及以后的债券信誉低，违约风险大，属“投机级债券”。[①]

表2-6 标准普尔和穆迪的债券等级分类以及标准普尔债券等级的相应说明

穆迪	标准普尔	债券等级	说明（标准普尔）
Aaa	AAA	最高级	还本付息的能力很强
Aa	AA	高级	还本付息的能力强，程度上略逊于最高级债券
A	A	中高级	还本付息的能力强，但受不利的环境和经济条件变化的影响要大于上两个等级
Baa	BBB	中级	具有足够的能力还本付息，一般在债务合约中规定了充分保护债权人的条款。但与上述三个级别相比，不利的经济条件和经济环境变化更有可能削弱该级别债券还本付息的能力
Ba	BB	垃圾债券	一般认为，这些等级的债券具有显著的投机性。从BB级到CC级投机性逐级递增。这些债券都还能按期还本付息，但是当经济状况、经济环境、财务状况出现不利的变化时，这些债券还本付息的能力将会被极大地削弱甚至出现违约
B	B		
Caa	CCC		
Ca	CC		
C	C	垃圾债券	已经提出了破产申请，但是仍在进行本息支付
D	D	违约债券	已经提出了破产申请或发生了违约。如果标准普尔认为即使经过宽限期也无法还本付息，那么只要该公司发生本金利息不能如期足额支付的情况，就会被评为D级

四、中国债券信用评级行业的发展

中国信用评级行业诞生于20世纪80年代末，是改革开放的产物。1988年，我国第一家信用评级机构上海远东资信评估有限公司（以下简称上海远东）诞生。最初的评级机构由中国人民银行组建，隶属于各省市的分行系统。20世纪90年代以后，经过几次清理整顿，评级机构开始走向独立运营。1997年，中国人民银行认定了9家评级公司具有在全国范围内从事企业债券评级的资质。2005年，中国人民银行推动短期融资债券市场建设，形成了中诚信、大公国际、联合资信、上海新世纪和上海远东5家具有全国性债券市场评级资质的评级机构。2006年后，上海远东因“福禧短融”事件逐渐淡出市场。

此后资信评估行业开始了大洗牌，并真正进入行业规范阶段。在此期间，央行于

① 如果按照标准普尔的债券等级分类，BB级到C级（按穆迪的债券等级分类则是Ba级到C级）的债券在美国债券市场上被称为垃圾债券。当然也有人给它起了个略带尊贵色彩的名字：高收益债券。如果发行时属于投资级的债券后来由于公司经营不善成为垃圾债券，则被称为“堕落天使”。

2006年3月发布的《中国人民银行信用评级管理指导意见》、2006年11月发布的《信贷市场和银行间债券市场信用评级规范》和证监会2007年8月发布的《证券市场资信评级业务管理暂行办法》基本奠定了资信评估行业的政策监管框架。

自2006年起，美国评级机构就开始与中国信用评级机构进行合作。同年，穆迪收购中诚信49%的股权并接管了经营权，同时约定7年后持股51%，实现绝对控股；2007年，惠誉收购了联合资信49%的股权并接管经营权；2008年标准普尔也开始与上海新世纪在培训、联合研究项目以及分享信用评级技术等领域进行战略合作。

为改变向发行人收费这一模式所引发的评级独立性问题，2010年中国银行间市场交易商协会成立中债资信评估有限责任公司，这是国内首家采用投资人付费业务模式、以再评级和双评级为主的资信评估机构。

国务院于2011年批准央行作为信用评级行业的主管部门，但信用评级法律体系和监管政策不完善的现状仍未改变。

2015年以来，不断发生的债券违约事件暴露出我国信用评级行业存在评级虚高、区分度不足、事前预警功能弱等突出问题，于是政府逐渐加强了对信用评级行业的监管。同时，为了促进评级行业竞争，提高效率，加大了开放程度。2017年7月1日，央行推动符合条件的境内外信用评级机构在银行间债券市场开展信用评级业务。2019年1月28日，央行营业管理部发布公告，对美国标准普尔全球公司（S&P Global Inc.）在北京设立的全资子公司标普信用评级（中国）予以备案。为促进我国债券市场信用评级行业规范发展，2021年8月6日，中国人民银行会同国家发改委、财政部、银保监会、证监会联合发布了《关于促进债券市场信用评级行业健康发展的通知》。该通知遵循市场化、法治化、国际化改革方向，从加强评级方法体系建设、完善公司治理和内部控制机制、强化信息披露等方面对信用评级机构提出了明确要求，同时强调优化评级生态，严格对信用评级机构的监督管理。《通知》必将对推动我国信用评级行业更好地发展发挥重要作用。

央行的消息显示，截至2021年8月，全国共有19个省（自治区、直辖市）的59家信用评级机构在中国人民银行分支行完成备案。经过30多年的发展，我国信用评级机构在评级理念、评级方法、指标体系、职业标准等方面有了不同程度的进步。

第三章

债券的价格

在债券投资管理过程中，正确地计算债券价值是非常关键的。总的来说，债券价值等于债券未来所有现金流的现值总和。本章首先介绍计算债券价值的基本原理——货币的时间价值；其次，介绍计算最典型、最简单的附息债券价值应该遵循的四个步骤；最后，考虑到现实世界中的一些复杂情况，重点介绍如何计算零息债券、浮动利率债券的价值。本章内容是债券分析中的基础知识，是理解其他章节的出发点。

第一节　货币的时间价值

货币的时间价值是指货币以一定的利率水平，经历一定时间的投资和再投资所增加的价值。在经济生活中存在这样一种现象：现在的 1 元和 1 年后的 1 元的价值不相等，现在的 1 元比 1 年后的 1 元价值要大一些。例如，投资者将 1 元存在银行，银行支付 8%的年利率。1 年以后，1 元将增值为 1.08 元，是 1 元本金与 0.08 元利息的加总。1 元经过 1 年时间的投资增加了 0.08 元，这就是货币的时间价值。那么，如何准确地计算出货币的时间价值呢？我们首先要明确两组概念：终值与现值，单利与复利。

终值是指现在的资金在未来某个时刻的价值，现值是指未来某个时刻的资金在现在的价值。单利与复利是利息的两种计算方式。按照单利计息，是指无论时间多长，只按本金计算利息，上期的利息不计入本金内重复计算利息。按照复利计息，是指除本金计算利息外，还要将在此期间所生利息一并加入本金计算利息，即所谓的“利滚利”。

一、终值的计算

（一）单利终值的计算

设 FV 为单利终值，P 为本金，r 为每期利率，n 为计息的期数，则单利终值为：

$$FV=P(1+nr)$$

［例 3-1］ 投资者将本金 10 000 元按 5 年定期存入银行，年利率为 3.4%，到期本息共有多少？

解：这是按单利计算资金终值的问题。

$$FV=10\,000\times(1+3.4\%\times5)=11\,700\text{（元）}$$

（二）复利终值的计算

设 FV 为复利终值，P 为本金，r 为每期利率，n 为计息的期数，那么，

第 1 期末的复利终值为：

$$FV_1=P(1+r)$$

第 2 期末的复利终值为：

$$FV_2=FV_1(1+r)=P(1+r)(1+r)=P(1+r)^2$$

第 3 期末的复利终值为：

$$FV_3=FV_2(1+r)=P(1+r)^2(1+r)=P(1+r)^3$$

依此类推，第 n 期末的复利终值为：

$$FV_n=FV_{n-1}(1+r)=P(1+r)^{n-1}(1+r)=P(1+r)^n$$

［例 3-2］ 投资者将 10 000 元本金存入银行，1 年期定期存款利率为 2.5%，每年年底将本息再转存 1 年期定期存款，5 年后本息共有多少？

解：与上例不同，这里要按复利计算资金终值：

$$FV=10\,000\times(1+2.5\%)^5=11\,314.08\text{（元）}$$

［例 3-3］ 投资者将 30 000 元本金投资 5 年零 3 个月，年利率为 4.5%，每年按复利计息一次，求投资期末的本息和。

解：3 个月相当于 0.25 年，则 $n=5.25$，所以投资期末的本息和为：

$$FV=30\,000\times(1+4.5\%)^{5.25}=37\,799.13\text{（元）}$$

在现实经济生活中，一笔投资每年可能多次收到利息，利息可以每半年计算一次、每季度计算一次、每月计算一次、每周计算一次，甚至每日计算一次。需要指出的是，在我们给出的复利终值计算公式中，r 是每期利率，要用年利率除以每年计息的次数；n 是计息的期数，要用投资年数乘以每年计息的次数。

［例 3-4］ 投资 2 000 元本金，投资期为 6 年，年利率为 6.2%，每季度按复利计息一次，求投资期结束后的资金终值。

解：每季度计息一次相当于每年计息 4 次，则 $r=6.2\%/4=1.55\%$，$n=6\times4=24$，所以投资期结束后的资金终值为：

$$FV=2\,000\times(1+1.55\%)^{24}=2\,893.00\text{（元）}$$

（三）年金终值的计算

年金是指在相同的间隔时间内陆续收到或付出相同金额的款项，例如，分期付款买房、分期偿还贷款、发放养老金等，都属于年金收付的形式。按照收付的时间，年金可以划分为以下两类：

（1）普通年金（后付年金）：指在各期期末收入或付出的年金。

（2）预付年金：指在各期期初收入或付出的年金。

1. 普通年金终值的计算

在图 3-1 中，A 表示每期期末收付的金额，F_k 为金额 A 在 k 期后的终值，n 为复利期数，则年金终值为：

$$FV=F_0+F_1+F_2+\cdots+F_{n-2}+F_{n-1}$$

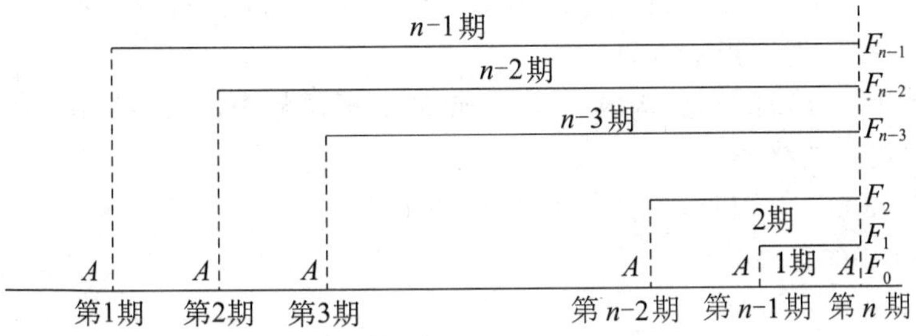

图 3-1　普通年金终值的计算

设 r 为每期利率，根据复利终值公式：

$$F_k=F_0(1+r)^k,\ k=0,\ 1,\ 2,\ 3,\ \cdots,\ n-1$$

而 $F_0=A$，所以，

$$\begin{aligned}FV&=F_0+F_1+F_2+\cdots+F_{n-1}\\&=A+A(1+r)+A(1+r)^2+\cdots+A(1+r)^{n-1}\\&=A[(1+r)^n-1]/r\end{aligned}$$

［例 3-5］ 投资者购买面值为 5 000 元的 10 年期债券，年利率为 6%，每年末付息一次，第一次付息在一年之后。如果投资者持有该债券直至到期日，将每年得到的利息以年利率 4%进行再投资，10 年后他一共将获得多少资金？

解： 这是一个求普通年金终值的问题。每年末利息收入为 5 000×6%=300（元），构成一笔 10 年期的普通年金，利息进行再投资的终值即普通年金的终值：

$$FV=300\times[(1+4\%)^{10}-1]/4\%=3\ 601.83\text{（元）}$$

投资者 10 年后获得的本息和一共为：

$$5\ 000+3\ 601.83=8\ 601.83\text{（元）}$$

2. 预付年金终值的计算

预付年金是在每期期初收入或付出的年金，它的终值与普通年金终值的推导过程大同小异。在图 3-2 中，A 表示每期期初收付的金额，F_k 为金额 A 在 k 期后的终值，n 为复利期数。

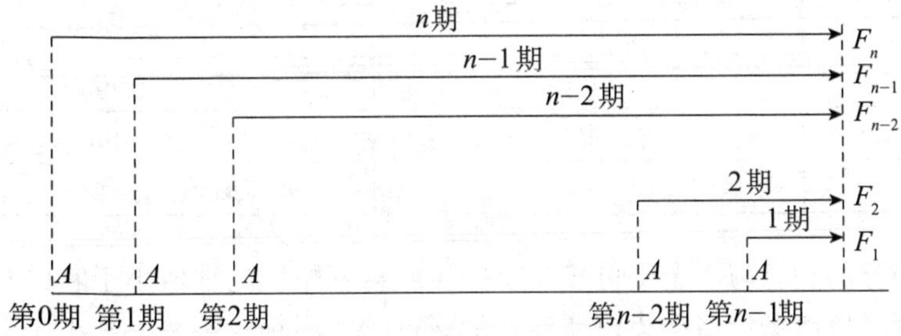

图 3-2　预付年金终值的计算

设 r 为每期利率，预付年金的终值是：

$$FV = F_1 + F_2 + \cdots + F_{n-1} + F_n$$
$$= A(1+r) + A(1+r)^2 + \cdots + A(1+r)^{n-1} + A(1+r)^n$$
$$= A\{[(1+r)^n - 1]/r\}(1+r)$$

［**例 3-6**］ 若例 3-5 中的债券改为每年年初付息一次，从投资者购买时开始支付，重新求 10 年后投资者获得的本息和。

解： 每年年初获得的利息构成一笔 10 年期的预付年金，可以运用预付年金终值公式求出利息再投资的终值：

$$FV = 300 \times \{[(1+4\%)^{10} - 1]/4\%\} \times (1+4\%)$$
$$= 3\ 601.83 \times (1+4\%)$$
$$= 3\ 745.90\ (元)$$

第 10 年年末获得的本息和一共为：

5 000+3 745.90=8 745.90（元）

二、现值的计算

我们已经知道了如何计算一笔投资的终值，下面介绍如何计算未来收到的一定数额的金钱现在的价值。求现值的过程与求终值的过程正好相反。根据复利终值的计算公式：

$$FV = P(1+r)^n$$

得到复利现值为：

$$P = FV/(1+r)^n$$

［**例 3-7**］ 投资者在考虑是否购买这样一种附息债券，它的面值为 1 000 元，票面利率为 10%，每年年末付息，从 1 年后开始支付，5 年后到期，市场价格是 1 170 元。如果投资者要求的年收益率为 6.2%，他购买该债券是否值得？

解： 首先应该按投资者要求的年收益率，计算出该债券未来一系列支付的现值，如表 3-1 所示。

表 3-1　债券未来一系列支付的现值　　单位：元

第 x 年	支付的终值	支付的现值（r=6.2%）
1	100	94.16
2	100	88.66
3	100	83.49
4	100	78.61
5	1 100	814.27
		现值的总和=1 159.19

该附息债券的利息与本金支付按要求的年收益率贴现的现值小于它的市场价格，因此，如果投资者按市场价格购买该债券，他获得的实际年收益率将会小于要求的年收益率，投资会得不偿失。

三、年金现值的计算

（一）普通年金现值的计算

普通年金现值指一定时期内每期期末收付的等额款项的复利现值之和。在图 3－3 中，A 表示每期期末收付的金额，P_k为第 k 期金额 A 的现值，n 为复利期数。普通年金的现值是：

$$PV = P_1 + P_2 + \cdots + P_{n-1} + P_n$$

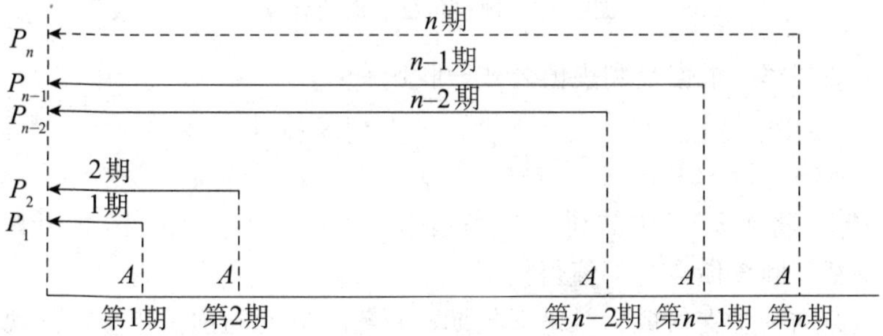

图 3－3 普通年金现值的计算

设 r 为每期利率，根据复利现值公式，有：

$$P_k = A(1+r)^{-k}，k = 1，2，3，\cdots，n-1，n$$

$$PV = A(1+r)^{-1} + A(1+r)^{-2} + \cdots + A(1+r)^{-(n-1)} + A(1+r)^{-n}$$

$$= A[1-(1+r)^{-n}]/r$$

［例 3－8］ 例 3－7 中债券的利息支付构成了一笔 5 年期的普通年金，它的现值等于：

$$100\times[1-(1+6.2\%)^{-5}]/6.2\%=418.95\text{（元）}$$

本金的复利现值等于：

$$1\ 000/(1+6.2\%)^5=740.25\text{（元）}$$

两者之和是 1 159.20 元，这与例 3－7 中按每期复利现值求和得到的结果是近似相等的，之所以存在差别是因为我们在保留小数点位数时进行了四舍五入。

［例 3－9］ 银行同意向某人提供一笔 200 000 元的住房贷款，期限为 30 年，每月月末的还款额相等。贷款收取的年利率为 12%，银行每月应当向客户收取多少还款？

解： 银行希望获得的普通年金现值为 200 000 元，每月收取还款意味着每年收取 12 次，年金收入的次数 n 为 30×12＝360，调整后的每期利率 r 为 12%/12＝1%。运用普通年金现值的计算公式：

$$200\ 000=A[1-(1+1\%)^{-360}]/1\%$$

$$A=2\ 057.23\text{（元）}$$

因此，银行每月应当向客户收取还款 2 057.23 元。

（二）预付年金现值的计算

在普通年金现值推导的基础上稍做修改，我们可以推出预付年金现值的计算公式。从图 3－4 可知，预付年金的现值是：$PV=P_0+P_1+P_2+\cdots+P_{n-1}$。

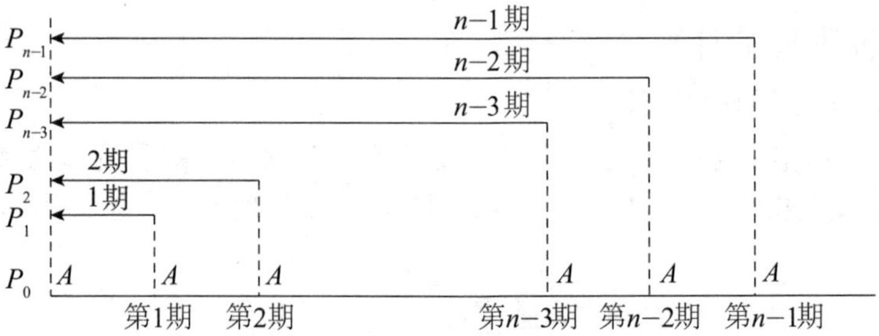

图 3－4　预付年金现值的计算

设 r 为每期利率，根据复利现值公式，我们有：

$$PV = A + A(1+r)^{-1} + A(1+r)^{-2} + \cdots + A(1+r)^{-(n-1)}$$
$$= A\{[1-(1+r)^{-n}]/r\}(1+r)$$

［**例 3－10**］ 将例 3－7 中的利息支付时间改为每年年初，从购买时开始支付，其他条件不变，重新判断该债券是否值得投资。

解： 该债券的利息支付成为一笔 5 年期、每年 100 元的预付年金，其现值等于：

$$100\times\{[1-(1+6.2\%)^{-5}]/6.2\%\}\times(1+6.2\%)$$
$$=418.95\times(1+6.2\%)=444.92\ (\text{元})$$

第 5 年年末收回 1 000 元本金，其复利现值等于：

$$1\,000/(1+6.2\%)^5=740.25\ (\text{元})$$

两者之和是 1 185.17 元，高于该债券现行的市场价格（1 170 元）。因此，如果购买该债券，获得的实际年收益率将会高于要求的年收益率，值得投资。

（三）永续年金现值的计算

永续年金是无限期定额支付的年金，它没有终止的时间，也就没有终值。永续年金现值的计算可以由普通年金现值的计算公式推导出来。

普通年金现值为：

$$PV = A[1-(1+r)^{-n}]/r$$

当 n 趋于无穷大时，$(1+r)^{-n}$ 趋近于 0。因此，永续年金的现值是：

$$PV = A/r$$

［**例 3－11**］ 一种面值 1 000 元的永续债券，票面利率是 9%，每年年末付息一次，1 年后开始支付，市场价格是 988 元。投资者要求的年收益率为 10%，购买该债券是否值得？

解： 该债券的支付是一笔永续年金，按要求的年收益率贴现的现值为：

$$PV=90/10\%=900\ (\text{元})$$

900 元小于当前的市场价格。因此，投资该债券的实际年收益率必将小于 10%，该债券不具有投资吸引力。

资金现值的计算是确定金融产品价格的基础，任何金融产品的定价都相当于求解投资产生的预期现金流的现值。我们从年金现值、复利现值的计算公式中可以看出，金融产品的定价有两个不可或缺的要素：预期的未来现金流、适当贴现率。在下一节，我们将详细讨论如何确定债券的价值。

第二节　债券的价值与价格

一、简单情况下附息债券价值的计算

债券未来现金流收入的现值，称为债券的内在价值，简称债券价值，或者说是债券的理论价格。在上一节计算复利现值、年金现值的例题中我们看到，只有当债券的价值大于市场上的购买价格时，债券才值得购买。因此，债券价值是做债券投资决策时使用的主要指标之一，如果要决定应该为某种债券支付多少，就必须计算出它的价值。典型的债券是附息债券，它具有固定的票面利率，按年支付利息，到期归还本金。计算这种最典型、最简单的债券价值（理论价格），应该遵循以下四个步骤：

（1）选择适当贴现率；

（2）计算所有利息的现值之和；

（3）计算本金的现值；

（4）将两个现值相加，得到债券的价值。

（一）选择适当贴现率

计算债券的价值所采用的适当贴现率是投资者对该债券要求的收益率。一般而言，某种债券的适当贴现率接近于市场上存在的其他类似债券提供的到期收益率。① 可以选取市场上存在的其他类似债券的收益率作为参考利率，考虑拟估值债券与参考债券的异同点，进行相应的调整，最终得出该债券的适当贴现率。

为了更进一步理解影响债券适当贴现率的因素，我们来看看适当贴现率。从理论上而言，某种债券的适当贴现率可以用式（3.1）表示：

$$Y_n = R_{f,n} + DP + LP + TA + CALLP + PUTP + COND \tag{3.1}$$

式中：Y_n——n 年期债券的适当贴现率；

$R_{f,n}$——n 年期政府债券的适当贴现率（到期收益率）；

DP——信用风险报酬；

LP——流动性风险报酬；

TA——税收调整的利差；

$CALLP$——因可提前偿还而产生的溢价（正利差）；

$PUTP$——因可提前兑付而产生的折价（负利差）；

$COND$——因可转换而产生的折价。

由式（3.1）可知，某种债券的适当贴现率，即投资者对某种债券要求的收益率，取决于多种因素，如发行人的信用状况、期限、流动性风险、税收规定以及债券的一些特殊条款。期限对债券收益率的影响将在第六章中重点论述。债券的违约风险、流动性风险越大，投资者要求的收益率就应该越高。而政府债券没有违约风险、流动性最强，

① 到期收益率的概念详见第四章的论述。

因此，具有相同期限的政府债券的到期收益率构成了债券的基准利率。另外，如果债券赋予了发行人提前偿还的权利，这对发行人有利，对投资者不利，投资者就会要求更高的收益率以弥补自己的损失；相反，如果赋予了投资者提前兑付的权利，则投资者对债券要求的收益率可以降低。同理，在其他条件相同的情况下，可转换债券的收益率也会低一些。税收规定也是影响债券适当贴现率的重要因素，某些债券的利息免交所得税，如我国的政府债券和金融债券，在其他条件相同的前提下，免税债券的适当贴现率更低，因为投资者关心的是税后收益率。

在下面计算债券价值的过程中，我们假定适当贴现率是已知的。

（二）计算所有利息的现值之和

债券在到期日之前的利息支付构成一笔年金，我们在后面的例题中将只考虑普通年金的情况，并假设支付均发生在每期期末。利息的现值之和可以使用普通年金现值公式来计算：

$$APV = C \times \frac{1-(1+r)^{-n}}{r}$$

式中：APV——一系列利息的现值；

C——利息；

r——每年的适当贴现率；

n——利息支付的总次数。

［例 3－12］ 有一种刚刚发行的附息债券，面值是 1 000 元，票面利率为 9%，每年付一次利息，下一次利息支付正好在 1 年以后，期限为 10 年，适当贴现率是 10%，计算该债券所有利息的现值总和。

解：

$$\text{利息的现值总和} = \sum_{t=1}^{10} \frac{90}{(1+0.10)^t} = 90 \times \frac{1-(1/1.10)^{10}}{0.10} = 553.01\ (\text{元})$$

（三）计算本金的现值

本金现值的计算利用的是复利现值公式：

$$PV = F/(1+r)^n$$

式中：PV——本金的现值；

F——本金；

r——每年的适当贴现率；

n——距到期日的年数。

我们继续上例的计算，则

$$\text{该债券本金的现值} = \frac{1\ 000}{(1.10)^{10}} = 385.54\ (\text{元})$$

（四）将两个现值相加，得到债券的价值

债券的价值是利息现值和本金现值的加总。上例中债券的价值等于：

$$553.01 + 385.54 = 938.55\ (\text{元})$$

由此，我们可以总结出债券价值的计算公式如下：

$$V=\sum_{t=1}^{M}\frac{C}{(1+r)^t}+\frac{F}{(1+r)^M} \tag{3.2}$$

式中：V——债券的价值；

C——利息；

F——本金；

M——债券的期限，即距到期日的年数；

r——年度的适当贴现率；

t——现金流发生的年数。

更一般的债券价值公式可以表述成：

$$\begin{aligned}V&=\sum_{t=1}^{M}\frac{C_t}{(1+r)^t}+\frac{F}{(1+r)^M}\\&=\frac{C_1}{(1+r)^1}+\frac{C_2}{(1+r)^2}+\cdots+\frac{C_M}{(1+r)^M}+\frac{F}{(1+r)^M}\end{aligned} \tag{3.3}$$

式中：C_t——第 t 年支付的利息（现金流）；其他各项的含义与式（3.2）相同。

二、对债券价格的几点说明

（一）债券价格和面值的关系

在上述例子中，债券的价值是 938.55 元，低于其面值 1 000 元。原因在于适当贴现率与票面利率不同。在上述例子中，债券的票面利率为 9%，如果债券按照面值销售，债券提供的收益率是 9%。[①] 然而投资者对该债券要求的收益率（适当贴现率）为 10%，因此，该债券的价格偏高，投资者不会按照面值购买债券，该债券的价格就会降低，直到债券价格降低到这样的均衡水平：债券价格低于面值所形成的资本利得[②]正好弥补了票面利率低于适当贴现率的利差部分。同理，如果债券的票面利率超过了投资者要求的收益率，投资者就会竞相购买，导致债券价格升高，则债券的价格就会超过面值，价格超过面值所形成的资本损失正好抵消了票面利率高于适当贴现率的利差部分。当票面利率正好等于投资者要求的收益率时，债券就按照面值出售。因此，债券价格和面值的关系主要取决于票面利率和适当贴现率之间的关系，可总结如下：

当票面利率＜适当贴现率时，价格＜面值，为折价债券

当票面利率＝适当贴现率时，价格＝面值，为平价债券

当票面利率＞适当贴现率时，价格＞面值，为溢价债券

（二）影响债券价格的因素

债券的价格不断波动，那么是哪些因素导致了债券价格的波动呢？从式（3.2）可以很容易地看出，唯一的变化因素就是适当贴现率。从债券定价的公式中，我们发现一个重要规律：债券价格与适当贴现率反方向变动。下一章我们将详细讨论这个问题。

影响适当贴现率变化的因素都会影响债券价格。如果金融市场的利率水平升高，那

① 这方面的准确、详细分析请参阅第四章的有关内容。

② 债券价格在到期日就等于面值，因此，投资者按低于面值的价格购买的债券持有至到期将会获得价格上涨形成的资本利得，投资者按高于面值的价格购买的债券持有至到期将会遭受价格降低形成的资本损失。

就意味着所有债券的适当贴现率都随之提高，即基准利率提高了，这将导致债券价格下跌；如果公司的信用风险增加，信用风险报酬就会增加，导致适当贴现率上升，最终导致债券价格下跌。公司信用风险状况的变化是影响公司债券价格的重要因素。

时间也是导致债券价格不断变化的重要因素。债券在到期日的价格肯定等于面值，因此，随着到期日的临近，债券的价格逐渐趋近于面值。即随着时间的推移，债券价格也不断变化。下面通过一个具体的例子来说明。假设期限为 10 年、面值为 100 元的某债券的适当贴现率在整个期限内都保持不变，如果该债券的适当贴现率等于票面利率，那么在整个期限内该平价债券的价格保持不变，始终等于面值；如果适当贴现率高于票面利率，那么随着到期日临近，该折价债券的价格逐渐上升，直至到期日等于面值；如果适当贴现率低于票面利率，那么随着到期日临近，该溢价债券的价格逐渐降低，直至到期日等于面值。图 3-5 描述了平价债券、折价债券和溢价债券的价格随时间的变化情况。即使其他因素都不变，随着到期日的临近，折价债券和溢价债券的价格也会不断变化。

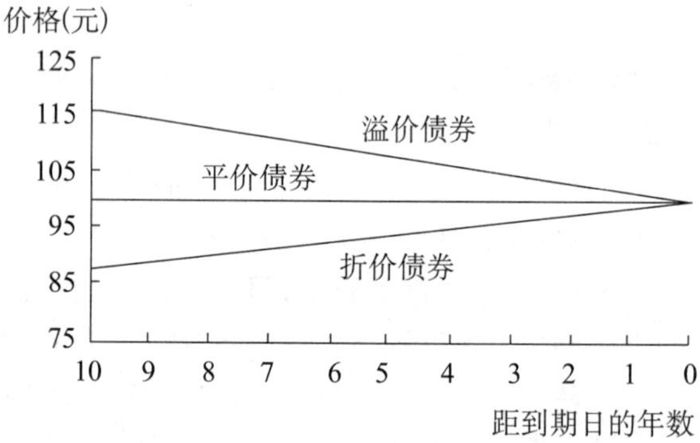

图 3-5　债券价格随到期日临近的变化情况

第三节　复杂情况下债券价值的计算

我们在第二节中计算债券价值时，假设债券按年支付利息，并且下次利息支付正好是 1 年以后。但是在实践中，有些债券每半年支付一次利息，有些债券则按季度、按月支付利息，还有些债券是零息债券；而且，投资者购买债券的时间一般都是在两个利息支付日之间，也就是说，下一次利息支付并不是正好在一个支付期后，如 1 年后、半年后、1 个季度后或 1 个月后等，而是在一个支付期以内。因此，公式（3.2）必须根据上述情况进行调整。

一、各种利息支付频率下的债券价值

（一）一年支付多次利息的债券价值

如果债券每半年支付一次利息，那么公式（3.2）必须在以下三方面进行调整：

(1) 利息的支付次数要乘以 2，即利息支付次数是原来债券期限年数的两倍；(2) 年票面利率除以 2，每次支付的利息只是按年支付时的利息的一半；(3) 适当贴现率也相应地变为年适当贴现率的一半。

[例 3-13] 仍沿用例 3-12，唯一的改变是每半年支付一次利息。在每半年支付一次利息的情况下，

每次支付的利息＝面值×(票面利率/2)

即

每次支付的利息＝1 000×(9%/2)＝45 (元)

支付利息的次数＝2×债券期限年数＝2×10＝20(次)

适当贴现率＝年适当贴现率/2＝10%/2＝5%

该债券的理论价格计算如下：

$$V=\sum_{t=1}^{20}\frac{45}{(1.05)^t}+\frac{1\,000}{(1.05)^{20}}=45\times\frac{1-(1.05)^{-20}}{0.05}+\frac{1\,000}{(1.05)^{20}}=937.69\text{ (元)}$$

按照同样的方法，可以很容易地计算按更高频率支付利息的债券价值。例如，计算按季度支付利息的债券价值时，利息支付次数等于债券期限年数乘以 4，每次支付的利息则等于面值乘以票面利率的 1/4，适当贴现率也变为原来的 1/4。更一般地，如果某债券的面值为 F，期限年数（按年计算的期限）为 M，每年支付 n 次利息，以年度百分数表示的适当贴现率为 r，则该债券的价值可按下式计算：

$$V=\sum_{t=1}^{M\times n}\frac{C/n}{[1+(r/n)]^t}+\frac{F}{[1+(r/n)]^{M\times n}} \tag{3.4}$$

(二) 零息债券价值

零息债券在到期日前不支付任何利息，只在到期日支付一次性现金流。投资者购买零息债券的收益来自购买价格与到期日价格之间的差额。零息债券的价值仍然是预期现金流的现值，在这里，预期现金流只包括到期日支付的现金流。

零息债券价值的计算公式为：

$$V=\frac{F}{(1+r)^n} \tag{3.5}$$

式中：V——零息债券的价值；

F——到期价值；

r——每期适当贴现率；

n——距到期日的期数。

零息债券的计算要与附息债券保持一致。在我国和欧洲，附息债券多为按年付息，零息债券的 r 就采用年度利率，n 是距到期日的年数。在美国，债券多为每半年付息，尽管零息债券不付息，但在计算其价值时也要将它的以年度利率表示的适当贴现率除以 2，转化为每期适当贴现率；将距到期日的年数乘以 2，转化为期数。

[例 3-14] 美国债券市场上交易的一种零息债券，距到期日还有 10 年，到期价值是 5 000 元，年适当贴现率是 8%，计算该债券的价值。

解：

每期贴现率 $r=8\%/2=4\%$

距到期日的期数 $n=10\times 2=20$

则

$$V=5\,000/(1+4\%)^{20}=2\,281.93\text{（元）}$$

（三）期限不足 1 年的债券价值

当某种零息债券的期限不足 1 年时，通常采用以年利率表示的适当贴现率，债券的期限用年来衡量，表示成 1 年的某个分数值，1 年通常按 365 天计算。期限不足 1 年的零息债券价值可按照式（3.6）计算：

$$V=\frac{F}{(1+r)^{T/365}} \tag{3.6}$$

式中：V——债券价值；

r——以年利率表示的适当贴现率；

F——零息债券到期日支付的现金流；

T——距到期日的天数。

［**例 3-15**］ 某个零息债券 70 天后支付 100 元，该债券的年度适当贴现率为 8%，求该零息债券的价值。

解：该债券的期限为 70/365 年，其价值为：

$$V=\frac{100}{(1.08)^{70/365}}=98.53\text{（元）}$$

二、在两个利息支付日之间购买债券的价值计算

（一）下一次利息支付是在一个利息支付期以内

我们在先前的债券价格计算中做了这样的假设：下一次利息支付恰好是在一个利息支付期（两次利息支付之间的时间长度）以后，用一个统一的利率去贴现所有的现金流。事实上，投资者常常在两个利息支付日之间购买债券，也就是说，下一次利息支付是在一个利息支付期以内。在这种更普遍的情况下，如何确定债券的价值呢？我们先给出计算公式：

$$V=\sum_{t=1}^{M}\frac{C}{(1+r)^{n}(1+r)^{t-1}}+\frac{F}{(1+r)^{n}(1+r)^{M-1}} \tag{3.7}$$

式中：V——债券的价值；

C——利息支付；

F——债券的面值；

M——距到期日的期数；

r——每期贴现率；

n——价格清算日距下一个利息支付日之间的天数/利息支付期的天数。

在确定两个日期之间相距的天数时，头、尾两天只能计算一次，不能重复，即所谓的“算头不算尾”或“算尾不算头”。例如，7 月 11 日与 8 月 8 日之间相距的天数是 28

天。这种算法计算的是实际天数，还有一种常用的算法是把每个月都当作 30 天，一年当作 360 天，记作 30/360。按照这种算法，7 月 11 日与 8 月 8 日之间相距的天数是 27 天。

［例 3-16］ 一种半年付息的债券，面值为 1 000 元，票面利率是 10%，2024 年 4 月 1 日到期。每年的 4 月 1 日和 10 月 1 日分别支付一次利息。如果投资者在 2019 年 7 月 11 日购买，该债券的适当贴现率是 6%，则该债券的价值是多少?

解： 下一次利息支付是在 2019 年 10 月 1 日，我们采用 30/360 的天数计算方法。价格清算日距下一个利息支付日之间的天数，即 2019 年 7 月 11 日与 10 月 1 日之间的天数，为 81 天。利息支付期为半年，即 180 天。那么，$n=81/180=0.45$。该债券价值的计算见表 3-2。

表 3-2 一般情况下债券价值的计算 单位：元

期数	现金流	现金流的现值（$r=3\%$）
0.45	50	$50/(1.03)^{0.45}=49.34$
1.45	50	$50/(1.03)^{1.45}=47.90$
2.45	50	$50/(1.03)^{2.45}=46.51$
3.45	50	$50/(1.03)^{3.45}=45.15$
4.45	50	$50/(1.03)^{4.45}=43.84$
5.45	50	$50/(1.03)^{5.45}=42.56$
6.45	50	$50/(1.03)^{6.45}=41.32$
7.45	50	$50/(1.03)^{7.45}=40.12$
8.45	50	$50/(1.03)^{8.45}=38.95$
9.45	1 050	$1\,050/(1.03)^{9.45}=794.10$
总计		1 189.79

因此，该债券的价值是 1 189.79 元。

（二）净价和应计利息

当投资者在两个利息支付日之间购买债券时，债券发行人通常将在下一个利息支付日将本期利息付给债券购买者，债券出售者无法获得本期利息。但是，由于出售者是在两个利息支付日之间卖出债券的，他对这个支付期的利息也拥有分享的权利，因此，债券购买者必须将下次利息支付的一部分付给出售者作为补偿，这部分利息被称为应计利息（accrued interest）。应计利息是利息从上一个利息支付日开始直至价格清算日的这段时间内增加的价值。它可以用式（3.8）计算：

$$AI=C\times\frac{\text{上一个利息支付日距价格清算日之间的天数}}{\text{利息支付期的天数}} \tag{3.8}$$

式中：AI——应计利息；

C——利息。

［例 3-17］ 计算例 3-16 中的应计利息。

解： 上一个利息支付日距价格清算日之间的天数，即 2019 年 4 月 1 日与 7 月 11 日

之间的天数，为 100 天。利息支付期的天数为 180 天。因此，

$$AI=50\times100/180=27.8\text{（元）}$$

实践中，根据债券的标价中是否包括应计利息，可以将债券的报价制度分为全价交易制度和净价交易制度。在全价交易制度下，债券报价（全价）就是买卖债券实际支付的价格，债券购买者实际支付的价格就是报价；在净价交易制度下，债券报价并不是买卖债券实际支付的价格，债券的购买者除了向债券出售者按照报价（净价）进行支付外，还要支付应计利息。我国债券市场上采用的是净价交易制度。全价和净价的关系如下：

全价=净价+应计利息

[例 3-18] 某种债券的面值是 10 000 美元，票面利率是 6%，按半年支付利息。该债券净价报价是 9 332.17 美元，现在距上次利息支付已经过去了 72 天，该债券购买者实际支付的价格（全价）是多少？

解： 全价(支付价格)=9 332.17+(72/182)[①]×300=9 450.85（美元）

三、现金流不确定的情况下债券的价值计算

到目前为止，我们假定债券未来所有现金流的数额和支付时间都是确定的。但是有些债券，如浮动利率债券、附加期权的债券，其未来现金流的数额或支付时间都是不确定的。显然，用上面介绍的方法为这类债券估值是不正确的。对附加期权的债券进行估值将在后面的章节中重点论述。本部分主要介绍浮动利率债券价值的计算方法。

（一）影响利差的因素

浮动利率债券未来的现金流是不确定的，原因在于浮动利率债券的票面利率定期进行调整，等于规定的参考利率加上一个固定利差。固定利差反映了浮动利率债券与参考利率所适用的债券在以下几方面所具有的差异：(1) 信用风险差异、流动性差异和税收待遇差异；(2) 长期债务相对于短期债务的信用风险差异。一般而言，债务的期限越长，信用风险越大。能够按照参考利率（如我国 1 年期存款利率）发行 1 年期债券的借款人如果发行 5 年期浮动利率债券，那么即使不存在信用风险差异，也必须支付一个正的利差。

（二）信用风险不变情况下浮动利率债券的价值

我们通过一个例子说明如何确定浮动利率债券的价值。假定某 3 年期浮动利率债券，参考利率是 1 年期存款利率，固定利差为 0.5%，每年支付一次利息，面值为 100 元，在债券整个期限内信用风险不发生任何变化。如果该债券的发行日是 2017 年 3 月 3 日，当时的 1 年期存款利率为 1.5%，那么 2018 年 3 月 3 日支付的第一笔利息是 100×(1.5%+0.5%)=2（元）。同时，在 2018 年 3 月 3 日将根据当时的 1 年期存款利率重新确定票面利率，并根据新的票面利率于 2019 年 3 月 3 日支付利息。在到期日 2020 年 3 月 3 日，发行人按照 2019 年 3 月 3 日确定的票面利率（当时的 1 年期存款利率+0.5%）支付利息，并且偿还 100 元本金。

---

① 按市场约定俗成的惯例，此处半年假设为 182 天。

对于这种浮动利率债券，我们从到期日着手，倒推出目前债券的价值。假定 2019 年 3 月 3 日的 1 年期存款利率为 r，那么债券到期日 2020 年 3 月 3 日的还本付息额为 $100\times(1+r+0.5\%)$。该债券在 2019 年 3 月 3 日的价值应该是上述现金流的现值，适当贴现率为 $1+r+0.5\%$。

$$V=100\times(1+r+0.5\%)/(1+r+0.5\%)=100\text{（元）}$$

因此，该债券在 2019 年 3 月 3 日的价值就是面值，因为当时的票面利率正好等于该债券的适当贴现率。

债券在 2019 年 3 月 3 日的价值为 100 元，我们可以进一步计算该债券在 2018 年 3 月 3 日的价值，将 r 重新定义为 2018 年 3 月 3 日的 1 年期存款利率。在 2019 年 3 月 3 日，债券的现金流是当时的价格（根据上一步的计算为 100 元）加上利息 $100\times(r+0.5\%)$，总额为 $100\times(1+r+0.5\%)$，适当贴现率为 $1+r+0.5\%$。所以该债券在 2018 年 3 月 3 日的价值为：

$$100\times(1+r+0.5\%)/(1+r+0.5\%)=100\text{（元）}$$

依此类推，我们可以得出一个结论：在每个利息支付日，浮动利率债券的价值都等于债券的面值。

由于在利息支付日债券的价值都等于面值，因此可以很容易地计算浮动利率债券在两个利息支付日之间的价值。假设距下一个付息日还有 6 个月，仍然定义 r 为当年 1 年期存款利率，那么在下一个付息日债券的现金流为 $100\times(1+r+0.5\%)$。如何计算该浮动利率债券在当前的价值呢？实际上，此时的浮动利率债券就是一个期限不到 1 年的零息债券，零息债券的价值可以根据式（3.5）计算。因此，该浮动利率债券的价值应该为：

$$V=100\times(1+r+0.5\%)/(1+r)^{1/2}$$

（三）浮动利率债券价格波动的原因

实际上，浮动利率债券的价格也是波动的，并不总是等于债券面值。这主要有两方面的原因。首先，由于债券发行人的信用状况发生了变化，原来规定的固定利差无法准确地反映发行人的信用状况，浮动利率债券价格就会偏离其面值，以抵消信用风险的变化。如果债券发行人信用风险增大（减小），市场对其要求的利差增大（减小），那么债券的价格就会降低（上升），低于（高于）其面值。其次，很多浮动利率债券都规定了利率的上限和下限。只要市场对浮动利率债券要求的适当贴现率不超过上限，不低于下限，价格就等于其面值。如果适当贴现率超过上限，浮动利率债券的价格将低于面值；如果适当贴现率低于下限，浮动利率债券的价格将超过面值。

（四）逆浮动利率债券定价

浮动利率债券的票面利率会随着基准利率的变化而同向变动，而逆浮动利率债券是一种票面利率与基准利率反向变动的浮动利率债券。

一般来说，若债券的现金流随利率水平而变动，那么其定价通常比较困难。可是许多逆浮动利率债券却并非如此，虽然现金流不稳定，但定价反而比较简单。

假定某 5 年期逆浮动利率债券，它每年所设定的票面利率等于 10%减去当时的 1 年期存款利率。（这里为了介绍方便，我们假定在债券的合约期限内，年利率绝不可能高于 10%，即债券的票面利率绝对为正值。）则该债券的利率变化如表 3-3 所示。

表 3-3　逆浮动利率债券的利率变化

1 年期存款利率	逆浮动利率债券利率
4%	6%
5%	5%
6%	4%
7%	3%

假定有某 5 年期浮动利率债券，按年支付利息，利率取决于每年开始时的 1 年期存款利率。[即若面值为 100 元的浮动利率债券于 2012 年 2 月 15 日发行，当时的 1 年期存款利率为 3%，则 2013 年 2 月 15 日支付的第一笔利息为 100×3%=3（元）。] 则两种债券各自的现金流情况如表 3-4 所示。

表 3-4　浮动利率债券和逆浮动利率债券的现金流

1 年期存款利率	100 元债券的现金流（元）		
	浮动利率债券	逆浮动利率债券	总和
4%	4	6	10
5%	5	5	10
6%	6	4	10
7%	7	3	10
8%	8	2	10

在确定逆浮动利率债券的价格时，我们需要了解这样一个事实：将浮动利率债券和逆浮动利率债券这两种债券构成一个投资组合，分别投资 100 元在这两种债券上，则相当于购买了两张面值为 100 元、票面利率为 5%的债券。

因此，根据一价定律，浮动利率债券价格+逆浮动利率债券价格=票面利率为 5%的债券价格×2。又由于在每个利息支付日，浮动利率债券价格都等于其面值，因此，逆浮动利率债券价格易求。

四、对债券价值的最后说明

到目前为止，我们计算债券的价值时都按照一个统一的适当贴现率对债券所有的现金流进行贴现。但很遗憾，这种计算债券价值的方法是不准确的。准确的方法是将债券看成未来一系列现金流的组合，然后求出每笔现金流的现值并加总。重要的是，在求每笔现金流的现值时必须采用不同的贴现率。第六章将对这方面的内容进行详细论述。

▲ 专栏 3-1

中国债券发行定价：参照其他债券收益率定价

目前我国新发行债券的发行价格一般都是参考存续期相近的同种类债券在二级市场上的流通价格而定。以 2019 年记账式付息（七期）国债为例，其发行日期为 2019 年 6

月 5 日，期限为 7 年，属于固定利率国债，利息年付，到期日为 2026 年 6 月 6 日，要为其定价，首先就要在二级市场上找到存续期为 7 年左右的固定利率国债品种，见表 3－5。

表 3－5　2019 年 6 月 5 日二级市场部分债券收益率

债券名称	发行日	到期日	剩余期限（年）	利率（%）	价格（元）	收益率（%）
06 国债 09	2006－06－23	2026－06－26	6.885 2	3.60	102.73	3.28
15 国债 23	2015－10－14	2025－10－15	6.189 0	2.99	98.66	3.22
16 国债 17	2016－08－03	2026－08－04	6.991 8	2.74	96.43	3.30
17 国债 04	2017－02－08	2027－02－09	7.509 6	3.40	100.62	3.30
国债 1610	2016－05－04	2026－05－05	6.743 2	2.90	97.40	3.32

由表 3－5 可见，2019 年 6 月 5 日的国债市场收益率水平分布得很不均匀，存续期较 7 年更远的，其收益率在 3.20%左右，而存续期距离 7 年较近的，则其收益率在 3.30%左右。当然，存续期越接近新发行债券的期限，其收益率水平对于新债定价就越有说服力。其次，还要考虑发行环境等其他因素对债券价格的影响，如宏观经济状况、政策、市场资金充裕程度、二级市场的稳定情况等，并且要分析市场的有效需求程度，如该类券种是否受到市场的青睐等。最后，要综合多方面的因素，比较同类债券的收益率水平，估计合理的价位。

事实上，该期国债采用荷兰式利率招标发行，最终以 3.25%的中标价格发行。这也说明了不同的投标单位对该债券的收益率水平的预期不尽相同，但会在合理的范围内考虑。

该定价方法的优势是简单直观，不需要太多的计算，并且数据可以通过市场直接获得，实用性较强。西方国债的发行价格就是采用这种方法确定的。但是，我国债券市场发展比较晚，还不成熟，因此在我国应用该方法进行新债定价是不合适的，有明显缺陷：一是不够准确，即通过比较只能确定一个合理的范围，至于在此范围内的确切价格，还要依靠市场信息和一些经验预测；二是当市场上没有相似存续期的同种类债券，或可参照的债券收益率水平较为分散时，就无法通过该方法定价。

第三章附录　大额可转让定期存单的价值计算

大额可转让定期存单是银行逃避监管并争夺存款的产物，现在已经广为使用。在计算存单的价值时有特定的计算公式：

$$P=F\times\frac{1+c\times\frac{n_c}{B}}{1+y_m\times\frac{n_m}{B}}$$

式中：F——票面价值；

c——发行利率；

n_c——发行日至到期日的天数；

B——一年的天数（360 天或 365 天）；

y_m——货币市场收益率；

n_m——清算日至到期日的天数。

［附例 3-1］ 计算银行 2019 年 6 月 6 日发行的 2019 年 8 月 25 日到期、面值为 10 000 000 美元的存单在 2019 年 7 月 31 日清算的价值。发行利率为 5%，货币市场收益率为 4.5%。

解： 6 月 6 日至 8 月 25 日相距 80 天，7 月 31 日至 8 月 25 日相距 25 天。

$$P=10\ 000\ 000\times\frac{1+5\%\times\frac{80}{360}}{1+4.5\%\times\frac{25}{360}}=10\ 079\ 612.3\text{（美元）}$$

第四章

债券的收益率

投资者购买债券时，主要考虑四种因素：安全性、盈利性、期限和流动性。第三章介绍了如何计算债券的价值，由第三章的内容可知，债券的价值与其收益率有着密切关系。债券收益率反映的是债券收益与其初始投资之间的关系。本章第一节主要介绍债券收益率的衡量。常见的债券收益率有以下几种形式：到期收益率、当期收益率、持有期收益率以及赎回收益率等。本节对上述各种收益率进行了详细的介绍和比较。另外，在债券市场上，债券收益率的报价方法、支付利息的频率存在很大差异。为了准确地比较不同债券的实际收益率的高低，本节还介绍了一些与债券收益率有关的重要概念。第二节介绍了总收益的概念，它衡量了投资者购买债券能获得的全部收益。债券总收益包括三部分：利息、资本利得（损失）和利息产生的利息。总收益率是另一个衡量债券收益率的重要指标。衡量债券组合的事后收益率是债券投资管理过程中的一个重要环节，是准确评价债券组合业绩的前提，本章将在第三节重点介绍衡量债券组合业绩的主要方法。

第一节　债券收益率的衡量

一、到期收益率

（一）到期收益率的定义

在所有衡量债券收益率的指标中，到期收益率是应用最广泛的指标。到期收益率是能使债券未来现金流的现值正好等于债券当前的市场价格（初始投资）的贴现率，用 YTM 表示。它是按复利计算的收益率，考虑了货币的时间价值，能较好地反映债券的实际收益。

计算到期收益率是计算债券价值的逆过程，到期收益率可以通过式（4.1）求得：

$$P=\sum_{i=1}^{N}\frac{C}{(1+YTM)^i}+\frac{F}{(1+YTM)^N} \tag{4.1}$$

式中：P——债券当前的市场价格；

C——利息；

F——债券面值；

N——距到期日的年数；

YTM——每年的到期收益率。

［**例 4-1**］ 有一种 10 年后到期的债券，每年付息一次，下一次付息正好在 1 年后。面值为 100 元，票面利率为 8%，市场价格是 107.02 元，求它的到期收益率。

解：根据到期收益率的公式：

$$107.02=\sum_{i=1}^{10}\frac{8}{(1+YTM)^i}+\frac{100}{(1+YTM)^{10}}$$

我们可以利用财务计算器直接求出 $YTM=7\%$。①

到期收益率假设债券不存在违约风险和利率风险，投资者将债券持有至到期日，并且每次获得的利息按计算出来的到期收益率进行再投资直至到期日。到期收益率不仅反映了利息收入，还考虑了债券购买价格和到期价格之间的资本利得（损失）。因此，到期收益率通常被看作投资者从购买债券直至债券到期所获得的平均收益率。到期收益率是衡量债券预期收益率比较准确的指标。

（二）零息债券的到期收益率

零息债券的到期收益率的求法与附息债券是类似的，区别在于零息债券只有一笔现金流。因此，计算零息债券的到期收益率更简单。零息债券的到期收益率可以通过式（4.2）求得：

$$P=F/(1+YTM)^N \tag{4.2}$$

式中：P——零息债券的市场价格；

F——债券面值；

N——距到期日的年数；

YTM——每年的到期收益率。

［**例 4-2**］ 假设欧洲债券市场上有 A、B、C 三种债券，面值都是 1 000 元。A 是 1 年期零息债券，目前的市场价格为 934.58 元；B 为 2 年期零息债券，目前的市场价格为 857.34 元；C 为 2 年期附息债券，票面利率为 5%，1 年付息一次，下一次付息在一年后，目前的市场价格为 946.93 元。请分别计算这三种债券的到期收益率。

解：我们分别列出三种债券的到期收益率的求解公式：

$$934.58=\frac{1\,000}{1+YTM_A}$$

---

① 在计算机技术比较落后的年代，求到期收益率只能用试错法，即试着代入到期收益率的具体值，然后根据计算结果调整到期收益率，这个过程一直持续下去，直至找到使等式两边正好相等的到期收益率为止。今天，利用财务计算器和电子计算机可以很容易地计算到期收益率。例如，可以利用 EXCEL 财务函数计算到期收益率。

$$857.34=\frac{1\,000}{(1+YTM_B)^2}$$

$$946.93=\frac{50}{1+YTM_C}+\frac{50}{(1+YTM_C)^2}+\frac{1\,000}{(1+YTM_C)^2}$$

可以求出，A 债券的到期收益率为 7%，B 债券的到期收益率为 8%，C 债券的到期收益率为 7.97%。

（三）半年支付一次利息的债券的到期收益率

很多债券半年支付一次利息，如何计算这类债券的年到期收益率呢？根据债券市场的习惯做法，首先计算债券每期（半年）的到期收益率，然后将半年到期收益率乘以 2，就可以得出该债券的年到期收益率[①]：

$$P=\sum_{i=1}^{N}\frac{C}{(1+YTM)^i}+\frac{F}{(1+YTM)^N} \tag{4.3}$$

式中：P——债券当前的市场价格；

C——每次支付的利息；

F——债券面值；

N——距到期日的期数（年数×2）；

YTM——每期的到期收益率。

该债券的年到期收益率为上面计算的每期到期收益率的 2 倍。

［例 4－3］ 某债券面值为 100 元，还有 8 年到期，票面利率为 7%，半年支付一次利息，下一次利息支付正好在半年后，该债券当前价格为 94.17 元，求该债券的年到期收益率。

解： 该债券每次支付的利息为：

$100\times(7\%/2)=3.5$（元）

首先，根据式（4.3）计算半年到期收益率：

$$94.17=\sum_{i=1}^{16}\frac{3.5}{(1+YTM)^i}+\frac{100}{(1+YTM)^{16}}$$

通过上式求出该债券的半年到期收益率为 4%，因此，该债券的年到期收益率为：

$4\%\times2=8\%$

（四）在两个利息支付日之间购买的债券的到期收益率

在第三章中，我们讨论过投资者在两个利息支付日之间购买债券的情况，在这种情况下，到期收益率是使未来现金流的现值与债券的市场价格相等的贴现率。计算公式为：

$$P=\sum_{t=1}^{M}\frac{C}{(1+r)^n(1+r)^{t-1}}+\frac{F}{(1+r)^n(1+r)^{M-1}} \tag{4.4}$$

式中：P——债券的市场价格；

C——支付的利息；

① 从本章后面对名义年利率和实际年利率的介绍可以得出结论：这种单利方法低估了年到期收益率。

F——债券的面值；

M——距到期日的年数；

YTM——每期到期收益率；

n——清算日距下一个利息支付日的天数/利息支付期的天数。

[例 4-4] 一种附息债券，面值为 1 000 元，票面利率为 10%，每年的 3 月 1 日和 9 月 1 日分别付息一次，2021 年 3 月 1 日到期，2019 年 9 月 12 日的完整市场价格为 1 045 元，求它的到期收益率。

解： 下一次付息是在 2020 年 3 月 1 日，清算日距下一个利息支付日的天数为 2019 年 9 月 12 日到 2020 年 3 月 1 日之间的天数，即 169 天；利息支付期是半年，即 180 天。因此，$V=169/180=0.938\,9$。计算过程如表 4-1 所示。

表 4-1　一般情况下到期收益率的求解　　单位：元

期数	现金流收入	现金流现值
0.938 9	50	$50/(1+YTM)^{0.938\,9}$
1.938 9	50	$50/(1+YTM)^{1.938\,9}$
2.938 9	1 050	$1\,050/(1+YTM)^{2.938\,9}$
总计		1 045

所以，

$$1\,045=\frac{50}{(1+YTM)^{0.938\,9}}+\frac{50}{(1+YTM)^{1.938\,9}}+\frac{1\,050}{(1+YTM)^{2.938\,9}}$$

可以解出，该债券的半年到期收益率是 6.95%，年到期收益率则为：

$6.95\%\times2=13.9\%$

（五）关于到期收益率的两个错误观点

对于债券的到期收益率，有两种错误的观点非常流行：一是认为只要将债券持有至到期，投资者获得的（事后）收益率就等于（事前计算的）到期收益率；二是认为一个债券的到期收益率高于另一个债券的到期收益率就意味着前者好于后者。正确的观点是：即使持有债券至到期，到期收益率也不是衡量收益率的准确指标；一个债券的到期收益率高于另一个债券的到期收益率并不意味着前者好于后者。下面逐一具体说明。

将式（4.3）两边同时乘以 $(1+YTM)^N$，可得到下式：

$$P(1+YTM)^N=C(1+YTM)^{N-1}+C(1+YTM)^{N-2}+\cdots+F$$

由上式左边可以看出，以价格 P 购买某种债券持有 N 年后，如果年收益率为 YTM，那么该投资者的总收益正好等于 $P(1+YTM)^N$。再看等式右边，要想实现 YTM 的年收益率，第 1 年年底获得的利息必须按照年收益率 YTM 再投资 $N-1$ 年，第 2 年年底获得的利息必须按照年收益率 YTM 再投资 $N-2$ 年，依此类推，直至最后一年收到本金 F。但是，由于市场利率是不断变化的，无法保证以后各年底收到的利息还能按照所计算的到期收益率进行再投资，即债券存在再投资风险。

假设有 A、B 两种债券，A 债券的现金流模式是第 1 年年底支付 100 元，第 2 年年底支付 1 100 元；B 债券是零息债券，只在第 2 年年底支付一笔现金流 1 080 元。按照

第三章介绍的计算债券价值的正确方法，将债券的每笔现金流都按照适当贴现率求现值并加总。第1年的适当贴现率为3.5%，第2年的适当贴现率为4.5%，可以求出A、B两种债券的价值分别为1 103.92元和988.99元。即：

$$A债券价值=100/(1+3.5\%)+1\ 100/(1+4.5\%)^2=1\ 103.92\ (元)$$

$$B债券价值=1\ 080/(1+4.5\%)^2=988.99\ (元)$$

假设市场为A、B两种债券正确定价，即债券的价格正好等于上面计算出的价值。根据债券价格计算各自的到期收益率，可以求出A、B债券的到期收益率分别为4.45%和4.5%。两种债券的上述信息反映在表4-2中。

表4-2　A债券和B债券的有关信息

	适当贴现率		现金流		价格	*YTM*
	第1年	第2年	第1年	第2年		
A债券	3.5%	4.5%	100	1 100	1 103.92	4.45%
B债券	3.5%	4.5%	0	1 080	988.99	4.5%

B债券的到期收益率高于A债券的到期收益率，是否意味着B债券要好于A债券，投资者应该购买B债券而卖出A债券呢？答案是否定的。实际上，A债券和B债券都被正确定价，收益率的不同可能反映了两种债券的风险不同。所以，两种债券的收益率不同并不能作为比较两种债券优劣的标准。

二、当期收益率和特殊债券的收益率衡量

（一）当期收益率

当期收益率是年利息与债券当时的市场价格的比值，它仅仅衡量了利息收入的大小。用公式表示为：

$$CY=C/P \tag{4.5}$$

式中：CY——当期收益率；

C——年利息；

P——债券当时的市场价格。

［例4-5］ 继续沿用例4-1中的数据，10年期债券，每年付息一次，下一次付息正好在1年后。面值为100元，票面利率为8%，市场价格是107.02元，求它的当期收益率。

债券每年的利息是8元，当期收益率就是8/107.02×100%=7.48%。在这里，当期收益率比票面利率8%要低。这是因为当期收益率是年利息与市场价格的比值，而票面利率是年利息与面值的比值，由于该债券的市场价格高于面值，所以当期收益率低于票面利率。还可以看出，该债券的当期收益率（7.48%）比到期收益率（*YTM*=7%）高。这是因为当期收益率仅考虑了利息收入，到期收益率不仅考虑了利息收入，还考虑了债券的资本损失（该债券的市场价格高于面值），所以当期收益率高于到期收益率。我们可以由此总结出票面利率、当期收益率和到期收益率三者之间的关系：

债券平价出售：票面利率=当期收益率=到期收益率

债券折价出售：票面利率<当期收益率<到期收益率

债券溢价出售：票面利率＞当期收益率＞到期收益率

（二）赎回收益率

到期收益率假设债券持有至到期日，如果债券可以在到期日之前被发行人赎回，债券的收益率就要用赎回收益率（yield to call，YTC）来衡量。赎回收益率是使债券在赎回日以前的现金流现值与当前的市场价格相等的贴现率。赎回收益率的计算与到期收益率类似，区别在于要用赎回日代替到期日，用赎回价格代替面值。公式如下：

$$P=\sum_{i=1}^{N^*}\frac{C}{(1+YTC)^i}+\frac{F^*}{(1+YTC)^{N^*}} \tag{4.6}$$

式中：P——债券的市场价格；

C——利息；

F^*——赎回价格；

YTC——每期的赎回收益率；

N^*——直到赎回日前的期数。

［例4-6］ 某债券10年后到期，半年付息一次，下一次付息在半年后。它的面值为1 000元，票面利率为7%，市场价格是950元。假设在第5年时该债券可赎回，赎回价格为980元。求赎回收益率。

解： 根据赎回收益率的计算公式：

$$950=\sum_{i=1}^{10}\frac{35}{(1+YTC)^i}+\frac{980}{(1+YTC)^{10}}$$

可以求出半年的赎回收益率为3.95%，因此，该债券的年赎回收益率为2×3.95%＝7.90%。

与此类似，还有回售收益率（yield to put）的概念，这个概念适用于赋予投资者回售权的债券。回售收益率是按照回售价格计算出来的到期收益率。计算回售收益率的公式与式（4.6）完全一样，只是F^*改为回售价格，N^*则是直到回售日前的期数。

三、债券组合的收益率

债券组合的收益率不是构成该组合的单个债券的到期收益率的加权平均值。计算债券组合的到期收益率的正确方法是：将债券组合看作一个单一的债券，使该债券组合所有现金流的现值等于该债券组合市场价值的适当贴现率就是该债券组合的到期收益率，该收益率也被称为债券组合的内部收益率。下面通过具体例子来说明如何计算债券组合的到期收益率。

［例4-7］ 有一个债券组合，由三种半年付息的债券组成，下次付息均在半年后，每种债券的相关资料如表4-3所示。

表4-3　三种债券的相关资料

债券名称	票面利率	到期时间（年）	面值（元）	市场价格（元）	到期收益率（年率）
A	6%	6	1 000	951.68	7%
B	5.5%	5	20 000	20 000.00	5.5%
C	7.5%	4	10 000	9 831.68	8%

求该债券组合的到期收益率。

解：该债券组合的总市场价值为：

951.68＋20 000.00＋9 831.68＝30 783.36（元）

到期收益率的求解过程如表 4－4 所示。

表 4－4　债券组合的到期收益率　　单位：元

期数	债券 A 的现金流	债券 B 的现金流	债券 C 的现金流	债券组合的总现金流	总现金流的现值
1	30	550	375	955	$955/(1+r)$
2	30	550	375	955	$955/(1+r)^2$
3	30	550	375	955	$955/(1+r)^3$
4	30	550	375	955	$955/(1+r)^4$
5	30	550	375	955	$955/(1+r)^5$
6	30	550	375	955	$955/(1+r)^6$
7	30	550	375	955	$955/(1+r)^7$
8	30	550	10 375	10 955	$10\ 955/(1+r)^8$
9	30	550		580	$580/(1+r)^9$
10	30	20 550		20 580	$20\ 580/(1+r)^{10}$
11	30			30	$30/(1+r)^{11}$
12	1 030			1 030	$1\ 030/(1+r)^{12}$
总市场价值					30 783.36

通过下式求债券组合的到期收益率 r：

$$30\ 783.36=955\times\frac{1-(1+r)^{-7}}{r}+\frac{10\ 955}{(1+r)^8}+\frac{580}{(1+r)^9}+\frac{20\ 580}{(1+r)^{10}}+\frac{30}{(1+r)^{11}}+\frac{1\ 030}{(1+r)^{12}}$$

可以求出该债券组合的到期收益率（内部收益率）是 6.26%。

四、与收益率有关的重要概念

债券收益率有多种表示方法，如果两种债券收益率是用不同的方法表示的，那么就无法对这两种债券收益率进行比较。另外，即使两种债券收益率的表示方法相同，如果这两种债券的付息频率不同，这两种债券的实际收益率也不一样。

（一）每期收益率和实际年收益率

债券的收益率可以表示为每期收益率（rate for period），例如 1 年期收益率、半年期收益率、季度收益率、月度收益率或天收益率等。为了对不同债券的收益率进行比较，有必要计算债券的实际年收益率（effective annual rate，EAR）。实际年收益率与每期收益率的关系如式（4.7）所示：

$$EAR=(1+\text{每期收益率})^{\text{1年中期数}}-1 \tag{4.7}$$

［例4-8］ A债券的月度收益率为1%，B债券的半年期收益率为6%，求这两种债券的实际年收益率。

解： 由于A债券的收益率是月度收益率，即每期收益率为1%，1年共有12个月。所以，A债券的实际年收益率为：

$$EAR=(1+1\%)^{12}-1=12.68\%$$

由于B债券的收益率是半年期收益率，即每期收益率为6%，1年共有2个半年。所以，B债券的实际年收益率则为：

$$EAR=(1+6\%)^{2}-1=12.36\%$$

由此可见，A债券的实际年收益率高于B债券的实际年收益率。

（二）年度百分数利率和实际年收益率

在实践中，人们经常采用年度百分数利率（annual percentage rate，APR）来表示债券收益率，年度百分数利率也被简称为年利率。在知道年利率之后，还必须知道债券的付息频率，才能计算出债券的每期收益率，进而计算出债券的实际年收益率。年利率与每期收益率的关系如式（4.8）所示：

$$年利率=每年付息频率\times每期收益率 \tag{4.8}$$

［例4-9］ A债券的年利率为12%，每半年支付一次利息。B债券的年利率为10%，每季度支付一次利息。求这两种债券的实际年收益率。

解： A债券的年利率为12%，每半年支付一次利息，因此A债券的每期（半年）收益率为12%/2=6%。B债券的年利率为10%，每季度支付一次利息，因此B债券的每期（季度）收益率为10%/4=2.5%。

$$A债券的\ EAR=(1+6\%)^{2}-1=12.36\%$$

$$B债券的\ EAR=(1+2.5\%)^{4}-1=10.38\%$$

通过上述例子可以看出，只有债券的实际年收益率才具有可比性。为了比较债券的收益率，必须将债券的每期收益率或年利率转换为实际年收益率。

（三）连续复利计息

如果初始投资金额已知，那么可以根据债券收益率计算债券终值。当然，如果债券投资的终值已知，也可以根据债券收益率计算其现值。在实践中，债券收益率经常以年利率表示。如前所述，要想计算债券终值，只知道债券的年利率还不够，必须同时知道付息频率。而实际年收益率则有很明确的意义，无须给出复利计息的频率，就能准确计算终值。

例如，某债券的年利率为10%，如该债券按半年复利计息，则现在投资于该债券1元，1年后终值为 $(1+10\%/2)^2=1.1025$（元）；如按季度复利计息，则1年后终值为 $(1+10\%/4)^4=1.1038$（元）。如果该债券的实际年收益率为8%，则现在投资于该债券1元，1年后终值为 $1\times(1+8\%)=1.08$（元）。

下面，我们考察一般的情况。投资期限为1年，债券的初始投资额为 C_0，复利计息 m 次，债券的年利率为 APR，可按照式（4.9）计算该投资的年末终值：

$$FV=C_0(1+APR/m)^m \tag{4.9}$$

如果将上述投资期限延长为 T 年，则初始投资额 C_0 在 T 年后的终值为：

$$FV = C_0(1 + APR/m)^{mT} \tag{4.10}$$

最后，我们考察一种极端的情况，如果债券的年利率为 APR，该债券按连续复利计息，即 m 趋向于无穷大，则初始投资额 C_0 在 T 年后的终值如式（4.11）所示：

$$FV = C_0 e^{APR\times T} \tag{4.11}$$

式中：e——自然对数的底，约等于 2.718 28。

如果知道某项连续复利计息的投资的终值，也知道该项投资的年利率为 APR，那么根据式（4.12）可以很容易地计算该项投资的现值。

$$PV = FVe^{-APR\times T} \tag{4.12}$$

［例 4-10］ 张明将其 1 000 元以连续复利计息方式投资 2 年，年利率为 10%。求该投资 2 年后的终值。

解： FV(2 年后终值)$=1\ 000\times e^{0.1\times 2}=1\ 221.4$（元）

［例 4-11］ 假设保险公司 4 年后要付给你 1 000 元资金，如果按 8%的年利率连续复利计息，那么这笔资金的现值为多少？

解： $PV=1\ 000\times e^{-0.08\times 4}=726.16$（元）

（四）持有期回报率

即使将债券持有至到期，投资者获得的实际收益率与事先计算出来的到期收益率也可能不相等。在投资期结束后，为了准确地计算债券的事后收益率，人们经常计算债券的持有期收益率（holding period return，HPR）。持有期收益率是债券在一定持有期内的收益（包括利息收入和资本利得或损失）相对于债券期初价格的比率，它是衡量债券事后实际收益率的准确指标。根据定义，我们有：

$$\begin{aligned}
\text{持有期收益率} &= \frac{\text{期末财富}-\text{期初财富}}{\text{期初财富}}\times 100\% \\
&= \frac{\text{利息收入}+(\text{期末价格}-\text{期初价格})}{\text{期初价格}}\times 100\% \\
&= \frac{\text{利息收入}}{\text{期初价格}}\times 100\% + \frac{\text{期末价格}-\text{期初价格}}{\text{期初价格}}\times 100\% \\
&= \text{当期收益率}+\text{资本利得(损失)收益率}
\end{aligned}$$

1. 一期的持有期收益率

根据持有期收益率的定义，投资者持有债券一期时，持有期收益率为：

$$HPR = [C + (P_1 - P_0)]/P_0$$

式中：HPR——一期的持有期收益率；

C——利息；

P_1——第一期期末的价格；

P_0——期初价格。

［例 4-12］ 投资者支付 1 000 元购买一种半年付息的债券，票面利率是 8%，6 个月后该债券的市场价格上升为 1 068.55 元，求这半年内投资者的持有期收益率。

解： 持有该债券一期（半年）时，

持有期收益率=[40+(1 068.55−1 000)]/1 000=10.86%

2. 多期的持有期收益率

在介绍到期收益率时，我们假设所有利息以与到期收益率相等的利率进行再投资，那么到期收益率就是债券在整个生命周期内实现的收益率。例如，有一种 2 年期债券，每年付息一次，票面利率为 10%，面值为 1 000 元，平价出售，那么到期收益率与票面利率相等，也为 10%。投资者第 1 年获得 100 元利息，如果这 100 元利息能以 10%的利率进行再投资，第 2 年将会升值为 110 元。第 2 年投资者总共能获得 1 210 元，其中包括1 000 元的本金，第 1 年利息再投资获得的 110 元，以及第 2 年的利息 100 元。在这里，我们考虑了利息的再投资，如果把利息的再投资收益计入债券收益，据此计算出来的收益率就被称作复利收益率。把复利收益率记作 y，那么 $1\,000\times(1+y)^2=1\,210$，$y=10\%$。可以看到，如果再投资利率等于到期收益率（10%），那么复利收益率就等于到期收益率。如果再投资利率高于 10%，2 年后投资者获得的资金将超过 1 210 元，复利收益率就会高于 10%；当再投资利率低于 10%时，2 年后投资者获得的资金将不足 1 210 元，复利收益率就会低于 10%。例如，假设第 1 年的利息按 8%的利率再投资，那么，

$$终值\ FV=1\,000+100+100\times1.08=1\,208\ (元)$$

由于

$$1\,000\times(1+y)^2=1\,208\ (元)$$

所以，

$$y=9.91\%$$

由此，我们可以总结出多期的持有期收益率 y，也就是复利收益率的计算方法。终值（期末财富）FV 是债券的期末价格与利息的未来价值之和，$FV=P_n+C[(1+r)^n-1]/r$。其中，P_n是期末价格，C 是利息，r 是利息再投资利率，n 是持有期数。设债券的期初价格是 P_0，因为

$$P_0\times(1+y)^n=FV$$

所以，

$$y=\sqrt[n]{\frac{FV}{P_0}}-1$$

实际上，债券经过 n 期后的终值包括三部分：债券在第 n 期的销售价格、发行人支付的利息和在这期间各次支付的利息产生的利息。注意，每次支付的利息都将按照不同的利率进行再投资。例如，第一次支付的利息将按照当时的利率再投资 $n-1$ 期，第二次支付的利息也将按照当时的利率再投资 $n-2$ 期，依此类推。

在实际的经济生活中，每次支付的利息的再投资利率事先是未知的，到期前债券的销售价格也是未知的。只有持有至到期，债券价格才是已知的，等于债券面值。因此，复利收益率只有在投资期结束以后才能计算出来，所以说复利收益率是多期的持有期收益率，衡量的是债券的事后收益率。

第二节 债券总收益的潜在来源

一、债券总收益的构成

债券总收益不同于债券利息。债券利息仅指债券票面利率与面值的乘积，但是投资者在债券持有期内还可以把利息收入再投资，获取利息的利息；除此之外，还能在市场上买卖债券，赚取价差。因此，债券的总收益除利息收入外，还包括利息再投资所产生的利息和买卖价差［又称作资本利得（损失）］。当期收益率只考虑了利息的支付，没有考虑利息的利息和资本利得（损失）。到期收益率考虑了利息和资本利得（损失），也考虑了利息的利息，但是它假设利息可以按与到期收益率相等的利率进行再投资。与到期收益率一样，赎回收益率同样考虑了债券收益的三种潜在来源，同样做了利息以赎回收益率进行再投资的假设。

要计算债券的总收益，就要分别计算三部分收益的大小。运用年金的终值公式，我们可以得到利息与利息再投资所获得的利息之和：

$$\text{利息}+\text{利息的利息}=C\times\left[\frac{(1+r)^n-1}{r}\right]$$

式中：C——利息；

r——每期再投资利率；

n——距到期日的期数。

由于总的利息$=nC$，所以，

$$\text{利息的利息}=C\times\left[\frac{(1+r)^n-1}{r}\right]-nC$$

其他条件一定时，债券的到期时间越长，利息所生的利息越多，占债券总收益的比重也就越大；票面利率越高，利息所生的利息越多，债券总收益就越依赖于利息再投资所获利息的多少。

［例 4-13］ 投资者用 1 108.38 元购买一种 8 年后到期的债券，面值是 1 000 元，票面利率为 12%，每半年付息一次，下一次付息在半年后。假设债券被持有至到期日，再投资利率等于到期收益率，分别计算该债券的利息、利息的利息以及资本损失。

解： 我们可以求出该债券的到期收益率是 10%。由于溢价出售，投资者遭受了资本损失，债券的总收益等于利息与利息的利息之和，再减去资本损失。

$$\text{利息}+\text{利息的利息}=60\times[(1+5\%)^{16}-1]/5\%=1\ 419.45\ (\text{元})$$

其中，

$$\text{利息}=16\times 60=960\ (\text{元})$$

$$\text{利息的利息}=1\ 419.45-960=459.45\ (\text{元})$$

由于

$$\text{资本损失}=1\ 108.38-1\ 000=108.38\ (\text{元})$$

所以，该债券的总收益为：

$$1\ 419.45-108.38=1\ 311.07\ (\text{元})$$

我们可以做这样一个假设：投资者有 1 108.38 元本金，以等于上述债券的到期收益率（10%）的年利率投资 8 年，每半年复利一次。那么，8 年后这笔投资的收益等于 $1\ 108.38\times(1+5\%)^{16}-1\ 108.38=1\ 311.07$（元）。这与上述债券的总收益是相同的。所以，该债券的总收益率（年利率）就等于到期收益率 10%。

二、债券的总收益率

（一）持有至到期日的债券的总收益率

在例 4-13 中我们假设利息按到期收益率进行再投资，但是这个假设在现实中常常不成立。利息再投资利率不等于到期收益率时，债券的总收益率就不等于到期收益率，这时怎样计算总收益率的大小呢？其实，前面介绍过的复利收益率衡量的就是债券的总收益率，区别仅在于复利收益率是在投资结束后计算出的已实现的收益率。我们接下来介绍的总收益率是事先计算的，再投资利率取决于投资者的预期。与复利收益率相仿，债券总收益率的计算步骤如下：

$$\text{债券的期末价值}=\text{利息}+\text{利息的利息}+\text{债券面值}$$

其中，

$$\text{利息}+\text{利息的利息}=C\times\left[\frac{(1+r)^n-1}{r}\right]$$

$$\text{每期收益率}=\left(\frac{\text{期末价值}}{\text{期初价值}}\right)^{\frac{1}{n}}-1$$

式中：n——总的时期数（付息次数）。

由于财务报告通常是以年度为基础的，另外，为了便于比较债券的收益率，要将债券的每期收益率转化成实际年收益率。

$$\text{实际年收益率}=(1+\text{每期收益率})^m-1$$

式中：m——每年付息的次数。

[例 4-14] 投资者用 905.53 元购买了一种面值为 1 000 元的 8 年期债券，票面利率是 12%，每半年付息一次，下一次付息在半年后。如果债券持有至到期日，再投资利率为 8%。求该债券的总收益率。

解：

$$8\text{ 年后的期末价值}=60\times[(1+4\%)^{16}-1]/4\%+1\ 000=2\ 309.47\text{（元）}$$

所以，

$$\text{半年期总收益率}=(2\ 309.47/905.53)^{1/16}-1=6.03\%$$

$$\text{实际年收益率}=(1+6.03\%)^2-1=12.42\%$$

我们可以求出该债券的到期收益率是 14%，由于再投资利率（8%）小于到期收益率，所以该债券每年的总收益率小于到期收益率。

如果再投资利率为 16%，则情况有所不同。这时，

$$\text{期末价值}=60\times[(1+8\%)^{16}-1]/8\%+1\ 000=2\ 819.46\text{（元）}$$

$$\text{半年期总收益率}=(2\ 819.46/905.53)^{1/16}-1=7.36\%$$

$$\text{实际年收益率}=(1+7.36\%)^2-1=15.26\%$$

在这里，再投资利率（16%）大于到期收益率，所以债券每年的总收益率也大于到期收益率。

（二）提前卖出的债券的总收益率

以上我们讨论的是债券持有至到期日的情况，如果债券可能在到期日之前卖出，也就是投资期比到期时间短，那么此时总收益率的计算方法有所不同，要对上述计算步骤中的第一步进行修正。

债券的期末价值＝至投资期末的利息＋至投资期末利息所生的利息＋投资期末的债券价格

其中，投资期末的债券价格是事先未知的，取决于投资者对投资期末收益率的预测。我们可以运用债券的定价公式预测出投资期末的债券价格：

$$P=\sum_{t=1}^{N}\frac{C}{(1+r)^t}+\frac{F}{(1+r)^N}$$

式中：P——投资期末的债券价格；

C——利息；

F——债券的面值；

r——预期的投资期末每期收益率；

N——投资期末距到期日的期数。

［例 4－15］ 投资者购买一种 8 年期的平价（1 000 元）出售的债券，票面利率为 12%，每半年付息一次，下一次付息在半年后。投资者 5 年后将会把债券卖出，他预期 5 年中利息的再投资利率为每年 8%，5 年后的 3 年期债券的到期收益率为 10%，求该债券的总收益率。

解： 5 年内的利息＋5 年内利息的利息＝$60\times[(1+4\%)^{10}-1]/4\%=720.37$（元）

预测的第 5 年年末的债券价格＝$60\times[1-(1+5\%)^{-6}]/5\%+1\,000/(1+5\%)^6$

$=1\,050.76$（元）

所以，

5 年后的期末价值＝$720.37+1\,050.76=1\,771.13$（元）

那么，

半年期总收益率＝$(1\,771.13/1\,000)^{1/10}-1=5.88\%$

实际年收益率＝$(1+5.88\%)^2-1=12.11\%$

［例 4－16］ 假设在上例中，投资者的预期有所变化，他预期前 2 年利息的再投资利率为 8%，后 3 年利息的再投资利率为 9%，5 年后的 3 年期债券的到期收益率为 10%。求该债券的总收益率。

解： 第 1 年和第 2 年的利息＋利息的利息＝$60\times[(1+4\%)^4-1]/4\%=254.79$（元）

这是它们在第 2 年年末的终值，到第 5 年年末升值为：

$254.79\times(1+4\%)^6=322.39$（元）

第 3 年至第 5 年的利息＋利息的利息＝$60\times[(1+4.5\%)^6-1]/4.5\%=403.01$（元）

预测的第 5 年年末的债券价格为：

$60\times[1-(1+5\%)^{-6}]/5\%+1\,000/(1+5\%)^6=1\,050.76$（元）

因此，

$$第5年年末的财富终值=322.39+403.01+1\,050.76=1\,776.16（元）$$

$$半年期总收益率=(1\,776.16/1\,000)^{1/10}-1=5.91\%$$

$$实际年收益率=(1+5.91\%)^2-1=12.17\%$$

（三）可赎回债券的总收益率

如果债券在投资期内可以被发行人赎回，那么我们应当先计算出投资者在赎回日可以取得的总收入，包括赎回日以前的利息、利息再投资所生的利息，以及赎回价格。这笔收入将按再投资利率投资，直至投资期结束。因此，在债券总收益率的计算步骤中，我们只需要修正第一步：

$$期末价值=(赎回日前的利息+利息的利息+赎回价格)\times(1+r)^N$$

式中：r——每期再投资利率；

N——赎回日距投资期末的期数。

［**例 4-17**］ 有一种 10 年期的可赎回债券，面值为 1 000 元，票面利率为 7%，每半年付息一次，下一次付息在半年后，市场价格是 950 元。假设在第 5 年时该债券可赎回，赎回价格为 980 元。投资期为 8 年，投资者预期这 8 年内利息的再投资利率为每年 8%。求解总收益率。

解：$5年内的利息支付+5年内利息的利息=35\times[(1+4\%)^{10}-1]/4\%=420.21（元）$

第 5 年年末债券被赎回时，投资者一共获得：

$$420.21+980=1\,400.21（元）$$

这笔收入到第 8 年年末升值为：

$$1\,400.21\times(1+4\%)^6=1\,771.71（元）$$

即投资期末的财富终值为 1 771.71 元。因此，

$$半年期总收益率=(1\,771.71/950)^{1/16}-1=3.97\%$$

$$实际年收益率=(1+3.97\%)^2-1=8.10\%$$

第三节　衡量债券组合的历史业绩

前面两节重点介绍了如何衡量债券的事前收益率和事后收益率，也介绍了债券潜在总收益的各种来源。本节则主要介绍如何衡量债券组合的历史业绩，债券组合历史业绩的衡量主要是指衡量一定时期内债券组合实现的全部收益。准确地衡量债券组合的历史业绩对于投资者和债券组合的管理者都是非常重要的。

一、债券组合某个时期的总收益率

（一）债券组合的总收益率

为了衡量债券组合的历史业绩，首要工作是衡量债券组合在某个时期的总收益率。首先我们介绍一个最基本的概念：债券组合在某个时期的总收益率（portfolio period rate of return)。债券组合某个时期的总收益率是指一个时期实现的总收益率，它包括两部分：(1) 债券组合期末的市场价值超过其期初市场价值的部分；(2) 该债券组合在该时期内分配的所有收益。债券组合在某个时期的总收益率用如上两个部分占债券组合期初市场价值的百分比来衡量，衡量的是在保持债券组合期初市场价值不变的情况下投资者能在期末提走多少钱。债券组合在某个时期的总收益率可以用下式表示：

$$R_P = \frac{MV_1 - MV_0 + D}{MV_0} \tag{4.13}$$

式中：R_P——债券组合在某个时期的总收益率；

MV_1——债券组合期末市场价值；

MV_0——债券组合期初市场价值；

D——该时期内债券组合分配的现金收益。

[例 4-18] 假设某个债券组合月初市场价值为 200 万元，月末市场价值为 240 万元，该月内债券组合分配现金为 10 万元。求债券组合该月的总收益率。

解： 总收益率 $R_P=(240-200+10)/200=25\%$

(二) 计算债券组合总收益率的假设

在上述计算债券组合某个时期总收益率的时候有三个隐含的假设。第一，该时期内债券组合产生的利息如果没有分配给投资者，就必须进行再投资，其价值反映在债券组合的期末价值中。第二，如果该时期内债券组合向投资者分配资金，分配的时间应该正好在期末。实际上，收益分配的时间是很重要的，例如，某个债券组合可以在期初分配资金，也可以在期末分配资金，如果是后者，即像计算债券组合总收益率时假设的那样，投资者就可以在整个期间利用这笔资金进行再投资，从而增加期末财富。第三，投资者在该时期内不会追加任何资金。

尽管可以计算任何期限的债券组合总收益率，既可以是 1 天、1 个月或 1 个季度，也可以是 1 年，甚至可以是 5 年，但是，期限越长，违背上述三个假设的可能性就越大。例如，如果期限是 5 年，那么向投资者分配现金以及投资者追加投资的可能性很大，而且次数也会大大增加。

实践中计算债券组合总收益率时经常违背上述三个假设，因此，对不同的债券组合管理人的业绩难以进行准确比较。而且，如果期限不同，那么两个债券组合的业绩也很难比较。

解决上述问题的思路是计算债券组合短期的总收益率，然后求这些短期的总收益率的平均值，再将这些平均总收益率转换为实际年收益率。这是因为，期限越短，因违背上述三个假设而产生的问题就越轻，同时将收益率转换为实际年收益率就可以解决因期限不同而产生的不可比性。

二、平均收益率

(一) 计算平均收益率的三种方法

实践中计算债券组合平均收益率的方法主要有三种：算术平均数、几何平均数以及内部收益率。

债券组合收益率的算术平均数可以由式（4.14）计算：

$$r_a=(r_1+r_2+r_3+\cdots+r_n)/n \tag{4.14}$$

式中：r_a——债券组合收益率的算术平均数；

n——债券组合收益率的总数。

债券组合收益率的几何平均数也被称为时间加权平均收益率（time-weighted rate of return），可以由式（4.15）计算：

$$r_g=[(1+r_1)(1+r_2)\cdots(1+r_n)]^{1/n}-1 \tag{4.15}$$

式中：r_g——债券组合收益率的几何平均数；

n——债券组合收益率的总数。

债券组合的内部收益率也被称为金额加权平均收益率（dollar-weighted rate of return），内部收益率与到期收益率类似，就是令所有未来的现金流现值与债券组合的当前市场价值相等的贴现率。可以利用式（4.16）计算债券组合的内部收益率：

$$V_0=\frac{C_1}{1+R_D}+\frac{C_2}{(1+R_D)^2}+\cdots+\frac{C_k}{(1+R_D)^k}+\cdots+\frac{C_N+V_N}{(1+R_D)^N} \tag{4.16}$$

式中：V_0——债券组合的期初价值；

R_D——债券组合的内部收益率；

V_N——债券组合的期末价值；

C_k——第 k 个时期的净现金流（债券组合的现金流支出减去现金流收入），k 值的范围是从 1 到 n。

下面通过例子说明如何利用上述三种方法计算债券组合的平均收益率。

[例 4-19] 某债券组合目前的市场价值为 100 万元，第一季度的总收益率为 10%，第二季度的总收益率为 20%，第三季度的总收益率为 −20%，第四季度的总收益率为 25%。在第一季度投资者追加投资 10 万元，在第二季度投资者追加投资 16 万元，在第三季度支付给投资者现金 48 万元，在第四季度没有任何现金流。分别求这一年内该债券组合季度收益率的算术平均值、几何平均值和内部收益率。

解： 该债券组合在四个季度内的资产价值和现金流变化情况如表 4-5 所示。

表 4-5　债券组合的资产价值和现金流变化　　单位：百万元

	第一季度	第二季度	第三季度	第四季度
季度初资产	1.0	1.2	1.6	0.8
总资产（现金流发生前）	1.1	1.44	1.28	1.0
现金流变化	0.1	0.16	−0.48	0.0
季度末资产	1.2	1.6	0.8	1.0

算术平均数：$r_a=(10\%+20\%-20\%+25\%)/4=8.75\%$

几何平均数：$r_g=(1.1\times1.2\times0.8\times1.25)^{1/4}-1=(1.32)^{1/4}-1=7.2\%$

内部收益率：$1.0=-0.1/(1+r)+(-0.16)/(1+r)^2+0.48/(1+r)^3+1.0/(1+r)^4$

解上式可以求出内部收益率 r 为 4.92%。

通过例 4-19 可以看出，债券组合季度收益率的算术平均数、几何平均数和内部收益率分别为 8.75%、7.2%和 4.92%，利用三种方法计算出的债券组合的季度收益率的平均值并不相同。

（二）对计算平均收益率的三种方法的深入分析

收益率的算术平均数在衡量债券组合的历史业绩时存在很大的问题。看看两个时期的例子：假设某债券的初始价格为 $P_0=100$ 元，第一期的收益率 $R_1=-50\%$，第二期的收益率 $R_2=100\%$。假设其间没有任何现金流。在这种情况下，收益率的算术平均数为 $(100\%-50\%)/2=25\%$，几何平均数则为 $[(1+R_1)\times(1+R_2)]^{1/2}-1=0$。该债券在第一期期末的价值为 $100\times(1-50\%)=50$（元），在第二期期末的价值为 $50\times(1+100\%)=100$（元）。从期初的 100 元到第二期期末的 100 元，整个期间内收益率应该为 0。所以，几何平均数能更准确地衡量债券组合的历史业绩，而算术平均数不能准确地衡量债券组合的历史业绩。实际上，收益率的算术平均数衡量了每个时期末可以从债券组合中提出多少资金（用债券组合期初市场价值的比重来表示），同时维持债券组合的期初市场价值不变。例 4-19 中，投资者在第一季度末可以提走债券组合期初价值 100 万元的 10%（10 万元），在第二季度末可以提走债券组合期初价值的 20%（20 万元），在第三季度投资者必须向债券组合追加投资债券组合最初价值的 20%（20 万元），在第四季度末提走债券组合最初价值的 25%（25 万元）。在年末，该债券组合的市场价值仍然保持在 100 万元的水平。因此，平均而言，投资者每季度末能从债券组合中提走其期初市场价值的 8.75%。

一般而言，各期收益率的算术平均数和几何平均数并不相等。只有各期收益率都相等，各期收益率的几何平均数才正好等于其算术平均数。除了上述特例外，各期收益率的几何平均数都小于其算术平均数。各期收益率的算术平均数与几何平均数之所以存在差异，是因为计算算术平均数时假设总投资额在各期保持不变（通过提走资金或追加投资来保持债券组合的最初市场价值不变），而计算几何平均数时，假设各期产生的所有收入都进行再投资，各期的总投资额不断变化。

各期收益率的几何平均数的含义如下：假设债券组合的期初市场价值按照几何平均数代表的平均收益率增长，经过所有时期后正好达到债券组合的期末价值。如果在各期内没有任何现金的流入和流出，那么几何平均数与内部收益率就应该相等。内部收益率也有一个显著缺陷：投资者追加投资或提走现金会影响债券组合的内部收益率，但是债券组合的管理者却无法控制这些因素。因此，内部收益率也无法准确、客观地衡量债券组合管理者的能力。

（三）将各期收益率转换为实际年收益率

算出各期收益率的平均值后，为了便于比较，还需要将各期收益率转换为实际年收益率。一般而言，各期的长度都小于 1 年。我们可以根据以下公式将各期收益率的平均数转换为实际年收益率：

$$实际年收益率=(1+各期收益率的平均数)^{1年内的时期数}-1$$

第五章

债券价格波动性的衡量

债券投资者面临多种风险，如利率风险（包括价格风险和再投资风险）、信用风险、通货膨胀风险、流动性风险、提前偿还风险等。在我国，可流通债券绝大部分是政府债券，其他可流通债券则是金融债券和大型国企发行的债券，违约风险比较小，相对不重要。对于债券投资者而言，最重要的是利率风险，特别是利率变化导致债券价格变动的价格风险。本章重点介绍如何衡量债券价格的波动性。

第一节　债券价格与收益率的关系

在上一章，我们从债券价格的计算公式和到期收益率的求解公式中注意到，债券价格和收益率反向变动。这是因为债券价格等于预期现金流的贴现值。我们通过例题来进一步说明。

[例 5－1]　一种债券的面值为 1 000 元，票面利率为 6%，2019 年 10 月 15 日到期，每年的 4 月 15 日和 10 月 15 日分别付息一次。计算 2012 年 10 月 15 日该债券的价格。

解： 每半年的息票支付为（6%×1 000)/2，即 30 元。

息票支付的现值 $=30\times[1-(1+r)^{-14}]/r$

本金的现值 $=1\,000/(1+r)^{14}$

债券的价格 $=30\times[1-(1+r)^{-14}]/r+1\,000/(1+r)^{14}$

当投资者要求的收益率，即市场利率为 5%时，

息票支付的现值 $=30\times[1-(1+2.5\%)^{-14}]/2.5\%=350.73$（元）

本金的现值 $=1\,000/(1+2.5\%)^{14}=707.73$（元）

债券的价格 $=350.73+707.73=1\,058.46$（元）

表 5－1 列出了在不同的收益率水平下该债券价格的不同值。

表 5-1 债券价格与收益率的关系

收益率	息票支付的现值（元）	面值现值（元）	债券价格（元）
5.0%	350.73	707.73	1 058.46
5.5%	344.73	684.00	1 028.73
6.0%	338.88	661.12	1 000.00
6.5%	333.18	639.06	972.24
7.0%	327.62	617.78	945.40
7.5%	322.19	597.26	919.45
8.0%	316.89	577.48	894.37
8.5%	311.73	558.39	870.12
9.0%	306.68	539.97	846.65
9.5%	301.76	522.21	823.97

从表 5-1 中可以看出，债券价格与收益率反向变动，这是债券价值的一个重要的普遍性规律。当收益率水平很高时，债券的价值会很低；当收益率水平接近于零时，债券的价值会趋近于现金流的总和。这是因为债券价格是通过用投资者要求的收益率对现金流进行贴现得到的。当贴现率提高时，现金流的现值必然会降低，债券价格也就会下降；当贴现率降低时，现金流的现值必然会升高，债券价格也就会上升。在竞争性的市场中，当市场利率与票面利率相等，即为 6%时，该债券的价格为 1 000 元，与面值相等。当市场利率上升为 7%时，人们不会再购买票面利率为 6%的债券，该债券的价格必然要下跌，直到它的预期收益率上升到等于市场利率 7%为止。反之，当市场利率下降为 5%时，人们会倾向于购买票面利率为 6%的债券，该债券的价格必然会上涨，直到它的预期收益率下降到等于市场利率 5%为止。我们可以把表 5-1 中收益率与相应的债券价格的数据绘成图 5-1。

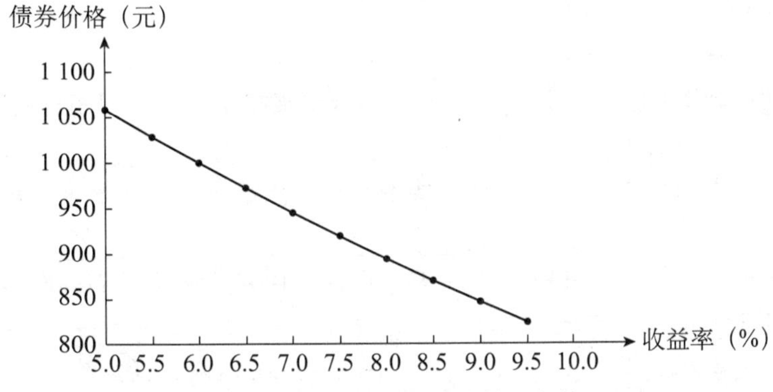

图 5-1 债券价格与收益率的反向关系

一般情况下，发行人在初级市场上发行债券时，会选择与当时的市场利率极为接近的票面利率，这样，债券的价格也就与它的面值非常接近。债券发行以后，市场利率如果高于票面利率，债券的价格将会低于其面值。债券价格低于面值的这一部分差价对于投资者来说是一种资本利得，是对投资者获得的票面利率低于市场利率（投资者要求的收益率）的补偿。价格低于面值的债券被称为折价债券。

债券发行以后，市场利率也有可能低于票面利率，债券的价格将会高于其面值。这时，投资者为了获得高于市场利率的票面利率，应当支付的价格不得不高于债券面值。价格高于面值的债券被称为溢价债券。我们总结出以下规律：

市场利率＝票面利率，价格＝面值

市场利率＞票面利率，价格＜面值

市场利率＜票面利率，价格＞面值

除了收益率以外，到期时间也是影响债券价格变化的另一个重要因素。通过考察债券价格和到期时间之间的关系，我们会发现一个重要规律：随着到期日的临近，债券的价格向面值趋近。换句话说，对于面值、票面利率、收益率均相同的两种债券来说，距到期日的时间越短，债券溢价或折价的幅度越小。这是因为债券的价格由本金的现值与息票支付的现值两部分构成，随着到期日的临近，投资者所能获取的息票支付减少，息票支付的现值降低，本金的现值却增加。对于折价债券，本金现值的增加超过息票支付现值的减少，债券价格上升；对于溢价债券，本金现值的增加不足以抵消息票支付现值的减少，债券价格降低。

［例 5-2］ 一种面值为 100 元的债券，票面利率为 8%，一年付息一次，下一次支付在 1 年后，10 年后到期。假设投资者要求的收益率保持 6%不变，计算债券价格随到期日临近的变化。

解：距到期日 10 年时：

$$债券价格=8\times[1-(1+6\%)^{-10}]/6\%+100/(1+6\%)^{10}=114.72（元）$$

距到期日 5 年时：

$$债券价格=8\times[1-(1+6\%)^{-5}]/6\%+100/(1+6\%)^{5}=108.42（元）$$

距到期日 1 年时：

$$债券价格=8\times[1-(1+6\%)^{-1}]/6\%+100/(1+6\%)=101.89（元）$$

债券到期时：

$$债券价格=100（元）$$

可见，随着到期日的临近，债券溢价的额度越来越小，直到到期日溢价的额度减小为零、价格等于面值为止。

若投资者要求的收益率为 10%且保持不变，该债券变为折价债券，那么，

距到期日 10 年时：

$$债券价格=8\times[1-(1+10\%)^{-10}]/10\%+100/(1+10\%)^{10}=87.71（元）$$

距到期日 5 年时：

$$债券价格=8\times[1-(1+10\%)^{-5}]/10\%+100/(1+10\%)^{5}=92.42（元）$$

距到期日 1 年时：

$$债券价格=8\times[1-(1+10\%)^{-1}]/10\%+100/(1+10\%)=98.18（元）$$

债券到期时：

$$债券价格=100（元）$$

随着到期日的临近，债券折价的额度越来越小，直到到期日折价的额度减小为零、

价格等于面值为止。

如果收益率一直保持票面利率 8%不变，债券价格将一直维持面值 100 元的水平。以上债券价格与到期时间的关系如图 5-2 所示。

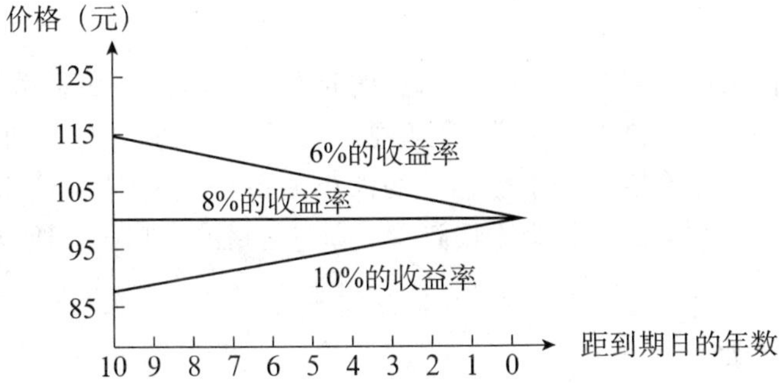

图 5-2 债券价格与到期时间的关系

第二节 债券价格波动性的特点

我们已经了解到：债券价格与收益率之间存在反向变动的关系，随着市场利率的波动，债券价格的变化会给投资者带来资本利得或损失，构成一部分利率风险。事实上，利率风险由价格风险和再投资风险两部分组成，两者互为消长。当市场利率上升时，债券价格下跌，投资者遭受资本损失，但利息的再投资收入增加，为投资者带来收益；当市场利率下降时，债券价格上涨，投资者获取资本利得，但利息的再投资收入减少，使投资者受损。在这一节，我们具体考察价格风险的大小。价格风险的大小用价格的利率敏感性来衡量。价格的利率敏感性有三个重要影响因素：票面利率、到期时间以及初始收益率。它们与价格的利率敏感性之间呈现出这样一些规律：

（1）价格的利率敏感性与债券的票面利率具有反向关系。其他因素相同时，低票面利率债券比高票面利率债券价格的利率敏感性更强。

（2）价格的利率敏感性与债券的到期时间长短具有正向关系。其他因素相同时，长期债券比短期债券价格的利率敏感性更强。

（3）随着到期时间的延长，价格的利率敏感性增加，但是增加得越来越慢。

（4）收益率上升导致价格下跌的幅度比同等幅度的收益率降低带来的价格上涨的幅度小，这被称为价格波动的不对称性。

（5）价格的利率敏感性与债券的初始收益率水平具有反向关系。其他因素相同时，初始收益率较低的债券价格的利率敏感性更强。

例如，有 A、B、C、D 四种债券，它们的相关资料如表 5-2 所示。

表 5-2

债券	票面利率（%）	到期时间（年）	初始收益率（%）
A	10	5	9
B	10	20	9

续表

债券	票面利率（%）	到期时间（年）	初始收益率（%）
C	4	20	9
D	4	20	5

那么，当其他条件相同时，B 比 A 的到期时间更长，价格的利率敏感性也就更强；C 比 B 的票面利率低，价格的利率敏感性更强；D 比 C 的初始收益率低，价格的利率敏感性更强。这四种债券价格的利率敏感性的大小关系是：A＜B＜C＜D，如图 5－3 所示。由于收益率上升对价格的影响比收益率下降对价格的影响小，所以图中的曲线是凸状的。

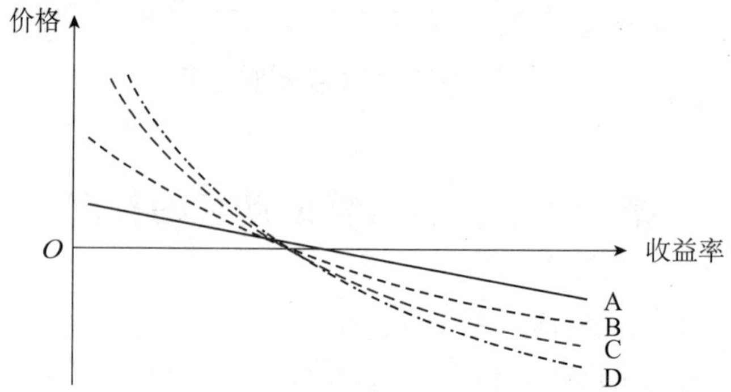

图 5－3　价格的利率敏感性比较

一、票面利率大小与债券价格波动

在其他因素保持不变时，票面利率越低，债券价格的利率敏感性越强，利率风险也就越大。这就是说，收益率变动时，其他条件相同的零息债券的价格波动最大。我们用下面的例子来验证。

［例 5－3］ 有 A、B 两种债券，半年付息一次，下一次付息在半年以后，相关资料见表 5－3。分别计算并比较收益率上升 2 个百分点时两者的价格波动百分比。

表 5－3

	债券 A	债券 B
票面利率	8%	10%
面值（元）	100	100
信用评级	Aa	Aa
到期时间	10 年	10 年
收益率	8%	8%
价格（元）	100.00	113.59

解： 利用债券定价公式，可以计算出收益率上升到 10%时，债券 A、B 的新价格分别是 87.54 元和 100.00 元，价格变动的百分比分别是－12.46%和－11.96%。可见，

债券 A 比债券 B 的票面利率低，价格波动更大，如图 5－4 所示。我们还可以假设一种 10 年期、面值为 100 元的零息债券，现在的价格是 $100/(1+4\%)^{20}=45.64$（元）。收益率上升到 10%时，零息债券的价格下跌到 $100/(1+5\%)^{20}=37.69$（元），价格变动的百分比是－17.42%，比债券 A、B 都要大一些。

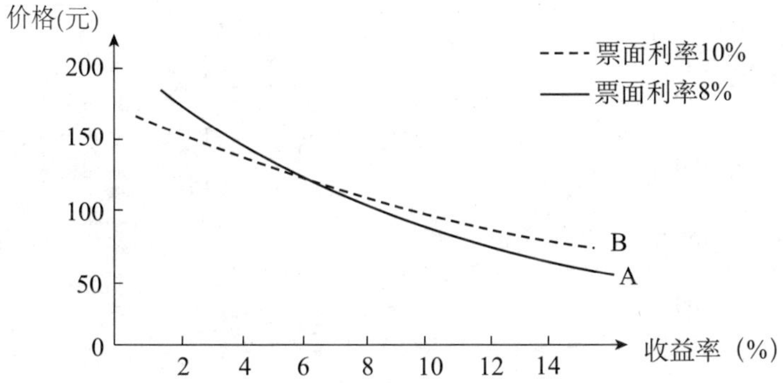

图 5－4　价格的利率敏感性的比较（票面利率不同的债券）

二、到期时间与债券价格波动

在其他因素保持不变时，长期债券的价格对利率变动的敏感性比短期债券更强。因此，债券的到期时间越长，利率风险也就越大。

［**例 5－4**］　有三种息票债券 A、B、C，半年付息一次，下一次付息在半年以后，其他资料见表 5－4。分别计算并比较收益率上升 2 个百分点时三者的价格波动百分比。

表 5－4

	债券 A	债券 B	债券 C
票面利率	8%	8%	8%
面值（元）	100	100	100
信用评级	Aa	Aa	Aa
到期时间（年）	5	10	15
收益率	8%	8%	8%
价格（元）	100	100	100

解：利用债券定价公式，可以计算出收益率上升到 10%时，债券 A、B、C 的新价格分别是 92.28 元、87.54 元和 84.63 元，价格变动的百分比分别是－7.72%、－12.46%和－15.37%。在这个例子中，债券 C 的到期时间最长，价格波动最大；债券 A 的到期时间最短，价格波动最小。三者的到期时间与价格波动的关系如图 5－5 所示。我们再假设一个极端的例子，债券 D 是一种无限期债券，除到期时间以外，其他条件与债券 A、B、C 相同。当收益率上升到 10%时，该无限期债券的价格下跌至 100×4%/5%＝80（元），价格变动百分比是－20%，是四种债券中价格波动最大的。

我们还可以用这个例子验证价格波动的第二条性质：随着到期时间的延长，价格的利率敏感性以递减的速度增加。我们已经知道当收益率上升 2 个百分点，即变为 10% 时，债券 A、B、C 价格变动的百分比分别是 −7.72%、−12.46% 和 −15.37%。而债券 A、B、C 的到期时间依次递增 5 年，B 的价格变动的百分比比 A 高 4.74 个百分点，但是 C 的价格变动的百分比只比 B 高 2.91 个百分点，价格的利率敏感性的增加速度越来越慢。

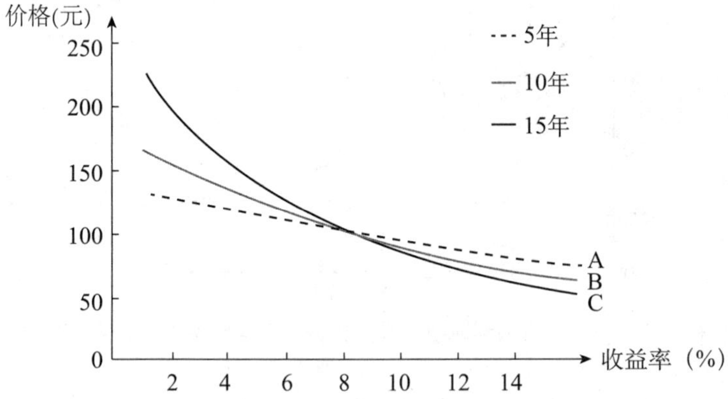

图 5-5　价格的利率敏感性的比较（到期时间不同的债券）

三、债券价格波动的不对称性

债券价格对收益率的降低比对收益率的上升更加敏感。我们继续用上面的例子来说明。

［例 5-5］ 在例 5-4 中，分别计算收益率下降 2 个百分点时债券 A、B、C 的价格波动百分比，并与收益率上升 2 个百分点时的结果相比较。

解： 收益率下降到 6%时，债券 A、B、C 的新价格分别是 108.53 元、114.88 元和 119.60 元，价格变化的百分比分别是 8.53%、14.88% 和 19.60%。将这次的价格变化与上例中收益率上升 2 个百分点时的价格变化结果一一比较，可以看出收益率下降时价格的波动幅度更大。

债券价格波动之所以呈现这种不对称性，其原因在于价格-收益率曲线是凸状的。在图 5-6 中，债券的初始价格为 P，初始收益率为 Y。收益率下降为 Y_1 时，价格上升为 P_1，收益率上升为 Y_2 时，价格下降为 P_2。假设收益率下降或上升的幅度相等，也就是 $Y-Y_1=Y_2-Y$，那么从图中我们可以看出，$P_1-P>P-P_2$，即价格上升的幅度大于价格下降的幅度。而且，价格-收益率曲线越凸，价格上升的幅度相比价格下降的幅度越大，这种不对称性就越明显。

四、初始收益率与债券价格波动

其他因素不变时，初始收益率水平越低，债券价格的利率敏感性越强。这有两层含义。第一层含义是：市场利率越低，债券价格的利率敏感性越强。例如，20 世纪 80 年代美国长期国债的市场利率在 14%左右，而 1992 年长期国债的市场利率是 7.5%，则 1992 年债券价格相对市场利率的波动性更大。第二层含义是：到期收益率水平越低，

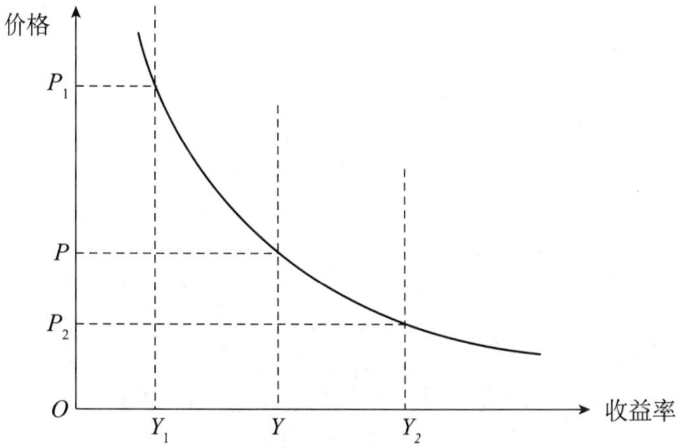

图 5-6　价格波动的不对称性

债券价格的利率敏感性越强。信用水平不同的债券进行交易时相应的到期收益率水平会有所不同，即使它们的票面利率、到期时间都相同。例如，其他条件相同的垃圾债券与国债相比较，垃圾债券价格的利率敏感性比国债小，利率风险更小，因为垃圾债券通常以更高的到期收益率进行交易。

［例 5-6］ 有 A、B 两种债券，半年付息一次，下一次付息在半年之后，相关资料见表 5-5。分别计算并比较收益率上升 1 个百分点时两者的价格波动百分比。

表 5-5

	债券 A	债券 B
票面利率	8%	8%
面值（元）	100	100
信用评级	Aa	Aa
到期时间（年）	10	10
收益率	8%	10%
价格（元）	100	87.54

解： 如果收益率上升 1 个百分点，分别变动到 9%和 11%，债券 A、B 的新价格分别是 93.50 元和 82.07 元，价格变化的百分比分别是−6.50%和−6.25%。债券 A 比 B 的初始收益率低，价格波动幅度更大。这种现象也可以用价格-收益率曲线的形状来解释。在图 5-7 中，较低的初始收益率为 Y_L，较高的初始收益率为 Y_H。假设初始收益率下降或上升的幅度相等，也就是 $Y_L - Y_L^{1} = Y_L^{11} - Y_L = Y_H - Y_H^{1} = Y_H^{11} - Y_H$，从图中我们可以看出，$P_L^{1} - P_L > P_H^{1} - P_H$，$P_L - P_L^{11} > P_H - P_H^{11}$，即初始收益率较低时价格变动的幅度大于初始收益率较高时价格变动的幅度。而且，价格-收益率曲线越凸，初始收益率较低时价格变动的幅度相比初始收益率较高时价格变动的幅度越大。

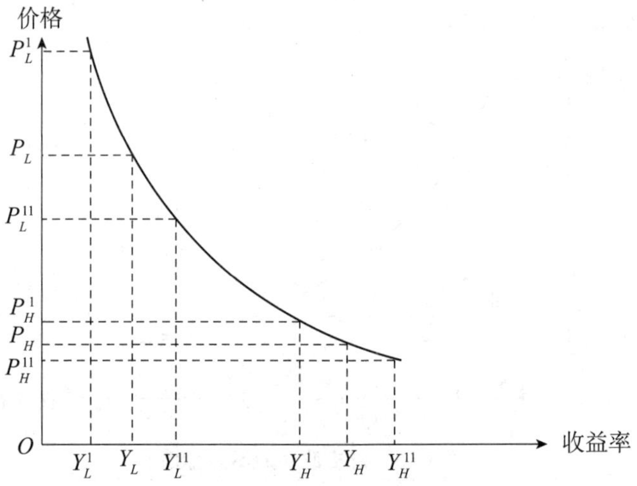

图 5-7　初始收益率与价格波动

第三节　价格波动性的衡量Ⅰ：基点价格值和价格变化的收益值

投资者只有准确衡量债券价格的波动性，才能规避利率风险，采取正确的投资策略。常用的价格波动性衡量方法包括：基点价格值、价格变化的收益值、久期和凸性。在这一节，我们先介绍前两者，在下一节中，我们将重点介绍久期和凸性。

一、基点价格值

基点价格值是指收益率变化 1 个基点，也就是 0.01 个百分点时，债券价格的变动值。基点价格值是价格变动的绝对值，价格变动的相对值称作价格变动百分比，它是价格变动的绝对值相对于初始价格的百分比，用公式表示就是：价格变动百分比＝基点价格值/初始价格。我们用下面的例子来说明什么是基点价格值。

［例 5-7］ 有 A、B、C 三种债券，每半年付息一次，下一次付息在半年后，相关资料见表 5-6。分别计算它们的基点价格值。

表 5-6

	债券 A	债券 B	债券 C
票面利率	8%	8%	8%
面值（元）	100	100	100
信用评级	Aa	Aa	Aa
到期时间（年）	5	10	15
收益率	8%	8%	8%
价格（元）	100	100	100

解：令收益率上升 1 个基点，即从 8%提高到 8.01%，可以计算出，新的债券价格分别是 99.959 5 元、99.932 1 元、99.913 6 元，价格分别变动−0.040 5 元、−0.067 9 元和−0.086 4 元，基点价格值分别是 0.040 5 元、0.067 9 元和 0.086 4 元。

令收益率下降 1 个基点，从 8%下降到 7.99%，新的债券价格分别是 100.040 6 元、100.068 0 元和 100.086 5 元，价格分别变动 0.040 6 元、0.068 0 元和 0.086 5 元，基点价格值分别是 0.040 6 元、0.068 0 元和 0.086 5 元。

可以看出，收益率上升或下降 1 个基点时的基点价格值是近似相等的。在上一节我们知道，收益率下降引起的价格变动幅度比同等幅度的收益率上升引起的价格变动幅度应该大一些。在这里，由于收益率的变动幅度很小（仅为 1 个基点），收益率上升或下降引起的价格波动是大致相等的。

在确定投资策略时，除了基点价格值以外，投资者还经常计算收益率变化大于 1 个基点时的价格波动。收益率变化任意多个基点时的价格波动值的计算与基点价格值的计算大同小异，我们继续用上例来说明。

[例 5-8] 利用例 5-7 中的条件，分别计算收益率变动 10 个基点和 100 个基点时三种债券的价格波动值。

解：令收益率上升 10 个基点，从 8%提高到 8.1%，可以计算出，新的债券价格分别是 99.595 5 元、99.323 5 元和 99.140 6 元，价格波动值分别是 0.404 5 元、0.676 5 元和 0.859 4 元。

令收益率下降 10 个基点，从 8%下降到 7.9%，新的债券价格分别是 100.406 6 元、100.682 5 元和 100.869 9 元，价格波动值分别是 0.406 6 元、0.682 5 元和 0.869 9 元。

结合上例中基点价格值对应的结果，我们可以总结出一条规律：当收益率变动的幅度较小（例如 10 个基点）时，收益率变动 n 个基点，价格就近似变动基点价格值的 n 倍。由于收益率的变动较小，收益率下降或上升导致的价格波动仍然是大致相等的，价格波动的不对称性可以被忽略。

如果我们继续增大收益率变动的幅度，令收益率上升 100 个基点，从 8%提高到 9%，新的债券价格分别是 96.043 6 元、93.496 0 元和 91.855 6 元，价格波动值分别是 3.956 4 元、6.504 0 元和 8.144 4 元。

再令收益率下降 100 个基点，从 8%下降到 7%，新的债券价格分别是 104.158 3 元、107.106 2 元和 109.196 0 元，价格波动值分别是 4.158 3 元、7.106 2 元和 9.196 0 元。

可以看出，当收益率变动的幅度较大（例如 100 个基点）时，就不能采用前面的近似方法，用基点价格值的 n 倍来估计价格的波动。另外，由于收益率的变动幅度较大，价格波动的不对称性也就表现出来了。收益率下降或上升引起的价格波动是不等的，我们通常会把两者的平均数作为价格波动值。在这个例子中，收益率变化 100 个基点时，三种债券的价格波动值分别为：

债券 A：(3.956 4+4.158 3)/2=4.057 4(元)

债券 B：(6.504 0+7.106 2)/2=6.805 1(元)

债券 C：(8.144 4+9.196 0)/2=8.670 2(元)

[例 5-9] 一个债券组合由例 5-7 中的三种债券组成。其中，投资者持有债券 A

100 张，债券 B 300 张，债券 C 1 000 张。计算该债券组合的基点价格值。

解：这里要求的是债券组合的基点价格值。我们可以根据每张债券的基点价格值，先求出每种债券的基点价格值，继而得到整个债券组合的基点价格值。计算过程见表 5-7。

表 5-7　债券组合基点价格值的计算

	债券 A	债券 B	债券 C
每张债券的基点价格值（元）	0.040 6	0.068 0	0.086 5
持有量（张）	100	300	1 000
每种债券的基点价格值（元）	4.06	20.40	86.50
组合的基点价格值（元）	110.96		

二、价格变化的收益值

价格变化的收益值是度量债券价格波动性的另一种工具，它是债券价格变动一定数量时，对应的收益率变动值。价格变化的收益值越小，意味着价格变动一定数量时，收益率的变动越小；反过来，价格变化的收益值越大，意味着价格变动一定数量时，收益率的变动越大。

［例 5-10］　利用例 5-7 中的资料，如果价格变动 0.125%，分别求出三种债券价格变化的收益值。

解：债券价格上升 0.125%，即从 100 元上升到 100.125 元时，可以求出债券 A、B、C 的收益率分别为 7.969 2%、7.981 6%和 7.985 6%，收益率的变动分别为 −0.030 8%、−0.018 4%和−0.014 4%。

债券价格下降 0.125%，即从 100 元下降到 99.875 元时，新的收益率分别为：8.030 8%、8.018 4%和 8.014 4%，收益率的变动分别为 0.030 8%、0.018 4%和 0.014 4%。

我们可以得出结论：价格变化的收益值分别是 0.030 8%、0.018 4%和 0.014 4%。债券 A 的基点价格值最小，价格变化的收益值却最大；债券 C 的基点价格值最大，价格变化的收益值反而最小。

第四节　价格波动性的衡量Ⅱ：久期和凸性

一、久期

（一）久期的定义

收益率变化会导致债券价格变化，我们可以利用久期来衡量债券价格的收益率敏感性。久期就是价格变化的百分比除以收益率变化的百分比。[①]

$$D=-(\Delta P/P)/[\Delta(1+y)/(1+y)]=-(\Delta P/P)/[\Delta y/(1+y)] \tag{5.1}$$

① 久期实际上是价格的利率弹性。

式中：P——债券的初始价格；

ΔP——债券价格变化值；

y——初始收益率；

$\Delta(1+y)$（或 Δy）[①] ——收益率变化值。

之所以加负号，是因为债券价格与收益率的变化方向相反。重新整理式（5.1），可以得到如下关系式：

$$\Delta P/P = [-D/(1+y)] \times \Delta y \tag{5.2}$$

因此，如果知道某个债券的久期，就可以根据式（5.2）计算一定的收益率变化百分比导致的价格变化百分比。定义 $D/(1+y)$ 为修正久期，用 D^* 表示，那么，式（5.2）可以转换为 $\Delta P/P = -D^* \times \Delta y$。

如何计算债券的久期呢？根据久期的定义，可以将债券价格对收益率求导。下面我们计算最普通的附息债券的久期，即该债券没有附加任何期权，每期期末按照固定票面利率和面值的乘积支付利息，到期还本。由第三章的论述可知，该普通债券的价格和收益率关系可以由式（5.3）表示：

$$P = \sum_{t=1}^{T} \frac{CF_t}{(1+y)^t} \tag{5.3}$$

式中：P——债券价格；

T——期数；

CF_t——每期现金流（包括利息和本金）；

y——债券的收益率。

在式（5.3）中求价格 P 对收益率 y 的导数，经过整理可得式（5.4）[②]：

$$\mathrm{d}P/\mathrm{d}y = -\frac{1}{1+y}\sum_{t=1}^{T} \frac{tCF_t}{(1+y)^t} \tag{5.4}$$

将式（5.4）两边同除以 P，可以得到式（5.5）：

$$(\mathrm{d}P/\mathrm{d}y)(1/P) = -\frac{1}{1+y}\left[\sum_{t=1}^{T} \frac{tCF_t}{(1+y)^t}(1/P)\right] \tag{5.5}$$

比较式（5.2）和式（5.5）可以发现，式（5.5）右边中括号内的项就是久期，它衡量了债券价格对收益率的敏感性。

对于普通债券而言，久期就可以通过式（5.6）计算：

$$D = (1/P)\sum_{t=1}^{T} \frac{tCF_t}{(1+y)^t} \tag{5.6}$$

美国经济学家弗雷德里克·麦考利（Frederick MaCaulay）首先将式（5.6）称为久期，久期因此也被称为麦考利久期。可以看出，普通债券的久期是债券现金流时间的加权平均，其权重是每笔现金流现值占现金流现值总和（即债券价格）的比例。在第二节，我们曾指出债券的到期时间与价格的利率敏感性具有相关性。但是，用到期时间长短作为价格的利率敏感性大小的测量指标是不完善的，久期——债券现金流（即每期息

① $\Delta(1+y)$ 与 Δy 相等。

② $\mathrm{d}P$ 与 ΔP 是等价的，$\mathrm{d}y$ 与 Δy 是等价的。

票支付和到期本金支付）的平均到期时间，才是衡量普通债券利率敏感性的准确指标。

我们可以说普通债券的久期是债券的有效到期时间，它是收到每一笔支付的时间的加权平均，权重与支付的现值成比例。一般来说，除了零息债券外，债券的久期比到期时间短一些。零息债券的久期与它的到期时间相等。但对于某些特殊债券，久期可能会比到期时间更长。要记住，久期是衡量债券价格的利率敏感性的指标，某些附加期权的债券价格的利率敏感性很强，即利率的微小变化会引起债券价格的大幅变化，这些债券的久期有可能超过债券本身的期限。

最后需要强调的是，从本质上看，久期就是衡量债券价格的利率敏感性的指标，而不是一种期限。因为普通债券的久期等于所有现金流到期时间的加权平均数，所以很多人误以为久期是一种期限。对于一些特殊债券而言，久期就不等于未来现金流到期时间的加权平均数了。

（二）如何计算普通债券的久期

可以通过下面的公式计算普通债券的久期 D：

$$D=\frac{\sum_{t=1}^{T}\frac{tCF_t}{(1+y)^t}}{\sum_{t=1}^{T}\frac{CF_t}{(1+y)^t}}$$

式中：t——现金流发生的时间；

CF_t——第 t 期的现金流；

y——每期的到期收益率；

T——距到期日的期数。

上式的分母是按到期收益率贴现的债券现金流现值，也就是债券的市场价格 P。令

$$W_t=\frac{\frac{CF_t}{(1+y)^t}}{P}$$

其中，

$$P=\sum_{t=1}^{T}\frac{CF_t}{(1+y)^t}$$

那么，

$$D=\sum_{t=1}^{N}t\times W_t$$

W_t是现金流时间的权重，是第 t 期现金流的现值占债券价格的比重。权重之和等于 1，因为按到期收益率贴现的现金流之和就等于债券的价格。应当注意，从上式中求出的久期是以期数为单位的，我们还要把它除以每年付息的次数，转化成以年为单位的久期。

［**例 5－11**］ 面值为 100 元、票面利率为 8%的 3 年期债券，半年付息一次，下一次付息在半年后。如果到期收益率为 10%，计算它的久期。

解：该债券的久期是 5.435 1 个半年，也就是 5.435 1/2=2.717 6（年），计算过程见表 5－8。

表 5-8　息票债券久期的计算

时间（期数）	现金流（元）	现金流的现值（元）	权重	时间×权重
1	4	3.809 5	0.040 1	0.040 1
2	4	3.628 1	0.038 2	0.076 4
3	4	3.455 4	0.036 4	0.109 2
4	4	3.290 8	0.034 7	0.138 8
5	4	3.134 1	0.033 0	0.165 0
6	104	77.606 4	0.817 6	4.905 6
总计		94.924 3	1	5.435 1

［例 5-12］ 有一种面值为 100 元的 3 年期零息债券，如果到期收益率为 10%，计算它的久期。

解： 该债券的久期是 6 个半年，即 3 年，计算过程见表 5-9。

表 5-9　零息债券久期的计算

时间（期数）	现金流（元）	现金流的现值（元）	权重	时间×权重
1～5	0	0	0	0
6	100	74.621 5	1	6
总计		74.621 5	1	6

可见，零息债券的久期就等于它的到期时间。这是因为零息债券只有一次支付，并且发生在到期日，因此，支付的加权平均时间就是到期时间。

根据年金的计算方法，再加以数学推导，我们可以简化久期的计算公式（用 F 表示面值，P 表示债券价格，c 表示每期票面利率，y 表示每期到期收益率，T 表示距到期日的期数）：

$$\text{息票债券的久期}=\frac{1+y}{y}-\frac{(1+y)+T(c-y)}{c[(1+y)^T-1]+y}$$

推导过程如下：

根据定义：

$$D=\frac{\sum_{t=1}^{T}\frac{tCF_t}{(1+y)^t}}{\sum_{t=1}^{T}\frac{CF_t}{(1+y)^t}}=\frac{\sum_{t=1}^{T}\frac{tFc}{(1+y)^t}}{P}+\frac{\frac{TF}{(1+y)^T}}{P}=\frac{Fc}{P}\sum_{t=1}^{T}\frac{t}{(1+y)^t}+\frac{TF}{P}\cdot\frac{1}{(1+y)^T}$$

令

$$S=\sum_{t=1}^{T}\frac{t}{(1+y)^t}=\frac{1}{1+y}+\frac{2}{(1+y)^2}+\frac{3}{(1+y)^3}+\cdots+\frac{T}{(1+y)^T}\tag{5.7}$$

两边同时乘以 $\frac{1}{1+y}$，得

$$\frac{1}{1+y}S=\frac{1}{(1+y)^2}+\frac{2}{(1+y)^3}+\frac{3}{(1+y)^4}+\cdots+\frac{T-1}{(1+y)^T}+\frac{T}{(1+y)^{T+1}} \tag{5.8}$$

式（5.7）－式（5.8），得

$$\left(1-\frac{1}{1+y}\right)S=\frac{y}{1+y}S=\frac{1}{1+y}+\frac{1}{(1+y)^2}+\frac{1}{(1+y)^3}+\cdots+\frac{1}{(1+y)^T}-\frac{T}{(1+y)^{T+1}} \tag{5.9}$$

因为

$$\begin{aligned}P&=\frac{Fc}{1+y}+\frac{Fc}{(1+y)^2}+\frac{Fc}{(1+y)^3}+\cdots+\frac{Fc}{(1+y)^T}+\frac{F}{(1+y)^T}\\&=Fc\left[\frac{1}{1+y}+\frac{1}{(1+y)^2}+\frac{1}{(1+y)^3}+\cdots+\frac{1}{(1+y)^T}\right]+\frac{F}{(1+y)^T}\end{aligned} \tag{5.10}$$

所以

$$\frac{1}{1+y}+\frac{1}{(1+y)^2}+\frac{1}{(1+y)^3}+\cdots+\frac{1}{(1+y)^T}=\frac{P-\dfrac{F}{(1+y)^T}}{Fc}=\frac{P}{Fc}-\frac{1}{c(1+y)^T}$$

代入式（5.9），得

$$\frac{y}{1+y}S=\frac{P}{Fc}-\frac{1}{c\,(1+y)^T}-\frac{T}{(1+y)^{T+1}}$$

从而求得

$$S=\frac{1+y}{y}\left[\frac{P}{Fc}-\frac{1+y}{yc(1+y)^T}-\frac{T}{y(1+y)^T}\right]$$

代入式（5.6），得

$$\begin{aligned}D&=\frac{1+y}{y}-\frac{F(1+y)}{Py(1+y)^T}-\frac{TFc}{Py(1+y)^T}+\frac{TF}{P(1+y)^T}\\&=\frac{1+y}{y}-\frac{F(1+y)+TFc-TFy}{Py(1+y)^T}\end{aligned} \tag{5.11}$$

又由式（5.10），得

$$\begin{aligned}P&=Fc\left[\frac{1}{1+y}+\frac{1}{(1+y)^2}+\frac{1}{(1+y)^3}+\cdots+\frac{1}{(1+y)^T}\right]+\frac{F}{(1+y)^T}\\&=Fc\,\frac{\dfrac{1}{1+y}\left[1-\left(\dfrac{1}{1+y}\right)^T\right]}{1-\dfrac{1}{1+y}}+\frac{F}{(1+y)^T}=Fc\,\frac{\left[1-\left(\dfrac{1}{1+y}\right)^T\right]}{y}+\frac{F}{(1+y)^T}\end{aligned}$$

整理得

$$Py(1+y)^T=cF[(1+y)^T-1]+Fy$$

代入式（5.11），即得到化简后的久期计算公式：

$$D=\frac{1+y}{y}-\frac{(1+y)+T(c-y)}{c[(1+y)^T-1]+y} \tag{5.12}$$

在例 5－11 中利用化简后的久期计算公式，我们可以重新计算该债券的久期：

$$D=\frac{1+5\%}{5\%}-\frac{(1+5\%)+6\times(4\%-5\%)}{4\%\times[(1+5\%)^6-1]+5\%}=5.4349\text{（半年）}$$

也就是 2.717 5 年，这与前面的结果是近似相等的，存在的微小差异来源于保留小数点位数时的四舍五入。

下面看几种特殊的情况，将每种情况的特殊条件代入式（5.12），即可推导出其各自的久期公式。

（1）当息票债券平价出售时，到期收益率与票面利率相等（$y=c$），上面的久期公式可以进一步化简为：

$$\text{平价出售的息票债券的久期}=\frac{1+y}{y}-\frac{1+y}{y(1+y)^T}$$

例如，假设例 5-11 中的债券平价出售，到期收益率为 8%，它的久期等于：

$$\frac{1+4\%}{4\%\times\left[1-\frac{1}{(1+4\%)^6}\right]}=5.4518\text{（半年）}$$

即为 2.725 9 年。

（2）年金的久期。固定期限年金的久期公式化简为：

$$\text{固定期限年金的久期}=\frac{1+y}{y}-\frac{T}{(1+y)^T-1}$$

式中：y——到期收益率；

T——年金的期限数。

例如，假设例 5-11 中的债券没有本金偿还，是一笔 3 年期的每半年支付一次的普通年金。它的久期等于：

$$\frac{1+5\%}{5\%}-\frac{6}{(1+5\%)^6-1}=3.3579\text{（半年）}$$

即为 1.679 0 年。

（3）当年金到期时间 T 趋近于无穷时，可以得到永续年金的久期计算公式：

$$\text{永续年金的久期}=\frac{1+y}{y}$$

永续年金的久期与它的到期时间相差很大。例如，到期收益率为 10%、半年付息一次的永续年金的久期等于（1+5%)/5%=21（半年），即 10.5 年，而它的到期时间是无穷大。一般来说，随着到期时间的延长，债券的久期也就逐渐趋近于到期收益率相同的永续年金的久期。

（三）久期的规则

票面利率、到期时间、到期收益率是影响债券价格的利率敏感性的三个重要因素，它们与久期之间的关系也表现出一些规律。

（1）保持其他因素不变，票面利率越低，息票债券的久期越长。呈现这种规律的原因在于：票面利率越高，早期现金流的现值越大，占债券价格的权重越大，时间的加权平均值越小，久期越短。所以，零息债券的久期比其他条件相同的息票债券要长。我们知道，票面利率越低，债券价格的利率敏感性越强，而久期是对利率敏感性的度量，这与票面利率越低、久期越长是一致的。

（2）保持其他因素不变，到期收益率越低，息票债券的久期越长。对于这种规律的解释是：到期收益率越低，后期的现金流现值越大，在债券价格中所占的比重也越大，时间的加权平均值越大，久期越长。我们已经分析过，初始收益率水平越低，债券价格的利率敏感性越强，这与债券的到期收益率越低，久期越长也是一致的。当然，对于零息债券，它的久期始终等于到期时间，不受到期收益率大小的影响。

（3）一般来说，在其他因素不变的情况下，到期时间越长，久期越长。债券的到期时间越长，价格的利率敏感性越强，这与债券的到期时间越长，久期越长是一致的。但是，久期并不一定总随着到期时间的增长而增长。对于某些收益率很高的债券，久期可能会随着到期时间的增长而缩短。而且，息票债券久期的增长速度比到期时间的增长速度慢一些。也就是说，到期时间增长 1 年时，久期的增长小于 1 年。当然，对于零息债券来说，久期等于到期时间，到期时间增长 1 年，久期也增长 1 年。

（四）浮动利率债券的久期

下面考察一种特殊的债券——浮动利率债券——的久期。从第三章对浮动利率债券定价的介绍可知，在每个利息支付日（即刚刚支付完利息），浮动利率债券的价值都等于面值。而在下一个利息支付日，浮动利率债券的价值则等于面值加上利息。所以，这种每隔一定时间重新设定票面利率的浮动利率债券完全等同于零息债券，该零息债券的期限则等于重新设定票面利率所经历的期限。例如，每年重新设定票面利率的债券就等同于期限为 1 年的零息债券。因此，浮动利率债券的久期就等于重新设定票面利率的期限。如果浮动利率的票面利率是每年重新设定一次，那么不论这种浮动利率债券本身的期限有多长，该浮动利率债券的久期都等于 1 年。

（五）关键利率久期

1. 定义

在利率期限结构中，某些关键期限利率是债券市场十分重要的利率，对金融市场交易者的心理影响也是至关重要的，例如 1 年期利率、5 年期利率和 10 年期利率。关键利率久期（key rate duration）正是以这些关键期限利率为基础，衡量固定收益证券价格对利率的敏感性的指标。具体来说，它衡量的是关键期限利率发生变化时债券价格的敏感性。关键利率久期的处理方法不是真正的期限结构模型。在期限结构模型中，整个时间内没有完全特定的利率变化规律，也就是说，它并不是一个定价模型。

2. 计算步骤

第一步：选择数个关键的利率或利率因子。为了说明方便，我们仅考虑三种关键利率：6 个月期、10 年期与 30 年期利率。

第二步：设定其他利率如何随着关键利率的变动而变动。若直接采用期限结构模型，会相当复杂，因为必须考虑各种利率与波动率之间的相互关系。而关键利率久期在这方面比较单纯，仅假定关键利率与其他利率之间保持简单的线性关系。假定关键利率对其他利率的影响线性下降，这种影响到达邻近的关键利率时为 0。

举例来说，假定 10 年期利率上升 10 个基点（0.1%）。因为 10 年期利率与右侧的 30 年期关键利率在时间上相隔 20 年，所以当 10 年期利率发生变动时，对右侧利率的影响将以每年 10/20=0.5 个基点的速度下降。因此，当 10 年期利率上升 10 个基点时，

11 年期利率将上升 9.5 个基点，12 年期利率将上升 10－2×0.5＝9 个基点，依此类推。30 年期利率不受影响，因为 10－20×0.5＝0。另外，因为 10 年期利率右侧的下一个关键利率是 30 年期利率，所以 30 年期以上的利率将不受影响。当然，上述计算也能够以 6 个月为单位期间；换言之，10 年期利率上升 10 个基点时，它对右侧利率的影响是每半年 10/40＝0.25 个基点。

当 10 年期利率发生变动时，这也会影响 10 年期以下的利率。因为 10 年期关键利率与左侧的 6 个月期关键利率相隔 10－0.5＝9.5 年，所以 10 年期利率上升 10 个基点的影响，将以每年 10/9.5＝1.052 6 个基点的速度下降。因此，当 10 年期利率上升 10 个基点时，9 年期利率上升 10－1.052 6＝8.947 4 个基点，8.5 年期利率上升 10－1.5×1.052 6＝8.421 1 个基点，依此类推。

当 6 个月期与 30 年期的关键利率发生变动时，其影响也是以相同的方法计算。可是，根据我们的假设，这两个利率分别是最左侧与最右侧的关键利率，所以当 6 个月期利率变动时，它仅会影响其右侧的利率，而且影响到达下一个关键利率（10 年期利率）时为零。同理，当 30 年期利率变动时，它仅会影响其左侧的利率，而且影响到达 10 年期利率时为零。图 5－8 分别列示了这三种关键利率上升 10 个基点时，对其邻近利率所造成的影响。斜线部分代表邻近利率上升的基点。这些变动加上原来的水平，才是变动之后的利率。

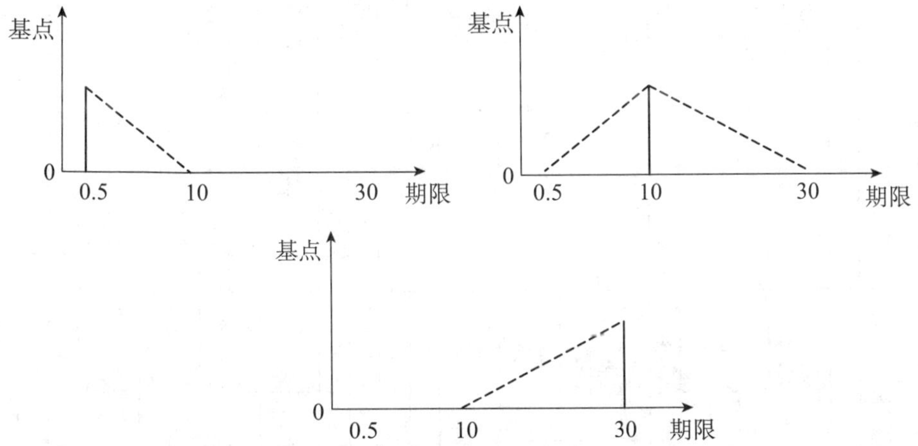

图 5－8 关键利率久期：利率期限结构的假设

表 5－10 是在单纯的假设下说明关键利率久期的计算方法。假设一种债券的票面利率为 6.5%，面值为 100 美元，期限为 30 年，关键利率假定为 6 个月期、10 年期和 30 年期利率。表中第一栏是该债券现金流发生的期限（以年数表示）。第二栏是最初的即期利率曲线。第三栏是债券现金流根据最初的利率期限结构所计算的现值。第三栏数据的总和即债券当时的价格，大约是 100.718 0 美元。

第四栏是新的即期利率曲线，它们是 6 个月期关键利率上升 10 个基点之后的新利率期限结构。要注意的是，6 个月期与 10 年期之间的利率上升幅度都小于 10 个基点，利率上升的幅度对 6 个月期之后的利率的影响是线性下降的，止于 10 年期利率。

表 5-10 息票债券关键利率久期的计算

票面利率=0.065								
到期期限=30年								
价格（美元）		100.718 0		100.632 6		100.248 0		99.994 6
关键利率久期（年）				0.848		4.666		7.182 2
期限（年）	即期利率曲线	现值（美元）	6个月期关键利率变动	现值（美元）	10年期关键利率变动	现值（美元）	30年期关键利率变动	现值（美元）
0.5	3.949 703%	3.187 1	4.049 703%	3.185 5	3.949 703%	3.187 1	4.949 703%	3.187 1
1	4.119 650%	3.120 1	4.214 387%	3.117 2	4.124 913%	3.120 0	4.119 650%	3.120 1
1.5	4.385 251%	3.049 7	4.374 725%	3.045 7	4.295 777%	3.049 3	4.385 252%	3.049 7
2	4.446 382%	2.976 4	4.530 593%	2.971 5	4.462 172%	2.975 4	4.446 383%	2.976 4
2.5	4.602 845%	2.900 5	4.681 792%	2.894 9	4.628 980%	2.899 0	4.602 846%	2.005 0
3	4.754 365%	2.822 7	4.828 049%	2.811 6	4.780 681%	2.820 5	4.754 365%	2.822 7
3.5	4.900 582%	2.743 4	4.969 003%	2.737 0	4.932 161%	2.740 5	4.900 583%	2.743 4
4	5.041 048%	2.663 2	5.104 205%	2.656 6	5.077 890%	2.659 3	5.041 047%	2.663 2
4.5	5.175 213%	2.582 4	5.233 108%	2.575 9	5.217 318%	2.577 7	5.175 213%	2.582 4
5	5.302 425%	2.501 7	5.355 058%	2.495 3	5.349 793%	2.496 0	5.302 426%	2.501 7
5.5	5.421 919%	2.421 6	5.469 286%	2.415 4	5.474 550%	2.414 8	5.421 919%	2.421 6
6	5.532 801%	2.342 4	5.574 906%	2.336 7	5.590 696%	2.334 5	5.532 801%	2.342 4
6.5	5.340 520%	2.648 0	5.678 950%	2.596 0	5.697 210%	2.558 0	5.340 520%	2.648 0
7	5.725 247%	2.189 2	5.756 825%	2.184 5	5.793 668%	2.179 0	5.725 247%	2.189 2
7.5	5.807 979%	2.115 4	5.834 295%	2.111 4	5.881 663%	2.104 1	5.807 978%	2.115 4
8	5.883 825%	2.043 7	5.904 878%	2.040 3	5.962 772%	2.031 2	5.883 825%	2.043 7
8.5	5.953 988%	1.973 8	5.969 777%	1.971 2	6.038 199%	1.960 1	5.953 988%	1.973 8
9	6.019 395%	1.905 8	6.029 920%	1.904 0	6.108 868%	1.891 0	6.019 394%	1.905 8
9.5	6.080 771%	1.839 7	6.086 034%	1.838 8	6.175 508%	1.823 7	6.080 771%	1.839 7
10	6.138 694%	1.775 4	6.138 694%	1.775 4	6.238 694%	1.758 2	6.138 694%	1.775 4
10.5	6.136 260%	1.712 9	6.193 625%	1.712 9	6.291 125%	1.690 0	6.196 125%	1.712 5
11	6.245 932%	1.652 2	6.245 932%	1.652 2	6.340 932%	1.635 6	6.250 932%	1.651 3
11.5	6.295 914%	1.593 3	6.295 914%	1.539 9	6.388 414%	1.576 9	6.303 414%	1.591 9
12	6.343 814%	1.536 1	6.343 814%	1.536 1	6.433 814%	1.520 1	6.353 814%	1.534 3
12.5	6.389 829%	1.480 6	6.389 829%	1.480 6	6.477 329%	1.465 0	6.402 329%	1.478 3
13	6.434 115%	1.426 7	6.434 115%	1.426 7	6.519 115%	1.411 6	6.449 115%	1.424 0
13.5	6.476 800%	1.374 6	6.434 115%	1.374 6	6.559 300%	1.359 8	6.494 300%	1.371 4
14	6.517 956%	1.324 0	6.517 956%	1.324 0	6.597 956%	1.309 8	6.537 956%	1.320 5

续表

期限（年）	即期利率曲线	现值（美元）	6 个月期关键利率变动	现值（美元）	10 年期关键利率变动	现值（美元）	30 年期关键利率变动	现值（美元）
14.5	6.557 599%	1.275 1	6.557 599%	1.275 1	6.635 099%	1.261 3	6.580 099%	1.271 1
15	6.595 721%	1.227 8	6.595 721%	1.227 8	6.670 721%	1.214 5	6.620 721%	1.223 4
15.5	6.632 292%	1.182 1	6.632 292%	1.182 1	6.704 792%	1.169 4	6.659 792%	1.177 3
16	6.667 270%	1.138 0	6.667 270%	1.125 8	6.697 270%	1.132 7	6.688 235%	1.123 0
16.5	6.700 590%	1.095 5	6.700 590%	1.095 5	6.768 090%	1.083 7	6.733 090%	1.089 8
17	6.732 175%	1.054 5	6.732 175%	1.054 5	6.797 175%	1.043 2	6.767 175%	1.048 4
17.5	6.761 929%	1.015 0	6.761 929%	1.015 0	6.824 429%	1.004 3	6.799 429%	1.008 6
18	6.789 743%	0.977 1	6.789 743%	0.977 1	6.849 743%	0.966 9	6.829 743%	0.970 3
18.5	6.815 493%	0.940 6	6.815 493%	0.940 6	6.872 993%	0.931 0	6.857 993%	0.933 5
19	6.839 054%	0.905 7	6.839 093%	0.905 7	6.894 039%	0.896 6	6.884 039%	0.898 3
19.5	6.860 227%	0.873 2	6.860 227%	0.872 3	6.912 720%	0.863 7	6.907 720%	0.864 5
20	6.878 891%	0.843 0	6.878 891%	0.840 3	6.928 891%	0.832 2	6.928 891%	0.832 2
20.5	6.894 851%	0.809 8	6.894 851%	0.809 8	6.942 351%	0.832 2	6.928 891%	0.832 2
21	6.907 916%	0.780 7	6.907 916%	0.780 7	6.952 916%	0.773 6	6.962 916%	0.772 1
21.5	6.917 930%	0.753 1	6.917 937%	0.753 1	6.960 437%	0.746 5	6.975 437%	0.744 2
22	6.924 810%	0.726 9	6.924 810%	0.726 9	6.964 810%	0.720 7	6.984 810%	0.717 6
22.5	6.928 427%	0.702 0	6.928 427%	0.702 0	6.965 927%	0.696 3	6.990 927%	0.692 5
23	6.928 684%	0.678 4	6.928 688%	0.678 4	6.963 684%	0.673 2	6.993 684%	0.668 7
23.5	6.925 474%	0.656 2	6.925 474%	0.656 2	6.957 974%	0.651 4	6.992 974%	0.646 2
24	6.918 696%	0.635 2	6.918 960%	0.635 2	6.948 696%	0.630 8	6.988 696%	0.625 0
24.5	6.908 254%	0.615 5	6.908 254%	0.615 5	6.935 754%	0.611 5	6.980 754%	0.605 0
25	6.894 060%	0.597 0	6.894 060%	0.615 5	6.935 754%	0.611 5	6.980 754%	0.605 0
25.5	6.876 033%	0.579 7	6.876 033%	0.579 7	6.898 533%	0.576 5	6.953 533%	0.568 7
26	6.854 109%	0.563 5	6.854 109%	0.563 5	6.874 109%	0.560 7	6.934 109%	0.552 3
26.5	6.828 236%	0.548 5	6.828 236%	0.548 5	6.845 736%	0.546 0	6.910 736%	0.537 0
27	6.798 378%	0.534 5	6.798 378%	0.534 5	6.813 378%	0.532 4	6.883 378%	0.522 8
27.5	6.764 519%	0.521 6	6.764 519%	0.521 6	6.777 019%	0.519 9	6.852 019%	0.509 6
28	6.726 663%	0.509 8	6.726 663%	0.509 8	6.736 663%	0.508 4	6.816 663%	0.497 5
28.5	6.684 838%	0.498 9	6.684 838%	0.498 9	6.692 338%	0.497 9	6.777 338%	0.486 3
29	6.639 091%	0.489 0	6.639 091%	0.489 0	6.644 091%	0.488 4	6.734 091%	0.476 1
29.5	6.589 498%	0.480 0	6.589 498%	0.480 0	6.591 998%	0.479 7	6.686 998%	0.466 8
30	6.536 155%	14.994 2	6.536 155%	14.994 2	6.536 155%	14.994 2	6.636 155%	14.565 0

举例来说，1 年期利率大约上升 9.5 个基点，而 9 年期利率的上升幅度稍大于 1 个基点。10 年期或以上的利率不受影响，因为 10 年期利率是关键利率。

第五栏是债券现金流量根据第四栏的利率期限结构所计算的现值，该栏的总和代表新的债券价格 100.632 6 美元。换言之，如果 6 个月期关键利率上升 10 个基点，而其他关键利率维持不变，则债券价格将由 100.718 0 美元下跌至 100.632 6 美元。所以，根据估计，6 个月期关键利率久期为：

$$-\frac{\frac{100.6326-100.7180}{100.7180}}{0.001}=0.848\ (\text{年})$$

上述步骤可以重复运用于其他关键利率。假定 10 年期利率上升 10 个基点，这将影响 6 个月期至 30 年期的利率。然后，根据新的债券价格 100.248 0 美元，计算 10 年期关键利率久期：

$$-\frac{\frac{100.2480-100.7180}{100.7180}}{0.001}=4.666\ (\text{年})$$

这里要强调一点，新价格永远是与最初的价格 100.718 0 美元比较，因为这样才可以衡量单一关键利率变动所造成的价格变动。最后，我们也能够用相同的步骤来考虑 30 年期关键利率的变动，它会影响 10 年期以上的利率，而 30 年期关键利率久期是 7.182 2 年。

正如我们所预期的，因为息票债券的价值主要是取决于到期的本金，所以 30 年期关键利率久期相对大于另外两个。换言之，息票债券价格受短期利率的影响最小，受长期利率的影响最大，而中期利率的影响居中。

从观念上而言，各期关键利率久期的总和相当于修正久期，因为如果所有关键利率都变动 10 个基点，那么这相当于平行移动。我们可以根据表 5 - 10 的 5 年期利率变动来说明这一点。当 6 个月期、10 年期与 30 年期的关键利率同时上升 10 个基点时，5 年期利率所受到的影响分别是上升 5.26 个基点、4.74 个基点与 0 个基点。所以，如果所有关键利率同时上升 10 个基点，那么 5 年期利率也上升 10 个基点，因为 5.26＋4.74＋0＝10。这个论证也适用于其他期限的利率，读者可以自行验证。

关键利率久期的总和并不会恰巧等于修正久期，因为关键利率久期是以最初的利率期限结构作为起点的，而修正久期是假定水平状的利率期限结构。可是，关键利率久期的总和相当于修正久期，这个观念上的判断相当有用。关键利率久期可以被视为修正久期的构成分子，它们分别代表证券价格对于收益率曲线上各部分利率的敏感程度。以上述息票债券为例，它的修正久期大约是 12.70 年，这可以分为三个部分：短期利率的风险为 0.848 年，中期利率的风险为 4.666 年，长期利率的风险为 7.182 年。这对于避险或资产负债管理有特殊的意义，我们不应该直接比较两个头寸的修正久期，而应该比较收益率曲线上各个位置的风险程度。

由于关键利率久期是利率期间的函数，因此以柱状图的方式来表示将有助于了解证券价格对于收益率曲线形状变动的敏感性。以图 5 - 9 为例，它分析的是一种 30 年期不可提前清偿的抵押贷款支持证券（non-prepayable MBS），所采用的关键利率有五种：6

个月期、5 年期、10 年期、20 年期与 30 年期利率。

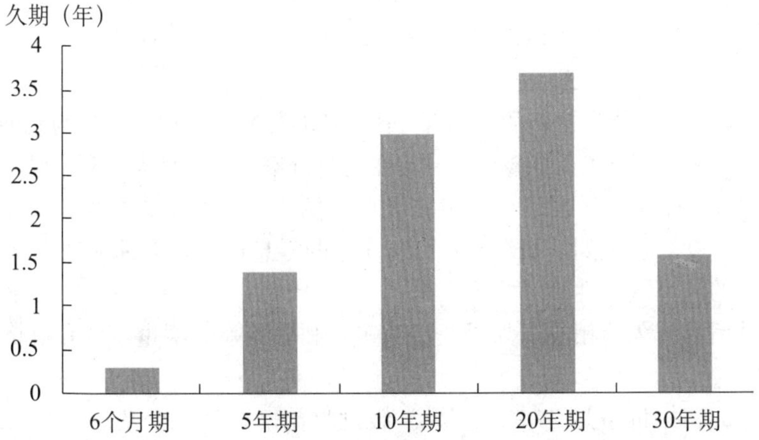

图 5-9　不可提前清偿的贷款 MBS 的关键利率久期

由图 5-9 可以看出，当关键利率的期限增加时，价格敏感性最初随之增强，但稍后则减弱。

关键利率久期最初会呈现上升状态，这是因为较长期的现金流量，其久期大于较短期的现金流量。当 5 年期关键利率变动时，5 年期附近的利率水平与久期所受到的影响最大；当 10 年期关键利率变动时，10 年期附近的利率水平与久期所受到的影响最大。所以，就利率变动的价格敏感性来说，10 年期利率大于 5 年期利率。另外，定额付款的抵押贷款支持证券，其每期的现金流量都相等，期限越长，现金流量的现值越低。因此，越长期的付款，其久期虽然越大，但它在整体债券价值中所占的比例越低。这可以解释为什么 30 年期关键利率久期小于 10 年期关键利率久期与 20 年期关键利率久期。第 30 年付款本身的久期确实大于较早期的付款，但它们对于整体债券价值的贡献远小于较早期的付款，所以 30 年期关键利率变动对债券价值的影响小于 10 年期关键利率变动与 20 年期关键利率变动。

即使抵押贷款支持证券是长期债券，它们受到中期利率的影响程度也经常超过长期利率。图 5-9 可以解释其中的缘故。在分析这类问题时，关键利率久期的柱状图非常有用。

二、久期与价格波动的关系

我们已经知道，债券的到期时间与价格的利率敏感性是相关的。与到期时间相比，久期能更准确地衡量债券价格的利率敏感性，是对债券利率风险程度的测量，是规避资产组合利率风险的重要工具。如果两种债券到期时间相同，但票面利率不同，那么它们的价格对于利率变动的反应程度是不相同的。然而，如果两种债券的久期相等，那么即使票面利率不同，它们价格的利率敏感性也是相同的。这是因为久期不仅考虑了到期时间长短不同对利率敏感性的影响，还包含了票面利率这一影响利率敏感性的重要因素。所以，只有对于不存在息票支付的零息债券，到期时间才能准确衡量利率敏感性，因为这时到期时间与久期正好相等。用一句话来概括就是，债券价格波动与久期成比例，而不是与到期时间成比例。前面的式（5.2）清楚地表达了价格波动与久期的关系：

$$\Delta P/P=[-D/(1+y)]\times\Delta y$$

定义 $D/(1+y)$ 为修正久期，用 D^* 表示，那么式（5.2）可以转换为式（5.13）：

$$\Delta P/P=-D^*\times\Delta y \tag{5.13}$$

式（5.13）表明，债券价格的变动百分比（相对数）等于修正久期与到期收益率变动值（绝对数）的乘积。修正久期越大，利率变动时价格的波动越大，利率风险就越大。

［例 5－13］ 有一种息票债券，相关资料如例 5－11 所示，久期是 2.717 6 年。还有一种面值为 100 元、距到期日还有 2.717 6 年的零息债券，它的久期也是 2.717 6 年。比较两者价格的利率敏感性。

解： 两种债券的久期相等，如果久期确实是利率风险的度量，两者价格的利率敏感性应当相等。

息票债券的初始价格是 94.924 3 元。假设收益率上升 1 个基点，即从 10%上升到 10.01%，息票债券对应的新价格为 94.899 7 元，基点价格值为 0.024 6 元，价格变动百分比是－0.025 9%。零息债券的初始价格为 $100/(1+5\%)^{2.7176\times2}=76.7065$（元），新价格为 $100/(1+5.005\%)^{2.7176\times2}=76.6866$（元），基点价格值为 0.019 9 元，价格变动百分比同样是－0.025 9%。

我们也可以直接运用公式 $\Delta P/P\approx-D^*\times\Delta y$ 来求价格变动百分比，结论同上。需要注意的是，由于我们使用的是半年期利率，久期也应当以半年为单位，为 5.435 2 个半年，修正久期等于 5.435 2/(1+5%)=5.176 4（半年）。于是，$\Delta P/P\approx-D^*\times\Delta y=-5.1764\times0.005\%=-0.0259\%$。

［例 5－14］ 利用久期与价格波动的关系，重新计算收益率变动 1 个基点、100 个基点时，例 5－7 中债券 A 的价格波动。

解： 已知债券 A 的面值为 100 元，票面利率为 8%，到期时间为 5 年，收益率为 8%。利用平价债券久期的简化计算公式：

$$D=[(1+4\%)/4\%]\times[1-1/(1+4\%)^{10}]=8.4353\text{（半年）}$$

修正的久期为 8.435 3/(1+0.04)=8.110 9（半年）。

当收益率上升 1 个基点，从 8%提高到 8.01%时，

$$\Delta P/P\approx-8.1109\times0.005\%=-0.0406\%$$

当收益率下降 1 个基点，从 8%下降到 7.99%时，

$$\Delta P/P\approx-8.1109\times(-0.005\%)=0.0406\%$$

在例 5－7 中我们算出价格的实际波动百分比分别为－0.040 5%和 0.040 6%，与利用久期计算出的结果是基本一致的。

如果收益率变动的幅度变大，例如上升 100 个基点，从 8%提高到 9%，那么，

$$\Delta P/P\approx-8.1109\times0.5\%=-4.0555\%$$

当收益率下降 100 个基点，从 8%下降到 7%时，

$$\Delta P/P\approx-8.1109\times(-0.5\%)=4.0555\%$$

而我们在例 5－8 中计算出来的价格的实际变动百分比分别是－3.956 4%和 4.158 3%，利用久期计算出的结果存在较大的误差。

可见，当收益率变动较小时，用修正久期估计的价格波动百分比是比较准确的，而当收益率的变动越来越大时，这种估计的误差也越来越大。另外，这种估计也不能体现价格波动的不对称性。不论收益率上升还是下降，用修正久期计算出来的价格波动百分比大小都是相同的。而实际情况是，收益率下降时价格上升的幅度比收益率上升时价格下降的幅度大。为什么利用久期估计会出现这些误差？用修正久期估计价格波动时，我们认为 $\Delta P/P \approx -D^* \times \Delta y$，这表明债券价格的变动百分比与收益率的变动值成正比，将价格变动百分比相对于收益率变动值的函数绘成图形后，应当是一条直线，它的斜率就等于 $-D^*$。但是，事实上价格与收益率之间的关系并不是线性的，在图中应当表现为一条凸的曲线，这就造成了久期估计的误差。我们用图 5-10 来说明。

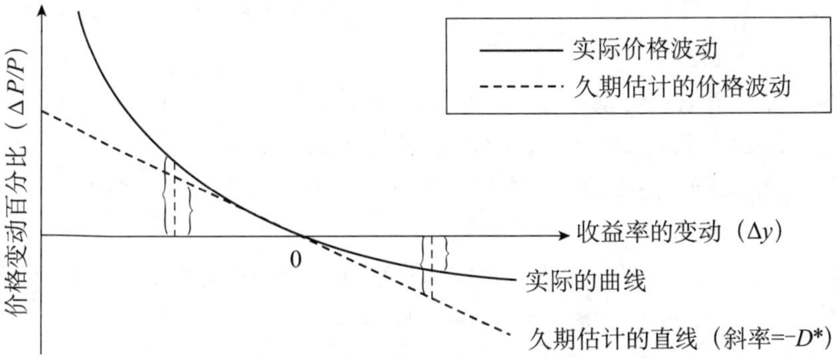

图 5-10　实际价格波动与久期估计的价格波动

在图 5-10 中，实际的曲线与久期估计的直线在初始点（$\Delta y=0$）处相切。对于收益率的小幅变动，两条线之间的距离非常小，用久期估计的价格波动也就十分接近实际波动。随着收益率的变动越来越大，两条线之间的距离也越来越远，用久期估计的价格波动偏离实际波动的程度越来越大，估计值就越来越不准确。从图中我们还可以看出，久期估计的直线始终位于实际曲线的下方。因此，当收益率上升时，实际价格波动较小，使用久期会高估价格的下降幅度；当收益率下降时，实际价格波动较大，使用久期又会低估价格的上升幅度。这也就解释了我们在例题中得出的计算结果。

三、资产组合的久期

资产组合也有久期，资产组合的久期是资产组合的有效平均到期时间。它的计算方法是对组合中所有资产的久期求加权平均数，权重是各种资产的市场价格占资产组合总价值的比重。我们用例子来说明。

[例 5-15]　利用例 4-7 的有关资料。一个债券组合由三种半年付息的债券构成，相关资料见表 5-11。求该债券组合的久期。

表 5-11

债券名称	面值（元）	票面利率	到期时间（年）	市场价格（元）	到期收益率（年率）
A	1 000	6%	6	951.68	7%
B	20 000	5.5%	5	20 000.00	5.5%
C	10 000	7.5%	4	9 831.68	8%

解：先运用久期的简化公式，分别计算出债券A、B、C的久期。

$$D_A=\frac{1+3.5\%}{3.5\%}-\frac{(1+3.5\%)+12\times(3\%-3.5\%)}{3\%\times[(1+3.5\%)^{12}-1]+3.5\%}=10.2001\text{（半年）}$$

$$D_A^*=\frac{10.2001}{1+3.5\%}=9.8552\text{（半年）}=4.9276\text{（年）}$$

$$D_B=\left(\frac{1+2.75\%}{2.75\%}\right)\times\left[1-\frac{1}{(1+2.75\%)^{10}}\right]=8.8777\text{（半年）}$$

$$D_B^*=\frac{8.8777}{1+2.75\%}=8.6401\text{（半年）}=4.3201\text{（年）}$$

$$D_C=\frac{1+4\%}{4\%}-\frac{(1+4\%)+8\times(3.75\%-4\%)}{3.75\%\times[(1+4\%)^8-1]+4\%}=7.0484\text{（半年）}$$

$$D_C^*=\frac{7.0484}{1+4\%}=6.7773\text{（半年）}=3.3887\text{（年）}$$

该债券组合的市场总价值等于30 783.36元，债券A、B、C市场价格的权重分别是0.030 9、0.649 7和0.319 4。因此，该债券组合的久期为：

$$\begin{aligned}D^*&=4.9276\times0.0309+4.3201\times0.6497+3.3887\times0.3194\\&=4.0414\text{（年）}\end{aligned}$$

这表明当组合中的三种债券的年收益率都变动1个百分点时，组合的市场价值将会变动4.041 4%。需要强调的是，我们说的是组合中所有债券的收益率都变动相同的幅度。

四、凸性

（一）凸性的定义

从图5-8中可以直观地看出，价格-收益率曲线是凸的，价格-收益率关系不是线性的，即价格-收益率曲线不是直线而是曲线，在收益率更高时变得更加平缓，在收益率更低时变得更加陡峭。因此，当收益率上升时，债券价格以更小的幅度下降；当收益率降低时，债券价格以更大的幅度上升。由于$\Delta P/P=-D^*\times\Delta y$，所以$D^*=-(\Delta P/P)/\Delta y$。因此，久期在数学上对应于价格-收益率函数的一阶导数的绝对值。修正久期与初始价格的乘积是价格-收益率曲线在某点上的线性估计。如果利用久期估计收益率变化导致的价格变化，从图5-10中可以明显看出，在收益率降低时会低估价格的上升幅度，在收益率上升时则会高估价格的下降幅度。误差等于曲线和直线之间的垂直距离。所以说，只有在收益率变化不大的情况下利用久期估计价格的变化才比较准确，如果收益率变化较大，用久期估计价格变化就会产生较大的误差。而且，收益率变化越大，误差就越大，在图5-10中表现为收益率变化越大，直线和曲线间的垂直距离也就越大。

因此，在收益率变化比较大的情况下，为了更精确地估计债券价格的变化，必须考虑价格-收益率曲线的凸性。可以用泰勒级数的前两项更准确地计算收益率变化导致的价格变化[①]：

① 泰勒级数可以用来计算数学函数的近似变化，此处的数学函数就是债券价格函数，详细内容请参阅高等数学的有关内容。

$$dP = \frac{dP}{dy} \cdot dy + \frac{1}{2} \cdot \frac{d^2P}{dy^2} \cdot (dy)^2 + \varepsilon \tag{5.14}$$

其中，ε 为误差项。将式（5.14）两边同时除以债券价格 P，可以得到价格变化百分比的表达式（5.15）：

$$\frac{dP}{P} = \frac{dP}{dy} \cdot \frac{1}{P}dy + \frac{1}{2} \cdot \frac{d^2P}{dy^2} \cdot \frac{1}{P}(dy)^2 + \frac{\varepsilon}{P} \tag{5.15}$$

如果用 C 来表示凸性，则凸性的数学定义可以用下式表示：

$$C = \frac{d^2P}{dy^2} \times \frac{1}{P}$$

可见，凸性与价格-收益率函数的二阶导数对应。凸性与初始价格的乘积是价格-收益率曲线的曲率，即：

$$C \times P = \frac{d^2P}{dy^2}$$

（二）凸性的计算

为了更准确地计算债券价格的变化，需要计算债券的久期和凸性。对于普通债券而言，凸性 C 的计算公式是：

$$C = \frac{1}{P \times (1+y)^2} \sum_{t=1}^{T} \left[\frac{CF_t}{(1+y)^t}(t^2+t) \right] \tag{5.16}$$

式中：t——现金流发生的时间；

CF_t——第 t 期的现金流；

y——每期的到期收益率；

T——距到期日的期数；

P——债券的市场价格。

该式计算出的是以期数为单位的凸性，为了转化成以年为单位的凸性，还要除以每年付息次数的平方值。

对于零息债券，凸性的计算公式还可以进一步化简为：

$$C = (T^2 + T)/(1+y)^2$$

在式（5.16）中令

$$W_t = \frac{CF_t}{(1+y)^t P}$$

那么，

$$C = \frac{1}{(1+y)^2} \sum_{t=1}^{N} (t^2+t) \times W_t$$

我们发现，凸性的计算与久期非常相似，区别在于它是 t^2+t（而不是 t）的加权平均，再除以 $(1+y)^2$，权重仍然是按到期收益率贴现的每期现金流现值占债券市场价格的比重。应当注意，通过上式求出的凸性是以期数为单位的，我们还要把它除以每年付息的次数的平方，转化成以年为单位的凸性。

［例 5-16］ 计算例 5-11 中的 3 年期债券的凸性。

解：计算过程见表 5-12。

表 5-12　债券凸性的计算

时间 t（期数）	现金流（元）	现金流的现值（元）	权重	$t(t+1)\times$权重
1	4	3.809 5	0.040 1	0.080 2
2	4	3.628 1	0.038 2	0.229 2
3	4	3.455 4	0.036 4	0.436 8
4	4	3.290 8	0.034 7	0.694 0
5	4	3.134 1	0.033 0	0.990 0
6	104	77.606 4	0.817 6	34.339 2
总计		94.924 3	1	36.769 4

于是，半年期的凸性为：

$$C = 36.769\ 4/(1.05)^2 = 33.350\ 9$$

转化为以年为单位的凸性，等于 $33.350\ 9/2^2=8.337\ 7$。

［**例 5-17**］　有一种面值为 1 000 元、票面利率为 10%的 5 年期债券，一年付息一次，下一次付息在一年后。如果到期收益率为 14%，计算它的久期和凸性。

解：该债券的久期为 4.100 1 年，凸性为 17.632 3。计算过程见表 5-13。

表 5-13　久期与凸性计算的对比

时间 t（年）	现金流（元）	现金流现值（元）	权重	久期（年）$t\times$权重	$t(t+1)$	凸性 $t(t+1)\times$权重
1	100	87.719 3	0.101 7	0.101 7	2	0.203 4
2	100	76.946 8	0.089 2	0.178 4	6	0.535 2
3	100	67.497 2	0.078 2	0.234 6	12	0.938 4
4	100	59.208 0	0.068 6	0.274 4	20	1.372 0
5	1 100	571.305 5	0.662 2	3.311 0	30	19.866 0
总计		862.676 8	1	4.100 1		22.915 0
				$D=4.100\ 1$		$C=22.915\ 0/(1+14\%)^2$ $=17.632\ 3$

（三）凸性与价格波动的关系

由于

$$D^* = -\frac{\mathrm{d}P}{\mathrm{d}y}\cdot\frac{1}{P},\ C=\frac{\mathrm{d}^2P}{\mathrm{d}y^2}\cdot\frac{1}{P}$$

因此，式（5.15）可以修正为久期与价格波动的关系式：

$$\frac{\Delta P}{P} = -D^*\cdot\Delta y+\frac{1}{2}\cdot C\cdot(\Delta y)^2+\frac{\varepsilon}{P} \tag{5.17}$$

式（5.17）右边第一项是基于修正久期对债券价格波动的近似估计。第二项是引入凸性以后对久期估计的价格波动做出的修正。当收益率变动较小时，$(\Delta y)^2$会相当小，式（5.17）右边第二项代表的修正项的值很小，可以忽略不计，因此不考虑凸性，用久期估计出的价格波动也较准确。当收益率变动较大时，$(\Delta y)^2$就会比较大，如果不考虑基于凸性计算的修正项，仅仅根据久期估计的价格波动就会产生较大的误差。从计算普通债券的凸性公式（5.16）可以很容易地看出，凸性不可能为负值。因此，在收益率降低时，根据久期估计的价格波动会低估价格上升的幅度；在收益率升高时，则会高估价格下降的幅度。凸性的修正会在一定程度上消除这种高估或低估。收益率上升时，正的修正项会使估计的价格下降幅度变小；收益率下降时，正的修正项会使估计的价格上升幅度变大。因此，考虑凸性后估计的价格波动与实际情形更为贴近。

正因为凸性是正值，所以债券的凸性越大，对投资者就越有利。其他条件都相同时，凸性越大的债券，在收益率降低时债券价格上涨的幅度就越大，在收益率升高时债券价格下跌的幅度就越小。

[例 5-18] 利用凸性的概念，重新计算收益率变动 1 个、100 个基点时，例 5-7 中债券 A 的价格波动，并与用久期计算出的结果相比较。

解： 我们在例 5-14 中已经计算出债券 A 的修正久期为 8.110 9（半年）。我们还可以计算出债券 A 的半年期凸性等于 80.754 3。计算过程见表 5-14。

当收益率上升 1 个基点时，

$$\Delta P/P \approx -8.1109 \times 0.005\% + \frac{1}{2} \times 80.7543 \times (0.005\%)^2 = -0.0405\%$$

表 5-14 凸性的计算

时间 t（期数）	现金流（元）	现金流的现值（元）	权重	$t(t+1)\times$权重
1	4	3.846 2	3.846 2%	0.076 9
2	4	3.698 2	3.698 2%	0.221 9
3	4	3.556 0	3.556 0%	0.426 7
4	4	3.419 2	3.419 2%	0.683 8
5	4	3.287 7	3.287 7%	0.986 3
6	4	3.161 3	3.161 3%	1.327 7
7	4	3.039 7	3.039 7%	1.702 2
8	4	2.922 8	2.922 8%	2.104 4
9	4	2.810 3	2.810 3%	2.529 3
10	104	70.258 7	70.258 7%	77.284 6
总计		100	1	87.343 8
				$C=87.3438/(1+4\%)^2$ $=80.7543$

当收益率下降 1 个基点时，

$$\Delta P/P \approx -8.1109 \times (-0.005\%) + \frac{1}{2} \times 80.7543 \times (0.005\%)^2 = 0.0406\%$$

这与例 5-7 中计算出的实际价格波动是一样的，体现了价格波动的不对称性。而我们在例 5-14 中利用久期计算出的结果就不能反映这种不对称性。

当收益率上升 100 个基点时，

$$\Delta P/P \approx -8.1109 \times 0.5\% + \frac{1}{2} \times 80.7543 \times (0.5\%)^2 = -3.9545\%$$

当收益率下降 100 个基点时，

$$\Delta P/P \approx -8.1109 \times (-0.5\%) + \frac{1}{2} \times 80.7543 \times (0.5\%)^2 = 4.1564\%$$

我们在例 5-8 中计算出来的价格实际变动百分比分别是−3.956 4%和 4.158 3%，在例 5-14 中利用久期计算出的结果是−4.055 5%和 4.055 5%，显然，考虑凸性的估计结果与实际价格波动更为接近。

（四）可赎回债券的凸性

不可赎回债券的凸性是正的。但对于可赎回债券来说，情况有所不同。当市场利率高于已发行的可赎回债券的票面利率时，发行人不会赎回低利率的债券而按市场利率重新发行高利率的债券。随着市场利率的降低，发行人将可以从赎回债券中受益。如果债券的赎回价格比它的内在价值（理论价格）低，发行人将选择赎回债券，牺牲债券投资者的利益。图 5-11 中的两条曲线分别表示可赎回债券与不可赎回债券的价格与收益率之间的关系。市场利率较高时，可赎回债券的价格-收益率关系与不可赎回债券是相同的，仍然表现出正凸性。当然，两者的价格并不是完全相同的，因为这时存在市场利率下跌、债券被赎回的可能性，两者价格的差异源于发行人赎回债券的权利。随着市场利率的降低，可赎回债券与不可赎回债券的价格-收益率曲线之间的距离越来越远，可赎回债券的曲线逐渐变为凹形，凸性变为负值。当市场利率在一个很低的水平时，债券以赎回价格 P 被发行人赎回。以上分析说明，可赎回债券的价格-收益率曲线具有一个负凸性区间。与正凸性的情况恰恰相反，负凸性意味着收益率下降时价格上升的幅度小于收益率上升时价格下降的幅度；其他因素不变时，到期收益率越低，债券的久期反而越短，价格的利率敏感性反而越弱。

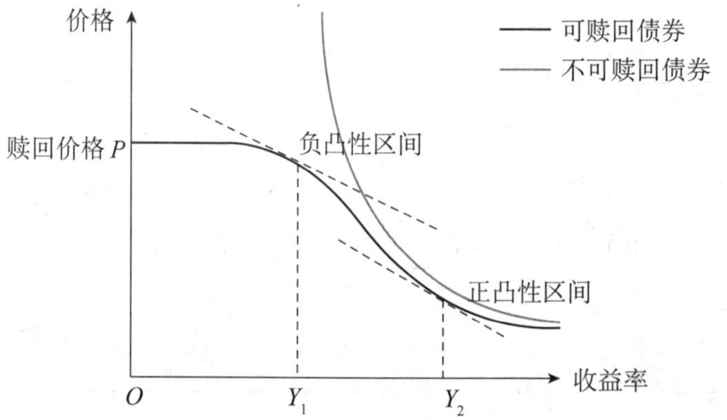

图 5-11　可赎回债券和不可赎回债券的价格与收益率之间的关系

五、债券的久期与凸性的近似求法

根据久期、凸性与价格波动的关系，我们不仅可以用已知的久期、凸性估计债券价格波动，还可以利用已知的价格、收益率变动反过来求久期和凸性。为了推导久期与凸性的近似计算公式，我们需要人为地改变收益率的大小，观察价格如何变动。设 P_0 是债券的初始价格，Δy 是收益率变动的绝对值，P_+ 是收益率上升一个很小的幅度时债券的新价格，P_- 是收益率下降一个很小的幅度时债券的新价格，ΔP 是价格波动的绝对值。于是，当收益率下降时，

$$\Delta P/(P\Delta y)=(P_- - P_0)/(P_0\Delta y)$$

当收益率上升时，

$$\Delta P/(P\Delta y)=(P_0 - P_+)/(P_0\Delta y)$$

由于价格波动具有不对称性，我们取两次结果的平均值作为修正久期的近似值：

$$近似（修正）久期=\frac{P_- - P_+}{2P_0\Delta y}$$

我们也可以得到近似凸性的表达式：

$$近似凸性=\frac{P_- + P_+ - 2P_0}{P_0(\Delta y)^2}$$

[例 5-19] 有一种 25 年期的债券，面值为 100 元，票面利率为 6%，每半年付息一次，下一次付息在半年后。初始价格 P_0 为 70.357 0 元，对应的到期收益率为 9%，求久期和凸性的近似值。

解： 收益率变动的幅度越小，用近似法求得的久期、凸性越准确。在这里，我们令收益率变动 10 个基点。首先，把该债券的到期收益率从 9%提高到 9.1%，半年期的 Δy 是 0.05%，可以计算出新的债券价格（P_+）是 69.616 4 元。然后，把到期收益率从 9%降低到 8.9%，新的债券价格（P_-）是 71.110 5 元。因此，

$$近似久期=\frac{71.1105-69.6164}{2\times 70.3570\times 0.05\%}=21.2360（半年）=10.6180（年）$$

$$近似凸性=\frac{71.1105+69.6164-2\times 70.3570}{70.3570\times(0.05\%)^2}=733.4025（半年期）$$

$$=183.3506（一年期）$$

实际上，近似久期和近似凸性的计算公式非常有用，适用于计算所有金融工具的久期和凸性。对于附加期权的特殊债券，其久期和凸性无法根据普通债券的久期和凸性公式进行计算，但可以根据上述公式计算其近似久期和近似凸性。当然，为了计算附加期权的特殊债券的近似久期和近似凸性，必须先计算 P_- 和 P_+，这需要好的债券定价模型。关于附加期权的债券定价模型将在后面的章节中详细介绍。

第五章附录

一、久期缺口

久期缺口（duration gap）通常用于衡量利率变化对金融机构净资产市场价值的影响。资产组合的久期等于构成资产组合的各个资产的久期加权平均数，权数分别等于各资产的市场价值占资产组合总的市场价值的比重。DUR_A 代表银行资产的久期，DUR_L 代表银行负债的久期，DUR_E 代表银行净资产的久期。银行资产可以看作由负债和净资

产所构成的资产组合。因此，银行资产、负债和净资产久期应该符合下面的关系式，其中 A、L 和 E 分别代表银行的资产、负债和净资产的市场价值：

$$DUR_A=(L/A)DUR_L+(E/A)DUR_E$$

实践中将 $(E/A)DUR_E$ 定义为久期缺口，本书用 DUR_{gap} 代表久期缺口，久期缺口的计算公式如下：

$$DUR_{gap}=(E/A)DUR_E=DUR_A-(L/A)DUR_L$$

根据久期的定义：

$$DUR_E=-\frac{\Delta E/E}{\Delta y/(1+y)}$$

其中，y 为收益率。

所以，可以得出：

$$DUR_{gap}=-\frac{\Delta E/A}{\Delta y/(1+y)}$$

因此，

$$\Delta E/A=-DUR_{gap}\times\Delta y/(1+y)$$

所以，知道了金融机构的久期缺口和利率变化，就可以计算出净资产的变化。需要特别说明的是，从上式可以看出，根据 DUR_{gap} 计算出的净资产的变化比率实际上是净资产的变化额占总资产的比例，而非自身的比率。下面通过例子来说明如何运用久期缺口的公式计算净资产的变动。

［附例 5-1］ 一家商业银行的资产价值为 100，负债价值为 95，假设资产和负债的久期均已知，分别为 2.7 和 1.03。当利率从 10%上升到 15%时，这家银行的净资产价值有何变化？

解：由久期缺口的公式可知：

$$DUR_{gap}=2.7-(95/100\times1.03)=1.72$$

$$\begin{aligned}\Delta NW\%(\text{净资产变化的百分比})&\approx\Delta E/A\\&=-DUR_{gap}\times\Delta y/(1+y)\\&=-1.72\times0.05/(1+0.10)\\&=-7.8\%\end{aligned}$$

可见，当利率变化 5 个百分点时，净资产变化占总资产的比例为 7.8%，即变化的绝对额为 7.8。

二、VaR

本章介绍的衡量债券风险的方法都是衡量债券价格相对于利率的敏感性，即波动性，但投资者很多时候更关心债券组合在最坏情况下的最大损失，VaR 就是衡量这种最大损失的一种方法。VaR 被定义为在一定时期内，在一定的置信水平（如 99%）下某种资产组合在最坏的情况下预期遭受的损失额度。在债券的组合管理中，运用 VaR (value at risk) 衡量债券组合的利率风险是一种很普遍的做法。

VaR 的原理来自统计概念，它是指一家机构（如银行、券商）面临“正常”的市场波动时，资产组合可能遭受的最大损失。例如，持有一个组合 1 天，在置信度为

95%的情况下，其 VaR 等于 10 美元。这个表述的含义是：该组合在 1 天中只有 5%的时间里损失超过 10 美元。

假设某种债券组合在未来一定时期内收益率呈正态分布①，如附图 5-1 所示。正态分布可以通过两个统计量——期望值和方差（或标准差）——来描述和把握。μ 代表收益率的预期值。越接近坐标轴横轴左端的点，代表的收益率就越低。VaR 则给出了根据某一置信水平（如图中的 99%）衡量的最坏情况发生时的损失额，即未来一段时期内只有 1%的可能实现的收益率会小于该值，而有 99%的可能会超过这个值。用公式来表示就是：

VaR＝预期利润(损失)－最坏情况下(某种特定的置信水平下)的损失额

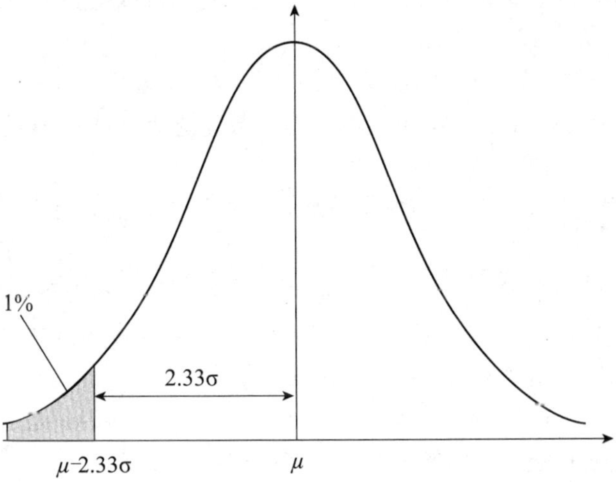

附图 5-1　正态分布下的 VaR

实际上，VaR 衡量的就是期望值与代表置信水平的点之间的距离。由于正态分布中，以期望值为中心左右各 2.33 个标准差的距离内所占据的面积正好是分布曲线与横轴之间面积的 99%，所以 99%置信水平下的 VaR 就等于标准差的 2.33 倍，如附图 5-1 所示。

VaR 的定义可用如下公式表示：

$$\mathrm{VaR}(H;c)=E(V)-V^{*}=V(\mu-R^{*})$$

其中：V——债券组合目前的市场价值；

V^{*}——最坏情况下债券组合的价值（一定置信水平下）；

μ——收益率的均值；

R^{*}——最坏情况下的收益率；

H——一定时期；

c——置信水平。

如果债券组合的收益率 R 是正态分布的，μ 为其均值，σ 为其标准差，则有：

① 任何一种类型的分布都可以，但是正态分布处理起来最容易，所以为简单起见，本书仅介绍正态分布。

$$\text{Prob}(R < R^*) = \text{Prob}[(R-\mu)/\sigma < (R^*-\mu)/\sigma] = 1-c$$

因此，最坏情况下的 R^* 可以被表示为：

$$R^* = \mu + \alpha\sigma$$

其中，α 代表一定置信水平对应的系数，如置信水平为 99%，则 α 为-2.33，可以查阅正态分布表获得该值。

将 R^* 代入 VaR 的具体计算公式，就可得到 VaR 的计算公式：

$$\text{VaR}(H;c) = -\alpha\sigma V$$

那么，如何运用 VaR 来衡量债券组合的价格（利率）风险呢？即如何计算债券组合的 VaR 呢？债券组合价值的波动主要受利率变化的影响，而且，久期能衡量债券组合价值对于利率变化的敏感性。根据久期的定义，我们可以得到下面的关系式：

$$\Delta V = -VD^*\Delta y$$

其中，V 为债券组合的当前市场价值，D^* 代表修正久期，y 代表利率。Δ 代表变化值。由于在上述公式中只有 ΔV 和 Δy 是随机变量，根据数理统计学的知识可以得到如下关系式：

$$\sigma(\Delta V) = -VD^*\sigma(\Delta y)$$

其中，$\sigma(\Delta V)$ 代表的是债券组合市场价值变化的标准差，而 $\sigma(\Delta y)$ 代表的是利率变化值的标准差。

因此，根据上述关系式，在利率变化值的标准差已知的情况下，就可以求出债券组合市场价值变化的标准差，然后我们就可以运用 VaR 计算公式求出债券组合的 VaR 了，即 $\text{VaR}(H;c) = -\alpha\sigma(\Delta V) = \alpha VD^*\sigma(\Delta y)$。

下面就来简要地分析如何运用 VaR 模型对固定收益债券的风险进行量化。

根据前面对久期和修正久期的介绍，我们已知：

$$\frac{\mathrm{d}p}{p\,\mathrm{d}y} = \text{修正久期}$$

将修正久期记为 δ，进而可以得出：$\mathrm{d}p = \delta \times p \times \mathrm{d}y$。

如果假定利率的变动服从正态分布，我们就可以利用 δ 参数正态法计算某机构购买固定收益证券时的 VaR 值。下面举例说明。

有一家养老基金购买了面值为 1 000 万元的固定收益证券（如国债），年利率为 4%，那么这家养老基金就面临市场风险（此时指利率风险）。显然，如果市场利率上升，国债的价值将下跌，如果市场利率下降，国债的价值将上升。假定此时收益率曲线呈水平形状，为 4%（即市场利率为 4%）。因为此时计算的是含有 δ 因素的 VaR（此时 δ 因素指麦考利修正久期），所以要先计算 δ 的值。

由该养老基金所持债券的现金流现值，我们可以计算出 δ 参数（即修正久期）。计算结果如附表 5-1 所示。

附表 5-1　债券的久期和修正久期

价格（百万元）	10.00
久期（年）	3.56
修正久期（年）	-3.42

在第 0 期，水平的收益率曲线显示利率为 4%，养老基金所持债券的价值为 1 000 万元。修正久期为−3.42 年。

现在，我们计算该养老基金所持有的固定收益债券的 VaR。假设利率变动接近服从某个已知的概率密度函数，如认为 1 年期利率变动服从均值为 0、标准差为 0.5 的正态分布。运用 δ 参数正态法：

$$\text{VaR}=a\times\sigma\times\delta\times p$$

就可以计算出各个置信水平下 1 年期的 VaR。

计算结果如附表 5 - 2 所示。

附表 5 - 2　养老基金所持债券的 1 年期 VaR

置信水平（%）	最大利率变动（$a\times\sigma$）	VaR（万元）
90	0.8	28.123
95	1.0	33.508
99	1.2	39.834

上面介绍了如何用修正久期来计算利率变动引起的固定收益证券价格变动及其 VaR，这种方法有很多优点：一是可以通过利率变动轻易地体现固定收益债券价格变动；二是容易应用到债券组合的价格波动预测中，从而计算债券组合的 VaR。但是这种方法也有一些缺陷：一是修正久期方法假定价格与收益率之间呈线性变化，但实际中它们的关系是非线性的；二是当市场收益率波幅很小时，该方法估计的准确度很高，但当到期收益率波幅较大时，价格与收益率之间的凸性关系就使得预测不太准确；三是假设到期收益率变动是由收益率曲线平移引起的。当收益率曲线发生旋转等其他变化时，就不能用久期的方法度量债券价格风险。此外，鉴于每笔现金流均用同一贴现率贴现，久期以及类似的修正久期都要求收益率曲线是水平的，这种对收益率曲线形态和变化形式所做的联合假设与事实不符。

在固定收益证券方面，修正久期成为联系固定收益证券或债券组合的价格预期变动与利率预期变动之间的纽带。除了久期之外，附加凸性特征可以更准确地反映价格风险。

根据第四节的介绍，我们已知凸性 C 的计算公式是：

$$C=\frac{1}{P\times(1+y)^2}\sum_{t=1}^{T}\left[\frac{CF_t}{(1+y)^t}(t^2+t)\right]$$

然后，通过计算利率变化导致的久期效应和凸性效应来计算债券价格的变化值，公式为：

久期效应＝价格$\times\Delta YTM\times$修正久期

凸性效应＝0.5×价格$\times(\Delta YTM)^2\times$凸性

价格变化值＝久期效应＋凸性效应

下面举例说明。假定一家养老基金持有一张年息为 5%、面值为 100 的 5 年期政府债券，现在想利用凸性修正值来计算到期收益率波动对价格的影响（见附表 5 - 3）。

附表 5-3　5 年期、票面年利率为 5%、按面值报价的债券的凸性

时间（t）	现金流	现金流的现值	权重	$t\times$权重	$t(t+1)\times$权重
1	5	4.761 9	0.047 6	0.047 6	0.095 2
2	5	4.535 1	0.045 4	0.090 8	0.272 4
3	5	4.319 2	0.043 2	0.129 6	0.518 4
4	5	4.113 5	0.041 1	0.164 4	0.822
5	105	82.270 2	0.822 7	4.113 5	24.681
	总计	100	1	4.545 9	26.389
				$D=4.55$	$C=26.389/(1+5\%)^2=23.93$

各项结果整理见附表 5-4。

附表 5-4　结果整理

到期收益率	5%
票面利率	5%
久期（年）	4.55
修正久期（年）	−4.33
凸性	23.93

凸性对 VaR 的计算具有一定的意义：首先，凸性大大提高了价格变化的预测精度；其次，与久期类似，固定收益证券组合的凸性等于组合的各要素凸性的简单加权平均，这大大简化了包含大量固定收益证券的组合的计算。

在 VaR 计算方面，凸性在价格风险测量上相比修正久期方法大有改进，因此，计算的 VaR 值也更为准确。为了计算 VaR，可以把久期-凸性方法结合起来，即许多金融工具的定价都需要引入一个二次项，而不是线性的。引入二次项后，δ-模型也得以进一步完善。

二次项的引入也导致了 $\delta-\gamma$ 模型的产生，其中参数 γ 代表组合的凸性。一般地，当我们估计出一定时段、一定概率水平上的到期收益率的最大上升幅度（不妨表示为 $\Delta YTM_{\mathrm{VaR}}$）时，单位固定收益证券组合的 VaR 可以按下式计算：

$$\mathrm{VaR}=\delta\times\Delta YTM_{\mathrm{VaR}}+\frac{1}{2}\times\gamma\times(\Delta YTM_{\mathrm{VaR}})^2$$

式中，δ 为组合的修正久期；γ 为组合的凸性。

三、纳入信用风险的公司债券评价

（一）B-S 期权定价模型的应用

公司债券与国债的信用风险不同，因此两者的收益率会有所差异，其差距称为信用利差（credit spread），而其与到期期限的关系则称为信用风险期限结构。然而，各个公司债券的信用并不相同，故其与国债间的信用利差也相异。要确定合理的利差水平，就要借助定价模型。布莱克-斯科尔斯期权定价模型（Black & Scholes option pricing model，B-S 期权定价模型）除了可以评估期权的价值外，还可以将信用风险价值化，

以下例说明之。

假设A公司原先的资本结构全部由普通股组成，之后股东决定发行公司债券从外界筹资，普通股与公司债券的价值分别是V_s与V_d，故A公司的资产总价值是$V_a=V_s+V_d$。A公司的公司债券并不付息，而是到期偿还面额F，目前距到期日的时间为t。由于A公司的经营存在风险，因此债权人到期并不一定可以领回F，若届时A公司的资产总价值（$V_{a,t}$）低于面额，则债权人只能获得（$V_{a,t}$），到期时公司债券的价值为：

$$V_{d,t}=\min(V_{a,t},F) \quad \text{（附 5.1）}$$

对于普通股股东来说，若到期时A公司的价值高于F，则依约定，普通股股东可拥有偿还负债后的剩余价值（$V_{a,t}-F$）；相反，若公司的价值低于F，则其将会选择违约，并将公司交由债权人处理，故到期时普通股的价值将为下式（如附图5-2所示）：

$$V_{s,t}=\max(V_{a,t}-F,0) \quad \text{（附 5.2）}$$

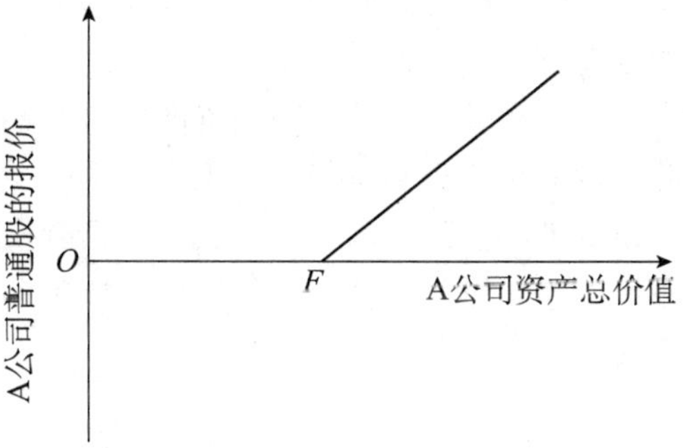

附图5-2　债券到期时A公司普通股收益图

此图与看涨期权的收益图相似，举债经营的效果就好比股东向债权人买进看涨期权，且此期权的标的为公司资产，期限为负债的到期日，执行价格为债券面额，因此可以利用B-S期权定价模型来评估普通股的价值，即：

$$V_s=V_aN(d_1)-Fe^{-r_ft}N(d_2) \quad \text{（附 5.3）}$$

式中：$d_1=\dfrac{\ln\left(\dfrac{V_a}{F}\right)+\left(r_f+\dfrac{\sigma^2}{2}\right)t}{\sigma\sqrt{t}}$；

$d_2=d_1-\sigma\sqrt{t}$；

σ^2——公司资产收益率的方差。

又因为公司债券的价值$V_d=V_a-V_s$，将V_s以公式（附5.3）代入，可得：

$$\begin{aligned}V_d&=V_a-[V_aN(d_1)]+Fe^{-r_ft}N(d_2)\\&=V_a[1-N(d_1)]+Fe^{-r_ft}N(d_2)\end{aligned} \quad \text{（附 5.4）}$$

上式即考虑了信用风险的债券定价模型。下面对此式做更进一步的拓展。由于债券目前的价值等于未来的现金流按到期收益率（YTM）贴现所得之价值，因此对前述A公司的零息公司债券来说，其目前的价值即为面额以YTM贴现的价值，即：

$$V_d=Fe^{-YTM\times t}$$

$$\frac{V_d}{F}=e^{-YTM\times t}$$

将等号两边取自然对数，可得：

$$\ln\frac{V_d}{F}=-YTM\times t$$

$$YTM=-\frac{\ln\frac{V_d}{F}}{t} \tag{附5.5}$$

再将 YTM 减去无风险利率（r_f），可得到公司债的信用利差（cs）为：

$$cs=YTM-r_f=-\frac{\ln\frac{V_d}{F}}{t}-r_f \tag{附5.6}$$

式中 V_d 以公式（附 5.4）代入，即可决定各种公司债券的信用利差水平。

由 B-S 期权定价模型推导出信用利差公式，再利用偏微分的技巧进行比较静态分析，就可得出各个关键变量对信用利差高低的影响，分述如下：

（1）公司资产价值的方差（σ^2）。

公司资产价值的方差与信用利差正相关。因为资产价值的方差越大，意味着到期时公司价值偏离债券面额的程度越大，既可能远高于债券面额，也可能远低于债券面额，对公司债券而言，不管公司资产的价值多高，债权人最多只能收回债券面额，无法享受增值的好处，却要承担更大的违约风险。故资产价值的方差越大，投资者所要求的信用利差越大，因而两者正相关。

（2）公司的杠杆程度$\left(\frac{F}{V_a}\right)$。

公司的杠杆程度与信用利差正相关。很明显，公司的杠杆程度高，意味着举借大笔的负债来经营，届时无法清偿本息的概率通常较低杠杆程度的公司高，投资者自然要求以较高的信用利差作为补偿。

（3）公司债券的到期期限（t）。

公司债券的到期期限与信用利差的关系则不能确定。直觉上公司债券的到期期限越长，似乎信用风险也应越大，事实上却不一定。试想若有一家杠杆程度很低的公司，其在短期内违约的概率不大，只有当举债的时间拉长时，该公司才有可能违约，因此对于杠杆程度很低的公司来说，其债券的到期期限的确与信用利差正相关；然而，对于杠杆程度很高的公司，虽然其短期内违约的概率很高，但只要该公司能够撑过这段时间，则随着时间的推移，其资本结构将有望改善，信用利差反而降低，即对于杠杆程度很高的公司来说，其债券的到期期限与信用利差负相关。

（二）杰罗姆模型的应用

上一部分介绍了如何利用 B-S 期权定价模型来评估信用风险，然而该模型的背后包含许多与现实不符的假设，这一部分先就 B-S 期权定价模型评估信用风险的局限进行说明，随后再介绍另一种评价模型——杰罗姆模型（Jerome model）。

1. B-S 期权定价模型评价信用风险的缺陷

由 B-S 期权定价模型衍生出来的信用风险评价模型建立于以下三点假设之上：（1）公司债券皆为零息债券；（2）违约只发生于债券到期日；（3）公司违约不会产生任

何额外成本。然而，目前市场上的公司债券很少有零息债券。

2. 杰罗姆模型

1995 年，杰罗姆提出了一套信用风险的评估模型，这套模型不使用期权的概念，并且将上面的三个假设完全排除，使得评估模型更符合现实状况。这套模型首先定义了几个变量：

r_c：公司债券的收益率，即到期收益率或违约收益率；

r_f：国债的到期收益率，即无风险收益率；

r_c-r_f：公司债券与国债收益率的差异，即信用利差；

c：公司债券的票面利率；

p_t：存活概率（survivor rate），即公司债券到第 t 期仍未违约的概率；

d_t：边际违约率（marginal default rate，MDR），即公司债券到第 $t-1$ 期仍未违约，而在第 t 期违约的概率；

rr：回收率（recovery rate），即公司债券违约时，将债券出售（或处理）后所回收的利息与本金的比例。

模型的假设如下：

（1）债券可以是附息债券且以平价发行，即到期收益率等于票面利率。

（2）投资者买进债券后即持有至到期日或违约日，视何者先发生决定，也就是允许到期前发生违约。

（3）投资者为风险中性的（risk-neutral），其只在意期望收益率的高低，而不在意风险的高低。

（4）资本市场完美无摩擦，且无套利机会。

根据以上定义及假设，即可用下式来代表具有风险的公司债券的价格（为计算简便，将公司债券的面额设为 1 元）：

$$\text{公司债券的价格}=\sum_{t=1}^{T}\left[\frac{p_t\times c}{(1+r_f)^t}+\frac{p_{t-1}\times d_t\times rr\times(c+1)}{(1+r_f)^t}\right]+\frac{p_T\times 1}{(1+r_f)^t}$$

下面对此式做出详细的说明：

（1）若公司债券到第 t 期仍未违约，则投资者将可获得第 t 期的利息收入 c，又因为到第 t 期仍未违约的概率为 p_t，故第 t 期利息收入的期望值为 $p_t\times c$，即上式第一项的分子部分；

（2）若公司债券到第 $t-1$ 期仍未违约，却在第 t 期违约，此状况发生的概率等于 $p_{t-1}\times d_t$，而违约后则无法全数领到当期的利息（c），且本金（1 元）也只能回收一部分，回收率为 rr，故第 t 期被违约的期望现金流收入为 $p_{t-1}\times d_t\times rr\times(c+1)$，即上式第二项的分子部分；

（3）若公司债券至到期都未违约，则到期时将可领回本金（1 元），而此状况发生的概率为 p_T，故到期未被违约的期望现金流收入为 $p_T\times 1$，即上式第三项的分子部分；

（4）由于假设投资者为风险中性的，而上式的现金流又是期望值，因此投资者不会要求任何风险贴水，故仅用无风险利率贴现即可（上式的分母部分）。

要应用这个评价模型，首先必须估计公司债券在每一年的边际违约率（d_t）。可以利用评级公司的统计资料，获得各种信用等级的公司债券过去的违约记录，得出每一年的边际违约率后，就可求得每一年的存活概率（p_t），计算如下：

$$p_1 = p_T$$
$$p_2 = p_1 \times (1-d_2) = (1-d_1) \times (1-d_2)$$
$$p_3 = p_2 \times (1-d_3) = (1-d_1) \times (1-d_2) \times (1-d_3)$$
$$\vdots$$
$$p_t = p_{t-1} \times (1-d_t) = (1-d_1) \times (1-d_2) \times \cdots \times (1-d_t)$$

估计出边际违约率及存活概率后，同样利用历史资料获得各种信用等级的公司债券违约时的回收率（rr），结合到期日与公司债券相同的国债的到期收益率（r_f），代入评估公式即可求得公司债券应付的票面利率（c）。由于假定公司债券是平价发行的，所以求得的票面利率也等于公司债券的到期收益率（或违约收益率），因此 c 减去 r_f 即代表公司债券的信用利差，即为承担信用风险所应获得的补偿。这个评估模型可以用于评估信用风险的价格，有助于公司债券发行利率的确定，且可得出各种期限的公司债券的信用利差，进而可以计算出信用风险期限结构。

第六章

利率决定与利率结构

第一节　利率概述

一、利率的定义

利率（到期收益率）是影响债券价格和风险的最重要的因素。在固定收益证券的投资决策中，利率是最重要的决定因素。因此，深刻地理解利率对于债券投资是至关重要的。所有债券收益率都包含着一个共同因素：基准利率。任何债券的到期收益率都是在基准利率的基础上加一个正的利差，利差主要取决于债券的信用风险、流动性风险、税收状况以及期限等因素。本章主要研究（基准）利率水平如何决定以及影响债券收益率的各种因素。

利率是对借款人（债务人）由于在一段时期内使用了贷款人（债权人）的资金而向贷款人支付的价格的一种度量。借款人最初从贷款人处借到的资金总额为本金，为获得本金的暂时使用权而支付的价格就是利率，利率通常用单位时间（通常为年）内本金的百分比来表示。利率通常也被看作资金的价格。

二、利率的衡量

各种债务合约的现金流模式存在很大的差异，能够比较准确地衡量债务合约利率的指标是到期收益率。所谓到期收益率，就是使从债务合约上获得的未来一系列现金流的现值与其当前的价格相等的利率。到期收益率可以用下式表示：

$$P=\sum_{i=1}^{N}\frac{CF_i}{(1+r)^i}$$

式中：CF_i——第 i 期的现金流；

　　P——债务合约当前的市场价格或市场价值；

N——期限数；

r——要求的到期收益率。

下面通过几个具体例子进一步阐明到期收益率的概念。

1. 简式贷款

简式贷款是指借款人向贷款人借入一笔资金（本金），并于到期日支付本金和利息的贷款。例如，某客户向银行申请一笔本金为 1 000 元的贷款，2 年后连本带息共偿还给银行 1 210 元。该笔贷款的到期收益率的计算过程如下：

$$1\,000=1\,210/(1+i)^2$$

上述简式贷款的到期收益率（i）为 10%。

2. 定期定额偿还贷款

该种贷款在整个贷款期内每年（定期）都要偿付相同的金额。例如，某客户向银行申请一笔本金为 1 000 元的贷款，在未来 20 年中每年向银行偿付 130 元。该笔贷款的到期收益率的计算过程如下：

$$1\,000=\frac{130}{1+i}+\frac{130}{(1+i)^2}+\cdots+\frac{130}{(1+i)^{20}}$$

可以得出其到期收益率（i）为 11.5%。

3. 附息债券

某附息债券的价格和面值都为 100 元，票面利率为 10%，期限为 10 年，该债券的到期收益率的计算过程如下：

$$100=\frac{10}{1+i}+\frac{10}{(1+i)^2}+\cdots+\frac{10}{(1+i)^{10}}+\frac{100}{(1+i)^{10}}$$

可以得出其到期收益率（i）为 10%。

三、名义利率和实际利率

利率有名义利率和实际利率之分。名义利率，是指没有考虑通货膨胀因素，按照承诺的货币价值计算的利率。实际利率，是对名义利率按货币购买力的变动进行修正后的利率。由于借贷双方更关心货币的实际购买力而不是货币的名义额，因此实际利率能更准确地衡量借贷的成本和收益。名义利率的计价单位是货币，实际利率的计价单位则为标准化的一篮子商品和服务。若年名义利率为 i，则现在投资 1 元，1 年后将获得 $1+i$ 元，若当年通货膨胀率的预期值为 π^e，按照现在的实际购买力计算，1 年后的 $1+i$ 元只相当于现在的 $(1+i)/(1+\pi^e)$。如果用 R 来表示实际利率，则以下关系成立：

$$1+R=(1+i)/(1+\pi^e)$$

由上述公式可以推导出：

$$1+i=1+\pi^e+R+\pi^e R$$

在通货膨胀不是很严重的情况下，如预期的通货膨胀率低于 5%时，最后一项 $\pi^e R$ 的数值就非常小，可以忽略不计。因此上述关系式可以进一步简化为：

$$i=R+\pi^e$$

这就是著名的费雪方程式（Fisher equation）。该方程式是由美国著名的经济学家费雪提出的。费雪方程式表明，名义利率必须包含一个通货膨胀溢价，以弥补预期的通货膨胀给贷款人造成的实际购买力损失。当实际利率保持稳定时，名义利率就会随着预期通货膨胀率的提高而提高。

第二节 名义利率的决定

金融市场上的利率水平是不断变化的，利率水平是由哪些因素决定的呢？了解利率是如何决定的有助于预测利率的未来走势。本节重点分析无风险名义利率的决定，该名义利率可以被看作能代表金融市场上各种利率的整体水平的平均利率。由于利率是资金的价格，因此，与其他商品的价格决定类似，利率也是由两种相互作用的因素决定的：可贷资金需求和可贷资金供给。可贷资金需求方包括家庭、国内企业、消费者、政府以及外国借款者；可贷资金供给则有以下四个来源：国内储蓄、超额货币供给、国内银行系统创造的货币以及进入国内市场的外国资金。下面将逐个讨论这些需求和供给因素。

一、可贷资金需求

（一）家庭的可贷资金需求

家庭可以通过消费信贷购买各种各样的产品和劳务。利率的上升会抑制家庭贷款需求，而利率的下降会刺激家庭增加贷款以增加消费。除了利率因素之外，还有许多其他因素能影响家庭贷款需求，如贷款的首期付款额、到期日、分期付款的每期付款额等。但是，一般而言，家庭对贷款的需求与利率水平成反比。

（二）国内企业的可贷资金需求

大部分企业购买存货、固定资产和设备的投资都是通过借贷完成的。有关公司财务的原理指出，为了实现股东财富最大化的目标，企业应该投资于所有净现值（*NPV*）为正的项目。当利率水平升高时，计算项目净现值的贴现率也随之提高，导致更多的潜在项目净现值为负。换句话说，利率水平提高导致贷款成本增加，更多潜在项目的预期收益率低于融资成本。当利率比较低时，更多的投资项目变得有利可图，因为更多项目的预期收益率高于贷款成本，更多项目的净现值为正。因此，企业的贷款需求随着利率的下降而上升，随着利率的上升而下降，两者反向变动。

（三）政府的可贷资金需求

在金融市场上，政府对可贷资金需求具有重要影响，但是政府的发债规模与利率水平的关系不大。政府制定借债决策时主要考虑的是如何保持宏观经济稳定以及维持一定水平的社会福利而不是利率。因此，利率水平与政府的借债数量并没有直接的关系。

（四）外国借款者的可贷资金需求

我国加入 WTO 后，随着金融市场对外开放的深入，我国金融市场与全球金融市场一体化的程度越来越高。一些外国投资者进入中国金融市场借款，外国借款者的信贷需求对国内外的市场利差相当敏感。如果中国国内利率相对于国际市场而言下降了，那么外国借款者会倾向于在中国金融市场借款而不是到国际市场上借款。与此同时，中国国内提供信贷的机构会增加它们的国外贷款而相应地减少在国内市场上提供的贷款。由此可见，外国借款者的信贷需求与国内外的利差成反比，国内利率水平相对于国际金融市场的利率水平越高，外国借款者在国内的借款就越少；反之亦然。

综上所述，可贷资金总需求是家庭、国内企业、政府以及外国借款者对可贷资金需求的总和。可贷资金需求与利率的关系如图 6－1 所示。其中，纵轴代表利率水平，横轴代表可贷资金需求。该需求曲线向右下方倾斜，表示随着利率上升，对可贷资金的需求减少。较高的利率导致企业、消费者、政府和外国借款者削减他们的贷款需求，较低的利率则刺激上述机构和个人贷款需求的增加。不过，需求曲线不能单独决定利率水平，而要与供给曲线共同作用才能决定利率水平。

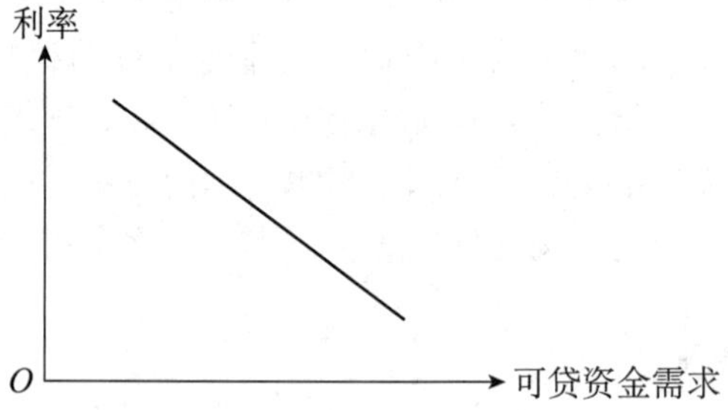

图 6－1　可贷资金需求与利率的关系

二、可贷资金供给

（一）国内储蓄

国内储蓄是可贷资金的主要来源，它由家庭储蓄、企业储蓄和政府储蓄三个部分构成。家庭储蓄是指家庭的当期收入与当期消费的差额。一般而言，家庭储蓄构成国内储蓄中最主要的部分。企业则通过保留当期净盈利或者增加折旧准备金形成企业储蓄。如果政府当期收入超过了财政开支，其财政盈余就是政府储蓄。

目前，绝大多数经济学家认为收入水平而非利率是决定人们储蓄多少以及何时储蓄的最重要的因素。[①] 但是，利率仍可以通过替代效应、收入效应以及财富效应对家庭和企业的储蓄产生重要影响。

替代效应是指利率的上升提高了未来消费（当前储蓄）相对于目前消费的吸引力，促使家庭用更多的当期储蓄去替代当期消费。由此可见，利率对储蓄的替代效应是指利率与储蓄之间的正向关系。

收入效应表明利率与储蓄反向变化。下面通过一个具体例子说明收入效应。假设某人计划每年储蓄一部分资金，希望 5 年后能攒够 100 000 元钱以购买汽车。一段时间后，利率从 5%上升到 10%，这个人将来应该拿出更多还是更少的收入用于储蓄呢？当然是更少。因为较高的利率使他的利息收入增加，今后只需较少的储蓄就能达到预期目标。同理，如果利率下降，则要求更多的储蓄，因为企业或家庭只有增加储蓄才能确保在目标期内实现储蓄的预期目标。

① 但关于年储蓄量与收入的关系仍存在许多争议。一些经济学家认为当期储蓄是由预期的长期收入而不是当期的收入水平决定的，这是生命周期理论的观点。

另外，利率还可以通过财富效应影响储蓄。人们的一部分财富是以金融资产的形式持有的。当利率发生变动时，金融资产的价值会怎样变化呢？如果利率上升了，那么许多金融资产的市值会下降，所以利率的上升会导致以金融资产形式持有的财富的价值减少，为维持原有的财富水平，人们就不得不储蓄更多。相反，利率下降令许多金融资产的市场价值升高，也就是财富增加了，即使减少当期的储蓄也可以维持原来的财富水平。

然而，对于负债的企业或个人来说，财富效应的结果却是相反的。当利率上升时，原来在低利率时签订的债务合约的市场价值就会降低，这会减轻债务人的负担。所以，利率上升将减轻债务人的负担，使其变得更富有，此时即使减少一些储蓄，债务人的财富水平也可以保持不变；而利率下降则会导致储蓄增加。

综上所述，当利率发生变化时，替代效应和收入效应对储蓄的作用方向相反，财富效应对债权人和债务人的储蓄决策的影响也是相反的，因此，利率变化对储蓄的影响是不确定的，取决于三者的净效应。

（二）超额货币供给

另一个可贷资金的来源是满足公众货币需求之后的超额货币供给。公众的货币需求随着利率和收入水平的变化而变化。一般而言，货币需求与利率反向变化，与收入同向变化。货币供给则主要是由中央银行控制的。显然，在某个时点上货币需求和货币供给并不必然相等。当公众货币需求超过货币供给时，一些企业和个人会卖掉其他资产以满足自己的货币需求，这将减少金融市场上的可贷资金供给。相反，当公众的货币需求小于可获得的货币供给时，一些企业和个人就会用多余的货币去购买其他金融资产，从而增加可贷资金供给。

（三）国内银行系统创造的货币

中央银行可以通过向商业银行购买政府债券或外汇、向商业银行提供再贷款等方式增加商业银行的存款准备金，商业银行又可以进一步将超额存款准备金贷放出去，这样整个商业银行体系就能够创造出多倍存款，从而创造出更多的货币。国内银行系统创造的货币是可贷资金的另一个重要来源。

（四）进入国内市场的外国资金

最后，外国贷款人可以向中国国内的借款人提供贷款，这些流入的外资构成了国内可贷资金的一部分。外资的流入数量主要取决于国内利率和国际利率的差异。如果国内利率相对于国际利率上升了，在中国金融市场上资金的收益率更高，外资流入就会增加。如果国内利率相对于国际利率降低，就会导致更多的外资流出。由此可见，本国的利率水平与外资流入同向变化。

综上所述，国内储蓄、超额货币供给、国内银行系统创造的货币、进入国内市场的外国资金就构成了一个国家一定时期内可贷资金总供给。通常，可贷资金供给与利率水平同向变化，可贷资金供给与利率水平的关系如图 6-2 所示，供给曲线随利率的上升而上升，表明当利率提高时，更多的可贷资金会流入货币市场和资本市场。

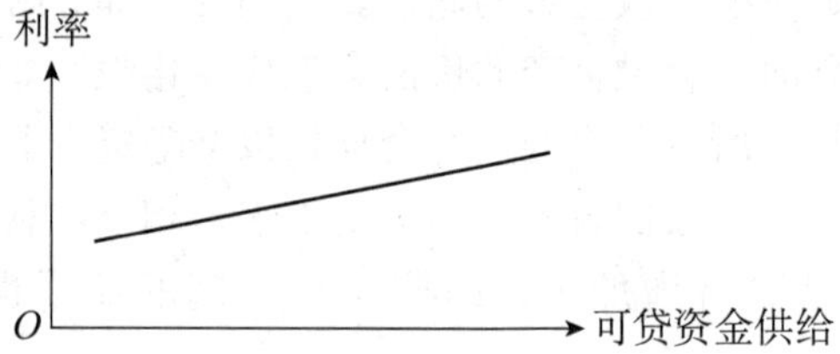

图 6-2　可贷资金供给与利率的关系

三、可贷资金理论中的均衡利率

可贷资金供给和可贷资金需求不仅决定了经济体系中的信贷资金量，而且决定了均衡利率。当可贷资金供给和可贷资金需求平衡时，利率趋向于均衡利率 i（如图 6-3 所示）。

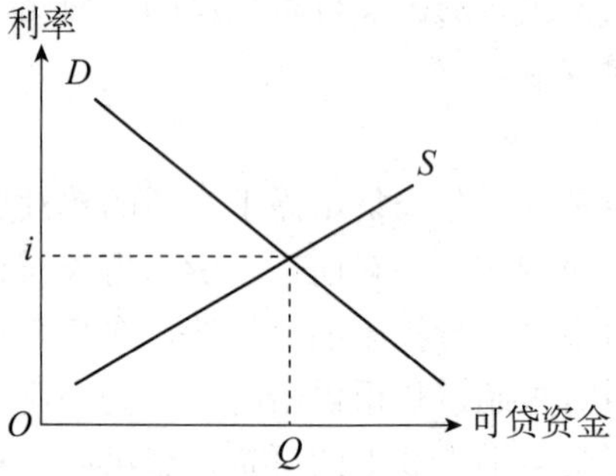

图 6-3　可贷资金供需均衡

如果利率高于均衡利率，可贷资金供给会大于可贷资金需求，利率会下调；相反，如果利率低于均衡利率，可贷资金需求大于可贷资金供给，借款人会提高利率，直到再次回到均衡利率。

这个简单的供求关系框架对于分析利率的大致变化趋势很有帮助。比如说，如果可贷资金供给增加了而需求保持不变或增加很慢，则金融市场上的信贷额一定会增加，利率便会下降。

如图 6-4 所示，随着可贷资金供给的增加，供给曲线向右下方移动，即从 S 移至 S'，这使得均衡利率从 i_1 下降到 i_2，金融体系中均衡状态下的可贷资金数量从 C_1 增加到 C_2。

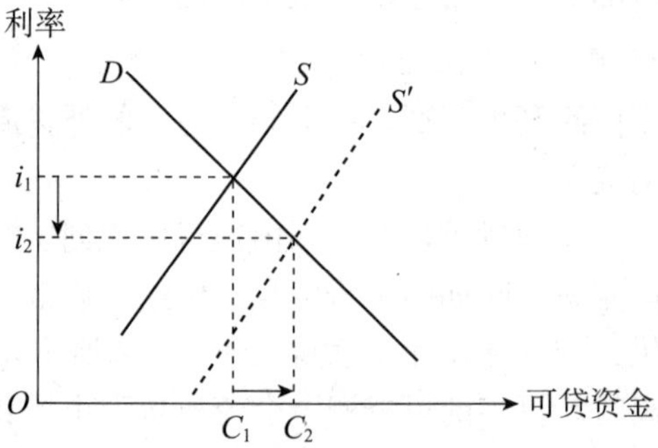

图 6-4　可贷资金供给增加导致均衡利率下降

当可贷资金需求增加时又会怎样呢？这种情况下，贷款的利率会上升，金融体系中均衡状态下的可贷资金数量也会相应增加。如图 6-5 所示，可贷资金需求曲线从 D 移动到 D'，使得均衡利率从 i_1 上升到 i_2。

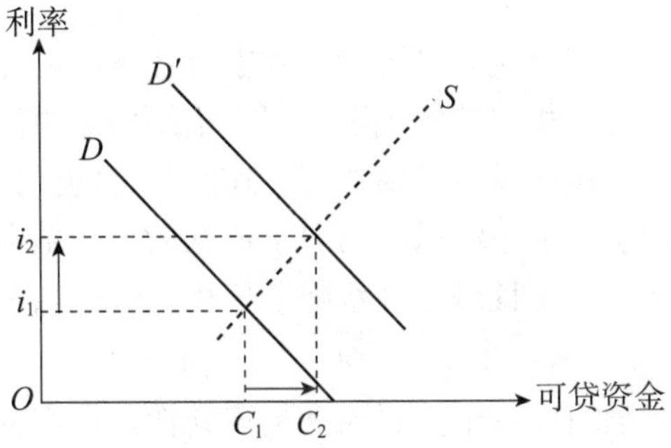

图 6-5　可贷资金需求增加导致均衡利率上升

△ 专栏 6-1

1996—2002 年我国利率水平为什么会大幅下降？

1996—2002 年期间，我国金融市场利率水平出现了大幅下降。例如，1 年期存款利率 1996 年 6 月为 9.18%，2002 年 4 月则降为 1.98%；10 年期国债到期收益率 1996 年 6 月为 11.83%，2002 年 4 月则降为 2.54%。利率水平大幅下降的原因是什么呢？利率决定的可贷资金理论可以解释这种现象。我国从 1996 年下半年开始出现了总需求不足，宏观经济中通货紧缩成了突出问题。于是，企业决策者调低了对未来盈利水平的预期，这导致了投资需求——可贷资金需求——的减少（或增长乏力）。此外，由于各种体制机制改革，如住房商品化、高等教育收费、退休养老制度改革以及政府精简机构、企业减员增效等不断深化，未来的不确定性增加，人们增加储蓄以备将来不时之需。中央银行为克服通货紧缩，采取了扩张性的货币政策，这一时期外资流入规模增长迅猛。上述三种因素综合作用导致了可贷资金供给大量增加和可贷资金需求减少。根据可贷资金理论，这将导致利率降低。

第三节　利率风险结构

本章第二节研究的是代表金融市场上各种利率的整体水平的平均利率，考察的是单一利率水平的决定。但是，金融市场上存在种类繁多的固定收益证券，这些证券的利率存在极大的差异。了解不同固定收益证券之间利率不同的原因，对于投资者制定正确的固定收益证券投资决策非常重要。本节重点研究期限相同的固定收益证券的利率各不相同的原因。期限相同的各类债券的利率之所以存在差别，是因为它们在信用风险、流动性以及税收规定方面存在差别。通常，将上述三种因素造成的利率[①]差异统称为利率的风险结构。

（一）信用风险

除政府发行的国债外，其他主体发行的债券都存在不同程度的违约风险。由于风险和收益是对称的，在其他条件相同的情况下，对于信用风险更高的债券，投资者必然会要求更高的预期收益率。有违约风险的债券与无违约风险的国债之间的利率差额被称为风险升水，即投资者由于承担了违约风险而要求的补偿。在债券市场上，有信用风险的债券总是具有正的风险升水，而且风险升水随着信用风险的增加而增加。

（二）流动性

影响固定收益证券利率的另一个重要因素是流动性。资产的流动性是指迅速地转换为现金而不致遭受损失的能力。债券的流动性越大，就越受欢迎。如果某种债券的交易量很大，而且交易者数量众多，那么该种债券的流动性就会很高。在我国，国债的交易量大、交易者众多，很容易迅速出售且费用相对较低，所以是流动性最强的债券。任何一种公司债券的交易量都小于国债，所以其流动性也比国债差。如果想迅速转让，卖者必须接受一定幅度的折价。因此，债券的投资者在购买流动性比较差的债券时，必然要求一个正的流动性风险报酬以补偿自己承担的流动性风险。公司债券与政府债券之间的利率差额（即风险报酬）不仅反映了公司债券的信用风险，而且反映了公司债券的流动性风险。但是，传统上该利率差额仍然被称为风险报酬。同理，两种公司债券之间的利率差额也同时反映了两者之间信用风险和流动性风险的差异。值得一提的是，在总的利率差额中很难准确地划分信用风险报酬和流动性风险报酬各自的大小。

（三）税收规定

税收也是影响债券利率水平的一个重要因素。债券的投资者更关心税后收益率，即投资者真正的收益率。税后收益率的计算公式是：

$$Y_{at}=Y_{bt}(1-T)$$

式中：Y_{at}——税后收益率；

Y_{bt}——税前收益率；

T——税率。

例如，某个债券的税前收益率为 10%，应纳税率为 20%，则其税后收益率 $Y_{at}=10\%\times(1-20\%)=8\%$。可见税收的存在使得债券的税后收益率低于税前收益率。应纳税率越高，投资者要缴纳的税就越多，其税后收益率也就越低。应纳税率高的债券，投资者要求的利率也比较高，这样才能保证税后收益率达到合适的水平。在我国，国债和政策性金融债券是免税的，而公司债券的利息收入则要缴纳利息税，因此，企业债券的利率就必须更高，以保证其税后收益率与国债和金融债券相比具有竞争性。

对纳税等级比较高的人而言，免税债券的吸引力是很大的，这可以使他们免交数额庞大的税款。例如，某投资者以 100 元的价格购买了票面价值为 100 元、票面利率为

① 更准确地说，此处的利率应为到期收益率。

10%的公司债券，1年后到期获得10元的利息。如该投资者面临的税率为40%，则税后只能得到6元的利息，这时虽然债券的票面利率是10%，但实际上税后收益率只有6%；如果该投资者面临的税率为20%，税后利息收入则为8元，即税后收益率为8%。假如某投资者面临的税率为40%，以100元的价格购买面值为100元、票面利率为8%的国债，该债券1年后到期，则该投资者的利息收入只有8元，但由于国债是免税债券，8元利息不用缴税，故税后收益率仍然为8%。可见，税率等级高的人从免税债券中得到的好处是非常明显的。通常，投资者会将非免税债券的税后收益和期限与风险相同的免税债券相比较，再决定投资于何种债券。

（四）其他特殊条款

有些债券附加了一些特殊条款，赋予债权人或债务人某些权利。这些特殊条款也会影响债券的收益率。例如，有些债券赋予发行人提前赎回的权利，发行人有权在到期日前按照预先确定的价格赎回债券，在将来利率降低，债券的市场价格提高时，发行人可以按照较低的价格赎回债券。赎回条款对于发行人是有利的，而对于投资者就是不利的，因此投资者会要求更高的收益率进行补偿。因此，在其他条件相同的情况下，具有赎回条款的债券的收益率应该更高。

另外一些债券是可转换债券，债券的投资者有权按照事先确定的转换比率将债券转换成发行人的股票。将来公司股票价格上涨时，可转换债券的投资者可以行使转换权以分享股价上涨的好处，因此，可转换条款对于投资者是有利的，投资者愿意放弃一部分收益来获得这种转换的权利。因此，在其他条件相同的情况下，可转换债券比普通债券的收益率更低。

第四节　利率期限结构

一、利率期限结构、即期利率和远期利率

（一）利率期限结构和收益率曲线

除了风险、流动性和税收因素会对债券的利率产生影响外，期限也是影响债券利率的重要因素。具有相同风险、流动性和税收待遇的国债，其利率由于距离到期日的时间不同而不同。风险、流动性和税收待遇相同而期限不同的国债[①]的利率（到期收益率）与期限之间关系的图形描述就是收益率曲线（yield curve）。由于收益率曲线将各种国债的到期收益率与期限联系起来，因此又被称为利率期限结构。图6-6就是2012年8月24日中国的国债收益率曲线。

任何特定时刻的收益率曲线都是由当时市场参与者的预期和风险偏好决定的。由于市场预期时刻在变，理论上每一个时点都有不同的收益率曲线。

收益率曲线按形状大致可分为以下类型：上升形（向上倾斜形）、下降形（向下倾

① 之所以选定国债，是因为国债没有信用风险。这里还要求国债没有任何可转换条款、赎回条款、浮动利率条款。

斜形)、水平形与峰形，见图 6-7。

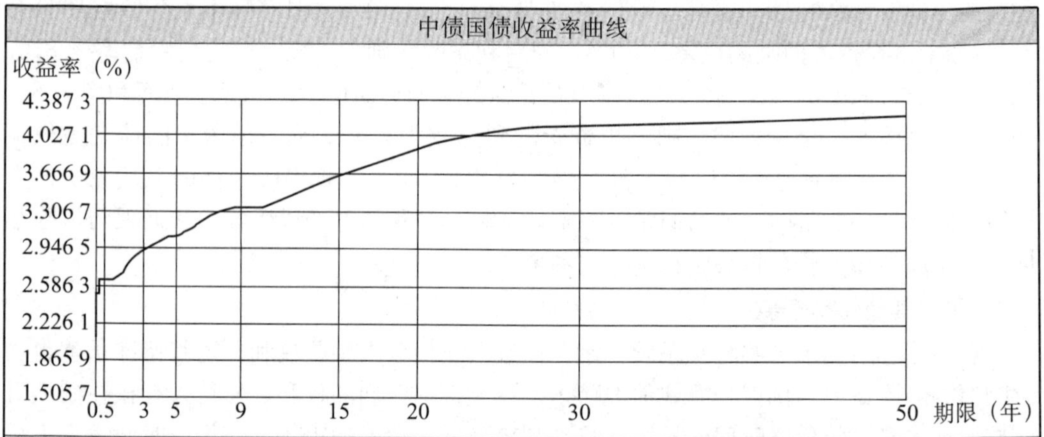

关键期限（年）	当日收益率（%）	上日收益率（%）	涨跌（基点）
1	2.627 5	2.630 0	−0.250 0
3	2.915 2	2.925 4	−1.020 0
5	3.061 4	3.122 0	−6.060 0
7	3.229 6	3.291 3	−6.170 0
10	3.336 4	3.370 2	−3.380 0
30	4.156 4	4.160 7	−0.430 0
50	4.250 1	4.252 2	−0.210 0

图 6-6　中国国债收益率曲线

资料来源：中国债券信息网，数据时间为 2012 年 8 月 24 日。

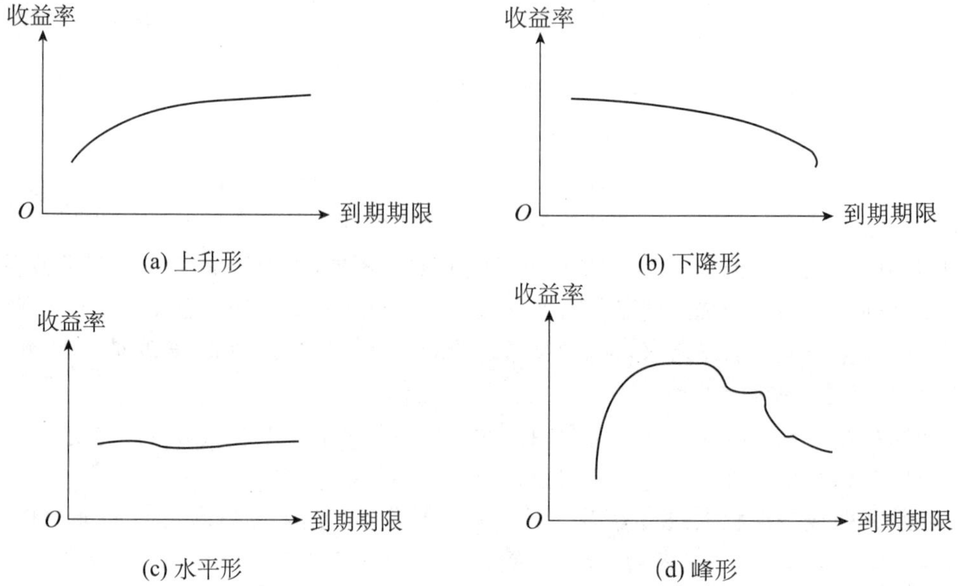

图 6-7　收益率曲线的不同形状

（二）即期利率和远期利率

为了介绍利率期限结构理论，必须先介绍两个重要的术语：即期利率（spot interest rate）和远期利率（forward interest rate）。所谓即期利率，就是零息债券（纯贴现债券）的到期收益率。即期利率可以用如下公式表示：

$$P_t = \frac{M_t}{1+s_t}$$

式中：P_t——零息债券的价格；

M_t——零息债券到期日的价值；

s_t——即期利率。

远期利率是指从未来某个日期开始的远期债务合约所要求的利率。下面通过一个例子来解释远期利率的定义。假设某个1年期零息债券的即期利率为8%，而另一个2年期零息债券的即期利率为10%。如果投资者投资1元在一个2年期零息债券上，2年后将获得$1\times(1.10)^2$元。那么，从现在看，第2年（第2年年初到第2年年末）的远期利率是多少？第2年的远期利率可计算如下：

$$[1\times(1.10)^2/1.08]-1=12.04\%$$

当投资者投资即期利率为10%的2年期零息债券时，2年到期时获得的收益与另一种滚动投资策略获得的收益是相等的。滚动投资策略就是在第1年按照8%的收益率进行投资，接着在第2年将第1年获得的全部本息收入按照确定的12.04%的收益率再进行投资。此处，根据1年期即期利率和2年期即期利率推导出来的第2年收益率12.04%就是第2年的远期利率。一般来说，如果给定1年期即期利率s_1和2年期即期利率s_2，就可以用下面的关系式计算出第2年的远期利率$f_{1,2}$：

$$(1+s_1)\times(1+f_{1,2})=(1+s_2)^2$$

根据上述推理可以计算出将来任何一年的远期利率，远期利率和即期利率的关系如下：

$$(1+s_{t-1})^{t-1}\times(1+f_{t-1,t})=(1+s_t)^t \tag{6.1}$$

把式（6.1）进一步展开，可以推导出以下关系式：

$$(1+s_1)\times(1+f_{1,2})\times(1+f_{2,3})\times\cdots\times(1+f_{t-1,t})=(1+s_t)^t \tag{6.2}$$

式中：$f_{t-1,t}$——第t年的远期利率，即第$t-1$年年末到第t年年末这一年的远期利率；

s_{t-1}——第$t-1$年的即期利率；

s_t——第t年的即期利率。

二、利率期限结构理论

为什么不同期限的债券的到期收益率会存在差异？解释不同期限的债券的到期收益率之间关系的利率期限结构理论主要有四种：（1）无偏预期理论（unbiased expectation theory）；（2）流动性偏好理论（liquidity preference theory）；（3）特定期限偏好理论（preferred habitat theory）；（4）市场分割理论（market segmentation theory）。

由于前三种理论都同意短期远期利率行为的假说，并且假定当期长期债券的远期利率与市场对未来短期利率的预期密切相关，因此可统称为预期理论（expectation theory)。三者的不同之处在于，对是否有其他因素影响远期利率以及如何影响观点不一。无偏预期理论主张，除了预期的未来短期利率外，没有其他的系统性因素影响远期利率；流动性偏好理论和特定期限偏好理论认为，存在其他影响因素，因此后两者又被称为有偏预期理论（biased expectation theory）。

必须强调的是，在讨论这四种利率期限结构理论的时候，我们研究的是即期利率（而不是到期收益率）的期限结构[①]，实际上，此处研究的是一种特殊的收益率曲线——即期利率曲线（spot rate curve），即不同期限政府债券的即期利率和各自期限的关系。

（一）无偏预期理论（纯预期理论）

无偏预期理论假设：(1) 债券持有人是风险中性的，对期限不同的债券没有特殊偏好，投资者仅考虑（到期）收益率而不关心债券的利率风险，或是在无风险的确定性环境下进行投资；(2) 所有市场参与者都有相同的预期，金融市场是完全竞争的；(3) 在投资者的资产组合中，期限不同的债券可以完全替代。基于这样的假设，利率将保持在这样一个水平：该利率使得第 t 年的远期利率与预期的第 t 年即期利率正好相等。[②] 即

$$f_{t-1,t} = es_{t-1,t} \tag{6.3}$$

式中：$es_{t-1,t}$——预期的第 t 年即期利率。

将式（6.3）代入式（6.2），可以得出如下结果：

$$(1+s_1)\times(1+es_{1,2})\times(1+es_{2,3})\times\cdots\times(1+es_{t-1,t})=(1+s_t)^t \tag{6.4}$$

从式（6.4）可以看出，无偏预期理论认为，收益率曲线的形状主要由市场预期的未来短期利率水平决定。之所以出现向上倾斜形收益率曲线就是因为市场预期未来的短期利率会上升。向上倾斜形收益率曲线意味着 $s_t>s_{t-1}$，由式（6.1）和式（6.3）可推导出如下结果：

$$(1+s_{t-1})^{t-1}(1+es_{t-1,t})=(1+s_t)^t \tag{6.5}$$

由式（6.5）可知，$es_{t-1,t}>s_{t-1}$，即市场预期未来的短期利率会上升；同理，之所以出现向下倾斜形收益率曲线是因为市场预期未来的短期利率会下降；之所以出现水平形收益率曲线是因为市场预期未来的短期利率将基本保持稳定；而之所以出现峰形收益率曲线则是因为市场预期较近的一个时期短期利率将会上升，而在较远的将来，市场预期短期利率将会下降，见图 6-8。

为了更深入地介绍无偏预期理论，下面用一个实例来说明。

［例 6-1］ 债券市场上存在两种债券：即期利率为 7%的 1 年期债券和即期利率为 8%的 2 年期零息债券。投资者最初的投资额为 1 元。如果计划投资期为 2 年，那么有两种投资策略供投资者选择：

(1) 期限匹配策略。购买 2 年期债券，持有至到期。持有期和债券本身的期限吻合，2 年后投资者的收入为 $1\times(1+8\%)^2=1.1664$（元）。

---

① 更准确的说法是，收益率曲线和利率期限结构并不完全相同，前者指到期收益率和期限的关系，而后者则是指即期利率与期限的关系。在实践中，要想正确计算债券的价格，必须利用利率期限结构而不是收益率曲线。

② 更一般地，该理论认为将来任何一个时期内的远期利率都与该时期内预期的即期利率相等。

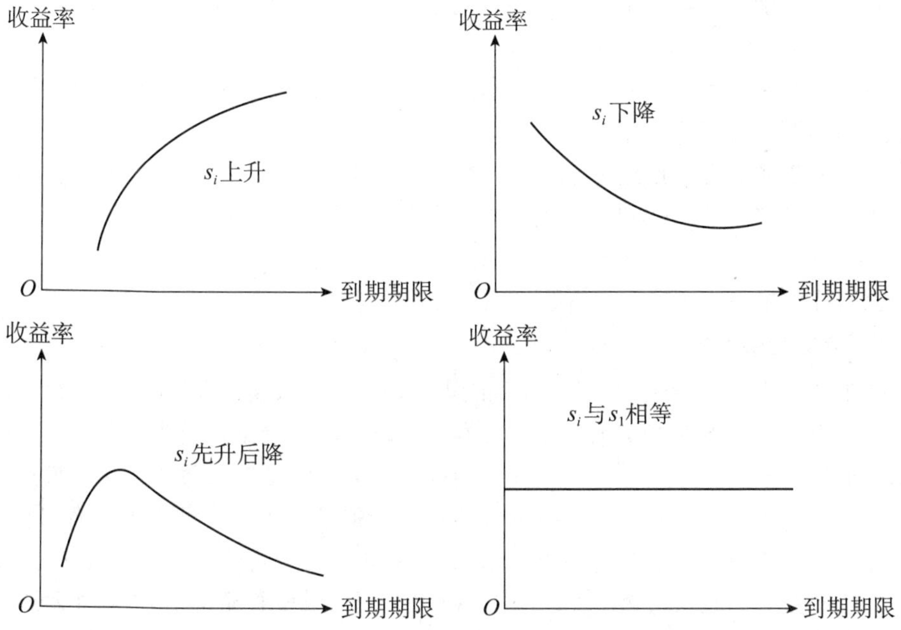

图 6-8　无偏预期理论下的利率期限结构

(2) 滚动策略。投资者持有 1 年期债券，1 年后将取得的全部收入用于购买其他债券，第 1 年年底投资者获得的确定收入为 1×(1+7%)=1.07（元）。然后，投资者将第 1 年年底的所有收入 1.07 元再投资于 1 年期债券。该投资者不能确切地知道 1 年后的 1 年期即期利率，只能对其进行预期，将投资者预期的 1 年后的 1 年期即期利率记为 $es_{1,2}$。那么，投资者在第 2 年年底的收入预期值为 $1\times(1+7\%)\times(1+es_{1,2})$。

投资者会对两种策略的未来收益进行预期，并选择预期收益率更高的投资策略。根据前面的定义，第 2 年的远期利率 $f_{1,2}=(1+8\%)^2/(1+7\%)-1=9\%$。作为一个整体，市场参与者预期的第 2 年的即期利率（$es_{1,2}$）能否超过第 2 年的远期利率（9%）？不可能！假设预期的第 2 年即期利率为 10%，超过了第 2 年的远期利率 9%。滚动策略下，在第 2 年年底的预期收入将是 1.07×(1+10%)=1.177（元），由于 1.177>1.166 4，说明在预期的第 2 年的即期利率为 10%时，滚动策略的预期收益将超过期限匹配收益。这会促使投资者争相购买 1 年期债券，导致 1 年期债券的利率降低；投资者抛售 2 年期债券，导致 2 年期即期利率上升。上述行为会降低 1 年期债券利率，提高 2 年期债券利率，最终会使两种投资策略的预期收益率一致，如此一来市场上各种期限的债券供求才能处于均衡。同理，市场参与者预期的第 2 年的即期利率也不可能低于第 2 年的远期利率。所以在市场均衡状态下，无偏预期理论认为第 2 年的远期利率正好等于市场预期的第 2 年即期利率。

再来考虑另外一种情况。投资者的计划投资期只有 1 年，现在供投资者选择的策略仍然有两种：

(1) 买 1 年期债券，第 1 年年底的收入为：

$$1\times(1+7\%)=1.07\text{（元）}$$

（2）买 2 年期债券，在第 1 年年底将债券卖出，在第 1 年年底预期收入为：

$$(1+8\%)^2/(1+es_{1,2})=(1+7\%)(1+9\%)/(1+es_{1,2})$$

只有当第 2 年的远期利率（9%）正好等于市场预期的第 2 年的即期利率时，上述两种策略的预期收益率才能相等。

上述分析表明，无偏预期理论认为，在市场均衡状态下，第 2 年的远期利率正好等于市场预期的第 2 年的即期利率。用公式表示即：

$$f_{1,2}=es_{1,2} \tag{6.6}$$

根据同样的推理，很容易推导出式（6.3）。

（二）流动性偏好理论

总的来说，投资者是风险厌恶者，而期限越长的债券，利率风险越大。在其他条件相同的情况下，投资者偏好期限更短的债券。仍以上面的例子来说明这个观点。不论投资者的计划投资期是 1 年还是 2 年，只要两种投资策略的预期收益率相同，投资者就会倾向于期限短的 1 年期债券。如果投资者的计划投资期是 1 年，那么投资者可以购买 1 年期债券，年底获得确定的收入 1.07 元；也可以购买 2 年期债券，年底将未到期的债券售出，年底获得的收入将为 $(1+8\%)^2/(1+s_{1,2})$。由于投资者在决策时无法确切地知道第 2 年的实际即期利率（$s_{1,2}$），只能对第 2 年的即期利率进行预期，因此，投资者在第 1 年年底的收入是不确定的。

如果投资者的计划投资期是 2 年呢？投资者会意识到，将来可能会出现预料不到的资金需求而需要提前将债券卖掉，购买 1 年期（短期）债券能确保投资者在第 1 年年底获得稳定的收入；而购买 2 年期债券并在第 1 年年底出售，第 1 年年底能获得的收入是不确定的。①

因此，无论投资者的计划投资期是 1 年还是 2 年，购买 2 年期的债券都面临着更大的风险，所以投资者会要求 2 年期债券比滚动投资策略提供更高的预期收益率。而对于债券发行人而言，发行长期债券可以避免短期债券滚动发行的高额发行成本并且可以降低利率风险，因此，债券发行人也愿意为长期债券支付更高的利率。综上所述，在均衡状态下，长期债券比滚动策略的预期收益率更高，用公式表示就是：

$$(1+s_2)^2>(1+s_1)(1+es_{1,2}) \tag{6.7}$$

由即期利率和远期利率的关系可推导出如下结论：

$$f_{1,2}>es_{1,2}$$

更一般的结论是：

$$f_{t-1,t}>es_{t-1,t} \tag{6.8}$$

远期利率和预期的即期利率的差额被称为流动性报酬（$L_{t-1,t}$），也称为风险报酬，用公式表示如下：

$$f_{t-1,t}=es_{t-1,t}+L_{t-1,t} \tag{6.9}$$

① 在计划投资期为 2 年时，滚动策略和期限匹配策略都面临着利率风险。前者承受再投资风险，即第 2 年投资者制定投资决策时无法知道第 2 年利率的确切值；后者承受价格风险，即提前变现时由于利率上升而导致资本损失。流动性偏好理论的支持者认为再投资风险很小，可以忽略不计，唯一需要考虑的就是价格风险。

下面举一个简单的实例对无偏预期理论与流动性偏好理论进行比较：

假设 $s_1=r_1=8\%$，$es_{1,2}=9\%$，$es_{2,3}=10\%$，$L_{1,2}=L_{2,3}=1\%$，根据式（6.9），$f_{1,2}=10\%$，$f_{2,3}=11\%$，由此可得：

$$s_2^L=\sqrt{(1+8\%)\times(1+10\%)}-1=9.00\%$$

$$s_2=\sqrt{(1+8\%)\times(1+9\%)}-1=8.50\%$$

即$s_2^L>s_2$。

同理：

$$s_3^L=\sqrt[3]{(1+8\%)\times(1+10\%)\times(1+11\%)}-1=9.66\%$$

$$s_3=\sqrt[3]{(1+8\%)\times(1+9\%)\times(1+11\%)}-1=9.33\%$$

即$s_3^L>s_3$。

综上所述，可知不变的流动性报酬使得债券收益率上升的幅度更大。

正由于无偏预期理论未考虑到风险报酬，即认为 $L_{t-1,t}=0$，因此对于各种形状的收益率曲线的解释，流动性偏好理论和无偏预期理论存在显著的差异。对于水平形收益率曲线，无偏预期理论认为市场预期未来的短期利率将基本保持稳定，而流动性偏好理论则认为市场预期未来的短期利率将会降低，降低的幅度正好等于流动性报酬；对于向下倾斜形收益率曲线，流动性偏好理论也认为市场预期未来的短期利率将会下降，但下降的幅度比无偏预期理论预期的下降幅度更大；对于向上倾斜形收益率曲线，流动性偏好理论则认为市场预期的未来短期利率既可能上升，也可能保持不变，即使市场预期未来的短期利率保持不变，由于存在正的流动性报酬，收益率曲线也会上升（见图 6-9）。

（三）特定期限偏好理论

特定期限偏好理论同样认为利率期限结构反映了未来短期利率的预期值和流动性报酬两种因素。与流动性偏好理论不同的是，该理论不认为流动性报酬随着期限的增加而增加。该理论认为，上述结论只有在投资者偏好短期债券、发行人倾向于发行长期债券的情况下才成立。现实世界并非如此，因为很多金融机构和个人投资者的投资期限、发行债券的期限主要取决于本身的资产负债状况。特定期限偏好理论认为，某种期限的资金供求状况经常是不平衡的，一些投资者和借款人可以改变原来的期限偏好来满足这种不平衡。为了让这些投资者和借款人改变原来偏好的特定期限，必须向他们提供某种程度的补偿，这种补偿就是风险报酬。该风险报酬反映了投资者和借款人对利率风险的厌恶程度。

特定期限偏好理论认为风险报酬可正可负，即对 $L_{t-1,t}$ 值不加限定，以吸引交易者改变自己原来偏好的特定期限。例如，如果大部分投资者偏好长期投资，那么流动性报酬就可能为负，期限越长的债券其预期收益率反而可能越低。很显然，根据特定期限偏好理论，收益率曲线的任何形状都是可能的。

（四）市场分割理论

由于法律制度、文化心理、投资偏好的不同，投资者一般会比较固定地投资于某一期限的债券，这就形成了以期限为划分标志的细分市场。即期利率水平完全由各个期限的市场上的供求力量决定，单个市场上的利率变化不会对其他市场上的供求产生影响。

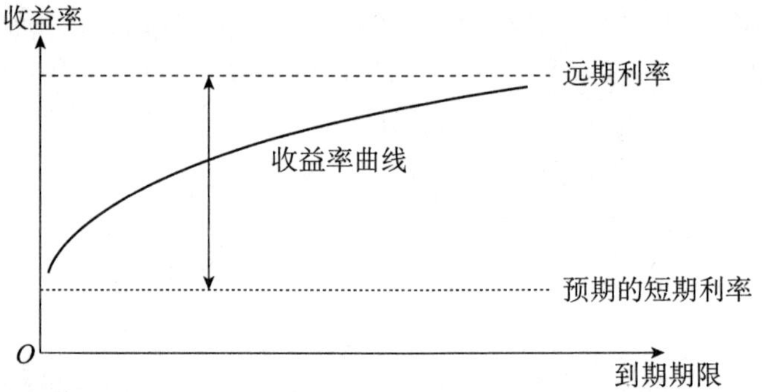

（1）不变的流动性溢价（$L_{1,2}=L_{2,3}=\cdots=L_{n-1,n}$），预期短期利率不变（上升）：上升形

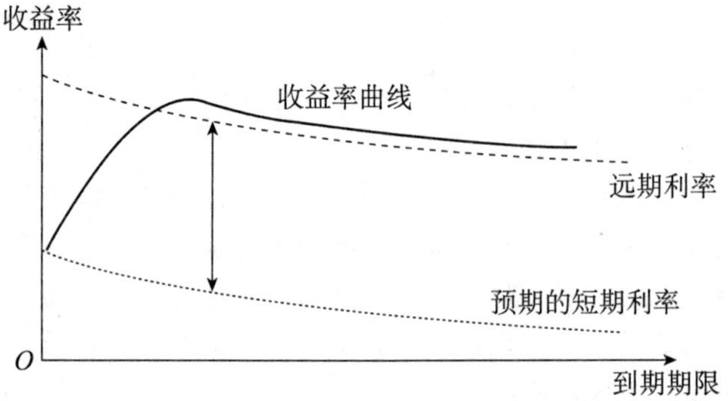

（2）不变的流动性溢价（$L_{1,2}=L_{2,3}=\cdots=L_{n-1,n}$），预期短期利率下降：峰形

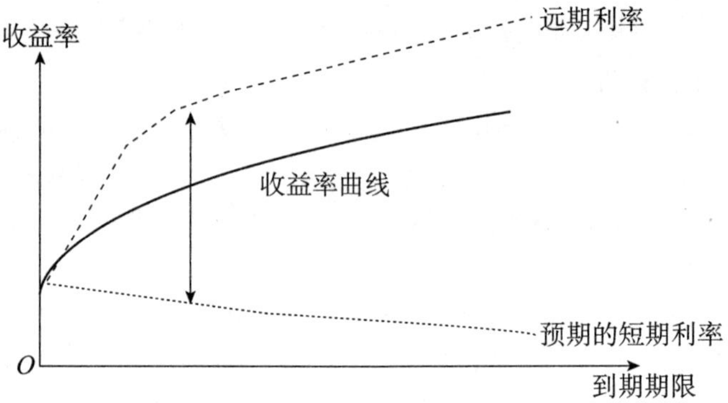

（3）上升的流动性溢价（$L_{1,2}<L_{2,3}<\cdots<L_{n-1,n}$），预期短期利率下降：上升形

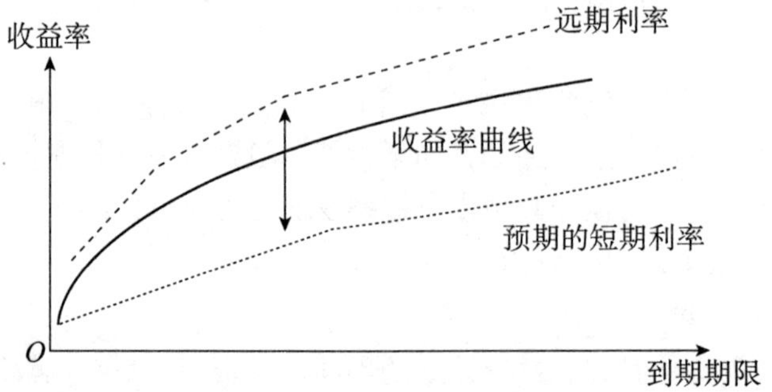

（4）上升的流动性溢价（$L_{1,2}<L_{2,3}<\cdots<L_{n-1,n}$），预期短期利率上升：急剧上升形

图 6－9　流动性偏好理论下的各种利率期限结构

即使投资于其他期限的市场收益率可能会更高，风险报酬 $L_{t-1,t}$ 可能无限大，但由于市场上的交易者只偏好自己投资的市场，所以不会转而投资于其他市场。向下倾斜形收益率曲线说明短期债券市场上的均衡利率水平高于长期债券市场上的均衡利率水平；向上倾斜形收益率曲线说明短期债券市场上的均衡利率水平低于长期债券市场上的均衡利率水平；峰形收益率曲线说明中期债券市场的收益率最高；而水平形收益率曲线则说明各个期限的市场利率水平基本一致（见图 6－10）。

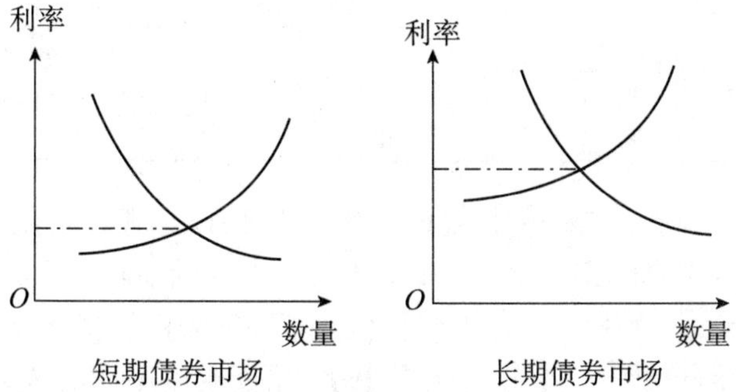

图 6－10　市场分割理论下的短期和长期债券市场供求关系对比

第五节　推导收益率曲线

一、即期利率曲线为债券定价提供了基准利率

债券的合理价格应该是未来所有现金流现值的加总。到目前为止，我们一直假设按照一个统一的贴现率对所有现金流进行贴现，如第三章所述，适当贴现率等于同期限的国债到期收益率加上风险报酬和税收、特殊条款导致的收益率变化[①]等，用公式表示如下：

$$Y = R_f + DP + LP + TA + CALLP + PUTP + COND \tag{6.10}$$

式中：Y——某债券的收益率（适当贴现率）；

R_f——同期限国债的到期收益率；

DP——信用风险报酬；

LP——流动性风险报酬；

TA——税收调整利差；

$CALLP$——因可提前偿还而产生的溢价（正利差）；

$PUTP$——因可提前兑付而产生的折价（负利差）；

$COND$——因可转换而产生的折价。

上述方法面临一个重要问题：相同期限的国债的到期收益率并不相同。原因就在于票面利率不一样。例如，A、B 两种政府债券，有关信息如表 6－1 所示。债券的价格等

① 目前，我国债券市场还很不完善，这种方法仍然是债券市场参与者普遍采用的定价方法。但随着债券市场的发展，这种错误的定价方法将被正确的定价方法取代，详见下面的介绍。

于将两笔现金流分别按照各自的贴现率进行贴现的现值。

债券 A 的价格 $=10/(1+3.5\%)+110/(1+4.5\%)^2=110.392$（元）

债券 B 的价格 $=108/(1+4.5\%)^2=98.899$（元）

两种债券的期限相同，都是 2 年期债券。由于现金流模式不一样，债券 B 的现金流集中在第 2 年，而第 2 年的贴现率更高。因此，债券 B 的到期收益率（*YTM*）更高。

表 6-1　A、B 两种政府债券的有关信息

	适当贴现率		现金流		价格	*YTM*
	第 1 年	第 2 年	第 1 年	第 2 年		
A	3.5%	4.5%	10	110	110.392	4.45%
B	3.5%	4.5%	0	108	98.899	4.5%

票面利率不同，债券的现金流模式就不一样，具有相同期限的债券的到期收益率也会存在差异。对于到期日相同的附息债券，票面利率对到期收益率的影响称为息票效应（coupon effect）。因此，利用收益率曲线提供的不同期限的国债到期收益率作为基准利率就产生了两个严重的问题：首先，期限相同、票面利率不同的国债收益率并不一样，同一期限存在多种收益率，换句话说，收益率曲线不是唯一的；其次，即使能构造出一个单一的收益率曲线，由于各种债券的票面利率各不相同，各自的收益率也会存在差异，用同一个收益率作为所有债券的基准利率是不合适的。

正确的做法是，将所有的债券都看作由一些零息债券构成的组合。因为所有债券都能在未来提供一系列的现金流，可以将每笔现金流都看作一个零息债券。债券的价格就等于各零息债券的价值之和，如果不相等，就产生了套利机会：市场参与者可以将附息债券的利息和本金分解并重新买卖，从而获得无风险利润。[①] 而各个期限的政府零息债券的收益率可以作为其他零息债券的基准利率，因为由票面利率不同而产生的影响已经被消除了。因此，计算债券价格的正确方法应该是：将债券的利息和本金所形成的每笔现金流都看作一个零息债券，对每笔现金流都采用不同的贴现率计算各自的现值，然后将所有的现值加总。每笔现金流的贴现率都应该以政府债券即期利率曲线提供的相同期限的即期利率作为基准利率。这正是我们研究利率期限结构理论时以即期利率曲线作为研究对象的重要原因。

二、如何构造理论上的即期利率曲线——解鞋带的方法

如上所述，构造科学的无风险即期利率曲线对于债券定价非常重要。如果能找到各种期限的零息国债，就可以通过不同期限的零息债券的即期利率构造出完整的即期利率曲线。然而，在债券市场上，零息债券的种类很少，大部分是附息债券。[②] 如何利用附

---

① 这种做法在美国金融市场上很普遍，在美国债券市场上存在一类特殊的债券——Treasury STRIPS（separate trading of registered interest and principal securities）。这是一种金融创新的产物，由政府债券承销商将附息政府债券的本金和利息分开，作为零息债券出售。通过这种方式创造出的债券被称为分离的政府债券（stripped treasury securities）。在我国债券市场上，在本书写作时这种做法还未出现。不过，该种金融创新在我国的出现应该为时不远。

② 美国的 STRIPS 尽管提供了期限种类齐全的零息债券，但是由于这类债券流动性较差，而且一些投资者出于税收考虑对某些期限的 STRIPS 具有特定偏好，因此，STRIPS 的即期利率曲线也不具有代表性。

息债券来构造即期利率曲线是本部分的主要内容。这种运用解鞋带方法（bootstrapping method）求解即期利率曲线的过程阐明了构建收益率曲线的精髓：运用债券市场的价格信息构建理想的无风险即期利率曲线（收益率曲线）。

下面通过一个具体的例子来说明如何通过附息债券估计理论上的即期利率。假设存在 20 种政府债券，期限分别从 1 年到 20 年不等。这些债券都是平价债券，即价格与面值相等，等于 100 元。因为是平价债券，所以这些债券的到期收益率与票面利率正好相等。之所以选择平价债券计算即期利率，是因为可以避免溢价债券和折价债券的税收影响给即期利率曲线造成的偏差。[①]

各期限债券的到期收益率（*YTM* 等于票面利率）如表 6-2 所示。

表 6-2　债券的即期利率和远期利率

债券期限（年）	票面利率（*YTM*）	即期利率（%）	远期利率（%）
1	0.05	5.000 0	5.000 0
2	0.051	5.102 6	5.205 2
3	0.052	5.207 0	5.416 3
4	0.053 5	5.368 0	5.852 2
5	0.054 5	5.476 3	5.910 5
6	0.055 5	5.587 4	6.145 0
7	0.056 7	5.725 6	6.558 7
8	0.057 7	5.842 8	6.666 6
9	0.057 8	5.847 5	5.885 5
10	0.059	6.000 7	7.388 7
11	0.06	6.130 7	7.440 4
12	0.061 1	6.280 3	7.938 9
13	0.062 2	6.435 8	8.320 2
14	0.063 3	6.598 3	8.733 3
15	0.064 4	6.768 7	9.184 1
16	0.065 5	6.948 4	9.680 4
17	0.066 6	7.138 8	10.231 9
18	0.067 7	7.341 8	10.851 4
19	0.068 8	7.559 6	11.555 8
20	0.069 9	7.795 0	12.367 7

重要的一点是，在整个计算过程中，债券都被看作由一系列零息债券构成的债券组

① 例如，在美国构造即期利率曲线时主要采用正处于发行期的政府债券（on-the-run government securities）。这些债券一般都是按接近于面值的价格发行和买卖，同时这些债券的流动性也很强。但是，财政部定期发行的债券只限于 6 个月期、1 年期、2 年期、3 年期、5 年期和 10 年期债券。估计其他期限的即期利率只能采用其他方法。详见下面的介绍。

合，债券的价格等于这些零息债券的价值总和。

首先，1 年期债券的到期收益率就是 1 年期即期利率，即 $s_1=5\%$。2 年期债券的现金流模式如下：

第 1 年：100×5.1%=5.1（元）

第 2 年：100×5.1%+100=105.1（元）

上述 2 年期债券的现金流的现值总和为：

$$5.1/(1+s_1)+105.1/(1+s_2)^2$$

式中：s_1——1 年期即期利率；

s_2——2 年期即期利率。

由于 2 年期债券的现金流的现值总和应该等于其价格 100 元，所以，以下关系式一定成立：

$$100=5.1/(1+s_1)+105.1/(1+s_2)^2$$

由于 1 年期即期利率为已知量，所以通过上式可以求出 2 年期即期利率 $s_2=5.1026\%$。

根据同样的方法可以推导出 3 年期到 20 年期的所有即期利率，其结果如表 6－2 第三列所示。根据各期限即期利率和式（6.1），可以进一步推导出以后各年的远期利率，结果如表 6－2 第四列所示。根据即期利率和远期利率可以绘制出即期利率曲线和远期利率曲线，如图 6－11 所示。从图 6－11 可以看出，即期利率曲线（收益率曲线）是向上倾斜的，而远期利率曲线位于即期利率曲线的上方。

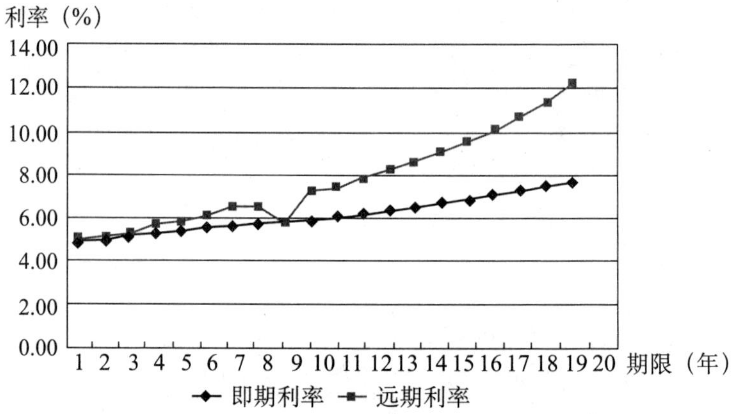

图 6－11　即期利率曲线和远期利率曲线

三、如何构造即期利率曲线——统计方法

通过上述解鞋带的方法可以构造理论上的即期利率曲线。但是，在债券市场上存在许多债券，利用不同的债券计算出来的同一期限的即期利率可能会存在差异。因此，在实际中，通常利用统计方法来构造即期利率曲线。

先来介绍贴现因子的概念。所谓的贴现因子就是面值为 1 元、t 年后到期的零息债券目前的价格，用 d_t 来表示。

$$d_t = \frac{1}{1+s_t} \tag{6.11}$$

式中：s_t——期限为 t 年的即期利率；

d_t——在 t 年后获得的 1 元的现值。

根据贴现因子的定义，任何债券的价格都可以重新表述如下：

$$P = \sum_{t=1}^{n} d_t c_t \tag{6.12}$$

式中：P——债券价格；

d_t——第 t 期的贴现因子；

c_t——债券第 t 期支付的现金流（利息或本金）；

n——债券的现金流支付的时期数。

为了说明如何通过统计方法估计收益率曲线，假设市场上存在许多附息债券，第 i 种债券的价格用 P_i 表示，第 i 种债券在第 t 期支付的现金流记为 c_{it}，可以将第 i 种债券的价格表示为：

$$P_i = d_1 c_{i1} + d_2 c_{i2} + \cdots + d_n c_{in} + \varepsilon_i \tag{6.13}$$

式中，ε_i 为随机误差项。由于税收、资料的准确性等方面的原因，债券的实际价格与根据贴现因子计算出来的价格会存在差异，这种差异可以被看作随机误差项。

在式（6.13）中，只有第 t 期的贴现因子 d_t 是未知量，需要估计。估计的方法就是对式（6.13）进行回归分析，因变量是债券价格，自变量是各期的现金流，利用观察到的所有债券数据对系数 d_t 进行估计。d_t 的估计值就是在第 t 期获得的 1 元目前的价格。利用估计出来的各期限的贴现因子和式（6.11），可以推导出各期限的即期利率，进一步构造出收益率曲线。

在实践中，人们经常采用的另一种估计收益率曲线的方法是假设贴现因子具有函数的形式（functional form），是以时间为自变量的函数，然后根据观察到的一组债券价格资料来估计函数的参数。例如，实践中经常假定贴现因子函数是非常简单的三次多项式：

$$d_t = 1 + at + bt^2 + ct^3 \tag{6.14}$$

式中，a、b 和 c 为要估计的参数。需要指出的是，上述函数形式必须满足一个基本条件 $d_0 = 1$。因为在任何情况下，现在获得的 1 元，其价值就应该是 1 元。

为了估计 a、b 和 c 三个参数，需要将所有债券价格表示成所选定的函数形式。例如，某票面利率为 8%的 3 年期附息债券，按年支付利息，价格为 125 元。利用贴现因子可以将其价格表示为：

$$8 \times d_1 + 8 \times d_2 + 108 \times d_3 = 125 \tag{6.15}$$

根据式（6.14），三个贴现因子可以表示为：

$$d_1 = 1 + a \times 1 + b \times 1^2 + c \times 1^3 = 1 + a + b + c$$

$$d_2 = 1 + a \times 2 + b \times 2^2 + c \times 2^3 = 1 + 2a + 4b + 8c$$

$$d_3 = 1 + a \times 3 + b \times 3^2 + c \times 3^3 = 1 + 3a + 9b + 27c$$

将上述贴现因子代入式（6.15），经过整理，变换为：

$$348a + 1\ 012b + 2\ 988c = 1.1$$

依此类推，每种债券的价格都可以表述为上述公式。

接下来就是利用最小二乘法估计 a、b 和 c 三个参数的值。将参数的估计值代入式(6.14)，就可以求出各期的即期利率。通过各期的即期利率就可以构建即期利率曲线。

随着数理分析技术以及债券市场数据的日益完善，通过数量模型构建即期利率曲线成为主流方法。构建即期利率曲线的数量模型主要有样条模型（包括多项式样条模型、指数样条模型以及 B-样条模型）、Nelson-Siegel 模型（简称 N-S 模型）和 Hermite 插值模型等。由于数理模型涉及的数理统计知识过多，本章不再进行详细介绍。

第六节　利用收益率曲线正确计算债券价格

如前所述，计算债券价值的正确方法应该是：将债券的利息和本金所形成的每笔现金流都看作一个零息债券，对每笔现金流都采用不同的贴现率计算各自的现值，然后将所有的现值加总。每笔现金流的贴现率应该以政府债券即期利率曲线提供的相同期限的即期利率作为基准利率。

下面通过一个具体例子来说明如何正确地计算债券的价值。假设存在一种附息债券，期限为 20 年，票面利率为 7%，利息按年支付。利用表 6-3 提供的即期利率求出该债券未来各笔现金流的现值并加总，可以求出该债券的价值（理论价格）为 100.111 2 元。

表 6-3　计算债券的价值

期限（年）	即期利率（%）	现金流（元）	现金流的现值（元）
1	5.000 0	7	6.666 667
2	5.102 6	7	6.336 822
3	5.207 0	7	6.011 234
4	5.368 0	7	5.678 892
5	5.476 3	7	5.361 971
6	5.587 4	7	5.051 554
7	5.725 6	7	4.740 631
8	5.842 8	7	4.444 345
9	5.847 5	7	4.197 311
10	6.000 7	7	3.908 521
11	6.130 7	7	3.637 852
12	6.280 3	7	3.370 288
13	6.435 8	7	3.111 412
14	6.598 3	7	2.861 509
15	6.768 7	7	2.620 812

续表

期限（年）	即期利率（%）	现金流（元）	现金流的现值（元）
16	6.948 4	7	2.389 500
17	7.138 8	7	2.167 702
18	7.341 8	7	1.955 502
19	7.559 6	7	1.752 936
20	7.795 0	107	23.845 72
价值			100.111 2

正确的债券价值应该等于利用即期利率曲线对债券各期现金流进行贴现的现值总和。为什么会是这样呢？答案就是套利。例如，上述债券的理论价格为 100.111 2 元，可以被看作由 20 个零息债券构成的债券组合的价值。也就是说，如果购买上述债券并将本息分离卖出，至少可以获得 100.111 2 元。

如果按照统一的到期收益率计算债券的理论价格，应该采用 20 年期的到期收益率对所有的现金流进行贴现。如表 6-2 所示，20 年期的到期收益率为 6.99%，因此，债券的理论价格应为 100.106 0 元。很显然，用到期收益率计算的债券理论价格与根据即期利率曲线计算的理论价格是存在差异的。套利者可以按照 100.106 0 元的价格买入债券，通过本息分离获得 100.111 2 元，套利利润为 0.005 2 元。只要两者的差额足够抵消套利的成本，套利就是可行的，直到两者的价格一致。

目前我国的债券市场还很不完善，利用统一的到期收益率计算债券的价值仍然是债券市场参与者普遍采用的定价方法，但随着债券市场的发展，以中央国债登记结算有限责任公司为代表的多家机构编制的债券收益率曲线正不断完善，并逐渐被用于债券估值。相信利用统一的到期收益率计算债券价值这种错误的定价方法终将被按照收益率曲线计算债券价值的正确方法取代。

△ 专栏 6-2

中国债券收益率曲线与估值发展前沿

我国债券收益率曲线是随着我国债券市场特别是银行间债券市场的发展而不断完善的。1999 年，我国债券市场上提供债券登记托管等基础设施服务的机构中央国债登记结算有限责任公司编制了我国第一条债券收益率曲线——中债收益率曲线。2002 年，我国实现了中债价格指标产品系统第一次升级，首次推出中债指数系列，并通过中国债券信息网对外发布。2006 年 3 月 1 日，经过公司内外部专家的深入研究、比较后，结合中国债券市场的实际情况，提出并开发了全新的债券收益率曲线构建模型——赫尔米特（HERMITE）模型，实现了中债价格指标产品系统第二次全面升级，使得中债价格指标产品的质量有了显著提高，标志着具有自主知识产权的债券定价产品在中国正式确立。目前，我国有多家机构在编制债券收益率曲线，其中以中央国债登记结算有限责任公司编制的国债收益率曲线的收益率最合理、曲线品种体系最完整、市场认可度最高。2010 年，为了实现中债价格指标产品的可持续发展，中债收益率曲线进入有偿使用阶段，曲线明细数据开始向签约缴费用户提供，见图 6－12。

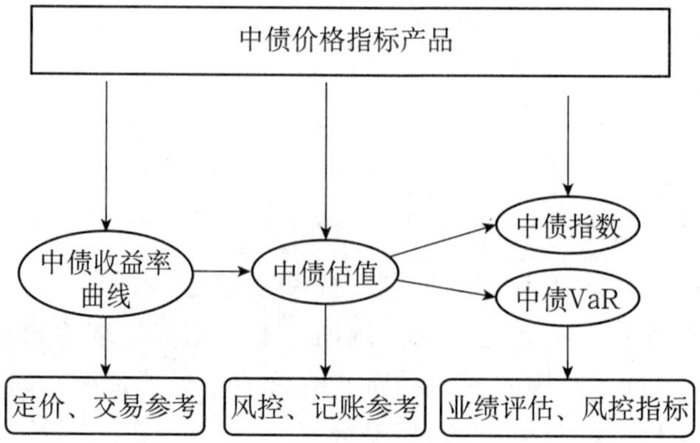

图 6－12　中债价格指标产品

中债估值采用现金流贴现模型，将债券未来预期现金流贴现求和，贴现率取自中债收益率曲线中的到期收益率。

$$PV=\frac{C/f}{(1+y/f)^{w}}+\frac{C/f}{(1+y/f)^{w+1}}+\cdots+\frac{C/f}{(1+y/f)^{w+n-1}}+\frac{M}{(1+y/f)^{w+n-1}}$$

式中，PV 为债券全价；y 为估值收益率；C 为按票面利率确定的现金流；f 为债券每年的利息支付频率；n 为剩余的付息次数，$n-1$ 为剩余的付息周期数；D 为估值日距最近一个付息日的天数（算头不算尾）；w 等于 $D/$当前付息周期的实际天数；M 为债券面值。

中债估值弥补了当前债券市场双边报价品种少、连续性弱以及交易结算不活跃、异常价格较多的不足，更加贴近投资人和管理者对完整、连续和公正的债券公允价值的需求。

收益率曲线反映的是当前债券市场各期限品种和不同信用等级的利率水平，它是存贷款、固定收益产品等金融产品定价的重要参考基准，是国民经济的“晴雨表”之一。债券估值是解决债券交易价格不连续、不完整问题的国际通行手段。它为债券投资的会计处理、风险控制和交易定价提供了依据。中债收益率曲线和中债估值在机构的投资分析和市场决策中起着重要作用，因此，在市场的引导下，中债收益率曲线和中债估值也逐渐为监管层所认可，开始在我国金融市场的监管中发挥着不可替代的作用。

2016 年 6 月 15 日，中债国债及其他债券收益率曲线在中国人民银行中英文网站发布。本次发布的收益率曲线是由中央国债登记结算有限责任公司编制的，旨在反映在岸人民币债券市场各期限结构的到期收益率。其中，中债国债收益率曲线样本包括记账式附息国债和记账式贴现国债，反映了市场无风险利率水平。

2015 年，国际货币基金组织（IMF）宣布人民币加入 SDR 货币篮子，同时 3 个月期中债国债收益率作为计算 SDR 利率的人民币代表性利率。在人民币越来越多地受到国际社会关注的同时，在岸人民币债券市场的透明度也日益受到境外投资者的高度关注。在中国人民银行网站展示债券收益率曲线进一步提升了中国债券市场的透明度，可以进一步发挥国债利率等市场化利率的定价参考基准作用，助力人民币国际化。

中债收益率曲线包括国债等各信用等级债券的到期、即期和远期收益率曲线，共1 000余条，采用赫尔米特模型编制。曲线数据源包括银行间市场和交易所市场的做市商报价、货币经纪公司报价、成交价和结算价等。收益率曲线的样本点优先选取新发行且满足流动性要求的债券。中债收益率曲线每个工作日日终发布一次，发布时间为北京时间17：30。

资料来源：中国债券信息网。

第七章 债券投资组合管理策略

前面的章节中我们主要研究的是单个债券的风险和收益。对于投资者特别是对于机构投资者而言，债券投资组合管理是十分重要的。债券投资组合管理策略大体上可以分为两类：消极的债券投资组合管理策略（简称消极策略）和积极的债券投资组合管理策略（简称积极策略）。奉行消极策略的投资者认为市场是有效的，个人无法战胜市场，以获得超过市场平均收益率的超额收益率。因此，奉行消极策略的投资者的主要目的不是战胜市场，而是控制风险或者是获得与承担的风险相适应的收益率；而奉行积极策略的投资者则认为市场是无效的，个人可以战胜市场。因此，奉行积极策略的投资者希望能获得经过风险调整的超额收益率。消极策略主要有免疫策略、现金流匹配策略和指数化策略。积极策略主要有互换策略、期限分析策略和收益率曲线变动策略。

第一节　债券投资组合管理策略的选择

在债券投资组合管理中是采用消极策略还是采用积极策略主要取决于投资者对债券市场有效性的判断。有效债券市场是指债券的当前价格能够充分反映所有公开、可得的信息的债券市场。如果债券价格反映了所有历史信息，债券市场就是弱式有效市场；如果债券价格反映了所有公开信息，包括历史信息和预期到的与未来有关的信息（如财务报表提供的信息），债券市场就是半强式有效市场；如果债券价格反映了所有信息，包括公开信息和内幕信息，债券市场就是强式有效市场。

如果债券市场是有效的，那就意味着个人无法长期、系统地获得经过风险调整的超额收益率。通过搜集和分析信息以获得超额收益率是徒劳的，因为所有信息都已经反映在债券价格中。因此，如果投资者认为市场是有效的，就应该实施消极的债券投资组合管理策略，进行债券投资组合管理的目的不是战胜市场，而是控制债券投资组合的风险或实现与承担的风险相适应的收益率。如果投资者认为市场是无效的，投资者就可以通过自身努力（搜集信息和分析信息），找出定价错误的债券，或者是预测利率的变化以把握市场时机（如估计市场利率将上涨时将长期债券换为短期债券），目的在于获得经过风险调整的超额收益率。

对于市场有效性的判断很大程度上是一个实证问题。不同市场、同一市场在不同阶段的有效性是不同的。而且更令人困惑的是，对于同一个市场的有效性，不同的人会有不同的判断。因此，更有意义的问题是：市场的有效性程度有多高？另外，特别需要注意的是，尽管市场有效意味着投资者无法战胜市场，然而，市场无效并不意味着投资者就一定能战胜市场。因为战胜市场的两个前提是投资者正确地发现了市场的无效，同时市场在将来改正了自己的无效，两者缺一不可。

总之，投资者在选择债券投资组合管理策略时，应该问如下两个重要问题：市场在多大程度上有效？这种程度的有效性能给我提供战胜市场的机会吗？如果答案是肯定的，就应该实施积极策略；如果答案是否定的，就应该实施消极策略。当然，在实际的债券投资组合管理中，将消极策略和积极策略截然对立是不足取的，更合理的选择是将两者结合起来。例如，债券投资组合管理人可以对核心资产进行消极的投资管理，而对非核心资产则进行积极的投资管理。

第二节 消极的债券投资组合管理策略

如果债券市场是有效的，即债券的价格反映了所有公开、可得的信息，那么通过寻找错误定价的债券和预测利率走势来获得经过风险调整的超额收益率就是不可能的。在有效债券市场上，最好的债券投资组合管理策略就是消极策略。实施消极策略的目的不是战胜市场，而是控制债券投资组合的风险，并且获得与承担的风险相适应的收益率。一般而言，消极策略追求的目标主要有三类：一是为将来发生的债务提供足额资金；二是获得市场平均收益率，即获得与某种债券指数相同（相近）的业绩；三是在既定的流动性和风险约束条件下追求最高的预期收益率。与上述三种目标相适应，在债券投资组合管理实践中产生了两种主要的消极策略：负债管理策略和指数化策略。其中，负债管理策略主要包括免疫策略和现金流匹配策略两种。

一、负债管理策略

资产负债管理是银行、保险公司、基金公司等金融机构的核心业务。金融机构的负债管理至少要满足两方面的要求：一是满足金融机构未来偿还债务时产生的现金流支出需要；二是规避利率风险。免疫策略和现金流匹配策略是应用范围最广的两种负债管理策略，可以满足金融机构负债管理上述两方面的要求。

（一）免疫策略

大体而言，免疫策略是指通过资产负债的适当组合，规避资产负债的利率风险，使资产负债组合对利率风险实现免疫。金融机构在将来偿还债务的本金和支付利息时会产生一系列的现金流支出。因此，金融机构需要构造债券投资组合以满足将来债务还本付息的需要，这就是免疫策略下的做法。免疫策略可以进一步分为目标期免疫策略、多期免疫策略和净资产免疫策略。

1. 目标期免疫策略

利率风险包括价格风险和再投资风险。债券的价格与利率反向变动。当利率上升（下降）时，债券的价格便会下跌（上涨）。对于持有债券直至到期的投资者来说，到期前债券价格的变化不会对其造成什么影响；但是，对于在债券到期日前出售债券的投资者而言，如果购买债券后市场利率上升，债券的价格将下降，投资者将遭受资本损失，这种风险就是利率变动导致的价格风险。利率变动导致的价格风险是债券投资者面临的最主要的风险。利息的再投资收入的多少主要取决于再投资发生时的市场利率水平。如果利率水平下降，获得的利息只能按照更低的收益率水平进行再投资，即面临所谓的再投资风险。债券的持有期限越长，再投资风险就越大；在其他条件相同的情况下，债券的票面利率越高，债券的再投资风险也越大。

利率波动对债券价格和再投资收入的影响正好相反：当利率上升时，债券的价格将下跌，但是债券的再投资收入将增加；当利率下降时，债券价格将上涨，但是债券的再投资收入将下降。可以通过对资产负债期限进行适当的搭配使两种利率风险正好相互抵消，从而消除债券投资组合的利率风险。这正是免疫策略的基本思想。

为了理解免疫策略背后的基本思想，我们先来考察一种最简单的情况：目标期免疫策略，即某金融机构在未来某个时期需要支付一笔确定的现金流，现在该金融机构应该如何构造债券投资组合以规避利率风险？

[例 7-1] 某银行发行面值为 10 000 元的大额可转让定期存单，该存单期限为 5 年，年利率为 8%，复利计息，该银行 5 年后需要支付：$10\ 000\times(1.08)^5=14\ 693.28$（元）。为了保证 5 年后有足够的资金偿还该存单所形成的债务，该银行购买了按面值出售的10 000 元债券，债券的年利率为 8%，6 年后到期。由计算可知，该债券的久期为 5 年。该银行 5 年后将债券销售以获得支付债务所需的资金。假设收益率曲线是水平的，并且只能平行移动。我们考察银行购买债券后利率变化的三种情况：一是利率始终保持在 8%的水平，二是利率降至 7%并维持不变，三是利率上升到 9%并保持不变。我们以第一种情况为例说明如何计算 5 年后债券的终值。在第 1 年年底债券支付利息 $10\ 000\times8\%=800$（元），该笔现金流还可以按照 8%的年利率再投资 4 年，终值为 $800\times(1.08)^4=1\ 088.39$（元）；在第 2 年年底债券支付利息 $10\ 000\times8\%=800$（元），该笔现金流还可以按照 8%的年利率再投资 3 年，终值为 $800\times(1.08)^3=1\ 007.77$（元）。依此类推，到第 5 年获得利息 800 元，同时将债券按照当时的价格销售出去。债券 5 年后的销售价格等于第 6 年发生的现金流的贴现值 $10\ 800/(1+8\%)=10\ 000$（元）。将上述所有现金流在第 5 年的终值加总等于 14 693.28 元。三种情况下 5 年后债券终值的计算见表 7-1。

表 7-1　三种情况下 5 年后债券终值的计算　　单位：元

时间	现金流	$r=8\%$	$r=7\%$	$r=9\%$
第 1 年	800	1 088.39	1 048.64	1 129.27
第 2 年	800	1 007.77	980.03	1 036.02

续表

时间	现金流	$r=8\%$	$r=7\%$	$r=9\%$
第 3 年	800	933.12	915.92	950.48
第 4 年	800	864.00	856.00	872.00
第 5 年	800	800	800	800
利息总收入		4 693.28	4 600.59	4 787.77
5 年后债券的价格 [10 800/(1+r)]		10 000	10 093.46	9 908.26
5 年后债券投资组合的终值		14 693.28	14 694.05	14 696.02

通过表 7-1 可以清楚地看到，利率从 8%降到 7%，债券的利息再投资收入减少了 4 693.28－4 600.59＝92.69（元），但是销售价格却从 10 000 元涨到 10 093.46 元，二者基本相互抵消。当利率从 8%上涨到 9%时，利息收入的增加基本上被价格的降低抵消。因此，从上述例子可以看出，不论利率如何变化，再投资风险和价格风险相互抵消，债券投资组合的利率风险被消除了。

在上述例子中，银行规避利率风险的机制是什么？首先，银行的资产和负债的现值（市场价值）相等，都是 10 000 元；其次，资产和负债的久期相等，都是 5 年。上述两个条件就能保证投资者到期有足够的资金满足偿还单笔债务的需要。因此，目标期免疫策略规避利率风险的两个条件是：

（1）债券投资组合和负债的现值相等；

（2）债券投资组合和负债的久期相等。

2. 多期免疫策略

养老基金和寿险公司等金融机构未来需要偿付一系列的现金流以满足养老基金受益人和投保人的需要。金融机构可以采用多期免疫策略实现对多期负债的免疫。

多期免疫策略的做法是：不论利率如何变化，都通过构建某种债券投资组合来满足未来一系列负债产生的现金流支出需要。可以通过两种方法实现多期免疫策略：一是将每次负债产生的现金流作为一个单期的负债，然后利用上述目标期免疫策略针对每次负债分别构建债券投资组合，令债券投资组合的久期和现值与各期负债的久期和现值相等；二是构建债券投资组合，令债券投资组合的久期与负债现金流的久期加权平均值相等。例如，如果一家养老基金在 4 年、5 年和 6 年后需支付三笔资金，每笔资金的现值都是 100 万元。为了对这三笔负债进行免疫，该基金既可以投资于三种债券（组合），每种债券（组合）的现值都是 100 万元，久期分别是 4 年、5 年和 6 年；也可以投资于久期等于 5 年的债券投资组合，因为负债的久期加权平均数等于 5 年，计算如下：

$$4\times1/3+5\times1/3+6\times1/3=5\ (年)$$

采用后一种方法，债券投资组合构造和管理都相对简单，但是理论研究表明，资产和负债的久期相等并不能保证完全免疫。因此，最好的多期免疫策略仍然是第一种。

理论研究表明，要想确保多期免疫策略成功，必须满足以下三个条件：

（1）债券投资组合和负债的现值相等；

（2）债券投资组合和负债的久期相等；

（3）债券投资组合中的资产现金流时间分布范围比负债现金流时间分布范围更广。

关于第三个条件的证明超出了本书的范围，但是我们可以通过一个具体例子来说明。假设某保险公司未来10年内每年年底需要支付养老金100万元，该公司为了对这些负债的利率风险进行免疫，购买了与上述负债的久期和现值都相等的零息债券。假设在第1年年底，利率上升，零息债券的价值降低。尽管利率上升，但零息债券的再投资收入却不会增加，因此无法抵消价值降低的损失，无法保证资产组合（零息债券）能产生足够的现金流偿还剩余债务。显然，在目标期免疫策略中，第三个条件是自动满足的。

3. 净资产免疫策略

在免疫策略中还有一种特殊的免疫策略——净资产免疫策略。净资产免疫策略的基本思想是：利率变化对资产和负债的市场价值都会产生影响，对资产负债进行适当搭配，使得利率变化对资产和负债的影响方向相反、数额相等，两者互相抵消，就能消除净资产面临的利率风险。

利率变化对资产和负债产生的影响可以用下式表示：

$$\%\Delta A=-DUR_A\times\Delta i/(1+i)$$

$$\%\Delta D=-DUR_D\times\Delta i/(1+i)$$

式中：$\%\Delta A=(A_t-A_{t+1})/A_t$——资产市场价值变化的百分率；

DUR_A——资产久期；

$\%\Delta D$——负债市场价值变化的百分率；

DUR_D——负债久期；

i——利率。

利率变化对净资产市场价值的影响可以用下式表示：

$$\Delta NW=-(DUR_A\times A-DUR_D\times D)\times\Delta i/(1+i)$$

如果上式中括号内的项为0，那么不论利率如何变化，净资产市场价值都不会发生变化。净资产市场价值对利率变化实现免疫的条件可以用式（7.1）描述：

$$DUR_A\times A=DUR_D\times D \tag{7.1}$$

另外，我们可以通过式（7.2）定义久期缺口：

$$DUR_{gap}=DUR_A-(D/A\times DUR_D) \tag{7.2}$$

式中：DUR_{gap}——久期缺口；

DUR_A——资产久期；

DUR_D——负债久期；

A——资产的市场价值；

D——负债的市场价值。

可以根据久期缺口计算当利率变化时净资产的市场价值变化量相当于总资产的百分比。

$$\%\Delta NW\approx-DUR_{gap}\times\Delta i/(1+i) \tag{7.3}$$

式中：$\%\Delta NW$——净资产的市场价值变化量相当于总资产的百分比。

下面以甲银行为例说明如何计算银行资产和负债的久期，以及如何根据久期调整资产和负债以规避净资产面临的利率风险。假设目前利率水平为10%，甲银行资产和负债的久期计算结果见表7-2。

表7-2 甲银行资产和负债的久期

	数额（百万元）	久期（年）	加权久期（年）
资产			
准备金和现金	5	0.0	0.00
证券			
小于1年	5	0.4	0.02
1～2年	5	1.6	0.08
大于2年	10	7.0	0.70
住房抵押贷款			
浮动利率	10	0.5	0.05
固定利率（30年）	10	6.0	0.60
商业贷款			
小于1年	15	0.7	0.11
1～2年	10	1.4	0.14
大于2年	25	4.0	1.00
实物资本	5	0.0	0.00
平均久期			2.70
负债			
支票存款	15	2.0	0.32
活期存款账户	5	0.1	0.01
储蓄存款	15	1.0	0.16
CD（大额定期存单）			
浮动利率	10	0.5	0.05
小于1年	15	0.2	0.03
1～2年	5	1.2	0.06
大于2年	5	2.7	0.14
同业拆借	5	0.0	0.00
借款			
小于1年	10	0.3	0.03
1～2年	5	1.3	0.07
大于2年	5	3.1	0.16
平均久期			1.03

注意，甲银行风险管理经理在计算一项资产或负债的加权久期时，用该资产的久期乘以该资产占总资产的比重。例如，期限小于1年的证券就应该用久期0.4年乘以权重

0.05（本例中甲银行总资产为1亿元，而期限小于1年的证券为500万元，所以权重为0.05），结果为0.02，其他依此类推。因为实物资本没有现金流收入，所以它的期限为0。最后将各项资产的加权久期加总，得到资产的平均久期为2.70年。按照同样的过程计算出负债的平均久期为1.03年。

以甲银行为例，如果利率从10%上升到15%，那么净资产的市场价值会发生改变。

$$DUR_{gap}=DUR_A-(D/A\times DUR_D)=2.70-(95/100\times 1.03)=1.72\text{（年）}$$

$$\%\Delta NW\approx -DUR_{gap}\times \Delta i/(1+i)=-1.72\times 0.05/(1+0.10)=-7.8\%$$

利率从10%上升到15%，净资产市场价值下降额占总资产的7.8%，总资产为1亿元，所以净资产市场价值下降780万元。同理，利率下降可能导致净资产市场价值的上升。

那么，如何调整资产和负债以规避净资产的利率风险呢？答案就在于式（7.1）。通过调整资产和负债的久期或金额以满足式（7.1），就可以实现净资产市场价值对利率风险的免疫。

本例中，由于久期缺口为1.72年，调整资产负债的久期使久期缺口为0，就可以实现净资产免疫。例如，将原来持有的长期债券转换成短期债券就可以达到缩短资产久期进而缩小久期缺口的目的。①

4. 免疫策略的局限性

上述免疫策略在实际应用中也存在一些局限性，认识到这些局限性对于成功的债券投资组合管理是十分必要的。

第一，免疫策略是以久期为基础的，而久期只能近似地衡量债券价格变化，无法精确地衡量利率变化导致的债券价格变化。因此，通过资产负债久期匹配无法完全消除利率风险。

第二，在整个目标期限内，债券投资组合（资产）和负债的久期会随着市场利率的变化而不断变化，并且两者的久期变化并不一致。而且，即使最初资产负债的久期是匹配的，随着利率的变动，资产负债的久期也会出现不匹配。债券投资组合和负债也就无法实现免疫了。

第三，使用免疫策略存在的另一个问题是，债券投资组合的久期并不是随着时间的流逝而相应地呈线性缩短。一般而言，债券久期的缩短速度慢于期限的缩短速度。在目标期免疫策略中，负债（一次性到期支付）的久期又等于到期日。这样，随着时间的流逝，资产负债久期会按不同的速度改变，债券投资组合就不再具有免疫能力。这意味着债券资产组合需要不断地再平衡以维持资产负债久期的匹配，从而保持免疫能力。这种再平衡是通过出售手中所持有的某些债券，将它们替换成另一些债券，从而使新的债券投资组合的久期与剩余的负债现金流的久期一致来实现的。下面通过一个具体例子说明随着时间的流逝，如何通过再平衡以保持资产负债免疫。

［例7-2］ 某个养老基金有一笔固定的负债21 436美元，将在8年后支付。市场

---

① 实践中，这种资产转换或负债转换的成本很高，更合理的方法是，通过投资于衍生金融工具来调整资产和负债的久期。

利率恒为10%，那么这笔负债的现行市场价格为10 000美元。现在有两种债券（为使问题简化所采取的一种策略）可用来建立资产组合使之与负债久期相匹配。债券A：4年期零息债券，$D_A=4$（年）；债券B：每年定期支付的永续年金，$D_B=(1+10\%)/10\%=11$（年）。现在我们把10 000美元投资于这两种资产，其中A的比例为W_A，B的比例为W_B。这时：

$$W_A+W_B=1$$

同时，由于债券投资组合的久期应该为8年才能免疫，因而：

$$W_A\times D_A+W_B\times D_B=8$$

联立这两个方程，可得：

$$W_A=3/7,\ W_B=4/7$$

这意味着开始时把初始的资金按3∶4的比例进行投资就可以达到完全免疫的效果。但是，一年以后，假设利率不变，负债的久期变为7年，其现值变为11 000美元［=10 000美元×(1+10%)］。同时，资产组合的价值也增长至11 000美元，零息债券的久期变为3年，永久年金的久期仍为11年。这时为使久期匹配，就要使：

$$W_A\times D_A+W_B\times D_B=7$$

$$W_A+W_B=1$$

由此可以推出$W_A=1/2$，$W_B=1/2$，即投资于债券A的金额为11 000×1/2=5 500（美元）。显然，原有比例不再满足免疫需要，故需重新按照1∶1的比例搭配资产。

从上面的例子可以看到，免疫策略也不是完全消极的策略，它仍需要定期不断调整持有的债券比例。当然，在现实市场中资产组合的再平衡会带来买卖资产的交易成本，所以不可能不断地调整持有的债券。实际上，债券基金的管理者会在再平衡所获得的更好的免疫功能和因不断调整而付出的交易成本之间进行权衡，选择一种折中的方案。

第四，我们在计算久期时，假定收益率曲线是水平的，所有支付都是按照同一贴现率计算现值，当利率发生移动时，整个收益率曲线也只能平行移动。显然，在现实生活中这些假定太严格了，几乎不可能实现。这样，我们前面所讲的方法就只具有理论上的可行性。为了使久期的概念一般化，金融学家们做了很多理论工作，建立了多因素的久期模型，它允许收益率曲线有倾斜和扭曲的形状（这已超出本书的讨论范围，如果读者感兴趣，可参阅相关著作）。虽然从理论上讲，这种多因素模型好像解决了收益率问题，但有趣的是，各种研究表明，各种多因素模型并没有显示出很好的实用性，相反，前面介绍的简化的处理方法效果最好。为此，许多金融学家声称，债券投资基金经理如果要使用免疫策略，只用考虑本节所介绍的方法就足够了。

除了以上主要问题外，免疫策略还存在以下两点问题：(1) 有众多的候选资产。在现实中，市场上存在很多债券资产供我们选择，债券投资组合管理者如何做出选择呢？一般而言，债券投资组合管理者应该选择这样一种组合，在这种组合中所有债券的平均期限（到期期限）都最接近于约定的现金流支出的平均期限。举个简单的例子，当要求的现金流支出为4年时，3年期债券和5年期债券的组合就优于3年期债券和7年期债券的组合。(2) 存在延期和提前赎回风险。我们已经注意到，在构建免疫资产时都是基于这样一种认识：债券的现金流支付都是按时足额进行的，也就是说，债券投资组合管理者手中所持有的债券不会被延期或提前赎回，但是现实生活中债券投资组合中的某些债券可能被延期或提前赎回。这样，原有的计划久期匹配必然被打乱，原有的债券投资组合也就失去了免疫作用。

（二）现金流匹配策略

负债管理策略中还有一种策略——现金流匹配策略，该策略可以有效解决免疫策略存在的上述问题。现金流匹配策略是指通过构造债券投资组合，使债券投资组合产生的现金流与负债的现金流在时间上和金额上正好相等，这样就可以完全满足未来负债产生的现金流支出需要，完全规避利率风险。最简单的方法就是购买零息债券来为预期的现金流支出提供恰当的资金。例如，债券投资组合管理者需要在 3 年后偿还 10 000 元的债务，那么他只要现在购买一个面值为 10 000 元的 3 年期零息债券，就可以完全锁定利率风险。因为不管将来 3 年的利率如何变动，债券投资组合管理者都能保证到期的现金支付。如果管理者面临的负债是多期的，在这种情况下，管理者可以同时选择零息债券和附息债券以使债券投资组合的现金流与每期的现金流支出相匹配。

[例 7-3] 假设你是保德信保险公司的资金管理部负责人。你预计保德信保险公司在未来 3 年内的现金流支出情况以及三种债券的现金流模式如表 7-3 所示（不用考虑单位）。

表 7-3

	第 1 年年底	第 2 年年底	第 3 年年底
现金流支出	1 000	1 000	1 000
3 年期附息债券	50	50	500
2 年期附息债券	100	300	
零息债券	200		

为了满足保德信公司未来 3 年的现金流支出需要，你决定利用 3 年期附息债券、2 年期附息债券以及零息债券实施多期现金流匹配策略。请问：目前你需要投资于上述三种债券的数量各是多少？

解：假设投资于 3 年期附息债券、2 年期附息债券和零息债券的数量分别为 x、y、z。那么：

$$\begin{cases} 500x = 1\,000 \\ 50x + 300y = 1\,000 \\ 50x + 100y + 200z = 1\,000 \end{cases}$$

求上述方程组的解，可以得出：$x=2$，$y=3$，$z=3$。

因此，你应该投资于 3 年期附息债券、2 年期附息债券和零息债券的数量分别为 2、3 和 3。

现金流匹配策略之所以能实现免疫，是因为以下两点：首先，债券投资组合中的各债券都是持有至到期才出售，所以不存在债券价格波动的风险。其次，到期之前的利息收入都用于支付当期的现金流支出而不用于再投资，这样就消除了再投资的利率风险。所以，现金流匹配策略彻底规避了利率风险，达到了资产免疫的目的。

从上面的现金流匹配策略的操作中可以看到，其最大优点在于一劳永逸地消除了利率风险。一旦开始时实现了现金流的匹配，则在以后的时期内就不需要再改变手中所持有的债券投资组合。从某种意义上说，这才是彻底的消极策略。不过，在现实世界中，现金流匹配的方法并没有得到广泛的运用。原因有二：首先，现金流匹配的方法有时并不容易实现，因为约定的现金流支出可能是一系列金额不等的现金支付，而且有的金融机构未来负债期限相当长，不容易构造与负债现金流完全匹配的债券投资组合。例如，养老基金要对未来退休人员进行现金支付，若要实现完全的现金流匹配，就可能需要购买期限超过百年的债券。这样的债券在现实世界中是不存在的。由此可见，现金流匹配策略的可操作性很差，从而很难得到广泛的运用。其次，现金流匹配策略的可调整空间很小，一旦确定了现金流匹配的债券投资组合，债券投资组合管理者就很难调整债券投资组合了。而免疫策略中，债券投资组合管理者可以调整的余地很大，只要能满足免疫策略的前提，就有许多债券可供选择。债券投资组合管理者在不破坏免疫策略的前提下，可以选择那些预计价格上涨幅度最大的债券。

二、指数化策略

（一）指数化策略的基本知识

指数化策略是指债券投资组合管理者构造一个债券投资组合模仿市场上存在的某种债券指数的业绩，由此使该债券投资组合的风险回报与相联系的债券市场指数的风险回报状况相当。虽然指数化策略在其他投资领域早已有之，但是在债券领域，指数化策略是一个相对比较新的策略。例如在 1980 年，美国仅有 4 000 万美元的债券资产是用指数化策略进行管理的，但指数化策略在近期却飞速发展。对此，一般经济学家认为：这是由于历史统计数字显示，实施消极策略的债券投资组合管理者并没有明显比实施积极策略的债券投资组合管理者的收益率低，但可以节省一笔可观的管理费用，所以大批债券投资组合管理者更倾向于使用消极的指数化策略。在美国，固定收益资产中已有超过 7 000 万美元的资产是使用指数化策略进行管理的。在美国债券市场上，指数化策略所依据的债券市场指数主要有所罗门美邦大市投资分级指数、彭博巴克莱美国债券总指数、美林国内标准指数。这三种指数包括的债券都超过 5 000 种，尤其是所罗门美邦大市投资分级指数更是超过6 000 种。这三种指数均包括政府债券、公司债券、抵押贷款支持证券和扬基债券，其中每种债券的期限都大于 1 年。

（二）指数化策略存在的问题以及解决方法

原则上说，由于债券市场指数构成与股票市场指数构成极为相似，指数化策略在两个市场的操作几乎相同。在股票市场，投资者事先选定一种指数，再以此指数的成份股名单来选择股票，而且每种股票的购买数量与这些公司的当前市值在指数中的比重成比例。债券市场的操作大体如此，但由于债券市场上指数自身的特点，其又与股票市场有一定的区别。

首先，股票指数中包含的股票种类一般而言不会发生变化，投资管理者手中的股票也就不会发生变化。但债券市场指数中包含的债券的期限必须大于 1 年，故随着时间的推移，有些选入的债券的到期期限会小于 1 年，因而被剔除出指数，同时会有新的债券补充进来，债券投资组合管理者就需要相应地改变手中所持有的债券种类使之与指数一致。由于随着时间的推移，不断有债券进出指数，债券投资组合管理者就要不断地买卖债券，从而使资产组合的债券结构与指数中包括的债券结构尽可能匹配。但是，这会使指数基金管理工作变得很复杂，在现实生活中根本不可能实现。

其次，由于股票指数中包含的股票一般仅有几百种，故购买的难度不大，可以按照股票指数完全复制。但是，在债券市场上，由于指数中包括的债券种类一般都很多[①]，要想按市值比重购买完所有的债券难度太大。

最后，股票指数所选的股票都是市场上活跃的股票，在市场上很容易进行买卖。而债券指数构成中大部分债券流动性差（在市场上很少交易），这意味着债券投资组合管理者很难在市场上找到持有人进行交易。即使找到交易方，由于该债券很少交易，也不容易找到一个合理的价格进行交易。

由以上描述可知，在对债券指数基金进行指数化操作时，像股票指数基金那样完全复制股票指数是不现实的。作为替代，采用的是分格方式。其操作方法如下：

首先，对债券市场的债券按不同的标准进行分类，表中按到期期限（5 个阶段）和发行主体（4 类）进行分类。在现实市场上，也可以按发行人的信用等级、债券息票率等其他标准进行分类。在选定了分类标准之后，同一表格中的债券被认为是无差异的（具有相同的风险和收益率）。其次，在市场上选择一种指数，在该指数所包含的债券范围内计算每一单元格中债券市值占全部债券市值的比重（表示成百分比的形式并填入相应的表格中，假设其各种比例如表 7 - 4 所示）。最后，指数化债券投资组合管理者不再以市场上的指数为标准进行复制处理，他将会建立一个债券投资组合，该组合中债券市值所占比重与表格中每一单元格中债券市值所占比重保持一致即可。例如，7%的 3 年期政府债券或者 5%的 2 年期政府债券加上 2%的 4 年期政府债券均满足第一格的要求。通过这种简化的方法，虽然不能使债券投资组合与现实指数完全一致，但可以使构造的债券投资组合与现实指数在某些重要的特征上保持一致。这样，两者的收益率会大体保持匹配。这样做的最大好处在于它彻底解决了前面提出的指数化管理的三大问题，使指数化策略具有了可操作性。

表 7 - 4　对债券指数基金的指数化操作（%）

到期期限	政府债券	金融债券	公司债券	国际债券
1～5 年	7	3	0	0
5～10 年	0	10	0	10
10～15 年	13	2	15	10
15～20 年	0	10	10	0
20 年以上	5	0	0	5

① 在美国债券市场上存在 5 000 多种债券，数量非常庞大。目前，我国债券市场上债券种类较少，这类问题还不严重。

第三节 积极的债券投资组合管理策略

积极的债券投资组合管理者认为债券市场并非那么有效，所以明智的投资者总是能够把握机会战胜市场（获得超过市场平均收益率的超额收益率）。此类投资者认为，市场无效主要体现为债券定价错误和市场利率波动的可预测性。基于此，债券投资组合管理者在进行债券选择时，会力图识别定价错误的债券或对市场利率做出精确的预测以把握市场时机进行买卖。积极的债券投资组合管理策略一般都结合使用这两种方法。

从表面上看，有效市场假说存在悖论：如果每个人都认为市场有效，从而实施消极策略，那么市场不就无效了吗？认为市场无效的债券投资组合管理者不是对市场均衡予以否定吗？实际上，从整体、长期和动态的角度看，市场是有效的；而从局部、短期和静态的角度看，市场则是无效的。两者并不矛盾。我们可以按照如下思路理解这个论点。一个实施积极策略的投资者持有的债券投资组合可以看成在消极策略下持有的债券投资组合中添加定价错误的资产（包括购入相同风险下收益率高估的债券和卖出相同风险下收益率低估的债券）。由于实施积极策略的投资者都进行相同的操作，在市场上会出现没人愿意持有收益率低估的债券和争着购买收益率高估的债券的现象。这时，前一种债券价格会下跌，而后一种债券价格会上涨，这样会导致两种债券收益率回归正常。在这种情况下，市场效率得到体现，市场向均衡回归，这样就使积极管理理论的假设与市场均衡保持了内在的一致。但由于向均衡回归存在时滞，在竞争的过程中，一些优秀的投资者将会获得超额收益率。同时应该看到，由于现实世界的复杂性，价格的回归不会像理论阐释的那样完美，所以，虽然由于竞争获得超额收益率会变得越来越困难，但优秀的投资者仍会获得合理的收益率。

假设所有投资者都认为市场有效，无法获得经风险调整的超额收益率，那么所有投资者都会采取消极策略，市场就会变得无效。这时，实施积极策略的投资者就能获得超额收益率，随着实施积极策略的投资者的增加，超额收益率逐渐消失。何时能达到均衡呢？新加入的实施积极策略的投资者获得的边际收益率正好等于其边际成本！在市场达到均衡时，一部分投资者实施积极策略，另一部分投资者则实施消极策略，两类投资者都能获得与风险相适应的收益率。由此可见，即使债券市场有效，积极的债券投资组合管理策略仍有其存在的理由。

目前，在债券市场上，债券投资组合管理者广泛使用的积极策略有互换策略、收益率曲线变动策略、期限分析策略和收益率曲线变动策略。接下来主要分析互换策略，期限分析策略和收益率曲线变动策略将在后面介绍。

一、积极的债券投资管理策略成功的前提和收益的可能来源

（一）积极的债券投资组合管理策略成功的前提

债券投资组合管理者之所以采用积极策略，是因为他们认为债券市场最多是弱式有效甚至是无效的。由于有效市场的划分是以债券价格对不同信息的反映为标准的，在弱

式有效市场上，债券价格只反映其历史信息，而未反映公开信息和内幕信息。在这种情况下，市场上的债券价格就会偏离其真实价格。例如，一家石油公司的债券现行市价为12美元。该公司刚刚发现了一口特大油井，但是市场上并不知道这个利好消息。这意味着该公司债券的现行市场价格并没有反映该信息，从而现行价格显然低估了该公司债券的价值。现在若有人事先得知该信息，就可趁机购买该债券。等信息公布后，债券价格就会上涨，他就可以卖出债券从而获利。采用积极策略的债券投资组合管理者坚信信息无法及时、准确地反映到债券价格上。

同时，采用积极策略的债券投资组合管理者认为自己的分析能力和见解优于市场上的其他人，通过积极的债券投资组合管理能获得超额收益率（一般是相对于市场平均收益率和所承担的风险而言）。例如，采用积极策略的债券投资组合管理者预测利率将会下降，若某债券市场价格已经反映利率下降的信息，那么债券投资组合管理者显然无法从利率下降这一信息中获利，现在购买该债券只能获得市场平均收益率。但是，如果此信息还没有被市场知道，债券投资组合管理者购买该债券显然就可以获得超额收益率。

（二）积极的债券投资组合管理策略获得超额收益率的可能来源

市场无效性主要表现在两个方面：(1) 市场利率的可预测性。这是指市场利率的波动具有某种规律，市场上精明的投资者完全可以通过对信息的运用，把握未来利率的走势。(2) 市场的错误定价。在一个无效的市场上，债券的价格或多或少遗漏了某些影响债券价格的信息。精明的投资者往往能够发现这些信息并依据这些信息对债券价格做出新的判断。

从上面的两个例子可见，这两个方面正是积极的债券投资组合管理策略获得超额收益率的可能来源。第一个来源是利率预测。债券价值与利率波动成反比，且久期越长波动性越大。如果预测利率将上涨，债券投资组合管理者可以将久期长的债券转换为久期短的债券，这样就可以减少将来利率上涨时的价格损失；如果预测利率将下跌，债券投资组合管理者可以将久期短的债券转换为久期长的债券，这样就可以在将来利率下跌时获得更高的收益率。第二个来源是找出定价错误的债券。能否正确识别错误定价的债券主要取决于债券投资组合管理者对相关信息的发掘和分析能力。例如，对于同一债券信用等级的评定，不同的投资者会得出不同的结论，从而做出不同的决定。

必须指出，在实践中，采取积极策略的债券投资组合管理者并没有超过采取消极策略的投资者而获得超额收益率。对发达国家（如美国）的债券市场的实证研究表明，积极策略并没能明显地战胜市场。

△ 专栏 7-1

债券基金博取高收益的秘密武器

2018年以来，A股连续调整，主要股指跌破2016年1月调整时的低点。截至12月18日，上证指数2018年以来累计跌幅达22.09%。在此背景下，股票基金陷入“至暗时刻”。截至12月14日的统计显示，剔除转型基金和次新基金，2018年以来排名前十位的股票基金中有9只收益为负，排名首位的股票基金收益为零。混合型基金的整体收益好于股票基金，有的产品年内收益率超过10%，但亏损品种占大多数，有的跌幅超过了40%。以华夏基金旗下产品为例，截至12月17日，股票基金2018年以来收益率均为负值，表现最差的华夏领先股票基金2018年以来净值增长率为−34.45%；混合型基金中表现最差的是华夏盛世混合基金，2018年以来净值增长率为−37.69%。

债券基金，简单来说是指债券占比在80%以上的基金。根据投资范围的不同，债券基金又可分为纯债、一级债和二级债。其中纯债按照久期的不同又可分为短期纯债和中长期纯债。投资者参与债券投资有三种方式：一是在银行柜台买凭证式国债，二是在交易所购买债券，三是通过债券基金间接参与。在银行柜台购买凭证式国债，到期才能还本付息，流动性较差，且经常是“一债难求”。在交易所，普通投资者可以通过证券公司的股票账户购买债券，但这对投资者的专业能力要求较高，投资者不仅要会分析债券市场的行情，还要会分析信用评级、行业发展前景、公司的基本情况等。普通投资者一般难以具备这样的能力，他们更适合通过债券基金间接参与。一方面，基金公司有专业团队对市场各债券品种进行调研，券种投资范围也更广，可以达到分散风险的目的。另一方面，债券基金可以随时申赎，具有良好的流动性。从债券基金过往业绩来看，优秀的债券基金的收益率甚至不低于偏股型基金，但波动性要小很多。

随着2018年基金年报披露完毕，基金公司旗下产品的利润数据得以揭晓，基金业21年累计利润排名出炉。银河证券数据显示，2018年129家基金公司中，56家实现盈利，工银瑞信等4家公司旗下基金整体利润达百亿元以上。由于2018年股弱债强，各类基金中仅货币基金和债券基金实现正利润，因此在固定收益投资管理领域具有比较优势的银行系基金表现强势，基金利润榜单前十的公司中银行系占了7家。

那么，这些债券基金是通过哪些秘密武器来博取风险较小、确定性较高的收益的呢？简单来说，固定收益类基金的高收益预期主要是凭借三大秘密武器，即投资券种的息票率、采用封闭运作方式、充分运用杠杆操作。当拥有这三大秘密武器后，只需要把握好最佳入场投资时机，博取高收益就会是大概率事件。

首先，债券投资最根本的收益来自息票收入，从收益率对比数据看，中低等级信用债的到期收益率已经超过6%。这就是Alpha收益（指投资组合的超额收益）的来源。这部分的最大风险是融资方的信用风险。然后是资本利得，这部分损益不由融资方来承担，实际上是赚交易对手的钱，其最大风险是利率风险。因市场利率波动而导致的净价波动，就是Beta收益（指承担系统性风险的收益）的来源。在经济下行压力加大及货币政策合理宽松的背景下，2018年以来利率债走牛，信用债走出结构性行情，债券基金赚钱效应显著。债券基金中，纯债基金的收益稳健，2018年以来平均收益率超过4.5%，明显超出货币基金的平均收益率。多只纯债基金2018年以来的收益率超过10%。截至12月17日，景泰丰利纯债A、博时聚源纯债、博时裕瑞纯债等纯债基金2018年以来的收益率分别达16.56%、17.17%、10.99%。

其次，对于债券基金来说，封闭运作提升了投资组合的稳定性，有利于提前测算，获得清晰的组合收益预期，减少因资金进出所引发的被动买卖，既能降低不必要的交易成本，又可以减少资金闲置，对于提高基金收益有利。由于中低等级信用债流动性较低，一般开放式债券基金为了避免赎回造成的流动性冲击风险，不会对其进行大比例配置。封闭式债券基金除了没有赎回压力，可以充分投资收益率较高但流动性不佳的债券品种外，还可以通过债券回购等方式融资，加大债券的投资比例，以获得杠杆收益。因此，封闭运作有利于提高债券基金的投资效率。

最后，在封闭运作的基础上，由于债券可作为质押品融资，因此管理者可以充分运用杠杆放大收益。这个杠杆意味着什么呢？假设借入 100 万元，借款利率为 2.5%，成本为 2.5 万元，用借来的 100 万元钱投资收益率为 6%的高收益债券，最终收益可达 6 万元，净收益达 3.5 万元。

由此可见，杠杆操作是封闭式债券基金博取高收益的最大秘密武器。封闭运作的基金由于规模稳定，能更高效地进行杠杆放大策略的操作，相比普通开放式债券基金，杠杆操作的收益增厚效果更明显。

资料来源：中国经济时报，2018－12－20。

二、互换策略

（一）互换策略的定义

大体而言，债券互换策略就是指将预期收益率更低的债券转换为预期收益率更高的债券。在四种情况下，债券投资组合管理者会采用互换策略。第一种情况是：预期利率将会发生变化，这时债券投资组合管理者可以对利率敏感性不同的债券进行互换以获得更高的收益或减少损失。第二种情况是债券投资组合管理者认为债券间的利差不合理，预期不同债券的相对价格将会发生变化，这时债券投资组合管理者可以用预期收益率低的债券交换预期收益率高的债券，从而获得更高的收益。当债券投资组合管理者采用此种互换策略时，他们认为各类债券的相对价格的失衡是暂时的，随着时间的推移，这种失衡会消失，各类债券的相对价格会恢复到合理状态。当债券间相对价格从失衡恢复到均衡时，投资者就可以获得超额收益率。第三种情况是债券投资组合管理者将收益率低的债券转换成收益率高的债券。第四种情况是债券投资组合管理者纯粹出于税收的考虑而进行债券互换。

（二）互换策略的主要类型

债券互换策略主要有以下五种类型：

1. 替代互换策略

替代互换（substitution swap）是指将债券投资组合中的债券转换为市场上同质但收益率更高的债券。这里的“同质”债券主要是指两种债券在票面利率、期限结构、风险等级、赎回特征等方面基本上是相同的。采用替代互换策略的原因在于债券投资组合管理者认为市场对这两种债券的定价存在错误，或者说两种债券的收益率差异不合理。随着时间的推移，这两种债券相对价格的不合理关系会消失，那么在此之前必定存在获利的机会。设想有一个基金经理持有一种剩余期限为 3 年、面值为 1 000 元、票面利率为 8%的债券。由于债券的现行市场价格为 950 元，那么这种债券的到期收益率为 10%；与之相对应的是市场上存在另一种债券，它有着与基金经理手中的债券相同的到期日、赎回条款、信用等级，但是这种债券具有 10.10%的到期收益率。显然，基金经理应该把手中的债券卖出并购回市场中的这种债券，从而赚取 10 个基点的收益，这就是替代互换策略的做法。若市场是有效的，则两种同质债券应该具有相同的收益率，也就是说，后一种债券没有提供更高收益率的理由。既然如此，那么过高的收益率就意味着市场无效，投资者可以抓住这个机会获得超额收益率。

当两种同质债券的收益率出现暂时的不一致时，投资者也可以买入价值被低估（收益率被高估）的债券，同时卖空①价值被高估（收益率被低估）的债券，从而在将来两种债券的价格一致时获得超额收益率。当然，替代互换策略也适用于债券投资组合的互换。假设以下两种债券构成了债券投资组合：一种是 AAA 级 10 年期、票面利率为 10%的附息公司债券，另一种是 A 级 5 年期、票面利率为 5%的附息公司债券，两种债券的价值相等。债券市场上存在一种 AA 级 10 年期、票面利率为 7.5%的附息公司债券。很显然，AA 级债券和上述债券投资组合有相同的现金流模式及类似的风险，所以两者的收益率不应该有太大的差别。如果两者的收益率差别过大，投资者就可以通过卖空价格被高估的债券、买入同样金额的价格被低估的债券，获得超额收益率。

需要特别注意的是，两种同质债券的收益率之所以存在差异，很可能是由于两种债券的风险、流动性或凸性不一致，而债券市场正确地体现了债券的价格。在这种情况下，采用替代互换策略就无法获得超额收益率。

2. 跨市场利差互换策略

跨市场利差互换（inter-market spread swap）策略的做法是：利用两类市场（如国债市场与公司债券市场）收益率差额（利差）的不合理性，从收益率低的市场转移到收益率高的市场，以获得超额收益率。这种策略是在对市场正常收益率差额进行预测与对现行市场实际收益率差额进行比较的基础上进行的。同时，债券投资者相信利差的实际值与预测值不一致只是暂时的情况，随着时间的推移，这种偏离现象会逐渐消失。我们先来考察一种比较简单的跨市场利差互换策略，具体操作通过例 7－4 进行说明。

［**例 7－4**］ 设想一个债券投资组合管理者手中持有一种公司债券，期限为 25 年，到期收益率为 8.3%。同一债券市场上，一种政府债券期限也为 25 年，到期收益率为 7.2%。目前两种债券收益率的实际利差为 1.1%。在债券投资者看来该利差过小，他认为政府债券与持有的公司债券的合理利差为 1.3%。这一般是根据两者利差的历史平均值得出的，即一般情况下利差应该与历史平均值保持一致。假设债券投资组合管理者认为政府债券收益率是合理的，那么公司债券的收益率就偏低。于是，债券投资组合管理者就可以出售手中的公司债券并购买相同金额的政府债券，这样就会提高经风险调整的收益率。债券投资组合管理者也可以卖空公司债券，待将来公司债券收益率上升，公司债券价格下降，投资者就可以按照更低的价格买回相同数量的公司债券偿还给债权人，结清自己在公司债券上的空头头寸，获得相应的卖空利润。

其实，跨市场利差互换策略的基本思想还是发现错误定价的债券，与替代互换策略关注同类债券相对价格（收益率关系）是否合理不同，这种策略关注的是不同类型债券

① 卖空是指投资者自己没有证券，向他人借入证券后卖出，将来再买回同等数量的证券偿还给借出者。

的利差是否合理，然后卖出（卖空）收益率偏低的债券或买入收益率偏高的债券。但是，这里要注意对不同类型债券的利差的判断问题。由于不同类型债券的利差受多种因素的影响，所以一定要清楚判断两种债券的利差是不是由市场环境的变化造成的，如果是经济周期处于繁荣阶段导致公司违约风险减小，违约风险报酬就会下降。在这种情况下，公司债券与政府债券的利差就会比历史平均值小。也就是说，此时只能把利差的变化看成正确反映风险变化的一个调整。在这种情况下，债券投资者采用跨市场利差互换策略就无法获得超额收益率。

我们再来考察比较复杂的跨市场利差互换策略。在例 7-4 中，如果债券投资组合管理者预期公司债券和政府债券的利差将来会增大，如前所述，投资者就可以卖空公司债券。如果债券投资组合管理者对利差的预测是正确的，随着时间的推移，公司债券和政府债券的利差增大，但是整个市场利率水平却大幅度降低了，比如经过一段时间后，例 7-4 中的政府债券的收益率降为 5%，而公司债券的收益率降为 6.3%。这时，两种债券的利差扩大为 1.3%，与债券投资组合管理者的预期完全一样，但不幸的是，因为公司债券的收益率大幅降低，导致公司债券价格大幅上扬，卖空公司债券的投资者仍会遭受巨大损失。

如果投资者能准确地预期不同的债券市场利差的变化，能否通过某种跨市场利差互换策略获得超额收益率而不受整体利率水平的影响呢？用比较形象的话说，投资者能否只对两种债券市场的利差变化打赌而不用对整个债券市场的利率水平打赌？答案是肯定的。例如，在经济周期的衰退阶段，高等级债券和低等级债券的利差会增大，而在高涨阶段，两者的利差则会缩小。如果经济周期将要从谷底走出步入高涨阶段，可以预期高等级债券和低等级债券的利差将会缩小，这时投资者可以卖空高等级债券并买入等额的低等级债券，同时保证两类债券的久期相等。不论将来整体利率水平是上升还是下降，只要高等级债券和低等级债券的利差缩小，投资者通过上述跨市场利差互换策略都可以获得超额收益率。例如，在利差缩小的前提下，如果市场整体利率水平提高，那么这意味着高等级债券收益率上升的幅度超过低等级债券收益率上升的幅度，高等级债券的价格降低幅度将大于低等级债券的价格降低幅度，结果高等级债券的空头头寸获得的收入将超过低等级债券的多头头寸遭受的损失，投资者将获得净利润。与此类似，如果市场整体利率水平降低，意味着低等级债券的利率降低幅度将超过高等级债券的利率降低幅度，那么低等级债券的价格上涨幅度将超过高等级债券的价格上涨幅度。在这种情况下，多头头寸的收入将超过空头头寸的损失。

3. 利率预测互换策略

利率预测互换（rate anticipation swap）策略的做法是：债券投资组合管理者依据对市场利率变动的判断相应地调整手中所持有债券的久期，以获得更高的收益或避免更大的损失。债券的价格与利率变化成反比，久期越长，债券价格的利率敏感性就越大。如果预测到利率将会下跌，那么债券的价格将会上升。这时若把债券换成久期更长的债券，就会由于债券价格上涨更多而获得更多的收益。例如，预测利率将要下跌，投资者就会卖出手中的 6 年期政府债券，同时买入 13 年期政府债券。两种债券信用风险相同，由于后者的久期更长，若预测成功，后一种债券价格的上升幅度更大。相反，如果预测利率将会上升，债券的价格就会下跌，久期越长的债券，其价格下跌的幅度就越大。因此，预测利率上升时，债券投资组合管理者应该将久期长的债券转换为久期短的债券，这样才能减少利率上升导致债券价格下跌的损失。当然，利率预测互换策略成功的前提是对利率走势的准确预测，若预测失误，则投资者会遭受很大的损失。

在对利率的趋势预测并不明朗的情况下，利率预测互换策略也并非无用武之地。实证研究证明，下述基于利率预测的债券选择策略在某种程度上是有效的：计算投资组合中每种债券的整体预期收益率（每种可能的收益率曲线下都计算出该债券的收益率，然后将其发生概率作为权重对其加权）。纵轴代表最好情形下（即利率降低时）债券（债券投资组合）的收益率，横轴则代表最差情形下（即利率升高时）债券（债券投资组合）的收益率（见图 7－1）。

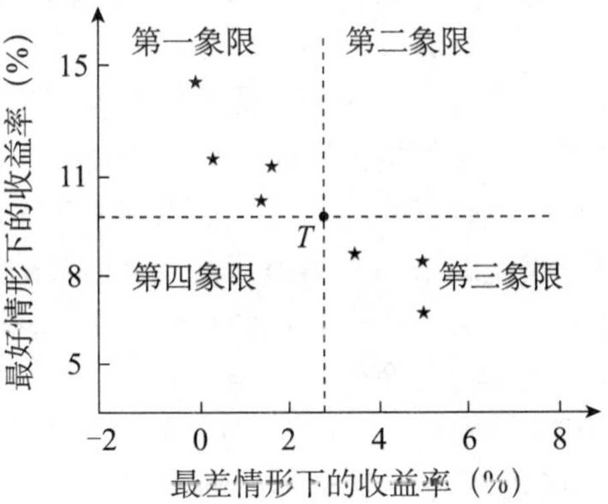

图 7－1　基于利率预测的债券选择策略

图 7－1 中，★代表单个债券；T 代表由全部债券构成的债券投资组合。

在图 7－1 中，落于第一象限的债券在利率降低时收益率较高，在利率升高时收益率下降也较多，属于收益率较高而风险较大的债券；第三象限的债券在利率较低时收益率表现并不突出，但在利率升高时收益率也下降得不多，属于稳健型的债券。在图中可以做出债券在不同情况下的收益率的回归线，就平均情况而言，那些落于回归线上方的债券在同等风险情况下表现更好。

4．纯追求高收益率互换策略

采用纯追求高收益率互换（pure yield pickup swap）策略并不是由于发现了定价错误的债券，而是想通过持有收益率更高的债券获得更高的收益率。债券投资组合管理者根据收益率曲线的形状，调整持有的债券期限的长短，从而追求更高的收益率。若收益率曲线向上倾斜，投资者可以将短期债券转换为长期债券，因为长期债券的收益率更高。实质上，投资者采用纯追求高收益率互换策略是通过承担更大的利率风险来试图获得更高的收益率。只要在债券持有期内收益率曲线不向上位移，投资者持有长期债券就能获得更高的收益率。如果收益率曲线向上位移，投资者就会遭受更大的损失。

同理，若收益率曲线向下倾斜（这意味着短期债券比长期债券具有更高的收益率），则债券投资组合管理者应该把长期债券转换为短期债券以获得更高的收益率。如果在债券持有期内收益率曲线没有向下位移，那么短期债券就能获得更高的收益率。如果收益率曲线向下位移，短期债券的收益率就会小于长期债券的收益率。

5. 税收互换策略

税收互换（tax swap）策略是指通过债券互换而获得纳税方面的好处的策略。这实际上是一种利用税收优势的互换操作。例如，西方国家规定对证券交易的收益要征收累进所得税。比如，当收益超过 20 万美元时征收 11%，20 万美元以下只征收 7%。当债券投资组合管理者的当前收益达到 21 万美元时，他要按照 11%纳税。为了减少纳税额，他可以采用税收互换策略：将手中持有的价格下跌的债券在市场上售出，从而减少其资本收益。这样他纳税的税率将降为 7%，从而提高了净收益。

（三）利率预测互换策略与免疫策略的结合

通过上一节有关目标期免疫策略的介绍可知，当债券投资组合管理者持有的债券投资组合久期与负债久期相等时，就能彻底规避利率风险，因为这种情况下利率波动引起的债券价格风险与再投资风险正好相互抵消。当债券投资组合久期与负债久期不相等时会出现什么情况呢？债券投资组合久期大于负债久期时会产生净价格效应，即利率变化对债券价格的影响将超过对利率再投资的影响。具体而言，当利率降低时，债券价格上升导致的收益增加将超过利率再投资收益的减少；当利率升高时，债券价格下跌导致的收益减少要大于利率再投资收益的增加。而当债券投资组合的久期小于负债久期时就产生了净再投资效应，即利率变化对再投资收入的影响将超过对债券价格的影响。例 7－5 说明了在债券久期大于负债久期时的净价格效应。

［例 7－5］ 投资者拥有一种债券，到期时间为 5 年，面值为 1 000 元，票面利率为 8%，每年支付一次利息。适当贴现率是 10%，债券当前的市场价格为 877.11 元。根据久期的计算公式，可知此债券的久期为 7.04 年。假设投资者的负债期限为 4 年，负债现值为 877.11 元。该投资者 4 年后将债券销售并偿还该债务。投资者 4 年后的债券投资收入（终值）包括债券销售价格、利息及利息的再投资收入。与例 7－1 类似，考虑两种情况：在第一次支付利息前利率下降到 8%或上升到 12%，新的利率在将来保持不变。由于此时债券久期大于负债久期，利率变化导致投资者面临净价格效应。在上述两种情况下，随着利率的波动，投资者所面临的净价格效应如表 7－5 所示。

表 7－5 净价格效应

单位：元

时间	现金流	4 年后各笔现金流的终值		
		r=10%	r=8%	r=12%
第 1 年	80	106.48	100.78	112.39
第 2 年	80	96.80	93.31	100.35
第 3 年	80	88.00	86.40	89.60
第 4 年	80	80.00	80.00	80.00
	销售价格 [1 080/(1+r)]	981.82	1 000.00	964.29
利息的再投资收入		51.28	40.49	62.35
变化	价格		87.11	−77.35
	利息		−10.79	11.07
净价格效应			76.32	−66.28

如果利率始终保持在10%的水平，投资者4年内获得利息的再投资收入共51.28元，4年后的债券价格则为1 080/(1+10%)=981.82（元）。如果利率降为8%，那么利息的再投资收入则降为40.49元，与利率保持10%的情况相比，利息的再投资收入减少了51.28－40.49＝10.79（元）。但是利率下降为8%后，4年后的债券价格为1 000元，比利率保持10%的情况下的981.82元多了18.18元。因此，利率降低使投资者的净收入增加了18.18－10.79＝7.39（元），即净价格效应为7.39元。同理，利率上升到12%导致价格减少了17.53元，但利息再投资收入只增加了11.07元，净价格效应是－6.46元，即投资者净收入减少了6.46元。

从上面的例子可以得出结论：在债券投资组合久期大于负债久期时，利率变化将导致净价格效应。同理，在债券投资组合久期小于负债久期时，利率变化将导致净再投资效应。如果将目标期免疫策略和利率预测互换策略结合，可以得出如下结论：如果预测利率将下跌，债券投资组合管理者可以投资于久期超过负债久期的债券，在利率下跌时，投资者除了能满足届时债务偿还的资金需要外，由于净价格效应还能获得更高的收益率；如果预测利率将上升，债券投资组合管理者可以投资于久期短于负债久期的债券，在利率上升时，投资者由于净再投资效应能获得更高的收益率。

因此，债券投资组合管理者在采用利率预测互换策略时，不能只考虑债券久期的长短，还要考虑自己的投资目标期限或负债期限。如果预测利率将下跌，投资者不但要投资于久期更长的债券，而且债券的久期要不小于负债久期（或投资目标期限），否则净再投资效应将使投资者遭受损失，无法实现既定的投资目标或无法偿还债务；如果预测利率将上升，投资者不但要投资于久期更短的债券，而且债券的久期不能大于负债久期（或投资目标期限），否则净价格效应将使投资者遭受损失，无法实现既定的投资目标或无法偿还债务。

第四节　期限分析策略

一、期限分析策略及其应用

期限分析是采取积极策略的债券投资组合管理者经常使用的一种投资管理方法。期限分析建立在对未来利率进行预测的基础上。投资者进行期限分析时应遵循以下几个步骤：首先，确定债券投资期并且对投资期末的收益率曲线进行预测，同时也要对投资期内收益率曲线的变化情况进行预测。其次，确定在该投资期内可供投资者选择的各种债券投资组合。最后，计算各种债券投资组合在投资期内的预期总收益，并选择预期收益率最高的一种债券投资组合。债券投资组合在持有期内的预期总收益率可以根据公式(7.4)计算：

$$\text{债券投资组合在持有期内的预期总收益率}=\frac{\text{预期的债券投资组合期末财富}-\text{债券投资组合的期初价值}}{\text{债券投资组合的期初价值}}\tag{7.4}$$

式中，

预期的债券投资组合期末财富＝债券投资组合期末预期价格＋利息
＋利息的利息

债券投资组合管理者可以根据对投资期末收益率曲线的预测，计算债券投资组合期末预期价格；根据对投资期内的收益率曲线的变化情况计算利息的利息；根据面值和票面利率计算投资期内的利息。将上述三部分加总就可以得到预期的债券投资组合期末财富。

下面通过例 7－6 详细描述债券在持有期内的预期总收益率是如何计算的。

［**例 7－6**］ 假设投资者持有一张面值为 100 元的债券，期限为 10 年，票面利率为 6%，按年支付利息。当前售价是 75.42 元，那么该债券的到期收益率为 10%。投资者打算持有债券的期限为 5 年。投资者现在需要预测未来 5 年持有债券的总收益率。5 年后，债券的剩余期限为 5 年。该投资者预计 5 年后该债券（5 年期）的到期收益率为 9%。在这 5 年的债券持有期内所得的利息可以投资于短期债券，短期债券的预期收益率为 4.5%。

为了计算持有该债券 5 年的预期总收益率，投资者进行了下面的计算：

(1) 5 年后价格预测值$=\sum_{t=1}^{5}\frac{6}{(1+9\%)^t}+\frac{100}{(1+9\%)^5}=88.33$（元）

(2) 5 年后利息总收入＝利息＋利息的利息$=6\times[(1+0.045)^5-1]/0.045$
$=32.82$（元）

(3) 5 年内的预期总收益率$=(88.33+32.82-75.42)/75.42=45.73/75.42$
$=60.63\%$

该债券在未来 5 年内的总收益率为 60.63%。在此投资期内，投资者所获得的资本利得显然受时间因素和收益率变动因素的双重影响。若 5 年后该债券的到期收益率不变，仍为 10%，则 5 年后债券价格为 84.84 元。由此可见，债券价格从 75.42 元到 88.33 元的过程中时间因素的影响为 84.84－75.42＝9.42（元），收益率变动因素的影响为 88.33－84.84＝3.49（元），利息总收入为 32.82 元。其中，利息为 5×6＝30（元），利息的利息则为 32.82－30＝2.82（元）。在此我们已经计算出了该债券在持有期的所有收益为时间因素的影响、收益率变动因素的影响、利息、利息的利息四者之和。

二、利用收益率曲线策略

利用收益率曲线（riding the yield curve）策略（也称骑乘策略）是期限分析策略的一种特殊形式。该策略是货币市场基金经理广泛采用的一种方法。当收益率曲线向上倾斜时，如果投资者预测收益率曲线在投资期内保持不变，就可以采用利用收益率曲线策略获得更高的收益率。收益率曲线向上倾斜意味着长期债券的收益率高于短期债券的收益率。随着时间的流逝，债券的到期期限也会相应缩短，由于收益率曲线保持不变，所以期限已经变短的债券的到期收益率（适当贴现率）也就降低了。由于债券价格与利率成反比，收益率的下跌会给债券投资者带来资本利得。

可以通过图 7－2 说明利用收益率曲线策略，假设当前收益率曲线如图 7－2 所示。

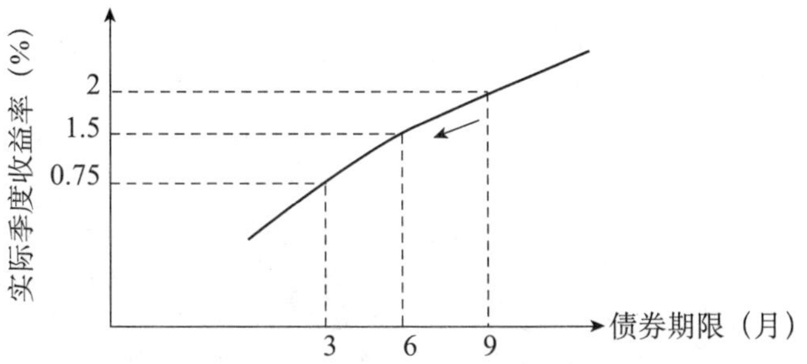

图 7-2 利用收益率曲线策略示意图

图 7-2 的横轴代表债券期限，单位为月，纵轴代表实际季度收益率。从图 7-2 可以看出，期限为 3 个月、6 个月和 9 个月的债券的实际季度收益率分别为 0.75%、1.5%和 2%。假设货币市场存在期限分别为 9 个月和 3 个月的两种零息债券，债券的面值都是 100 元。期限为 9 个月的债券的当前价格为 $100/(1.02)^3=94.23$（元）。3 个月后如果该债券的期限缩短为 6 个月。由于收益率曲线不变，此时期限为 6 个月的该债券的适当贴现率（实际季度收益率）则降为 1.5%，3 个月后的债券价格为 $100/(1.015)^2=97.07$（元）。

$$3\text{个月持有期收益率}=(97.07-94.23)/94.23=3.01\%$$

如果投资者购买的不是期限为 9 个月的债券，而是期限为 3 个月的债券，期限为 3 个月的债券的当前价格为 $100/(1+0.75\%)=99.26$（元），3 个月后投资者收到 100 元面值。3 个月的收益率为 0.75%，远远低于期限为 9 个月的债券的 3 个月持有期收益率 3.01%。

因此，当收益率曲线向上倾斜并且在投资期内保持不变时，对于既定的投资期限而言，期限长的债券的预期收益率比期限短的债券的预期收益率更高。而且，债券的预期持有期收益率比自身的到期收益率更高。我们也应该注意到，利用收益率曲线策略虽然可能给投资者带来更高的收益，但是，如果债券投资组合管理者对持有期内收益率曲线预测错误，即收益率曲线在持有期内向上位移，那么该策略将会令投资者遭受损失。而根据利率期限结构的纯预期理论，收益率曲线向上倾斜本身就意味着市场预期未来的利率将会提高。另外，尽管期限长的债券能提供更高的预期收益率，但是这种更高的预期收益率可能是风险报酬，因为期限长的债券的流动性报酬也高。期限长的债券预期的持有期收益率高无非是因为承担了更高的风险而已。

第五节　收益率曲线变动策略

一、收益率曲线的变动类型

收益率曲线的变动是影响债券投资组合风险和收益的最重要的因素。收益率曲线的变动类型主要有三种：平行移动、扭曲移动和驼形变动。

（一）平行移动

平行移动即所有具有不同到期期限的债券都在原来各自收益率的基础上移动一个相同的幅度，事实上，这种情况只在理论上出现，实际当中从未发生过（见图 7-3）。

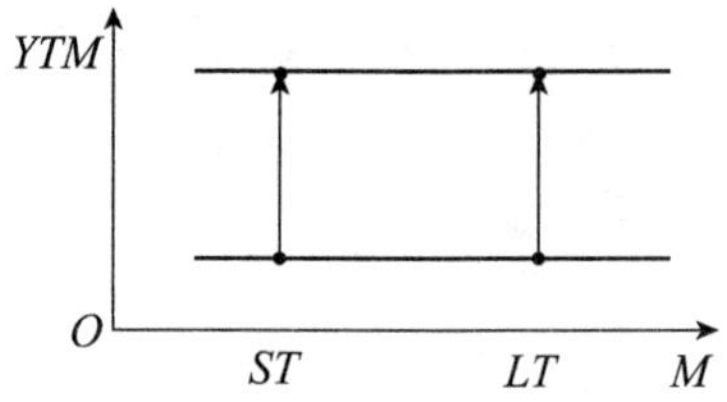

图 7-3　平行移动

图 7-3 至图 7-7 中，YTM 为到期收益率；ST 为短期收益率；LT 为长期收益率；M 为期限。

（二）扭曲移动

扭曲移动常见的有两种情形：

（1）平稳化扭曲移动，即长短期利率之间的差异缩小（见图 7-4）。

（2）陡峭化扭曲移动，即长短期利率之间的差异增大（见图 7-5）。

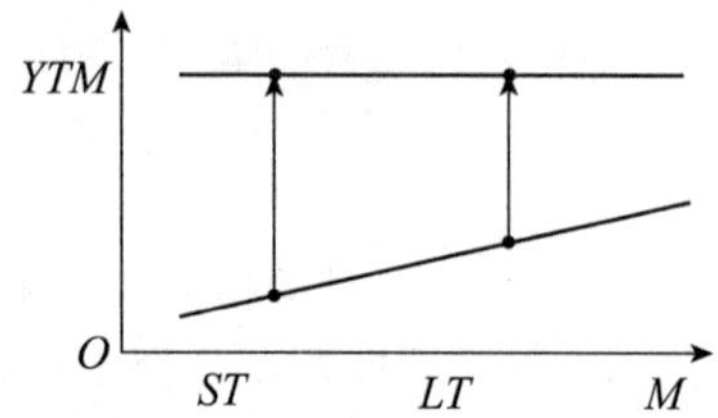

图 7-4　平稳化扭曲移动

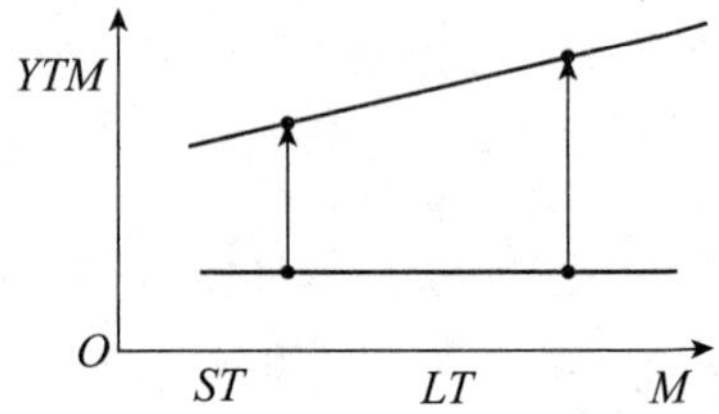

图 7-5　陡峭化扭曲移动

（三）驼形变动

驼形变动又主要分为两种情形：

（1）正碟形变动，即长期收益率和短期收益率的改变比中期收益率要大，见图 7-6。

（2）倒碟形变动，即中期收益率的改变比短期收益率和长期收益率要大，见图 7-7。

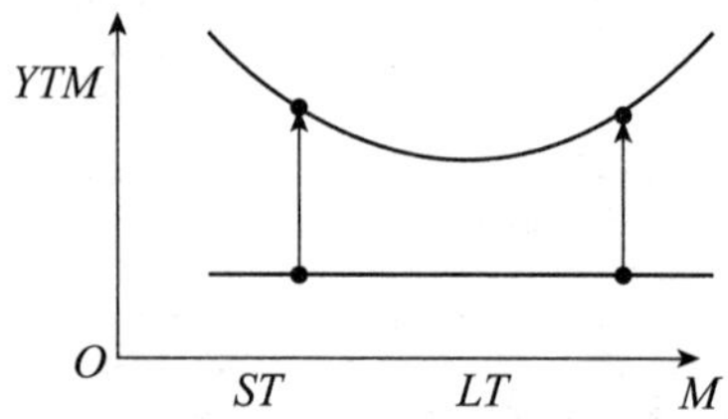

图 7-6　正碟形变动

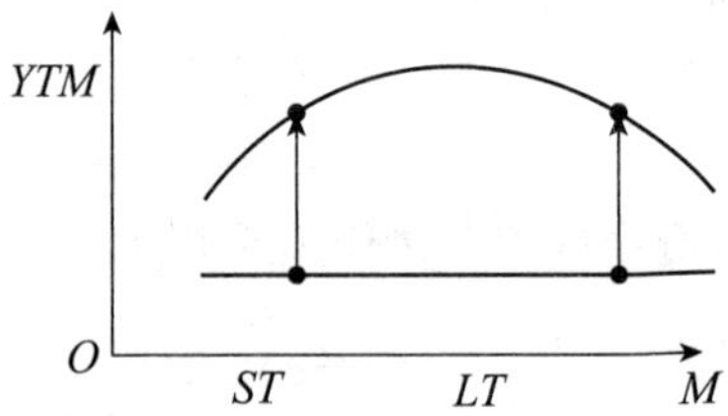

图 7-7　倒碟形变动

二、收益率曲线变动策略简述

上面介绍了几种常见的收益率曲线的变动方式，针对这些收益率曲线的变动，投资者可以采取不同的收益率曲线变动策略。这些可供选择的策略简述如下：

（一）子弹策略

子弹策略即将投资组合中的债券集中在某一个到期期限的范围内，这种策略所对应的投资目标债券有较为集中的久期（见图 7-8）。

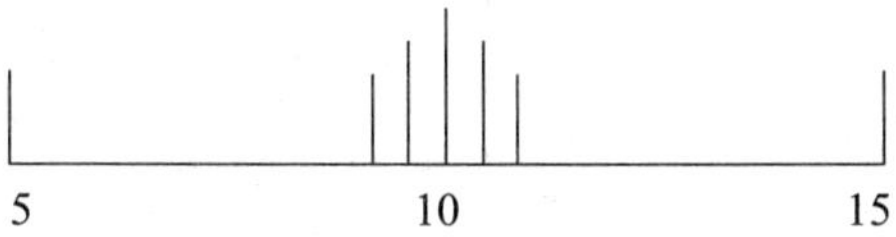

图 7-8 子弹策略

（二）哑铃策略

哑铃策略即将投资组合中债券的到期期限集中在两个极端的范围内，这种策略所对应的投资目标债券一般来说有两个极端的久期（见图 7-9）。

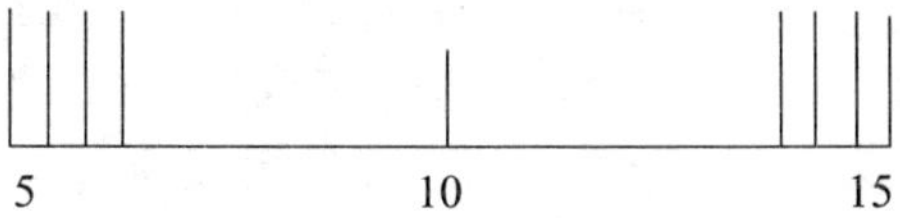

图 7-9 哑铃策略

（三）梯形策略

梯形策略即每种期限的债券权重分配大致相同，这种策略所对应的投资目标债券久期的分布比较均匀（见图 7-10）。

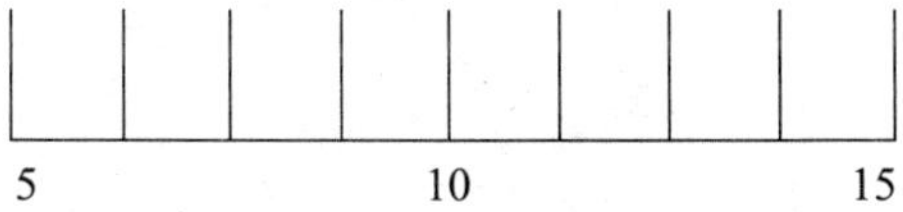

图 7-10 梯形策略

实践中，这些策略的选择是根据之前所述的预期收益率曲线的移动方向而定的。比如，当收益率曲线向下倾斜移动的时候，如长期收益率的降低幅度比短期收益率的降低幅度大，选择子弹策略是比较合适的，即将投资组合中的债券集中于长期债券，当预期中的扭曲移动真的发生时，该策略会带来超额收益。事实上，当收益率曲线预期平行下移时，集中于长期债券的子弹策略也能带来超额收益，因为在收益率曲线下移的情况下，长期债券的价格上升百分比大于市场上所有债券的均值。而当倒碟形移动发生时，则是哑铃策略可以带给投资者更高的收益。

当然，即使收益率曲线的移动是可以被预期的，如何选择一种正确的投资策略仍然是一个问题，笔者认为理论可以支持的一种实践方式是所谓的"整体收益分析"。既然每种策略的收益取决于收益率曲线移动的大小和方式，那么正确的收益率曲线变动策略就应当取决于投资者的预期。整体收益分析正是这样一种选择合适策略的方式，它是先对收益率曲线可能的移动状况做出预期，以其发生的概率大小为权重，计算出每种策略的预期收益率，再从中选择收益率较高的投资策略。

第六节 或有免疫策略

或有免疫策略介于消极策略和积极策略之间，可以说是积极策略和消极策略的混合体。或有免疫策略的基本思想是：债券投资组合管理者可以实施积极的投资组合管理策略，直至市场表现不好、债券投资组合可接受的最低收益率的实现受到影响时，债券投资组合管理者才必须实施消极策略。在这个时点（通常称为触发点）上，债券投资组合管理者对债券投资组合实施了免疫策略。在剩余的投资期限内，债券投资组合的收益率被锁定在既定的水平上。

下面通过一个具体例子来说明或有免疫策略的基本思想。假设某债券投资组合管理者为某家保险公司管理 500 万元的资金，期限为 2 年。保险公司要求两年的总收益率至少为 10%，换句话说，保险公司要求两年后资金的终值至少为 $500\times(1+10\%)=550$（万元）。假设市场上存在一种期限为 2 年的零息债券，年收益率为 10%。该债券投资组合管理者可以购买价值为 454.5 $[=550/(1+10\%)^2]$ 万元的该零息债券，就可以保证两年后零息债券的价值为 550 万元。然而，最初的投资资金为 500 万元，比零息债券的最初投资额多出 $500-454.5=45.5$（万元）。因此，该债券投资组合管理者不用立即采取免疫策略，而是可以采用积极策略，因为即使发生一定的损失也能确保债券投资组合的终值达到 550 万元。那么，该债券投资组合能承受的最大损失是多少呢？如果用 r① 来表示将来任何一个时点上的利率水平，T 表示剩余的投资期限，为了确保债券投资组合的终值为 550 万元，那么在任何时点上的债券投资组合的价值都应该至少等于 550 万元在该时点上的现值，即 $550/(1+10\%)^T$。只要在任何时点上债券投资组合的价值等于 550 万元的现值，通过对债券投资组合实施免疫策略，在投资期期末债券投资组合的价值就可以增加到 550 万元，同时规避了利率风险。在任何时点上 550 万元的现值就成了触发点，一旦达到触发点，债券投资组合管理者就对债券投资组合实施免疫策略。

图 7-11 展示了或有免疫策略两种可能的结果。在图 7-11（A）中，债券投资组合的价值在 t 点达到触发点。在 t 点，债券投资组合管理者放弃以前的积极策略，开始对债券投资组合实施免疫策略，从 t 点到投资期期末 T 点，该债券投资组合由于实施了免疫策略而按照平滑曲线（触发点构成的线）达到终值 550 万元。在图 7-11（B）中，债券投资组合的价值始终高于触发点，债券投资组合管理者在整个投资期限内可以始终采取积极策略，债券投资组合的终值比 550 万元高得多。

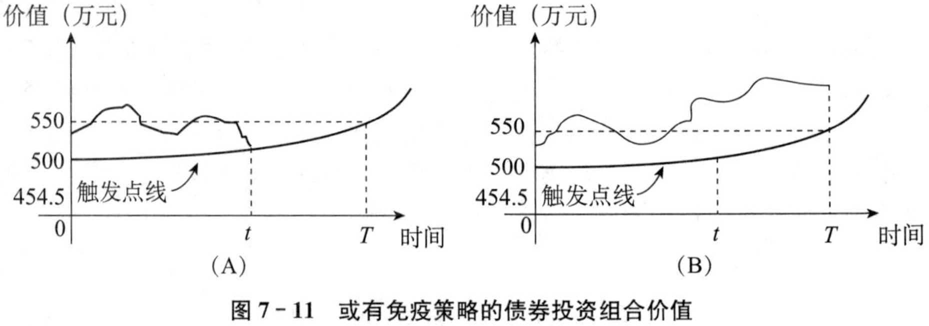

图 7-11　或有免疫策略的债券投资组合价值

① 注意，不同时点的利率水平并不相同，即 r 是不断变化的。

下面通过一个具体例子说明如何运用或有免疫策略。在实施或有免疫策略的过程中，通常债券投资组合管理者和投资者会协商确定一个低于可实现的收益率的可接受的最低收益率。假设有一个久期为 3 年半的债券用于负债免疫，该债券可实现的收益率是 10%（该债券的年收益率是 10%）。在或有免疫策略中，可接受的最低收益率可被设为 8%。债券投资组合管理者在收益率超过 8%时可采用积极策略，一旦收益率降至 8%，他将被要求采用免疫策略。

为了更清楚地说明这个问题，假定某债券投资基金管理资金 100 万元，投资期限为 3 年半。投资基金经理采用了或有免疫策略。进一步假定该投资基金可实现的收益率为 10%。比如，它可以购买 4 年期、票面利率为 9%的债券，该债券的到期收益率是 10%。基金投资者为了获得较高收益而采用或有免疫策略，同意将可接受的最低收益率定在一个较低的水平（8%）上。最后，假定投资基金同意在安全边际为零的时候采取免疫措施。安全边际是指债券投资组合现值和投资者可接受的投资终值的最小值（以下简称最小终值）的现值之间的差额。给定投资者可接受的最低收益率为 8%，3 年半后基金投资者可接受的投资终值的最小值是 1 309 131 元。计算过程如下：

$$1\ 000\ 000\times(1.08)^{3.5}=1\ 309\ 131\text{（元）}$$

如果目前的收益率稳定在 10%的水平上，那么 937 797 元就能满足该目标价值，即：

$$\frac{1\ 309\ 131}{(1.10)^{3.5}}=937\ 797\text{（元）}$$

由于投资者的初始投资是 100 万元，因此最初的安全边际是 62 203 元。

$$\text{安全边际}=1\ 000\ 000-937\ 797=62\ 203\text{（元）}$$

假定该基金购买 10 年期、票面利率为 10%的平价债券（到期收益率为 10%）。根据投资基金与投资者之间的协议，在安全边际为正的情况下，投资基金可以持有该债券投资组合。例如，如果 1 年后收益率曲线平行下降为 8%，债券投资组合的价值（包括债券的价值和第一年年底支付的利息）将变为 1 224 938 元，计算过程如下：

$$\text{债券价值}=\sum_{t=1}^{9}\frac{10}{(1.08)^t}+\frac{100}{(1.08)^9}=112.493\ 8\text{（万元）}$$

$$\text{债券投资组合的价值}=\frac{112.493\ 8}{100}\times1\ 000\ 000+0.10\times1\ 000\ 000=1\ 224\ 938\text{（元）}$$

此时最小终值的现值是 108 万元，计算过程如下：

$$\text{最小终值的现值}=\frac{1\ 309\ 131}{(1.08)^{2.5}}=1\ 080\ 000\text{（元）}$$

安全边际是 144 938 元，计算过程如下：

$$\text{安全边际}=1\ 224\ 938-1\ 080\ 000=144\ 938\text{（元）}$$

可见，收益率曲线的下降使得安全边际从 62 203 元上升到 144 938 元。此时，投资基金可以继续持有原先的 10 年期债券，改变该资产头寸或对其进行免疫。如果进行免疫，基金会卖掉该债券并将收回的本息重新投资于收益率为 8%、期限为 2.5 年的债券。这样做可以使基金在 3 年半中的收益率维持在 11.96%的水平上，计算过程如下：

$$债券年收益率=\sqrt[3.5]{\frac{1\ 224\ 938\times(1.08)^{2.5}}{1\ 000\ 000}}-1=11.96\%$$

假定1年后，收益率曲线升高到12.25%而不是下降到8%，此时投资的现值将只有981 245元，而可接受的投资终值的最小值是980 657元，安全边际为588元，已接近于零，计算过程如下：

$$债券价值=\sum_{t=1}^{9}\frac{10}{(1.122\ 5)^t}+\frac{100}{(1.122\ 5)^9}=88.124\ 515（万元）$$

$$债券投资组合的价值=\frac{88.124\ 515}{100}\times1\ 000\ 000+0.10\times1\ 000\ 000=981\ 245（元）$$

$$最小终值的现值=\frac{1\ 309\ 131}{(1.122\ 5)^{2.5}}=980\ 657（元）$$

$$安全边际=981\ 245-980\ 657=588（元）$$

根据前述或有免疫合约，基金此时需要对该投资组合进行免疫。做法是卖掉债券，将所得本息总和981 245元重新投资于期限为2.5年、到期收益率为12.25%的债券。这样做的总收益可达1 309 918元，达到了最低收益率8%的要求，计算过程如下：

$$981\ 245\times(1+12.25\%)^{2.5}=1\ 309\ 916（元）$$

3年半内实现的年收益率则为：

$$\sqrt[3.5]{\frac{981\ 245\times(1+12.25\%)^{2.5}}{1\ 000\ 000}}-1=8\%$$

综上所述，或有免疫策略提供了一种介于积极策略和消极策略之间的中等风险、中等收益的投资机会。在实践中，建立和管理或有免疫策略要比例子中展示的复杂得多：安全边际的大小需要持续监测；如果资产头寸不断变化，则情况更加错综复杂；收益率曲线非平行变动也增加了或有免疫策略的实施难度；对净资产头寸进行免疫时，还需要考虑所采用的重新平衡策略。

第八章 利率衍生金融工具简介

利率衍生金融工具的价值取决于基础债务工具的价格或者参考利率。利率衍生金融工具包括利率期货、利率远期、利率期权、利率互换、利率上限、利率下限和利率双限。本章和下一章的主要目的有两个：介绍这些利率衍生金融工具的特征、交易机制以及如何为这些利率衍生金融工具定价。

第一节 利率远期和利率期货

远期合约（forward contract）是一种特别简单的衍生证券。远期合约是在将来的确定时间按确定的价格购买或出售某项资产的协议。远期合约通常是金融机构间或由金融机构代理其公司客户签署，通常都在交易所外进行交易，即场外交易。期货合约与远期合约非常相似，不同之处在于期货在交易所内交易。为了降低交易成本，交易所详细规定了期货的标准化条款，并且设计了一些制度确保不会发生违约。

利率远期与利率期货是基础资产（也称标的资产）价格仅依赖于利率水平的衍生证券。利率远期或利率期货的一方同意在将来某个确定的日期以确定的价格购买基础资产，我们称这一方为多头（long position）；另一方同意在同样的日期以同样的价格出售基础资产，我们称这一方为空头（short position）。

利率远期和利率期货的基本经济功能是为市场参与者提供一种规避不利价格变动引起的风险的工具。由于两者在本质上完全一样，但利率期货比利率远期的交易机制更复杂，所以我们重点介绍利率期货。

△ 专栏 8-1

利率期货的产生

1848 年，世界上第一家期货交易所——芝加哥期货交易所（CBOT）——成立。该交易所最初交易的是远期合约，第一份远期合约（棉花）在 1851 年 3 月 13 日签约。1865 年，该交易所引入标准化的期货合约。

国债期货最初是发达国家规避利率风险、维持金融体系稳定的产物。20 世纪 70 年代末，受布雷顿森林体系解体和两次石油危机的冲击，西方主要发达国家的经济陷入了滞胀，为了推动经济发展，各国政府纷纷推行利率自由化政策，导致利率波动日益频繁而剧烈。频繁而剧烈的利率波动使得金融市场中的借贷双方特别是持有国债的投资者面临越来越大的利率风险，市场避险需求日趋强烈，迫切需要一种便利有效的利率风险管理工具。在这种背景下，国债期货等利率期货首先在美国应运而生。利率期货合约革命开始于一个观念：农业等其他实业管理者成功使用了 100 多年的风险分担机制——商品期货合约，应该同样为商业和金融管理者所用。

1972 年，芝加哥商品交易所的分支机构——国际货币市场（IMM）——成立，它最初的功能是提供标准化的外币期货合约。1972 年 10 月 20 日交易的第一笔利率期货合约，旨在于 1975 年交割由联邦国民抵押协会发行的抵押证券期货。1976 年 1 月，美国芝加哥商业交易所推出了 90 天期国库券期货合约，这标志着国债期货的正式诞生。第一笔利率期货合约的出现具有革命性意义，它适应了投资者规避利率风险的要求，使得利率期货合约成为必不可少的金融风险管理工具。澳大利亚（1979 年）、英国（1982 年）、日本、加拿大、法国、德国等国家和中国香港地区相继推出了各自的利率期货。这（尤其是 1981 年引入的 90 天期欧洲美元期货合约）对利率互换市场的发展起到了很大的作用。

利率期货合约是以债券类资产，例如国债、国库券和欧洲美元存款为标的的期货合约。市场上最活跃的两种利率期货合约的标的资产分别是 3 个月期国库券和 3 个月期欧洲美元存款。国库券期货合约于 1976 年由芝加哥商业交易所引进，欧洲美元期货合约于 1981 年开始交易。货币当局的货币政策是利率期货合约价格的最大影响因素，因为货币政策会影响利率。

今天，利率期货市场的发展已经超越了商品期货。利率期货合约成为最活跃的期货交易合约，交易规模已经远远超过传统商品期货合约，在全球金融系统中发挥着重要作用。

一、利率期货交易的机制

利率期货合约是买方（卖方）和期货交易所之间签订的协议。该协议规定，在将来某个确定的日期买方（卖方）按照事先确定的价格向交易所购买（出售）某种固定收益证券。期货合约中规定的价格为期货价格（futures price），规定的交易日期为交割日（settlement date 或 delivery date）。

例如，某期货的基础资产为债券 A，6 个月后交割，期货价格为 100 元。该期货的买方（多头）同意在 6 个月后的交割日按照期货价格 100 元从交易所购买事先确定数量的债券 A；该期货的卖方（空头）则同意在交割日按照 100 元的价格向交易所出售事先确定数量的债券 A。

期货交易的全过程可概括为建仓、持仓、平仓或实物交割。建仓是指交易者新买入或新卖出一定数量的期货合约。交易者建仓后可以采取两种方式了结期货合约：要么择机平仓，要么保留至交割日进行实物交割。期货交易者可以在最后的交割日结束之前对期货合约的头寸提前进行清算，也就是说，交易者通过一笔数量相等、方向相反的期货交易来对冲原来的期货合约。对期货合约的买方而言，这意味着卖出相同数量的同种期货合约；对卖方而言，这意味着买入相同数量的同种期货合约。这种买回已卖出合约，或卖出已买回合约的做法叫平仓。建仓后尚没有平仓的合约，称未平仓合约或未平仓头寸，也被称作持仓。交易者可以选择一直等到交割日再进行交割，到时买方按照期货价格购买基础资产，卖方则按照期货价格出售基础资产。

期货结算所在期货交易中扮演着重要角色。投资者在期货市场建仓并持有头寸，而结算所作为所有交易者的对手，持有与交易者相反的头寸，并同意接受合约中的条款。由于交易者的交易对手是结算所，因此，交易者可以随时自由地清算头寸，而不必担心合约另一方违约。除了担保职能外，结算所的存在还使得合约方在交割日之前平仓变得更容易。

（一）期货的仓位和损益

如前所述，期货交易者可以持有两种头寸：多头（购买期货）和空头（卖出期货）。期货合约的多头同意以约定的期货价格购买合约规定的基础资产，空头承诺以期货价格出售基础资产，交割和支付则在约定的交割日进行。

下面通过一个例子进行具体解释。假设现在是 7 月 1 日，投资者 A 相信中央银行在随后的 6 个月里将通过公开市场操作购买，这将导致利率下降、国库券的价格上升。为了从中获利，假设投资者 A 指示其经纪人购买 9 月国库券期货合约。为履行这一要约，假设 A 的经纪人找到投资者 B 的经纪人，而 B 相信目前经济过热，政府将出台紧缩性的货币政策，短期利率将上升，国库券价格将下降，因此，B 决定卖出 9 月国库券期货合约。经过协商后，双方经纪人就 9 月国库券期货合约的基础资产和期货价格达成了协议，期货价格定为 975 000 美元。基础资产是期限为 91 天的国库券。用期货交易的术语描述为：投资者 A 同意向投资者 B 购买期限为 91 天的国库券，在 9 月进行交割，A 是合约的多头；投资者 B 同意向投资者 A 出售期限为 91 天的国库券，在 9 月进行交割，B 是合约的空头（如图 8－1 所示）。

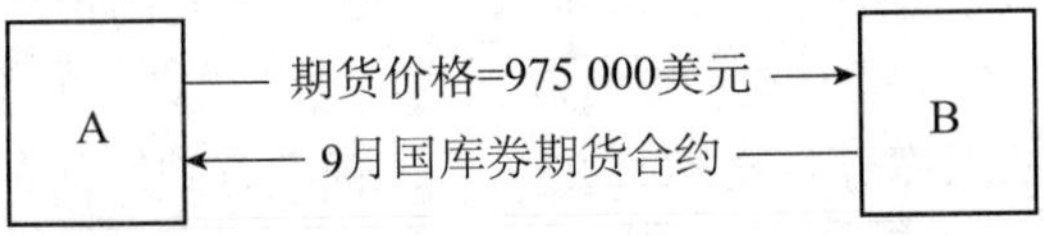

图 8－1 期货合约

如果合约双方持有合约到交割日，他们的损益情况将取决于交割日国库券现货价格。例如，假设中央银行确实实施了扩张性的货币政策，使得国库券的即期贴现率降为9%，国库券的现货价格（S）为977 500美元。据此，一方面，投资者A将以975 000美元的价格从投资者B那里购买期限为91天的国库券，并以977 500美元的价格在现货市场上出售，获利2 500美元；另一方面，为了交割9月国库券期货合约，投资者B必须以977 500美元的现货价格购买国库券，并按照期货合约规定的975 000美元的价格卖给投资者A，损失2 500美元。

大多数期货合约不会持续到交割日，因为合约的交易者可以在交割日之前进行平仓。例如，投资者M在7月1日买入一个9月国库券期货合约，在到期前，如7月15日，就通过卖出一个相同的期货合约进行平仓。注意，在7月15日，同样的9月国库券期货合约的价格已经发生了变化。投资者N在7月1日卖出一个9月国库券期货合约，在7月15日就通过买入一个相同的期货合约进行了平仓。在这两个例子里，投资者的总损益由7月1日至7月15日期货合约的价格变化决定。

（二）结算所的职能

为提高期货合约的流动性，期货结算所作为中介，负责期货合约的结算，包括到期期货合约的交割和未到期期货合约的结算、平仓，并承担清算和履约等责任。

在上面的例子中，结算所在交易者A和交易者B达成9月国库券期货合约后介入，成为多头A的卖方和空头B的买方（如图8-2所示）。

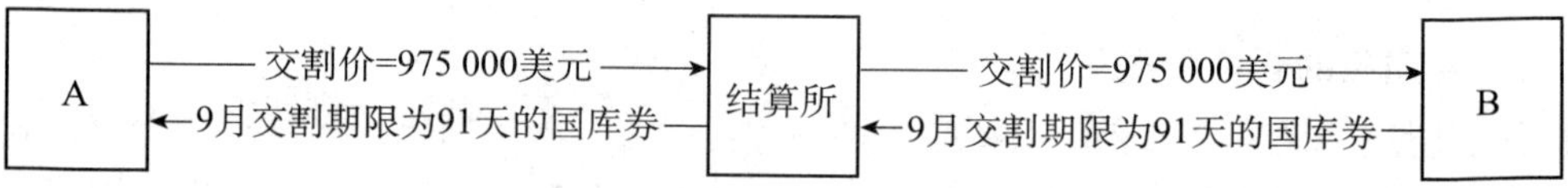

图8-2　交割协议

一旦结算所介入交易，A、B就和结算所签订了合约。结算所会在它的电脑里记录如表8-1所示的交易。

表8-1　结算所记录

	结算所记录
(1)	交易者A同意以975 000美元的价格向结算所购买9月国库券期货合约
(2)	交易者B同意以975 000美元的价格向结算所出售9月国库券期货合约

结算所的存在使得期货交易者在到期日之前进行平仓更加容易。假设在7月15日，9月国库券期货合约的期货价格上升至976 250美元。交易者C在7月15日购买9月国库券期货合约，9月国库券期货合约的需求增加。交易者A认为将来的短期利率将会上升，9月国库券期货价格将会降低，他决定以976 250美元的价格向C出售9月国库券期货合约。这样，交易者A持有这一9月新合约的空头，C持有多头，该期货合约的标的资产是期限为91天的国库券，交割日在9月。若没有结算所的中介参与，三个交易者会签署两份期货合约（如图8-3所示）。

在C和A之间的协议达成后，结算所立即介入。对交易者A而言，结算所现在的记录如表8-2所示。

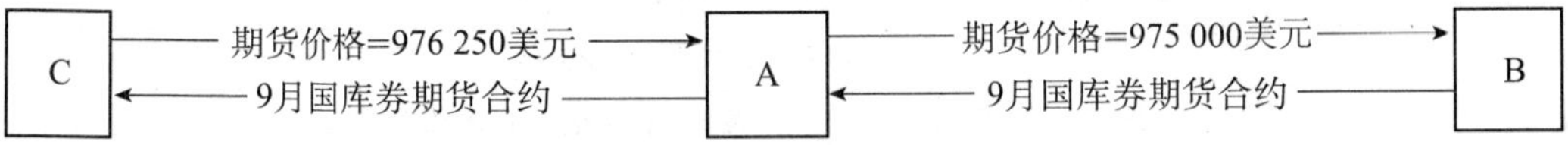

图 8-3 期货合约

表 8-2 结算所对交易者 A 的交易记录

	结算所对交易者 A 的交易记录
(1)	交易者 A 同意以 975 000 美元的价格从结算所买入 9 月国库券期货合约
(2)	交易者 A 同意以 976 250 美元的价格向结算所卖出 9 月国库券期货合约

因此，如图 8-4 所示，结算所在 7 月 15 日（交割日之前）通过向交易者 A 支付 1 250 美元为其平仓。交易者 A 持有的空头有效地进行了平仓，被称为平仓头寸。因此，结算所的存在使得期货合约在到期日之前平仓更容易。

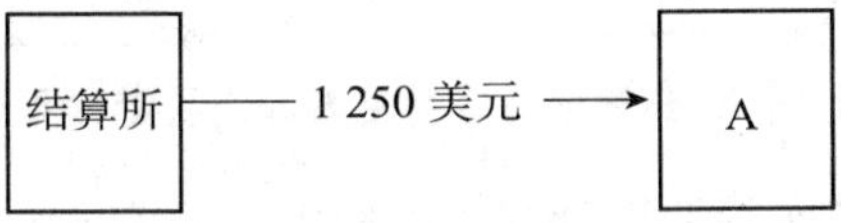

图 8-4 结算所与交易者 A 平仓

经纪费用和交割成本的存在使得大多数期货交易者选择在到期日前进行平仓。随着到期日的临近，未平仓利率期货合约的数量减少，只有少量的期货合约等到到期日交割。期货合约在到期日的期货价格（f_T）应该等于（或近似等于）标的资产的现货价格（S_T）。也就是说，在到期日有：

$$f_T = S_T$$

如果在到期日 f_T不等于 S_T，套利就会发生。套利者持有期货合约头寸，同时在现货市场持有一个相反的头寸。例如，一方面，如果 9 月国库券期货合约在 9 月交割日的期货价格为 977 000 美元，现货价格为 977 500 美元，套利者可以持有 9 月国库券期货合约的多头，以 977 000 美元的期货价格交割期货合约，然后在现货市场上以 977 500 美元的价格出售，获得无风险利润 500 美元。然而，套利者的这一努力将推动期货合约的价格上升至977 500 美元。另一方面，如果 $f_T > 977\ 500$ 美元，套利者将采用相反的操作，直至推动 f_T降至 977 500 美元。因此，套利者的行为将确保期货合约在到期日的期货价格等于现货价格。期货交易者在到期日可以通过持有与期货合约相反的头寸的方式进行平仓，也可以在到期日进行与期货头寸方向相反的现货操作，同时完成期货交割，两种做法的损益是相同的。

回到我们的例子，假设临近到期日时，9 月国库券期货价格和国库券现货价格都是 977 500 美元，交易者 B 为了平仓按照期货价格 977 500 美元购买 9 月国库券期货合约。交易者 C 为了平仓按照期货价格 977 500 美元卖出 9 月国库券期货合约。考虑到期货交易者都是与结算所签订期货合约，交易者 B 向结算所支付 2 500 美元，交易者 C 将从结算所收到 1 250 美元，具体见表 8-3 和图 8-5。

表 8-3　结算所对交易者 B 和交易者 C 的交易记录

	结算所对交易者 B 的交易记录
(1)	投资者 B 同意以 975 000 美元的价格向结算所卖出 9 月国库券期货合约
(2)	投资者 B 同意以 977 500 美元的价格从结算所买入 9 月国库券期货合约
	结算所对交易者 C 的交易记录
(1)	投资者 C 同意以 976 250 美元的价格从结算所买入 9 月国库券期货合约
(2)	投资者 C 同意以 977 500 美元的价格向结算所卖出 9 月国库券期货合约

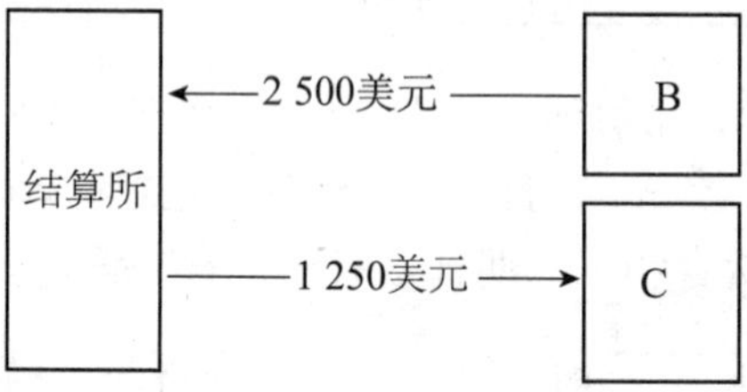

图 8-5　结算所与交易者 B 和交易者 C 平仓

在这个例子中，9 月国库券期货合约的价格由交易者 A、B 间签订合约时的 975 000 美元上涨为交易者 A、C 间签订合约时的 976 250 美元，在临近到期日（交易者 B、C 间签订合约时）上涨至 977 500 美元。交易者 A、C 分别从结算所获得 1 250 美元，交易者 B 向结算所支付 2 500 美元。结算所对各个合约完全对冲，没有收益（除了结算费收入）。同时，没有发生国库券的实物交割。

（三）期货交易所的制度设计

许多期货交易所由一些交易室构成，每个交易室都有几个交易池供会员交易期货合约。虽然计算机交易系统有改变期货交易方式的潜力，但目前大多数交易仍通过经纪人在交易池里喊价的方式进行。

场内经纪人在交易所代理客户执行大部分交易。除了场内经纪人外，大多数期货交易所还有独立交易商。独立交易商分为两种：一种是仅仅使用自己的账户进行交易的独立交易商；另一种是从事双重交易的独立交易商，即不但自身参与交易，而且代理客户交易的独立交易商。独立交易商的参与使得市场更有效率，而场内经纪人在联系期货交易者方面发挥了重要作用。期货交易所的其他制度安排包括：提供标准化合约，提供持续交易，建立交割程序和制定交易规则。

1. 标准化期货合约

在规范的期货市场上，期货合约都是标准化的。交易所对用于交割的资产的等级、每笔期货合约的标的资产的面值以及交割日都做出了明确的规定。

▲ 专栏 8-2

在芝加哥期货交易所交易的美国长期国债期货合约

典型的美国长期国债期货合约的主要规定如下：

交易单位：到期日面值为 100 000 美元的一份或者多份美国长期国债。

交割等级：如果是可以赎回的，美国长期国债从交割月的第一天开始至少 15 年不可以赎回；如果是不能赎回的，那么其到期期限从交割月的第一天开始至少为 15 年。期货价格等于期货结算价格乘以转换因子，加上应计利息。转换因子是收益率为 8%的交割债券（面值为 1 美元）的价格。

报价方式：整点数（1 点代表的价值为 1 000 美元）和非整数部分（采用 32 进位制），例如，80—16 等于 $80\frac{16}{32}$。票面价值以 100 点为基准。

每日价格最大波动限制：高于或者低于前一日的结算价格 3 点（3 000 美元/合约）。

合约的月份：3 月、6 月、9 月、12 月。

交割途径：联邦储备交易条目电信交换系统。

最后交易日：交割月份的最后营业日往回数的第 7 个营业日。

最后交割日：交割月份的最后营业日。

交易时间：7：20A. M.—2：00P. M.（芝加哥时间），星期一至星期五；傍晚交易时间为 5：20P. M.—8：05P. M.（中部标准时间）或者 6：20P. M.—9：05P. M.（中部夏令时间），星期日至星期四。

资料来源：芝加哥期货交易所.

2. 持续交易

大多数证券交易所使用做市商制度来保证持续交易。大多数期货交易所没有指定做市商来参与具体的合约，而是通过场内独立交易商来提供持续交易。这些交易商乐意在一个或多个期货合约中持有暂时头寸。一般而言，场内独立交易商分为三种类型：(1) 小投机商。它们在价格稍有变动时立即买入或卖出以获得薄利。(2) 当日交易商。它们在买进或卖出期货合约后，当天就通过平仓结束交易。(3) 头寸交易商。它们在平仓前持有头寸的时间长达一周。总的来说，这些场内独立交易商的存在保证了交易的持续进行。

3. 交割程序

尽管 98%的期货合约在到期日之前即平仓结清，但详尽的交割程序仍然很重要，因为它们保证了合约期货价格由标的资产的现货价格决定。交易所制定交割的规则和程序。

一些国债期货合约允许到期日交割不同的资产。在国债期货合约中，交割的国债可以从一系列有不同到期日和不同票面利率的国债中选择。由于许多资产都可以交割，所以交易所使用价格调整程序，将交割用资产的价格调整为合约规定资产的价格。

一些利率期货则不允许实物交割，如欧洲美元定期存款期货合约交割时必须进行现金清算，重要的原因是该期货合约的标的资产——欧洲美元定期存款——存在潜在的信用风险，实物交割时空头可能会以价值最低的欧洲美元定期存款进行交割，损害多头的利益。

期货合约的交割日各不相同，许多合约要求在交割日当天或不久就进行交割。然而，一些国债期货合约在交割月的任一营业日都可以交割。可延展交割期的合约要遵循交易所规定的交割通告程序。

4. 头寸限额和价格限制

期货交易所为大多数合约设定了头寸限额，这是保证流动性充足并将交易者操纵特定资产的风险降到最低的一项安全措施。除了头寸限额外，商品期货交易委员会还要求每个交易所为每天的合约价格变动设定价格限制。因此，如果交易所不改动限额，那么合约价格必须在它的每日价格变动范围内。当合约价格为最大值或最小值时，称为达到上限或下限。设定价格限制是为了避免价格的巨大波动，同时降低期货合约的保证金要求。其缺陷在于，当价格朝着交易者希望的方向移动时，价格限制锁定了价格的波幅，从而降低了盈利的幅度。

（四）保证金要求

当交易者与期货交易所签订了期货合约后，由于期货价格的不断变化可能给交易者造成损失，因而期货交易所面临交易者违约的风险。为了防止交易者违约给交易所造成损失，期货交易所建立了保证金制度。

期货合约的保证金可以分为初始保证金和维持保证金。初始保证金在投资者建仓时就必须以现金或现金等价物的形式存入，其数额根据交易金额和初始保证金率来确定，初始保证金＝交易金额×初始保证金率。期货交易者通过在经纪人处开立保证金账户，存入现金或等价物以缴纳初始保证金。初始保证金的数额即合约价值的一个比例（通常为3%～5%）。在我们的上述例子中，如果初始保证金率是5%，交易者A和B需要为他们的9月国库券期货合约各自在保证金账户里存入48 750美元，即：

$$m(\text{保证金})=0.05\times 975\ 000=48\ 750\ (\text{美元})$$

维持保证金是由交易所具体规定的投资者保证金账户余额的下限，等于初始保证金的一定比率，如80%。追加保证金是指当期货交易者保证金账户余额低于维持保证金水平时，而需要追加的保证金数额。与初始保证金不同的是，追加保证金必须以现金支付，而不能是现金等价物。期货交易者保证金账户中高于初始保证金的部分，投资者可以提走。如果投资者在收到追加保证金通知后的24小时内没有追加保证金，投资者的头寸将被期货交易所强制平仓，平仓后交易所将保证金账户中的剩余资金返还给交易者。

交易者的保证金账户余额（权益）等于初始存入的保证金加上期货头寸价值的日变动额，还要减去从保证金账户中提走的现金。其中，期货头寸价值的变动由期货合约在每个交易日的清算价格决定。在每个交易日结束时，交易所确定期货合约的清算价格，通常是每天最末几笔交易的平均价格，这个价格被用来衡量交易者期货头寸的变动。根据交易者期货头寸当天的盈亏对保证金账户余额进行调整的做法称为“逐日盯市”。

在我们的例子里，假设在7月2日，即交易者A和B与期货交易所签订期货合约的第二天，9月国库券期货合约的清算价格为976 250美元，交易者A和B在7月2日的权益价值分别为：

$$\text{A 的权益价值}=48\ 750+(976\ 250-975\ 000)=50\ 000\ (\text{美元})$$

$$\text{B 的权益价值}=48\ 750+(975\ 000-976\ 500)=47\ 500\ (\text{美元})$$

假设在 7 月 3 日，国库券期货合约的清算价格为 973 250 美元，则交易者 A 和 B 的权益价值分别变为：

A 的权益价值＝48 750＋(976 250－975 000)＋(973 750－975 000)

＝48 750＋1 250－1 250＝48 750（美元）

B 的权益价值＝48 750＋(975 000－976 500)＋(975 000－973 750)

＝48 750－1 500＋1 250＝48 500（美元）

如果维持保证金率为初始保证金率的 90%，那么需要将他们账户里的权益价值保持在 43 875 美元以上。在上面的例子里，期货交易所不会要求交易者 A 和 B 追加保证金。如果账户里的权益价值降到 43 875 美元以下，就要发出追加保证金通知书。例如，如果在 7 月 4 日 9 月国库券期货清算价格为 980 000 美元，那么 A 和 B 的权益价值分别为：

A 的权益价值＝48 750＋(980 000－975 000)＝53 750（美元）

B 的权益价值＝48 750＋(975 000－980 000)＝43 750（美元）

在这个例子里，交易者 B 的权益价值低于维持保证金的要求，必须追加 5 000 美元的现金以使权益价值等于初始保证金。交易者 B 的经纪人会给交易者 B 发出追加保证金的通知书，如果交易者 B 没有追加保证金，经纪人将对其平仓。交易者 B 的 48 750 美元初始资金中的 5 000 美元将支付给结算所，其余 43 750 美元扣除经纪费用后返还给 B。

二、利率期货合约与利率远期合约的区别

利率期货合约和利率远期合约在本质上是一样的，都是在未来某个日期进行交割的合约。但是两者在制度设计上存在明显的区别：

第一，期货合约是在交易所内交易的衍生金融工具，而大多数利率远期合约都是在场外交易的。

第二，期货合约都是标准化的，而利率远期合约是非标准化的衍生工具，这决定了远期合约只能是在场外交易的衍生金融工具。利率远期合约可按照使用者的要求量身定制，在期限、结构、基础工具的选择和组合方面更具灵活性，因而应用范围更广，市场潜力更大。由于期货合约是在交易所内交易的标准化合约，因而具有更高的流动性。

第三，利率远期合约是在交易者双方之间达成的协议，没有第三方的参与，交易者靠双方的信用完成交易。因此，如果交易的一方违约，就会令交易的另一方遭受损失。在签订利率远期合约时双方都面临违约风险。而利率期货合约由于有结算所的介入和保证金制度，极大地降低了违约风险。

第四，由于期货合约设立了保证金制度和逐日盯市制度，期货合约的交易者在建仓时要缴纳初始保证金，当保证金率低于维持保证金率的时候交易者要追加保证金，当保证金率超过初始保证金率的时候交易者可以提取现金。因此，期货合约从建仓至到期日交割为止，可能有现金流出和现金流入。而利率远期合约只有在到期日才能进行交割，中间没有任何现金流发生。

△ 专栏 8-3

327 国债期货事件

1993 年 10 月 25 日，上海证券交易所率先推出国债期货交易。最初，国债期货交易未被投资者认识，市场规模小，行情波动也不大。1994 年 10 月以后，中国人民银行提高 3 年期以上储蓄存款利率并恢复存款保值贴补，对国库券利率也同样实行保值贴补。保值贴补率的不确定性为炒作国债期货提供了空间，大量机构投资者由股市转入债市，国债期货的交易规模迅速扩大。

多空双方对峙的焦点，始终围绕对 327 国债期货到期价格的预测。327 国债期货的标的资产是指 1992 年发行、1995 年 6 月 30 日到期、年利率为 9.50%的 3 年期国债品种，总发行额为 240 亿元。该国债品种到期之前不付利息，到期一次兑付 128.5 元。为了保证新国债的顺利发行，国家决定对已经发行的国债实行保值贴补，保值贴补率由财政部根据通货膨胀指数每月公布。这就意味着该国债品种到期将可能以更高的价格兑付。1994 年 10 月公布的保值贴补率为 8%，而且不断上升，到 12 月突破两位数。327 国债期货在 1994 年 10 月的市价不到 116 元，到 1995 年年初，其价格已经超过了 140 元。

从 1995 年 2 月初开始，市场上开始传闻财政部将再次提高保值贴补率，该国债品种将会以 148 元兑付。空头主力万国证券认为，保值贴补率不可能再提高，而且财政部也没有必要为此多支付 10 多亿元的利息；而多头则认为保值贴补率将会提高。因此，对于 327 国债期货的到期价格，市场的参与者预测并不一致。2 月 22 日，多空双方在 147 元附近增持大量头寸，形成对峙局面。2 月 23 日，财政部公告贴息方案，该国债品种的利率由 9.50%提高到 12.24%，百元面值的该国债品种将按 148.50 元兑付。上午开盘后，多头用 300 万份买单将前一天 148.21 元的收盘价一举推至 150 元以上，空头损失惨重。327 国债期货价格在 1 分钟内上涨近 2 元，接近 152 元。下午 4 点 22 分，在收盘前的最后 8 分钟，空头主力万国证券抛出 50 万份卖单，327 国债期货价格回落到 150 元。随后连续几笔数十万份卖单又将价格打回到 148 元。收市前最后时段万国证券抛出一笔 730 万份（约合人民币 1 460 亿元）的巨大卖单，把价位封死在 147.50 元。仅仅在几分钟内，多头交易商就把当天前些时候的盈利全部亏光。

事后统计表明，万国证券在最后 8 分钟共抛出 1 056 万份卖单。1 056 万份卖单意味着 2 100 亿元的国债总面值，而当时该国债品种总共才发行 240 亿元。2 月 23 日交易结束后，上海证券交易所宣布收市前 8 分钟的交易无效，当天收盘价为 151.30 元。上海证券交易所从 2 月 27 日开始休市，并组织协议平仓。调查组进入后，最终将 327 国债期货事件定性为“违规操作”，万国证券被改组，有关责任人受到法律严惩。327 国债期货事件之后，各交易所采取了提高保证金率、设置涨跌停板等措施以抑制国债期货的投机气氛。但因国债期货的特殊性和当时的经济形势，其交易中仍风波不断。1995 年 5 月 18 日，国务院鉴于中国尚不具备开展国债期货交易的基本条件，做出了暂停国债期货交易试点的决定。至此，中国第一个金融期货品种宣告夭折。

△ 专栏 8-4

中国国债期货市场的发展

国债期货作为一种标准化的场内利率衍生产品，在风险管理、价格发现、增强债市流动性与丰富投资者交易策略等方面均发挥重要作用，成为金融机构日益倚重的利率风险管理工具。在国际市场上，国债期货的成交量和持仓量超过股指期货和商品期货，是成交最活跃、应用最广泛的利率风险管理工具之一。

我国国债期货市场发展并非一帆风顺。由于 1995 年 327 国债期货事件爆发，1995 年 5 月 18 日证监会宣布全国范围内暂停国债期货交易。直到 2013 年 9 月 6 日，国债期货才重新恢复上市。

2013 年以来，中国金融期货交易所（简称“中金所”）陆续上市 5 年期、10 年期和 2 年期国债期货，基本构建了覆盖短、中、长期的国债期货产品体系。为满足投资者管理超长期债券利率风险的需求，中金所积极研究推动 30 年期国债期货发展，并于 2018 年 12 月 18 日上线 30 年期国债期货全市场仿真交易。

中金所在不断完善国债期货产品体系的同时，也不断完善风险控制措施，并持续优化业务规则和交易机制，就交易、结算、交割等方面实施了约 20 项措施，并推出了期转现和做市商交易机制，适应了市场发展需求，提升了市场运行质量。国债期货市场运行平稳，成交、持仓规模稳步增长，机构参与度日益提高。国债期货上市以来，日均成交量由 2013 年的 4 300 手上升至 2019 年的 5.34 万手，增长了 11.4 倍；日均持仓量由 2013 年的 3 700 手上升至 2019 年的 10.31 万手，增长了 26.9 倍。

2013 年上市初期，国债期货法人客户持仓占比不足 30%，随着证券公司、私募基金等机构投资者的参与程度提高，法人客户持仓超过自然人，成为市场主体。2020 年 2 月 21 日，证监会、财政部、央行、银保监会联合发布公告，允许符合条件的试点商业银行和具备投资管理能力的保险机构，按照依法合规、风险可控、商业可持续的原则，参与国债期货交易。2020 年 4 月 10 日，商业银行正式参与国债期货业务，标志着我国国债期货市场发展迈上了一个新台阶。2020 年上半年，包括商业银行和保险公司在内的机构持仓占比达 86.47%。

随着商业银行、保险资金等债券市场主要参与机构入市，国债期货市场对外开放有序推进，投资者结构持续丰富，市场流动性进一步提升，将在提升服务实体经济能力、完善金融市场体系、健全国债收益率曲线、促进金融市场对外开放等方面发挥重要作用。

第二节 利率期权

一、期权的有关术语

期权是一种合约，合约立权方赋予买方在某一特定的时间内（或在某一特定日期）

以约定的价格向卖方购买或者出售特定资产的权利，而非义务。立权方（也称为卖方）在赋予买方这一权利的同时，获得一定数额的货币（称为期权价格或者期权费）。特定资产也称标的资产，规定的买卖价格称为执行价格，期权终止的日期称为到期日。我们主要研究以一种固定收益证券或固定收益证券衍生金融工具为标的资产的期权。

合约卖方赋予买方购买特定资产的权利，这类期权称为看涨期权。合约卖方赋予买方出售特定资产的权利，这类期权称为看跌期权。也可以根据合约买方何时执行权利来对期权进行划分。在期权到期日之前（包括到期日）都可以执行的期权称为美式期权。只能在到期日执行的期权称为欧式期权。只能在到期日之前的特定日期执行的期权称为修正美式期权。

期权买方的最大损失额为期权价格，期权卖方能够实现的最大利润也是期权价格。期权买方有很大的收益空间，而期权卖方承受很大的风险。理论上而言，期权买方的损失是确定的，而收益是无限的；而期权卖方的收益是有限的，即获得的期权价格，而损失则是无限的。

期权还可以分为实值期权和虚值期权。实值期权是指如果立即执行期权，期权价值大于零的期权。这意味着此时看涨期权标的资产的价格超过了执行价格，或看跌期权标的资产的价格低于执行价格。虚值期权是指如果立即执行期权，期权价值等于零的期权。对于看涨期权来说，这意味着执行价格比标的资产即期的市场价格高。对看跌期权来说，这意味着执行价格比标的资产即期的市场价格低。

二、利率期权的要素和类型

（一）利率期权的定义

利率期权是一种特殊的期权。利率期权是给予持有人在特定日期或之前，以特定的价格买入或卖出特定固定收益证券或固定收益证券衍生金融工具（如利率期货）的一项权利。例如，如果在 2 月 1 日，B 向 A 支付 1 000 美元购买一份期权合约，规定 B 在 7 月 1 日那一天或之前，能以 20 000 美元的价格向 A 购买 ABC 债券，这就是一个看涨期权。类似地，如果 A 向 B 出售一份期权合约，给予 B 在特定日期或以前，以特定的价格向 A 出售 ABC 债券的权利，这就是一个看跌期权。

（二）利率期权的类型

利率期权可以按照多种标准进行分类。按照标的资产的不同，可以将利率期权划分为债券期权和期货期权。前者的标的资产是某种可交易的债券，后者的标的资产则是某种债券期货。下面具体介绍按照其他标准划分的利率期权的各种类型。

1. 按利率保护对象的类型划分

（1）利率看涨期权。当投资者需要以不高于市场利率的成本筹得资金时，可以购买利率看涨期权。举个例子，假设一家大型家具制造商 N. C. 公司计划 60 天以后购买木材，拟在 60 天后向太阳银行借款 1 000 万美元。假设贷款利率等于 LIBOR＋100 个基点。[①]

---

① LIBOR 是伦敦银行同业拆借利率（London Interbank Offer Rate）。1 个基点等于一个百分点的百分之一，即 0.01%，是债券报价中的常用单位。

另外，假设N.C.公司预期利率将在随后的60天里上升，因此，公司向太阳银行支付2万美元购买利率看涨期权，执行利率为7%（当前的LIBOR），期限为60天。N.C.公司通过购买利率看涨期权规避了利率上涨的风险。如果LIBOR在期权到期日为7%或更高，N.C.公司能够将借款成本锁定在7%；如果LIBOR在期权到期日低于7%，N.C.公司就放弃期权，按照比较低的市场利率借款。

（2）利率看跌期权。企业、金融机构或其他经济实体如果计划在未来某一日期进行投资，可以通过购买利率看跌期权来对冲利率下降的风险。举个例子，假设N.C.公司不是要借入1 000万美元，而是预期在随后的60天里将产生1 000万美元的净现金流，并计划于60天后投资于太阳银行发行的90天期、支付LIBOR的大额可转让定期存单。为了对冲利率下降的风险，假设N.C.公司以1.5万美元购买利率看跌期权，执行利率为7%，期限为60天，并且在存单到期时执行支付。签订看跌期权后，当60天后LIBOR高于7%时，N.C.公司可以按照市场利率获得更高的利率；当LIBOR为7%或更低时，N.C.公司可以将收益率锁定在7%。

2. 按期权交易场所划分

（1）交易所期权。交易所期权赋予持有人在特定日期或以前，以特定的价格买入或卖出固定收益证券的权利。在美国的利率期权市场上，最普遍的交易所期权为短期国库券期权（美国证券交易所）、欧洲美元存款期权（芝加哥商品交易所）、中期国债期权（美国证券交易所）和长期国债期权（芝加哥期权交易所）。

（2）场外期权。在美国的利率期权市场上，除了国债期权外，以其他固定收益证券为标的资产的期权由零售商在场外市场上交易。这些场外期权通常被称为零售商期权，主要是为满足机构投资者的特定对冲需求而设计的。和交易所交易的利率期权类似，推出零售商期权的初衷也是对冲利率风险。然而，零售商期权不是赋予持有人以特定价格购买（或卖出）特定债券的权利，而是赋予持有人在特定的利率水平高于（看涨）或低于（看跌）期权的执行利率时，执行清算的权利。

零售商期权通常由商业银行在向客户发放贷款时向客户签发。与标准化的交易所期权的不同之处在于，零售商期权通常为期权购买者量身定制。因此，期权的到期日和标的资产的本金通常由期权买方决定，并且通常和银行提供的贷款联系在一起。期权的执行价格（或利率）通常设定在和LIBOR密切相关的即期利率附近。此外，这类期权通常是欧式期权。在到期日，如果期权是实值期权，持有人执行期权，立权方支付的金额为贷款本金乘以即期利率和执行利率间的差额。然而，期权购买者通常要在相应贷款到期时，才能收到这笔支付款。

（三）利率期权和利率期货的区别

第一，期权合约的买方不承担义务，即期权的买方只享受权利而没有义务，期权的卖方只有履行合约的义务而无权利；而在期货合约中，买卖双方都有履行合约的义务。此外，期货合约的买方不必向卖方支付费用，而期权合约的买方为了获得权利必须向卖方支付期权价格。

第二，两种合约的风险-收益特征也不同。对期货合约的买方而言，在期货合约价格上升时获利，在期货合约价格下降时受损。期货合约卖方的损益与买方相反。期权合约没有如此对应的损益关系，合约买方的最大损失是期权价格。虽然买方拥有较大的潜在收益，但收益随着期权价格的上升而减少。合约立权方即卖方实现的最大利润是期权价格，但要承担高风险。

第三，期货合约双方都必须支付保证金，而期权合约的买方在付足期权费后，不必支付保证金。因为买方的最大损失额是期权价格，所以无论标的资产的价格如何波动，都没有必要再缴纳保证金。由于期权立权方同意接受标的资产头寸的全部风险（不包括收益），立权方一般被要求支付保证金。此外，期权也采用逐日盯市制度，当标的资产的价格发生不利于立权方的变化而导致立权方发生损失时，立权方被要求追加保证金。

三、期权清算公司和期权头寸的保证金

（一）期权清算公司

期权清算公司是期权合约的清算场所，它作为在交易所进行期权交易的双方的中介，保证当期权购买者执行期权时，期权立权方有能力履行期权条款所规定的义务。

作为中介，期权清算公司通过介入每笔期权交易行使职能。在买卖方签订期权协议后，期权清算公司参与进来，成为期权卖方的实际买方和期权买方的实际卖方。从签订完协议时起，协议的买卖方不再有任何关系。如果期权买方决定执行期权，那么他可以通知期权清算公司（通过他在交易所的经纪人）执行期权。期权清算公司（期权买方的实际卖方）将任意挑选一个相应的期权卖方，并要求期权卖方履行义务。

通过介入每个期权合约，期权清算公司使得期权投资者在到期日之前平仓成为可能。如果期权的卖方（买方）后来成为同一期权的买方（卖方），期权清算公司计算机系统将记录该交易者上述两笔相反的交易，并因此去掉两笔分录。例如，假设在1月，一个投资者卖出一份2023年3月到期的国库券看涨期权（执行价格＝987 500美元，期权费＝2 500美元），当期权清算公司介入合约时，它的计算机记录了投资者的空头头寸，显示如果一份2023年3月到期的国库券看涨期权的购买者决定执行期权，立权方将履行义务。如果期权购买者执行期权，立权方必须在市场上购买国库券，并且以执行价格987 500美元卖给期权购买者。如果立权方在晚一些的时候想平仓（为了避免履行义务，或者利用一个盈利机会，或者将损失最小化），他可以通过以当前的期权价格买入一份2023年3月到期的国库券看涨期权达到这一目的。在新的交易发生后，期权清算公司介入，并且记录投资者多头头寸。期权清算公司的记录会显示投资者的多头头寸，赋予他在3月到期日或此前以987 500美元的执行价格买入国库券的权利。投资者以前的空头头寸（卖出的义务）和目前的多头头寸（买入的权利）相互抵消，期权清算公司的计算机系统去掉了两笔分录。第二笔交易是为了平仓，因而被称为平仓购买或抵消指令，或简单称为抵消。平仓同样适用于期权买方。在这种情况下，投资者拥有的买入权利可能被新的记录（显示投资者承担卖出证券的义务）抵消。这个抵消称为平仓销售。总之，期权清算公司为期权交易提供了流动性，使得投资者能更容易地平仓。

期权清算公司还通过保证金制度保证期权购买者能执行自己的期权来增强期权合约的安全性。为提供这一保证，期权清算公司要求期权的立权方在经纪公司开立的账户里存入现金及现金等价物（对看跌期权）或者证券（对看涨期权）作为保证金。保证金的

存在可以确保立权方在价格发生不利变化导致损失发生时能履行其义务。

投资者可以在期权市场上进行四种类型的交易：开户、到期、执行和平仓。开户交易发生在投资者初始买入或卖出期权时。如果期权到期时是虚值期权，则期权的购买者放弃权利，也就是说，到期日什么也不用做，因为期权已经没有价值了；如果是实值期权，期权的购买者可以执行期权。执行期权时，期权的购买者通知其经纪人，经纪人将投资者的指令告诉期权清算公司。[①] 期权的持有人或者立权方也可以在到期日前进行平仓。期权购买者可以通过卖出相应的期权平仓，期权立权方可以通过买入期权平仓。例如，假设一个货币市场的管理者以 600 美元的价格购买了一份 2004 年到期的国库券看涨期权，执行价格为 987 500 美元。该投资者在接近到期日时想要平仓，当时的标的国库券的市场价格为 988 500 美元。他可以通过卖出期权达到这一目的。如果他这样做了，交易价格至少应该等于标的国库券的现货价格和执行价格之间的差额。因此，现货价格为 988 500 美元时，他应该以不低于 1 000 美元的价格卖出期权，实现至少 400 美元的利润。如果离到期日还有一段时间，持有人卖出期权时还能额外获得时间价值升水(TVP)。与此对照，如果有另外一个货币市场管理者以每份期权 400 美元的价格卖出一份执行价格为 987 500 美元、2004 年到期的看涨期权，临近到期日时，标的国库券的市场价格为 988 500 美元，那么他必须以不低于 1 000 美元的价格买入期权进行平仓。如果他确实以 1 000 美元买回看涨期权平仓，他将损失 600 美元。如果离到期日还有一段时间，那么由于期权包含时间价值升水，买回看涨期权的成本将更高。

讨论平仓时，需要强调的是，卖出而不是执行期权，对期权持有人更有利，因为卖出价格包含时间价值升水，而执行价格没有，并且执行的经纪费用高于平仓。由于这些原因，市场中交易的大多数期权会被平仓而不是被执行。

(二) 期权头寸的保证金

如前所述，期权交易所会对期权空头头寸设定保证金要求；经纪公司可以在交易所规定的基础上提高保证金要求。保证金要求详细规定了立权方必须在开立的经纪账户里存入的初始现金或无风险证券（作为初始保证金）和必须保证的账户余额（维持保证金）。

四、期权策略的损益

在期权交易中，主要有四种期权策略可供投资者选择：买入看涨期权、卖出看涨期权、买入看跌期权、卖出看跌期权。相应地，投资者可以根据自己的需要建立四种期权头寸：看涨期权买方、看涨期权卖方、看跌期权买方和看跌期权卖方。下面主要介绍四种期权头寸在到期日的损益状况（假设期权在到期日才执行，为了简化分析，忽略交易成本）。

买入看涨期权产生的金融头寸称为看涨多头。为了说明看涨多头在到期日的损益情

---

① 期权清算公司在核实记录后，任意选择一家拥有执行期权空头的经纪公司。最后，指定的经纪公司将选择它的股票期权空头客户（或者基于先进先出法，或者任意选择）。指定的立权方就必须履行期权的条款：对看涨期权而言，以执行价格卖出标的股票；对看跌期权而言，以执行价格买入标的股票。执行看涨期权的持有人持有股票，或者通知他的经纪人在股票市场卖出；执行看跌期权的持有人指示他的经纪人在股票市场购买股票，然后给出执行的指令。

况，假设标的资产为债券 XYZ 的一份看涨期权在 1 个月后到期，执行价格为 100 美元，期权价格为 3 美元，债券 XYZ 的现价为 100 美元。购买这份看涨期权的投资者（多头）在到期日的损益如图 8-6 所示，图中横轴表示标的资产在到期日的市场价格。最大损失额为期权价格 3 美元，同时获利空间是无限大的。下面我们具体解释看涨期权多头在到期日的损益情况：在到期日，如果债券 XYZ 的市场价格低于或等于执行价格 100 美元，那么看涨期权多头不会执行期权，其最大损失就是期权价格 3 美元。在到期日，如果债券 XYZ 的市场价格高于执行价格 100 美元，但是低于 103 美元（执行价格 100 美元加上期权价格 3 美元），例如市场价格为 102 美元，那么看涨期权多头就会执行期权。看涨期权多头按照执行价格 100 美元购买债券，同时按照市场价格 102 美元将债券销售出去，每份期权实现的利润为 2 美元。由于看涨期权多头支付的期权价格为 3 美元，所以看涨期权多头实现的净利润为－1 美元（＝市场价格－执行价格－期权价格）。依此类推，当市场价格为 103 美元时，看涨期权多头的净利润正好为零。当市场价格超过 103 美元时，看涨期权多头就实现了正利润。

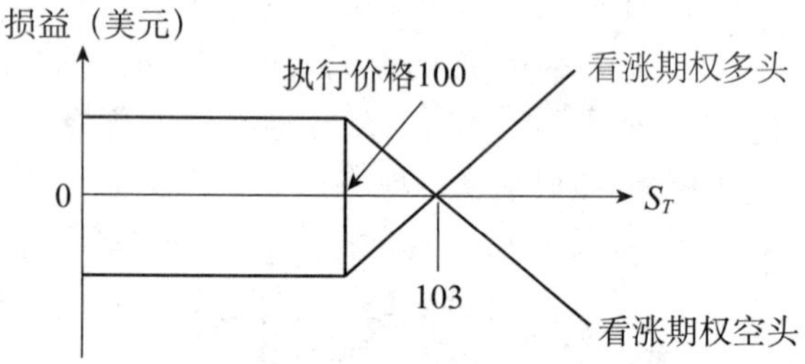

图 8-6　看涨期权多头和空头在到期日的损益情况

为了更清楚地理解看涨期权多头在到期日的损益情况，对看涨期权多头的损益情况与债券 XYZ 多头的损益情况进行比较。两种头寸的损益都取决于到期日债券 XYZ 的市场价格。图 8-7 比较了看涨期权多头和标的资产多头的损益情况。从图中可以清楚地看出，当债券 XYZ 的价格上升 1 美元时，标的资产多头就获利 1 美元。同样，当债券 XYZ 的价格下降 1 美元时，投资者就损失 1 美元。价格下跌超过 3 美元时，标的资产多头的损失超过 3 美元。与之形成对比的是，买入看涨期权策略将损失锁定为期权价格 3 美元，并且拥有获利潜力。由于要支付期权费，当标的资产价格上升时，持有看涨期权的投资者比标的资产多头的获利少 3 美元。

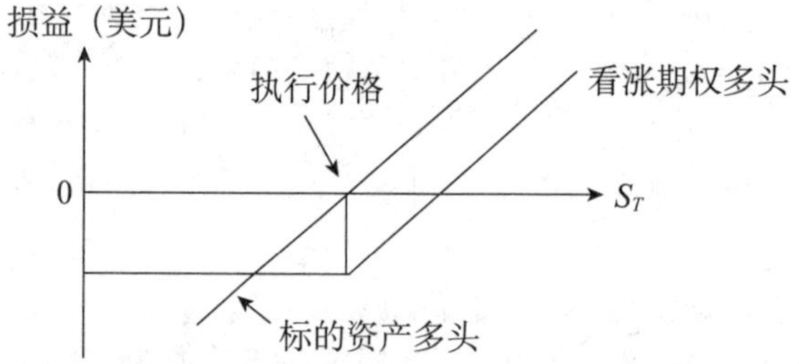

图 8-7　看涨期权多头和标的资产多头在到期日的损益比较

表 8-4 详细地比较了看涨期权多头和标的资产多头在到期日的损益情况。

假设：标的资产的现价＝100 美元；
期权费＝3 美元；
执行价格＝100 美元；
到期日＝1 个月后。

表 8－4 看涨期权多头和标的资产多头的损益比较 单位：美元

标的资产的到期日价格	净损益	
	看涨期权多头	标的资产多头
150	47	50
140	37	40
130	27	30
120	17	20
115	12	15
114	11	14
113	10	13
112	9	12
111	8	11
110	7	10
109	6	9
108	5	8
107	4	7
106	3	6
105	2	5
104	1	4
103	0	3
102	－1	2
101	－2	1
100	－3	0
99	－3	－1
98	－3	－2
97	－3	－3
96	－3	－4
95	－3	－5
94	－3	－6
93	－3	－7
92	－3	－8
91	－3	－9

续表

标的资产的到期日价格	净损益	
	看涨期权多头	标的资产多头
90	−3	−10
89	−3	−11
88	−3	−12
87	−3	−13
86	−3	−14
85	−3	−15
80	−3	−20
70	−3	−30
60	−3	−40

哪一种投资比较好呢，是买入看涨期权还是直接投资标的资产？这取决于投资者个人对于未来标的资产价格的预测。从图 8-7 可以看出，当标的资产在到期日的市场价格远远低于执行价格时，投资于看涨期权的损失大大小于直接投资于标的资产的损失。当标的资产在到期日的市场价格高于执行价格时，直接投资于标的资产获得的收益超过投资于看涨期权获得的收益。例如，当投资者预测标的资产的价格大幅降低的可能性很大时，为了避免损失，应该购买看跌期权。

如果考虑到杠杆效应的话，与直接投资于标的资产相比，投资于期权将面临更大的风险，即期权收益的波动性更大。仍使用上面的看涨期权的例子来说明期权的杠杆效应。假设债券 XYZ 目前的市场价格为 100 美元，投资者预期债券 XYZ 的价格在 1 个月后很有可能上升，期权价格为每份 3 美元。投资者投资 100 美元，可以购买 33.3 份看涨期权或者购买 1 份债券 XYZ。假设 1 个月后债券 XYZ 的价格上涨至 120 美元，购买期权合约的利润为（20－3）×33.33＝566.60（美元），收益率为 566.60％。购买债券 XYZ 的利润为 120－100＝20（美元），收益率仅为 20％；假设 1 个月后债券 XYZ 的价格仍为 100 美元，投资者让期权作废，期权合约的收益率为－100％，而直接投资于债券 XYZ 的收益率为 0。所以，投资于期权面临更大的风险。

再来研究看涨期权立权方（看涨期权空头）在到期日的损益。看涨期权空头的损益正好与看涨期权多头金额相同、方向相反。看涨期权空头的收益是有限的，最大值为期权价格 3 美元，而潜在损失是无限的。所以，期权交易是零和博弈，即得者所得正好等于失者所失，两者的总收益净值正好为零。看涨期权空头在到期日的损益情况见图 8-6。

根据同样的推理过程，我们也可以分析看跌期权空头和多头在到期日的损益情况，图 8-8 展示了看跌期权空头和多头在到期日的损益情况。

五、利率期权策略

（一）出售有保护看涨期权

一种很常用的期权交易策略是，以持有的证券为标的资产，卖出一份看涨期权。这一策略称为出售有保护看涨期权（covered call write）。例如，某投资者持有利率为 6％

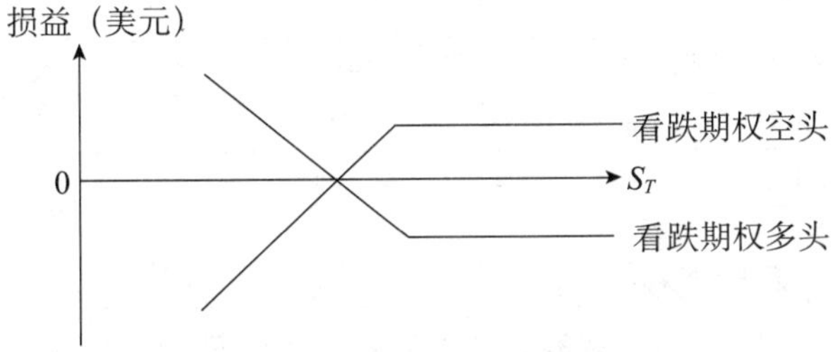

图 8-8 看跌期权多头和空头在到期日的损益

的国债，市场价值为 10 万美元，到期期限为 15 年。投资者预期国债价格在近期不会上涨，因此决定出售以该国债为标的资产的看涨期权，假设执行价格为 10 万美元，期权价格为 1 000 美元。如果到期时国债价格为 10 万美元或者更高，看涨期权买方执行期权，该投资者（期权卖方）按照执行价格 10 万美元出售国债，最后该投资者的净收益只有 1 000 美元，正好等于期权价格。当债券价格下降至低于 10 万美元时，看涨期权买方放弃期权，看涨期权卖方由于持有的国债市场价格下降而遭受损失，但作为期权卖方因获得期权费而获利，期权费会部分弥补国债价格降低造成的损失。例如，如果债券价格跌到 9.5 万美元，则债券持有人遭受 5 000 美元的损失（如果卖出债券）。然而，由于出售看涨期权得到了 1 000 美元收益，这一损失降到了 4 000 美元。同样，如果债券价格为 9.9 万美元，1 000 美元债券价格的损失可以由出售看涨期权得到的 1 000 美元收益来弥补。拥有某种证券的投资者出售以该证券为标的资产的看涨期权获得的期权价格可以部分抵消证券价格下跌造成的损失。图 8-9 和表 8-5 清楚地说明了出售有保护看涨期权的损益状况。

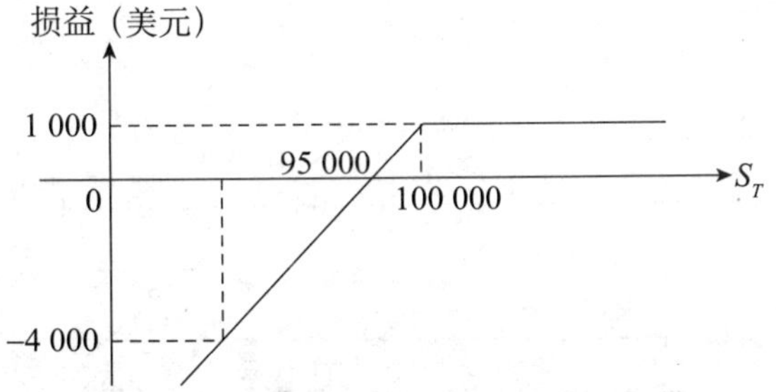

图 8-9 出售有保护看涨期权的损益图

表 8-5 出售有保护看涨期权的损益

单位：美元

期权到期日国债现货价格	看涨期权空头的损益	国债多头的损益	总损益
90 000	1 000	−10 000	−9 000
95 000	1 000	−5 000	−4 000
100 000	1 000	0	1 000
101 000	0	1 000	1 000
102 000	−1 000	2 000	1 000
103 000	−2 000	3 000	1 000
104 000	−3 000	4 000	1 000

续表

期权到期日国债现货价格	看涨期权空头的损益	国债多头的损益	总损益
105 000	−4 000	5 000	1 000
106 000	−5 000	6 000	1 000

（二）出售有保护看跌期权

另外一种常见的期权基本交易策略是出售有保护看跌期权（covered put write）。这一策略需要看跌期权的卖方抵补他的头寸。因为当看跌期权被执行时，看跌期权的卖方有义务以执行价格买入标的资产，他保护看跌期权空头头寸的唯一方法是卖空标的资产，即借入标的资产并立即卖出，同时承诺将来偿还同等数量的标的资产。再次运用上面的例子，假设某投资者预计国债价格在近期下跌的可能性很大，该投资者卖空国债：借入国债，然后以 10 万美元的现价卖出。同时该投资者卖出以该国债为标的资产的看跌期权，期权价格为 1 000 美元，执行价格为 10 万美元。在期权到期日，如果国债现价低于执行价格，看跌期权多头执行期权，出售有保护看跌期权的投资者用卖空国债获得的 10 万美元收益购买国债，然后归还由于卖空而借入的国债。这样，出售看跌期权的空头就受到了保护，出售有保护看跌期权的投资者（空头）的损益如图 8-10 和表 8-6 所示。与之相对照，当国债价格上升到 10.1 万美元或者更高时，卖空国债并出售有保护看跌期权将受损。在到期日国债价格在 10 万美元以上时，看跌期权将不被执行，但卖空国债将受损。例如，当债券价格为 10.5 万美元时，卖空国债将损失 5 000 美元。这一损失减去由出售看跌期权得到的 1 000 美元期权费，净损失为 4 000 美元。最后，出售有保护看跌期权的盈亏平衡点的价格为 10.1 万美元。

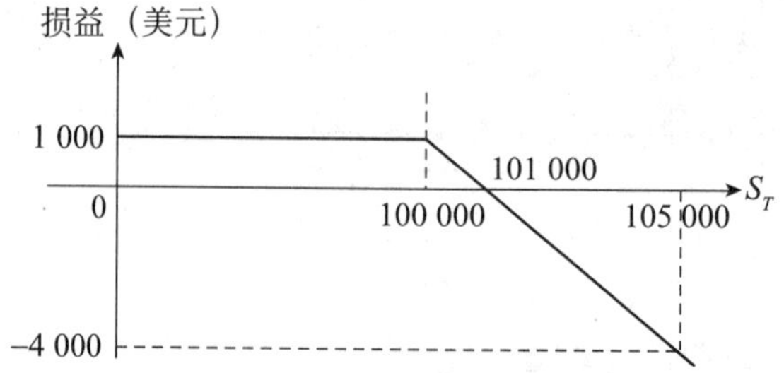

图 8-10　出售有保护看跌期权的损益图

表 8-6　出售有保护看跌期权的损益　　单位：美元

期权到期日国债现货价格	看跌期权空头的损益	国债空头的损益	总损益
90 000	−9 000	10 000	1 000
95 000	−4 000	5 000	1 000
100 000	1 000	0	1 000
101 000	1 000	−1 000	0
102 000	1 000	−2 000	−1 000
103 000	1 000	−3 000	−2 000
104 000	1 000	−4 000	−3 000

续表

期权到期日国债现货价格	看跌期权空头的损益	国债空头的损益	总损益
105 000	1 000	−5 000	−4 000
106 000	1 000	−6 000	−5 000

（三）其他期权策略

对具有不同执行价格的看涨期权和看跌期权进行组合可以得到无限多具有不同损益的期权策略，投资者可以灵活地选择各种期权策略以满足自己的投资需要。下面我们主要介绍两种利率期权策略：鞍式（straddle）期权策略和差价（spreads）期权策略。

1. 鞍式期权策略

鞍式期权策略包括鞍式买入期权策略和鞍式卖出期权策略。鞍式买入期权策略是指同时买入具有相同执行价格、相同到期日、同种标的证券的看涨和看跌期权。与之相反，鞍式卖出期权策略是指同时卖出具有相同执行价格、相同到期日、同种标的资产的看涨和看跌期权。

假设某投资者预期某债券的价格在近期将有较大的波动，决定采用鞍式买入期权策略。假设看涨期权和看跌期权的执行价格都是 10 万美元，期权费都为 1 000 美元。鞍式买入期权策略的损益通过看涨期权和看跌期权在每一债券价格下对应的损益相加得到，其损益状况可以由图 8－11 和表 8－7 表示。在损益和债券现价的关系上，鞍式买入期权策略的损益是 V 形。因此，采用鞍式买入期权策略的动力在于对标的债券价格的剧烈波动的预期。例如，债券价格为 9.5 万美元时，获利 3 000 美元：在看跌期权上获得 4 000 美元利润，在看涨期权上损失 1 000 美元期权费。同样，债券价格为 10.5 万美元时，仍能获利 3 000 美元：在看涨期权上获得 4 000 美元利润，在看跌期权上损失 1 000 美元期权费。当标的债券的价格保持稳定时，采用鞍式买入期权策略将受损。当债券价格等于执行价格时，遭受的损失最大，损失额为鞍式买入期权的购入成本，即看涨期权和看跌期权的期权价格之和（2 000 美元）。鞍式买入期权策略的盈亏平衡点价格有两个：9.8 万美元和 10.2 万美元。

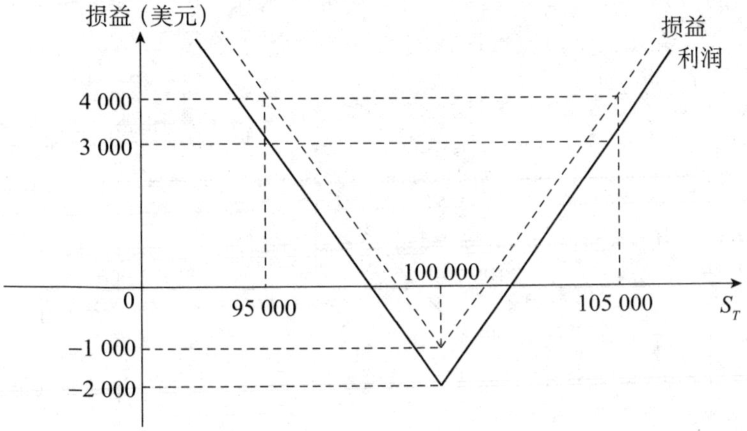

图 8－11　鞍式买入期权策略的损益图

表 8-7　鞍式买入期权策略的损益　　单位：美元

期权到期时债券现货价格	看涨期权的损益	看跌期权的损益	总损益
94 000	−1 000	5 000	4 000
97 000	−1 000	2 000	1 000
98 000	−1 000	1 000	0
100 000	−1 000	−1 000	−2 000
102 000	1 000	−1 000	0
103 000	2 000	−1 000	1 000
106 000	5 000	−1 000	4 000

与鞍式买入期权策略正好相反，鞍式卖出期权策略的损益图是倒 V 形。投资者之所以采用鞍式卖出期权策略（空头）是因为预期债券价格会保持稳定。当债券价格等于执行价格时，空头获得最大收益，等于看涨期权和看跌期权的期权价格之和；当债券价格波动剧烈时，空头受损。

2. 差价期权策略

差价期权策略是指买入一个期权，同时卖出具有相同的标的资产但其他要素不同的期权的期权策略，例如执行价格不同（货币差价期权策略）、到期日不同（时间差价期权策略），或执行价格和到期日都不同（对角线差价期权策略）的期权策略。两种最普遍的差价期权策略是牛市差价期权策略和熊市差价期权策略。牛市差价期权策略由买入一个执行价格确定的看涨期权和出售一个具有相同标的资产但执行价格较高、到期日相同的看涨期权构造。熊市差价期权策略由买入一个执行价格确定的看涨期权和出售一个较低执行价格的看涨期权构造。同样，也可以由看跌期权构造上述差价期权策略。

图 8-12 与表 8-8 显示了牛市差价期权策略的损益情况，买卖的期权是看涨期权。这一差价期权策略是买入一份执行价格为 10 万美元、期权费为 1 000 美元的看涨期权，同时出售一份执行价格为 10.1 万美元、期权费为 750 美元的看涨期权。两种看涨期权具有同样的标的资产和到期时间。当到期日标的资产总价格为 10 万美元或者更低时，牛市差价期权的最大损失为 250 美元。当债券价格达到 10.1 万美元时，牛市差价期权获得最大利润 750 美元。牛市差价期权的盈亏平衡点价格为 10.025 万美元。

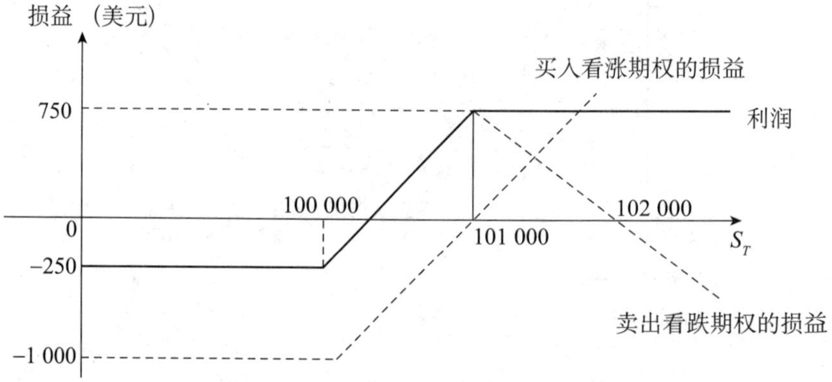

图 8-12　牛市差价期权策略的损益图

表 8-8 牛市差价期权策略的损益 单位：美元

到期日债券现货价格	买入看涨期权的损益	卖出看涨期权的损益	总损益
94 000	−1 000	750	−250
97 000	−1 000	750	−250
98 000	−1 000	750	−250
100 000	−1 000	750	−250
100 250	−750	750	0
101 000	0	750	750
102 000	1 000	−250	750
103 000	2 000	−1 250	750
106 000	5 000	−4 250	750

熊市差价期权策略的损益与牛市差价期权策略正好相反：当债券价格等于或者小于较小执行价格时，获利最大；当债券价格等于或者高于较大执行价格时，损失达到最大。

第三节 利率互换

一、利率互换的定义和要素

利率互换是指交易双方约定在一定时期内，以某种货币某一额度的本金为计算基础，按期进行相互间利息支付的协议。支付金额依据一定的利率和一定量的本金来计算。其中，一方以一定的固定利率确定支付的金额，称为互换中的固定利息支付方（fixed payer），另一方依据浮动利率指数确定支付的利息，称为互换中的浮动利息支付方（floating payer）。

典型的利率互换安排中，一方依据浮动利率（如 LIBOR）计算支付的金额，而另一方依据固定利率确定支付的金额。双方支付的是同一种货币，仅向对方支付按不同利率水平确定的利息，而不发生本金的交换。在互换合约中要规定交易日、计息日（effective date）、支付日（交割日）和到期日。在交易日交易双方签订互换合约，从计息日开始计算利息，支付日是指双方实际支付现金流的日期（如在计息日后的 6 个月就是支付日），到期日则是最后一笔现金流的交割日。在支付日，互换合约双方仅仅就应该支付的利息差额进行支付。如果在某个支付日，根据互换合约，固定利息支付方应该支付对方 10 000 美元，浮动利息支付方应该支付对方 9 000 美元，那么实际上固定利息支付方只需要向浮动利息支付方支付 1 000 美元差额即可。

一笔标准的利率互换（standard interest rate swap）交易包括以下几个要素：

（1）名义本金（nominal principal）。固定利息和浮动利息的支付金额均以名义本金为基数计算。在互换交易中，不发生本金的交易，所以这个本金是名义上的。

（2）固定利率（fixed rate）。它用于确定固定利息的支付金额。固定利率在互换合约中规定，在整个合约期间保持不变，一般以年率或者半年率表示。

（3）浮动利率（floating rate）。它用于确定浮动利息支付的金额，一般使用 LIBOR。以每个计息区间开始时的浮动利率来确认利息支付金额，而实际支付在支付期结束时发生。

（4）固定利息和浮动利息支付的频率（frequency of payments）。以固定间隔（大多是 1 年或半年）支付固定利息和浮动利息。

（5）互换期限。通常为 5～7 年，最长可达 15 年。

（6）到期日（maturity date）。即互换结束的日期，此时双方完成最后一次利息支付。

二、利率互换的用途

由于利率互换合约和利率远期有很多相同之处，因而它们有很多相同的用途。互换合约的一个重要用途是创造合成的固定利率或浮动利率贷款，下面通过具体例子予以解释。假设一家企业要在 2005 年 3 月 23 日借入 1 000 万美元，3 年后支付本金。企业希望以固定利率计息。假设该企业希望以 10%的固定利率向银行贷款（半年付息一次），贷款期限为 3 年。然而，由于预期未来利率上涨的可能性很大，银行只愿意向企业提供 3 年期浮动利率贷款，贷款利率以每年 3 月 23 日和 9 月 23 日的 LIBOR 计算。如果可以签订互换合约，合约规定该企业向对方支付固定利率 9.5%，同时对方按照 LIBOR 向该企业支付浮动利息，那么企业就可以通过从银行借入 1 000 万美元的浮动利率贷款，并作为互换合约里固定利率的支付方，将浮动利率贷款转换为固定利率贷款。表 8－9 详细说明了互换合约的支付情况。首先，在支付日互换合约双方支付的利息要根据该支付日之前的 6 个月 LIBOR 进行计算。因此，互换的双方在支付日前就知道了各自的支付金额。其次，当 LIBOR 低于固定利率 9.5%时，由固定利息支付方向浮动利息支付方支付净额；当 LIBOR 高于固定利率 9.5%时，则由浮动利息支付方向固定利息支付方支付净额。

如果企业在申请浮动利率贷款的同时作为固定利息支付方签订互换合约，那么 LIBOR 的变动可以被互换合约净收益的相反变动抵消。在这个例子里，如表 8－9 中第（6）列所示，企业将每 6 个月实际支付固定的 475 000 美元利息，等价于年贷款利率 9.5%。[①] 因此，与直接进行固定利率贷款相比，企业应该通过互换合约和浮动利率贷款创造一个合成的固定利率贷款，这样可以降低成本。

表 8－9　合成固定利率贷款

(1) 计息日	(2) LIBOR	(3) 浮动利息支付方的支付额* (百万美元)	(4) 固定利息支付方的支付额** (百万美元)	(5) 固定利息支付方收到的净利息 (百万美元) (3)－(4)	(6) 合成固定利率的贷款成本 (百万美元) (3)－(5)＝(4)
2004 年 3 月 23 日	—	—	—	—	—
2004 年 9 月 23 日	0.085	0.425	0.475	－0.050	0.475

① $R=2\times(0.475)/10\times100\%=9.5\%$。

续表

(1) 计息日	(2) LIBOR	(3) 浮动利息支付方的支付额* (百万美元)	(4) 固定利息支付方的支付额** (百万美元)	(5) 固定利息支付方收到的净利息 (百万美元) (3)－(4)	(6) 合成固定利率的贷款成本 (百万美元) (3)－(5)＝(4)
2005年3月23日	0.090	0.450	0.475	－0.025	0.475
2005年9月23日	0.095	0.475	0.475	0	0.475
2006年3月23日	0.100	0.500	0.475	0.025	0.475
2006年9月23日	0.105	0.525	0.475	0.050	0.475
2007年3月23日	0.110	0.550	0.475	0.075	0.475

说明：* 浮动利息支付方的支付额＝(LIBOR/2)×10 000 000（美元）。

** 固定利息支付方的支付额＝$0.095\times\frac{1}{2}\times 10\ 000\ 000$（美元）。

与之相反的是，合成浮动利率贷款可以通过持有互换合约浮动利率支付方的头寸和一个固定利率贷款实现。这种合成贷款可以作为浮动利率贷款的替代物。这种合成贷款的例子显示在表8-10中。合成贷款由一个9%的固定利率贷款（半年计息）和上面互换合约例子里的浮动利率支付方的头寸组成。如表8-10所示，合成的浮动利率贷款的利率比LIBOR浮动利率贷款的利率要低0.5个百分点。

要注意的是，在上面两个例子中，借款者可以通过用互换合约合成贷款来获得更低的贷款利率，如果实际贷款和合成贷款间的利率差额确实存在，就会产生套利机会。

表8-10　合成浮动利率贷款

(1) 计息日	(2) LIBOR	(3) 9%固定利率贷款半年的利息 (百万美元)	(4) 浮动利息支付方收到的净利息 (百万美元)	(5) 实际利息成本 (百万美元) (3)－(4)	(6) 实际利率*
2004年3月23日	—	—	—	—	—
2004年9月23日	0.085	0.450	0.025	0.425	0.085
2005年3月23日	0.090	0.450	0	0.450	0.090
2005年9月23日	0.095	0.450	－0.025	0.475	0.095
2006年3月23日	0.100	0.450	－0.050	0.500	0.100
2006年9月23日	0.105	0.450	－0.075	0.525	0.105
2007年3月23日	0.110	0.450	－0.100	0.550	0.110

说明：* 实际利率＝2×(实际利息成本/10 000 000)。

三、利率互换银行

企业、金融机构和其他使用互换合约的交易者，由一系列的经纪人和交易商联系在一起，这些经纪人和交易商被称为利率互换银行。[①] 利率互换银行主要由商业银行和投

① 经纪人（broker）的职能是代理客户完成交易，赚取佣金收入，并不动用自己的资金；交易商（dealer）则动用自己的资金进行交易，赚取买卖价差。

资银行组成。

作为经纪人，利率互换银行主要为交易者寻找交易对手，尽力匹配有相反需求的交易方。基于这一职能，它们对可能成为互换合约潜在交易方的企业和金融机构进行了记录。同时，为了协调互换合约，利率互换银行通常为交易的双方进行担保。作为交易商，利率互换银行则用自己的资金作为其他互换合约交易者的交易对手。当一家利率互换银行作为交易商时，它将同时报出买入价和卖出价。报价通常以利率的方式陈述：利率互换银行要么作为固定利率支付方进行支付，收取按照 LIBOR 计算的浮动利息；要么作为浮动利率支付方按照 LIBOR 支付浮动利息，收取固定利息。

利率互换银行如果能和两个互换交易者做相反的交易，就有可能获得一个固定的利差收入。假设公司 A 发行了利率为 6%的固定利率债券，但是通过发行该债券融资的项目产生的现金流却是变动的，公司 B 发行按照 LIBOR 计算的浮动利率债券，但是公司 B 产生的现金流却是稳定的。A、B 公司为了规避利率变动的风险，分别与某互换银行签订了互换合约。如图 8－13 所示，公司 A 与互换银行的互换合约内容如下：公司 A 向互换银行支付按照 LIBOR 计算的浮动利息，互换银行向公司 A 支付 6.95%的固定利率。公司 B 与互换银行的互换合约内容如下：互换银行向公司 B 支付按照 LIBOR 计算的浮动利息，公司 B 向互换银行支付 7.05%的固定利率。通过签订上述互换合约，公司 A 和公司 B 规避了各自的利率风险。而互换银行则获得了稳定的 0.1%的利差。

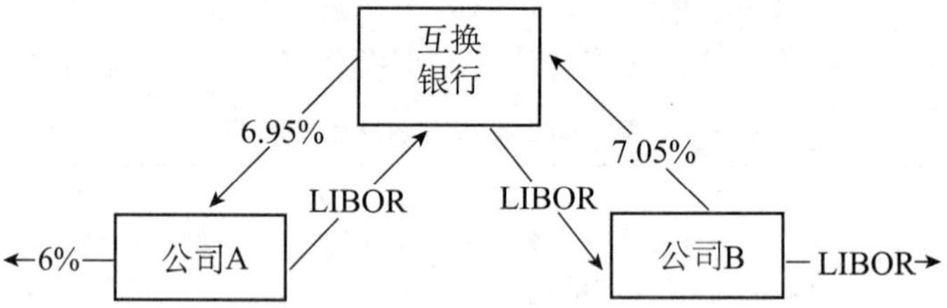

图 8－13　互换银行通过两笔相反的互换合约赚取固定利差收入

如前所述，作为交易商的利率互换银行为了降低自己的风险，尽可能地使自己作为固定利息支付方和固定利息获取方、浮动利息支付方和浮动利息获取方的金额相匹配。如果利率互换银行实现了匹配，那么可以获得固定利率报价的价差收益。例如，利率互换银行持有表 8－11 中的双边头寸，可以获得 20 个基点的利润。

表 8－11

利率互换银行报价	支付：LIBOR 收益：5 年期国库券的现期收益加上 80 个基点	收益：LIBOR 支付：5 年期国库券的现期收益加上 60 个基点

然而，利率互换银行经常遇到匹配困难。因此，它们尽力用现货市场或者期货市场上的头寸对冲持有的互换头寸。例如，一家利率互换银行可以借入 1 000 万美元，然后用借款购买现货市场上 180 天的欧洲美元存款，每期的存款展期生成新的欧洲美元存

款，以此来对冲银行持有的 1 000 万美元的 3 年期浮动利率头寸。由于 LIBOR 和欧洲美元证券存款利率之间有高度的相关性，欧洲美元存款的利息收益接近于利率互换银行支付的按照 LIBOR 计算的浮动利息。当然，利率互换银行最终还是要找到相反的交易方进行平仓，因而这种对冲通常是暂时的。

四、利率互换合约的平仓

和期货合约相比，互换合约平仓更困难。在到期日之前，互换合约持有人可以通过持有相反方向的头寸，或者通过期货头寸对冲到期前剩余期限内的头寸，或者通过卖出互换合约进行平仓。通常，互换合约持有人通过持有相反头寸来进行互换合约的平仓。例如，一个互换合约的固定利息支付方预期利率会下降，因此，希望通过卖出该互换合约（以某一折扣），或者持有一个合适的期货合约，或者作为浮动利息支付方签订一份新互换合约进行平仓。如果该投资者通过持有新合约的相反头寸进行平仓，新互换合约要求该投资者按照 LIBOR 支付浮动利息，正好抵消该投资者在初始互换合约里作为浮动利息获取方的收益。头寸间的差额等于初始合约中的高固定利率支付和抵消合约中的固定利率收益间的差额。例如，假设某投资者作为固定利息支付方签订了期限为 3 年的互换合约，名义本金为 10 000 000 美元，半年支付一次。合约签订后第一年，利率下降，固定利息支付者希望平仓。假设该固定利息支付方通过签订一个新的 2 年期互换合约来平仓，在新合约中该投资者作为浮动利息支付者，即支付 LIBOR 并获得 9%的固定利率收益。如表 8－12 所示，两个头寸的结果是，2 年中，该投资者每半年支付固定的 25 000 美元。如果利率在未来两年里下降，平仓就是正确的策略。

表 8－12　固定利息支付方平仓后的收益

固定利息支付方的平仓	初次互换：支付：9.5% 收益：LIBOR 抵消互换：收益：9% 支付：LIBOR 净支付：0.5% 半年期支付：$\frac{1}{2}\times 0.5\%\times 10\ 000\ 000=25\ 000$（美元）

第四节　利率上限、利率下限和利率双限

在固定收益证券的衍生工具中还有一种特殊的利率合约（interest-rate agreement），利率合约的一方（卖方）在收取一定费用后承诺，如果参考利率不同于一个事先确定的利率水平，就在某一时间给予合约另一方（买方）补偿。事先确定的利率水平称为执行利率。利率合约又可以分为利率上限（interest-rate cap）、利率下限（interest-rate floor）和利率双限（interest-rate collar）。利率合约的要素包括：参考利率、执行利率、合约期限、支付频率和名义本金。

一、利率上限

如果利率合约规定当参考利率超过执行利率时，收取费用的一方向合约另一方进行支付，那么这种利率合约就是利率上限。投资者购买利率上限主要是为了锁定融资成本。利率上限与利率互换合约一样，是一种浮动利率（某一参考利率）与固定利率（利率上限）交换的交易，只不过只有在参考利率超过利率上限时购买方才行使权利。在银行同业拆借市场上，利率上限被广泛使用。利率上限规定，如果某种协定的利率指标，即参考利率（如 3 个月 LIBOR）在合约有效期内超过了执行利率，那么利率上限卖方就同意向买方支付两个利率的差额。该合约使利率上限买方得以在市场利率超过执行利率时，将融资成本锁定于执行利率水平；而当协定的参考利率低于执行利率时，享受到低利率的好处。一个利率上限实质上是一系列期权的总和。利率上限确保了买方在任何时间所支付的借款利率都是市场利率与利率上限中的较小者。

下面通过一个具体例子解释利率上限。假设投资者 C 向 D 购买了利率上限，合约内容如下：

（1）参考利率为 6 个月 LIBOR；

（2）执行利率为 6%；

（3）合约期限为 4 年；

（4）每 6 个月支付一次；

（5）名义本金为 20 000 000 美元。

按照合约的规定，在接下来的 4 年里的每半年末，当 6 个月 LIBOR 超过 6%的执行利率时，D 向 C 履行支付义务，支付金额为：

$$\frac{1}{2}\times 名义本金\times(R-执行利率)$$

式中，R 为 6 个月 LIBOR，由于每半年支付一次，所以除以 2。如果当前的 6 个月 LIBOR 是 8%，D 将向 C 支付的金额为 $1/2\times 20\ 000\ 000\times(0.08-0.06)=200\ 000$（美元）。如果 6 个月 LIBOR 小于或等于 6%，则 D 不用向 C 做任何支付。当利率高于执行利率时，利率上限的买方获利。因此，利率上限是一系列利率的看涨期权组合，利率上限的卖方实际上是出售了一个看涨期权。

二、利率下限

如果利率合约规定当参考利率低于执行利率时，收取费用的一方向合约另一方进行支付，那么这种利率合约就是利率下限。投资者购买利率下限的目的是锁定投资收益。投资者购买利率合约，以确保当市场利率下跌时自己拥有的债券投资组合的收益不降至某一特定水平之下；当市场利率上升时，可以获得更多的收益。仍然使用上面的例子说明利率下限的运作。投资者 C 向 D 购买一个利率下限合约，当 6 个月 LIBOR 等于或超过执行利率 6%时，C 不能从 D 那里获得任何支付。但当 6 个月 LIBOR 小于 6%时，D 向 C 补偿 6 个月 LIBOR 和执行利率 6%之间的差额：

$$购买利率下限的收益=1/2\times(执行利率-参考利率)\times 名义本金$$

$$=1/2\times 20\times (0.06-R)$$

R 的含义同前。如果 6 个月 LIBOR 为 5%，D 将向 C 支付 $1/2\times 20\times (0.06-0.05)$，即 100 000 美元。当参考利率低于执行利率时，利率下限的买方获利。

三、利率双限

将利率上限和利率下限组合可以得到利率双限，即投资者购买一个利率上限，同时出售一个利率下限，就构成了一个利率双限。如果利率上限的执行利率高于利率下限的执行利率，那么持有利率双限的投资者对将要支付的利率既规定了上限又规定了下限，从而将利率风险控制在一定区间内。

四、利率合约的风险-收益特征

从本质上看，利率合约是由一系列的期权合约组成的。利率合约的买方支付一定的费用，这种费用代表了利率合约买方的最大损失额，也代表了利率合约卖方的最大收益额。与期权合约一样，利率合约的买方只有权利而无须承担义务，买方由于支付了费用而获得了相应的权利；卖方由于收取了费用，只有义务而无相应的权利。当市场利率超过执行利率时，利率上限的买方获利，因为卖方必须向买方支付市场利率超过执行利率的差额部分；当市场利率低于执行利率时，利率下限的买方获利，因为卖方必须向买方支付市场利率低于执行利率的差额部分。

所以，购买利率上限实际上等同于购买了一系列的利率看涨期权（或债券看跌期权），而购买利率下限实际上等同于购买了一系列的利率看跌期权（或债券看涨期权）。

第九章 利率衍生金融工具的定价

资产定价是投资管理过程中的核心问题。在第八章中，我们详细介绍了各种利率衍生金融工具的定义和交易制度。本章将重点介绍如何确定各种利率衍生金融工具的价格。

第一节 保证金账户交易和套利

在债券市场上，投资者可以通过现金账户（cash account）购买和出售债券，也可以通过保证金账户（margin account）买卖债券。前者是指投资者买卖债券的过程中没有借贷行为的发生，投资者运用自己的资金购买债券、出售自己拥有的债券；后者是指投资者通过融资或融券（借入债券）等借贷行为买卖债券，也被称为信用交易。投资者通过保证金账户买卖债券包括两种交易行为：买空和卖空。买空，是指投资者用借入的资金买入债券。卖空，是指投资者自己没有债券，而是向他人借入债券后卖出，将来再买回同等数量的债券偿还给借出者。投资者通过保证金账户进行交易必须按照借贷的数额缴纳一定比例的保证金，保证金账户由此得名。

在金融市场上，投资者可以通过套利获取确定的利润。所谓的套利过程，就是投资者不需要投入任何自有资金，即初始投资额为零，就能获得无风险（确定）利润的过程。如果两种金融资产（组合）的现金流完全一样，那么这两种资产的价格就应该一样，否则就存在套利机会。下面举例说明。假设存在 A 和 B 两种资产组合，A 的市场价格为 100 元，B 的市场价格为 105 元。两种资产组合未来的现金流如表 9 - 1 中的 C_1 行和 C_2 行所示。由于资产组合 A 和 B 的未来现金流完全一样，而两者的市场价格不一样，因此存在套利机会。套利过程如下：卖空价格高的资产组合 B，买入价格低的资产组合 A。卖空 B 将获得卖空收入 105 元，买入 A 将支付资金 100 元，净收入为 5 元。由于卖空 B 和买入 A 在未来产生的现金流数额相等并且方向相反，正好相互抵消，所以投资者可以获得无风险的套利利润 5 元，如表 9－1 中的 C_3+C_4 行所示。注意，投资者在套利过程中没有动用自己的资金，买入 A 的资金完全来自卖空 B 的收入。

投资者套利的结果将促使 B 的价格下跌，A 的价格上升，直至两者的价格相等、套利机会消失为止。由于众多的投资者都在试图寻找套利机会，因此，在有效的金融市场上，套利机会稍纵即逝。

表 9－1　资产组合 A 和 B 之间的套利机会

		第 1 年年初	第 1 年年底	第 2 年年底	第 3 年年底	第 4 年年底
C_1	A	0	12	12	20	96
C_2	B	0	12	12	20	96
C_3	卖空 B	+105	−12	−12	−20	−96
C_4	买入 A	−100	12	12	20	96
C_3+C_4	净收入	5	0	0	0	0

大部分利率衍生金融工具合约都可以使用无套利定价理论进行定价。无套利定价理论的前提是在有效的金融市场上不存在套利机会，因为只要存在套利机会，套利者就会发现并利用套利机会获得无风险利润。利率衍生金融工具的价格就是在无套利均衡状态下推导出的均衡价格。

第二节　利率远期合约的现金流模式和远期价格确定

利率远期合约是买卖双方商定在未来某一时期依据合约金额支付合约利率和参考利率之间差额的远期合约。

利率远期合约有三个重要的日期——交易日 t、结算日 $t+n$ 和利率基础资产的到期日 $t+n+m$，三者的关系如下图所示：

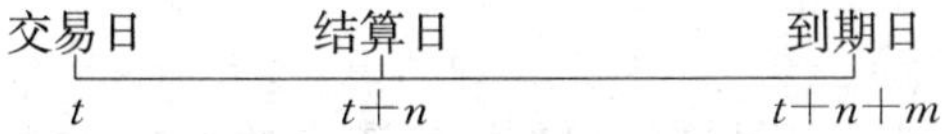

在交易日 t，买卖双方安排合约的条款，商讨在 $t+n+m$ 日到期的债券在 $t+n$ 日结算的明细事项。这和买卖债券的不同之处在于，交易日和结算日可以分开——大多数情况下是几个月，也可能是几年。在 t 日的这一做法锁定了在结算日和到期日间的利率。如果一个投资者担心利率可能上升，就可以使用利率远期合约来固定利率。

合约的条款（特别是债券的结算价格）在交易日达成，因此，在典型的远期合约中，买方同意在 $t+n$ 日向卖方支付远期价格 F，卖方向买方交付基础资产（债券）。我们说一个合约是远期的，是指其交易的执行发生在将来的时间。

远期合约看似比较复杂，但我们可以通过一个简单的例子来说明。最简单的例子是零息债券。考虑购买一份远期面值为 100 元的零息债券。这一购买包括在结算日支付 F 和在到期日获得 100 元。现金流如下：

t	$t+n$	$t+n+m$
0	$-F$	100

F 的价格如何确定？为了回答这个问题，我们可以通过构建某种资产组合来复制远期合约的现金流。首先，我们在 t 日购买在 $n+m$ 日后到期的面值为 100 元的零息债券来复制最终的现金流。但这一复制要求在 t 日支付零息债券的价格 P_{n+m}，在结算日 $t+n$ 没有 F 的支付，这与远期合约的现金流不一致。因此，需要同时卖空 x 单位的 n 期零息债券。两笔交易产生的各自的现金流和总现金流如下：

t	$t+n$	$t+n+m$
$-P_{n+m}$	0	100
$x\times P_n$	$-x\times 100$	0
0	$-x\times 100$	100

选择正确的 x，令交易日 t 的现金流为零，在结算日支付现金流 $-x\times 100$，在到期日获得现金流 100 元，这样就可以复制远期合约的现金流。因为利率远期合约的现金流模式也是在结算日买方向卖方支付交易日确定的远期价格 F 并获得标的资产，在债券到期日债券买方获得债券产生的现金流，因此远期合约的价格 F 一定等于上述组合在结算日的现金流 $x\times 100$，否则就会产生套利机会。由交易日 t 的现金流为零可以得到如下结果：

$$x=P_{n+m}/P_n$$

因此，远期价格为：

$$F=100\times P_{n+m}/P_n$$

［例 9-1］ 一个以 1 年期零息债券为标的资产的远期合约，1 年后交割。以 1 年为单位，则 $n+m=1$。假设面值为 100 元的 1 年期零息债券的当前价格为 $P_1=97.07$ 元，2 年期零息债券的当前价格为 $P_2=94.43$ 元，则远期价格为：

$$F=100\times P_2/P_1=97.28\ (\text{元})$$

由远期价格可知，1 年后 1 年期远期利率 $F_{1,2}$ 为：

$$97.28=100/(1+F_{1,2})$$

$$F_{1,2}=2.80\%$$

由于支付利息的原因，以付息债券为标的资产的远期合约的现金流更复杂，但可以使用上述同样的方法分析。以付息债券为标的资产的远期合约的现金流如下：

t	利息	$t+n$	利息	$t+n+m$
0	0	$-F$	C	$100+C$

我们如何通过构建资产组合来复制这些现金流呢？和前面的方法一样，购买 $n+m$ 天后到期的付息债券，产生如下的现金流：

t	利息	$t+n$	利息	$t+n+m$
$-P_{n+m}$	C	C	C	$100+C$

现在我们需要抵消购买价格 P_{n+m} 和结算日之前的各期利息。如果债券都是平价债券并且收益率曲线是水平的，那么复制远期合约的现金流就比较容易，因为长期债券和

短期债券都按照面值销售，同时两者的票面利率相等。[①] 卖空 n 天后到期的短期债券的收入（P_n）等于债券的面值，正好抵消了购买长期债券支付的金额。

t	利息	$t+n$	利息	$t+n+m$
$-P_{n+m}$	C	C	C	$100+C$
P_n	$-C$	$-(100+C)$	0	0
0	0	-100	C	$100+C$

P_{n+m}和P_n都等于面值，因此P_{n+m}和P_n相等。买入 $n+m$ 天后到期的长期债券、同时卖空 n 天后到期的短期债券所构造的资产组合产生的现金流与远期合约 n 天后产生的现金流完全一样。远期合约的价格 F 必然等于 100 元（面值），否则就会产生套利机会。

如果收益率曲线不是水平的，就需要修正上面的方法。我们购买 $n+m$ 天后到期的长期债券，同时卖空具有相同票面利率的短期债券（n 天后到期）。如果收益率曲线是向上倾斜的，那么短期债券的价格高于长期债券的价格。为了弥补这个价差，我们购买 n 天后到期的零息债券，购买零息债券的金额正好等于短期债券价格超过长期债券价格的部分。由于在 $t+n$ 日，买入零息债券增加了投资者的现金流收入，因此，远期价格小于 100 元的面值。相反的情况是，如果收益率曲线是向下倾斜的，我们需要卖空短期的零息债券以弥补价差，远期价格也将高于 100 元的面值。

第三节　利率期货的定价

一、期货的理论价格

无套利定价理论认为，任何投资者都不能通过构造总价值为 0 的期货合约和标的资产的组合头寸来获得无风险利润。为了理解期货合约是如何定价的，考虑下面的例子。假设一个 20 年期、面值为 100 元、票面利率为 12%的债券按面值出售。这个债券是一份 3 个月后清算的期货合约的标的资产。如果现在 3 个月期债券借贷利率为年利率 8%，那么期货合约的价格是多少呢？

假设期货合约的价格为 107 元。某套利者采用下面的策略：

- 以 107 元的价格卖出期货合约；
- 以 8%的年利率借入 100 元，期限为 3 个月；
- 以 100 元的价格购买债券。

忽略初始保证金，用借入的资金来购买债券，因而这一策略没有初始现金流支出。3 个月后，将债券用于期货合约的交割，并归还借款。这些交易带来了如表 9-2 所示的现金流。

---

① 因为收益率曲线是水平的，所以长期债券和短期债券的到期收益率都是相等的，而平价债券的票面利率与其到期收益率正好相等，因此长期债券和短期债券的票面利率也相等。

表 9-2

来自期货合约的交割：
债券的期货价格=107 元
债券应计利息（3 个月，12%的年利率）=3 元
总收益=110 元
来自借款：
借款本金的偿付=100 元
借款利息（3 个月，8%的年利率）=2 元
总支出=102 元
利润=8 元

这一策略将保证 8 元的利润。而且，由于购买债券的资金是借入的，所以没有初始的现金流支出。无论交割日的债券现货价格为多少，套利者总能实现 8 元的无风险利润。显然，在一个有效的市场上，套利者可以购买债券、卖出期货，使得期货价格下降，债券价格上升，直至套利利润随之消失。

与之对照的是，假设期货的价格是 92 元，不是 107 元。某套利者采用下面的策略：

- 以 92 元的价格买入期货合约；
- 以 100 元的价格卖空债券；
- 以 8%的年利率将卖空所得的收入 100 元贷出，期限为 3 个月。

如果我们忽略初始保证金的要求，该策略也没有初始现金流支出。3 个月后，该套利者作为期货合约的多头购买债券，用购买的债券清算卖空债券的空头头寸。3 个月后的结果如表 9-3 所示。

表 9-3

来自期货合约的交割：
债券的期货价格=92 元
卖空债券应计利息（3 个月，12%的年利率）=3 元
总支出=95 元
来自贷款：
贷款本金的偿付=100 元
贷款利息（3 个月，8%的年利率）=2 元
总收益=102 元
利润=7 元

上述策略实现的 7 元的利润是纯粹的套利利润。它不需要初始的现金流支出，并且无论清算日的现货价格如何，都可以实现。

可以想象，肯定存在一个期货价格使得套利利润消失。在这个例子中，当债券价格为 99 元时，没有套利利润。下面我们看一下，当债券价格为 99 元时，上述两个套利策略会发生什么变化。首先，考虑下面的策略：

- 以 99 元的价格卖出期货合约；
- 以 100 元的价格购买债券；
- 以 8%的年利率借入 100 元，期限为 3 个月。

3 个月后的结果如表 9-4 所示。

表 9-4

来自期货合约的交割：
债券的期货价格=99 元
债券应计利息（3 个月，12%的年利率）=3 元
总收益=102 元
来自借款：
借款本金的偿付=100 元
借款利息（3 个月，8%的年利率）=2 元
总支出=102 元
利润=0 元

这个例子里就没有了套利利润。

然后，考虑下面的策略：

- 以 99 元的价格买入期货合约；
- 以 100 元的价格卖空债券；
- 以 8%的年利率将卖空所得的收入 100 元贷出，期限为 3 个月。

3 个月后的结果如表 9-5 所示。

表 9-5

来自期货合约的交割：
债券的期货价格=99 元
卖空债券应计利息（3 个月，12%的年利率）=3 元
总支出=102 元
来自贷款：
贷款本金的偿付=100 元
贷款利息（3 个月，8%的年利率）=2 元
总收益=102 元
利润=0 元

因此，两种策略的利润都为 0，99 元即为期货的均衡价格，高于或者低于这个价格都会产生套利利润。

下面我们考虑利率期货的均衡价格决定的一般情况。考虑上面关于套利的论述，期货的均衡价格可以由下面的信息决定：

（1）现货市场上的债券价格；

（2）债券的票面利率；

（3）直到清算日的借款和贷款利率（统称为融资利率）。

用符号表示为：

r=融资利率（%），为年度百分数；

c=债券的票面利率；

P=债券的现货价格；

F=债券的期货价格；

t=期货合约期限，按年计算。

某投资者采用如下的投资策略：

- 以期货价格 F 卖出期货合约；
- 以现货价格 P 购买债券；
- 以年利率 r 借入 P，借款期限到期货合约的交割日。

该策略在期货合约清算日的损益情况如表 9-6 所示。

表 9-6

来自期货合约的清算：
债券的期货价格 $=F$
应计利息 $=ctP$
总收益 $=F+ctP$
来自借款：
借款本金的偿付 $=P$
借款利息 $=rtP$
总支出 $=P+rtP$
利润 $=F+ctP-(P+rtP)$

均衡时，期货的理论价格是套利利润为 0 时的价格。因此均衡时，下面的等式必须成立：

$$0=F+ctP-(P+rtP)$$

因此，期货的理论价格可以用式（9.1）表示如下：

$$F=P+Pt(r-c)=P[1+t(r-c)] \tag{9.1}$$

另一种可选择的策略为：

- 以期货价格 F 购买期货合约；
- 以现货价格 P 卖空债券；
- 以年利率 r 将卖空所得的收入贷出，投资期限到期货合约的清算日。

该策略在期货合约清算日的损益情况如表 9-7 所示。

表 9-7

来自期货合约的清算：
债券的期货价格 $=F$
卖空债券应计利息 $=ctP$
总支出 $=F+ctP$
来自贷款：
贷款本金偿付 $=P$
贷款得到的利息 $=rtP$
总收益 $=P+rtP$
利润 $=F+ctP-(P+rtP)$

在套利利润为 0 的情况下可以求出期货的均衡价格，在这种策略下期货的均衡价格与式（9.1）完全一样。

沿用我们前面的例子，运用式（9.1），其中 $r=0.08$，$c=0.12$，$P=100$，$t=0.25$，得到期货的理论价格为：

$$F=100+100\times0.25\times(0.08-0.12)=100-1=99\text{（元）}$$

这和我们在前面得到的期货均衡价格一致。

期货的理论价格可能是现货价格的一个升水（高于现货价格），或者现货价格的一个贴水（低于现货价格），这由 $c-r$ 决定。$c-r$ 称为净融资成本，因为它包括债券利率和融资利率。净融资成本常常被称为持有成本。持有成本为正意味着票面利息收益高于融资成本；持有成本为负意味着融资成本超过票面利息收益，两者的关系如表 9-8 所示。

表 9-8

持有成本	期货价格
正（$c>r$）	以现货价格的一个贴水出售（$F<P$）
负（$c<r$）	以现货价格的一个升水出售（$F>P$）
0（$c=r$）	等于现货价格（$F=P$）

在利率期货的例子里，持有成本（短期融资利率和债券票面利率间的关系）依赖于收益率曲线的形状。当收益率曲线向上倾斜时，通常短期融资利率小于债券票面利率，持有成本为正，债券的期货价格将以现货价格的一个贴水出售；当收益率曲线向下倾斜时，情况正好相反。

二、对期货理论价格的调整

上面求期货理论价格的无套利定价方法是建立在几个严格假设的基础上的。在现实世界中，这些假设都不成立。为了更准确地确定期货理论价格，必须放松这些假设，使期货价格模型更接近现实。下面我们就根据现实情况对这些假设进行修正，并在对假设进行修正的基础上对期货理论价格进行调整。上述期货理论价格模型的假设如下：

（一）期间没有发生任何现金流

利用套利定价模型求期货价格，一个重要的假设是在整个期间没有发生任何现金流。但在实际的期货合约中，由于保证金的变动，会产生现金流。由于远期合约不实行逐日盯市制度，在到期日之前没有任何现金流发生，所以式（9.1）得到的价格实际上是一份远期合约的理论价格。而期货合约采用逐日盯市制度，在到期日前会有现金流产生：利率上升时，期货价格下降，期货合约的空头保证金余额增加，空头可以提取部分保证金，保证金可以以一个更高的利率进行再投资；利率下降时，保证金余额减少，空头需要追加保证金。然而，利率下降使得空头的融资成本也下降。因此，无论利率向哪个方向变动，期货合约的空头获利都多于远期合约的空头。与之相反的是，期货合约的多头损失大于远期合约的多头。因此，在其他条件相同的情况下，期货价格将低于远期价格。换句话说，式（9.1）计算的理论价格高估了期货价格。期货价格和远期价格的差异源于期货价格的逐日盯市制度。

期限仅为几个月的远期合约价格与期货价格之间的理论差异在绝大多数情况下小得可以忽略不计。随着有效期限的延长，两者的差异开始变大。实践中，许多没有反映在理论模型中的因素令远期价格和期货价格不一致。这些因素包括税收、交易费用、保证金的处理方式等。而且，期货合约的流动性通常比远期合约的流动性更强。尽管上述因素会导致期货价格和远期合约价格不一致，但是在大多数情况下，远期合约价格和期货价格还是相等的。

（二）借贷利率相等

先前的期货定价模型假设借贷利率相等。然而，实际中，借款利率一般高于贷款利率。

令 r_B＝借款利率；r_L＝贷款利率。

考虑下面的策略：

- 以期货价格 F 卖出期货合约；
- 以现货价格 P 购买债券；
- 以年利率 r_B 借入 P，直到清算日。

不产生无套利利润的期货价格 F 为：

$$F = P + Pt(r_B - c) \tag{9.2}$$

现在考虑下面的策略：

- 以期货价格 F 购买期货合约；
- 以现货价格 P 卖空债券；
- 以年利率 r_L 将卖空收入 P 贷出，直到清算日。

不产生无套利利润的期货价格 F 为：

$$F = P + Pt(r_L - c) \tag{9.3}$$

式（9.2）和式（9.3）分别构成了期货利率价格的上限和下限。例如，假设借款利率为 8%（年利率），贷款利率为 6%（年利率）。运用式（9.2）和前面的例子，期货价格的上限为：

$$F(\text{上限})=100+100\times0.25\times(0.08-0.12)=99(\text{元})$$

运用式（9.3）得到期货价格的下限：

$$F(\text{下限})=100+100\times0.25\times(0.06-0.12)=98.5(\text{元})$$

在计算上下限时，我们假设没有交易成本。实际中，必须考虑建仓、平仓和购买、卖空债券的交易成本，交易成本会影响期货合约的上下限。

（三）未知的可交割债券

使用无套利定价原理得到式（9.1）时，假设只有一种债券工具可以用于交割。但是，在大多数期货合约中，交割制度允许空头从一系列可交割债券中选择一种债券进行交割。因此，空头会通过交割最便宜的债券使自己的净收益最大化。期货合约的空头相当于拥有一种期权（选择权），这种期权被称为品质期权（quality option）。因此，期货价格会受到品质期权的影响。风险在于，一种债券在某一时间是交割起来最便宜的（称为最便宜交割债券），过了那个时间可能就不是了。最便宜交割债券的变动对期货价格的影响很大。品质期权对期货价格有什么影响呢？由于品质期权是期货合约多头给予空头的期权，多头愿意支付的期货价格将小于式（9.1）计算出的期货理论价格。因此，由于品质期权的存在，由式（9.1）得到的期货理论价格需要做如下调整：

$$F=P+Pt(r-c)-\text{品质期权的价值} \tag{9.4}$$

目前，市场参与者已经利用理论模型来估计品质期权的价值，进而更准确地估计期货的理论价格。

（四）不确定的交割日期

无套利理论的定价模型中，假设交割日是确定的，但是利率期货合约通常允许空头选择在一个特定的时间段里的任一天进行交割。因此，利率期货合约的空头拥有时间期权。

另外，芝加哥期货交易所交易的长期国债期货合约于芝加哥时间 14 点收盘。但是，长期国债现货的交易则持续到 16 点。而且，长期国债期货合约的空头在 20 点以前都可以向期货结算所发出交割的通知。如果空头在 14 点以后发出交割通知，则交割价格以当天 14 点的收盘价为基础进行计算。因此，业界人士称之为“疯狂纸牌游戏”（wild card play）。如果 14 点以后债券的现货价格下跌，空头可以发出交割通知，购买更便宜的债券进行交割；如果债券的价格在 14 点以后上涨了，空头可以不进行交割，等到下一个营业日再采用相同的策略。

总之，期货合约的空头由于上述两种制度规定而拥有了某种期权。因此，在有效的金融市场上，这种期权不是免费获得的。由于这些交割时间期权的存在，实际的期货理论价格小于式（9.1）求出的期货的理论价格，期货的实际价格应该如下所示：

$$F=P+Pt(r-c)-\text{品质期权的价值}-\text{时间期权的价值} \tag{9.5}$$

或者，

$$F=P+Pt(r-c)-\text{交割期权的价值} \tag{9.6}$$

三、到期日不同的期货价格之间的关系

拓展期货价格和现货价格间的可套利关系，可以建立具有不同到期日的期货价格间的均衡关系。特别是，给定一份在较远的 T_2 时间到期的期货合约和一份具有相同标的

资产，在不远的 T_1 时间到期的期货合约，两份合约的期货价格（f_{T_2} 和 f_{T_1}）的均衡关系[①]为：

$$f_{T_2} = f_{T_1}(1+R_{T_1})^{T_2-T_1} \tag{9.7}$$

式中，R_{T_1} 为在 T_1 时刻的借贷利率。

如果 T_2 到期的期货合约的价格为 F_{T_2}，超过均衡价格 f_{T_2}，即 $F_{T_2}-f_{T_2}>0$，那么套利者可以通过以下套利策略获得无风险利润。该套利策略按照时间可以分为三个阶段：

第一阶段（现在）：

（1）持有 T_1 到期的期货合约的多头；

（2）持有 T_2 到期的期货合约的空头；

（3）通过签订一份期货合约，在 T_1 时刻借入 f_{T_1} 元，利率为 R_{T_1}，期限为（T_2-T_1）。

现在，不考虑保证金变动的影响，套利者最初的支出金额为 0。

第二阶段（T_1 时）：到了 T_1 时，套利者在上述（1）和（3）购买的期货合约到期，套利者可以：

（1）以利率 R_{T_1} 借入 f_{T_1} 美元，期限为（T_2-T_1）；

（2）以期货价格 f_{T_1} 购买债券。

在 T_1 时，投资者的支出金额仍然为 0。

第三阶段（T_2 时）：在 T_2 时，根据最初的期货合约，套利者可以：

（1）以价格 F_{T_2} 卖出债券；

（2）偿还借款，金额为 $f_{T_1}(1+R_{T_1})^{T_2-T_1}$。

在 T_2 时，套利者可以获得无风险收益 $F_{T_2}-f_{T_1}(1+R_{T_1})^{T_2-T_1}=F_{T_2}-f_{T_2}>0$。运用同样的推理可以证明：期货价格 F_{T_2} 不能低于式（9.7）确定的均衡价格 f_{T_2}，否则也会出现套利机会。所以，到期日不同的两份期货合约的价格关系必须满足式（9.7），否则就会产生套利机会。

第四节　利率期权的定价

一、期权的内部价值和时间价值

期权价格由两部分组成：内部价值和时间价值。

（一）内部价值

期权价值由内部价值和超过内部价值的时间价值构成。

对于实值期权而言，内部价值就是如果立即执行期权（执行看涨实值期权，卖出资产；执行看跌实值期权，买入资产）所能获得的收入。严格地说，这个词只适用于能在到期日之前执行的美式期权，但实践中也常常用于对欧式期权的描述。对于虚值期权和两平期权而言，如果立即执行期权不能带来任何经济价值，那么期权的购买方不会执行期权。所以，虚值期权和两平期权的内部价值为 0。

---

① 为了简单起见，我们假设标的资产在整个期限内不发生任何现金流。

对于看涨期权来说，如果标的资产的现货价格高于执行价格，那么内部价值为正，内部价值为现货价格高于执行价格的部分。如果标的资产的执行价格大于或者等于现货价格，那么内部价值为 0。例如，如果一份看涨期权的执行价格为 100，标的资产的现货价格为 105，那么内部价值为 5。也就是说，期权买方执行期权，以 100 的价格从期权立权方那里购买标的资产，同时，以 105 的现货价格卖出标的资产，获得的净利润为 5。

对看跌期权而言，内部价值等于标的资产的现货价格低于执行价格的部分。例如，如果一份看跌期权的执行价格为 100，标的资产的现货价格为 92，则内部价值为 8。看跌期权的买方执行期权，同时买入标的资产，可获得净利润 8，因为卖出标的资产给期权立权方，价格为 100，而购买期权的市场价格为 92。如果执行价格低于或者等于现货价格，则期权的内部价值为 0。

标的资产的现货价格、期权的执行价格以及内部价值之间的关系汇总在表 9-9 中。

表 9-9　标的资产的现货价格、期权的执行价格和内部价值之间的关系

		看涨期权	看跌期权
如果标的资产的现货价格＞执行价格	内部价值	标的资产的现货价格－期权的执行价格	0
	专用术语	实值期权	虚值期权
如果标的资产的现货价格＜执行价格	内部价值	0	标的资产的现货价格－期权的执行价格
	专用术语	虚值期权	实值期权
如果标的资产的现货价格＝执行价格	内部价值	0	0
	专用术语	两平期权	两平期权

（二）时间价值

期权的时间价值是指期权价格超过内部价值的部分。只有在期权到期前，期权价格才会超过其内部价值，这是时间价值这一名称的由来。对于虚值期权而言，由于其内部价值为 0，时间价值就是其期权价格。

考虑目前处于虚值状态的看涨期权，标的资产的现货价格低于期权的执行价格，但这并不意味着该期权没有价值。虽然目前立即执行期权无利可图，但看涨期权的价值仍然为正，因为在到期日前标的资产的现货价格仍有可能上升至超过执行价格，从而能通过执行期权获得收益。即使标的资产的现货价格没有超过执行价格或下跌，可能发生的最坏情况无非是期权到期时价值为零。

例如，当标的资产的现货价格为 105 时，如果一份执行价格为 100 的看涨期权合约的价格为 9，则期权的时间价值为 4（＝9－内部价值 5）。如果标的资产的现货价格为 90 而不是 105，则期权的时间价值就是 9，因为此时期权没有内部价值。

期权的时间价值的重点很大部分是典型的“波动价值”。只要期权的购买者可以选择放弃期权，期权的收入就不可能小于零，即使处于虚值状态的期权，也会以一个正的价格出售，因为期权购买者可以获得期权的潜在收益而无须承担更多的损失。当标的资产的现货价格大幅上升并超过执行价格时，由于执行看涨期权几乎成为必然，波动价值变得很小。当标的资产的现货价格涨得更高时，看涨期权价值将接近经过调整的内部价值——标的资产的现货价格减去执行价格的现值，即 $S_0 - PV(X)$。这是因为，如果看涨期权持有人到期肯定执行期权，就相当于将来肯定以执行价格购买标的资产。考虑到货币的时间价值，将来以执行价格 X 购买标的资产相当于现在以执行价格的现值 $PV(X)$ 购买。所以，期权的价值就等于标的资产的现货价格减去执行价格的现值。

图 9-1 展示了看涨期权的价值函数。其中，曲线表示看涨期权的价值。当标的资产的现货价格 S_0 远远低于执行价格 X 的时候，期权几乎没有任何价值，因为执行的可能性微乎其微；当标的资产的现货价格远远超过执行价格的时候，期权的价值接近经过调整的内部价值。当标的资产的现货价格接近执行价格时，期权价值曲线与代表经过调整的内部价值的直线的垂直距离达到最大，即期权的时间价值最大。原因在于，在标的资产的现货价格接近执行价格时，期权的波动价值很高。从图 9-1 可以看出，期权的价值是标的资产的现货价格的增函数。当期权处于高度实值状态时，即标的资产的现货价格远远超过执行价格时，期权的执行几乎是确定的，期权的价值曲线的斜率几乎等于内部价值曲线的斜率（等于 1）。在这种情况下，期权价值将和标的资产的现货价格同步增加。

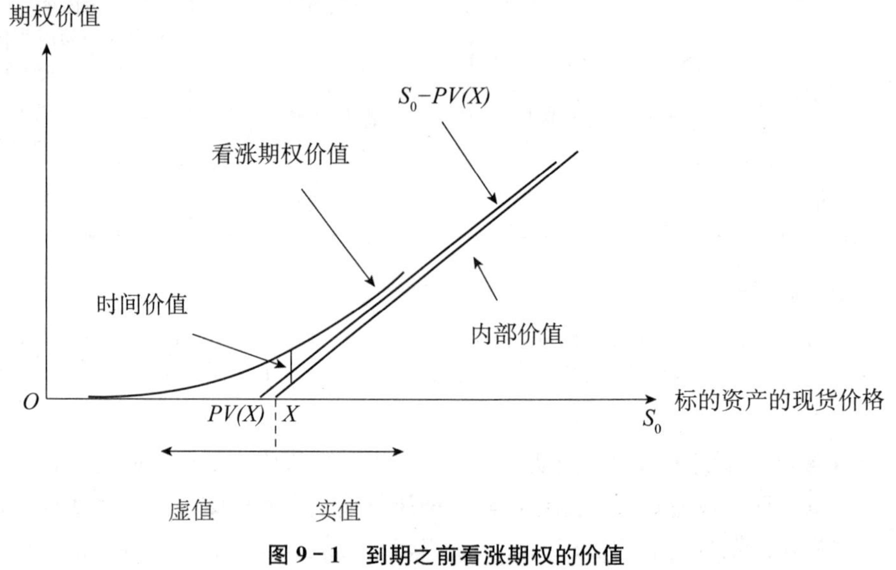

图 9-1　到期之前看涨期权的价值

二、看跌-看涨期权平价定理

具有相同标的资产、相同执行价格和相同到期日的看涨期权和看跌期权的价格之间存在一种重要的关系，这一关系常被称为看跌-看涨平价（put-call parity）关系。对于标的资产为付息债券的欧式期权而言，看跌-看涨平价关系式为：

$$C - P = S_0 - X/(1 + r_f)^T \tag{9.8}$$

式中：C——看涨期权价格；

P——看跌期权价格；

S_0——标的资产的现货价格；

X——执行价格；

r_f——借贷利率；

T——期权的期限。

式（9.8）被称为看跌-看涨期权平价关系。为了证明看跌-看涨期权平价关系，假设某投资者采用投资策略1所构建的资产组合是：现在购买一个看涨期权并卖出一个看跌期权。两个期权的标的资产是同一种债券，执行价格均为X，到期日都是T（期限为T）。在到期日，该投资者的收入是看涨期权的收入与看跌期权支出的差额。用S_T表示债券在到期日的价格，则该投资者在到期日的净收入如表9-10所示。

表9-10　投资者在到期日的净收入

	$S_T \leqslant X$	$S_T > X$
持有看涨期权的收入	0	$S_T - X$
减：出售看跌期权的支出	$-(X - S_T)$	0
净收入	$S_T - X$	$S_T - X$

上述投资者采用投资策略2构建的资产组合是：现在按照利率r_f借入资金$X/(1+r_f)^T$，同时按照当前价格S_0购买一份标的资产。在到期日，该投资者需偿还的贷款总额为X，持有的标的资产价格变为S_T，投资策略2的净收入也是S_T-X。由于策略1和策略2在到期日的收入完全一样，两种策略的最初投资额（成本）也应该一样，否则就存在套利机会。套利者购买成本低的投资策略所代表的资产组合，同时卖出成本高的投资策略所代表的资产组合，就可以获得无风险的套利利润。策略1的投资额为$C-P$，策略2的投资额为$S_0-X/(1+r_f)^T$。因此我们可以得到式（9.8）。如果违反了看跌-看涨期权平价关系，就会产生套利机会，套利的结果会导致平价关系重新确立。

需要指出的是，式（9.8）只适用于在到期日前标的资产不支付任何利息的欧式期权。如果标的资产在到期日前支付利息，则看跌-看涨期权平价关系由式（9.9）表示：

$$C - P = S_0 - X/(1+r_f)^T - d/(1+r_f)^t \tag{9.9}$$

式中：d——到期日前标的资产支付的利息金额；

t——利息支付日距现在的时间。

为了推导式（9.9）表示的平价关系，对上述策略2进行调整：现在除了购买标的资产和借入资金$X/(1+r_f)^T$外，还要按照利率r_f借入资金$d/(1+r_f)^t$。在t时（即债券利息支付日），投资者需偿还资金d，而同一天该投资者由于拥有债券而获得利息d，所以投资者在利息支付日的净收入为零，而投资者在新的策略2中构建的资产组合成本为$S_0-X/(1+r_f)^T-d/(1+r_f)^t$。新的资产组合在到期日$T$的净收入与上述策略1的资产组合的净收入仍然完全一样，所以两种资产组合的成本应该一样，否则也会产生套利机会。由此，我们可以推导出标的资产在到期日前支付利息的看跌-看涨期权平价关系。

三、影响期权价格的因素

当标的资产为固定收益证券时，有六个因素会影响期权价格。

（1）标的资产的现货价格。期权的价格由内部价值和时间价值两部分组成。看涨期权的内部价值为 max（0，S_0-X），随着标的资产的现货价格的上涨而上涨。而看跌期权的内部价值为 max（0，$X-S_0$），与看涨期权正好相反，它随着标的资产的现货价格的上涨而下跌。因此，期权价格随着标的资产的现货价格的变动而发生变化。其他因素保持不变，对看涨期权而言，当标的资产的现货价格上升时，期权价格上升（见图 9-1）；对看跌期权而言，当标的资产的现货价格上升时，期权价格下降。

（2）执行价格。如上所述，执行价格也会影响期权的内部价值。其他因素不变，执行价格越低，看涨期权的内部价值越大，期权价格越高；执行价格越高，看跌期权的内部价值就越大，期权价格越高。

（3）期权有效期内标的资产价格（收益率）的波动率。其他因素不变，标的资产价格的波动率（通过标准差或者方差衡量）越大，期权的价格越高，投资者愿意为期权支付的价格越高，期权立权方对期权的索价也越高。这是因为，标的资产价格的波动率越大，出现较高的标的资产价格和较低的标的资产价格的概率就会增加。以看涨期权为例，当标的资产价格上升时，期权的购买者就会获利。标的资产价格上涨幅度越大，期权购买者的获利就越大。当标的资产价格下跌时，期权购买者的最大损失就是期权价格。正是因为看涨期权购买者的损失和收益是不对称的，所以价格波动率增大对期权购买者是有利的。与此类似，看跌期权的购买者从标的资产价格下跌中获利，当标的资产价格上涨时，其损失是有限的。因此，随着标的资产价格波动率的增大，看涨期权和看跌期权的价值都会增加。

（4）期权有效期内的无风险利率。无风险利率是影响利率期权价格的重要因素。为了考察无风险利率如何影响利率期权的价格，可以考虑如下情况：如果投资者想拥有债券，直接购买债券会占用投资者的资金；投资者可以通过购买看涨期权实现拥有相同数量债券的目的，投资者在到期日执行期权就可以购买同样数量的债券。如果投资者通过购买期权来购买债券，那么他现在可以将债券价格和期权价格间的差额投资于无风险利率。如果其他因素不变，短期无风险利率越高，直接购买债券并持有至看涨期权到期日的成本越高。因此，短期无风险利率越高，相对于直接持有债券而言，看涨期权的吸引力越大，投资者愿意为看涨期权支付的价格也越高。也可以从另一个角度考虑无风险利率如何影响利率期权的价格。看涨期权购买者执行期权时必须支付执行价格，该期权购买者现在将相当于执行价格现值的一笔钱存入银行就能确保执行期权。无风险利率越高，执行价格的现值就越小，经调整的期权内部价值就越大。因此，无风险利率越高，看涨期权的价格就越高。与此相反，无风险利率越高，执行价格的现值就越小，经调整的看跌期权内部价值就越小，看跌期权的价格就越低。

（5）期权合约的期限。期权合约的期限对期权价格的影响取决于期权是美式期权还是欧式期权。期权合约的期限增加时，美式期权的价值将会增加。为了说明这一点，考虑其他条件都相同，只有到期日不同的两个美式期权，有效期长的期权至少不会比有效期短的期权差，因为后者拥有的获利机会前者同样也拥有，而且有效期长的期权的购买者拥有更多的获利机会，因此，有效期长的美式期权的价值总是大于或等于有效期短的美式期权的价值。而随着有效期的增加，欧式期权的价值并不一定增加。这是因为有效期长的欧式期权的购买者拥有的获利机会不一定包括有效期短的欧式期权购买者拥有的获利机会，因为有效期长的欧式期权只在到期日才能执行。考虑以同一债券为标的资产的两个欧式看涨期权，一个期限为 2 个月，另一个期限为 3 个月。假设该债券 8 周后支付高额的利息，那么期限为 2 个月的期权可能会优于期限为 3 个月的期权。因为前者的购买者可以执行期权，从而获得高额的利息，所以期限的增加对欧式期权价值的影响是不确定的。

（6）期权有效期内的利息支付。标的资产支付利息会降低看涨期权的价格，因为利息支付使得持有标的资产比持有期权更具吸引力。所以，在其他条件相同的情况下，标的资产为付息债券的期权的价格要低于标的资产为零息债券的期权的价格。相反，对看跌期权来说，标的资产支付利息会提高期权的价格。

需要强调的是，上述所有结果都是建立在其他因素保持不变的基础上。以上六个因素对期权价格的影响取决于以下方面：（1）期权是看涨期权还是看跌期权；（2）期权是美式期权还是欧式期权。表 9－11 全面总结了这些影响因素对期权价格的影响。

表 9－11　期权价格的影响因素

影响因素	变化	看涨期权		看跌期权	
		欧式	美式	欧式	美式
标的资产的现货价格	↑	↑	↑	↓	↓
	↓	↓	↓	↑	↑
执行价格	↑	↓	↓	↑	↑
	↓	↑	↑	↓	↓
期权有效期内标的资产价格（收益率）的波动率	↑	↑	↑	↑	↑
	↓	↓	↓	↓	↓
期权有效期内的无风险利率	↑	↑	↑	↓	↓
	↓	↓	↓	↑	↑
期权合约的期限	↑	不确定	↑	不确定	↑
	↓	不确定	↓	不确定	↓
期权有效期内的利息支付	↑	↓	↓	↑	↑
	↓	↑	↑	↓	↓

四、布莱克-斯科尔斯期权定价模型

期权的内部价值在任何时间都可以很容易地确定。问题是，期权大致的时间价值为多少？为回答这个问题，形成了期权定价模型。金融学家提出了几种期权定价模型。对标的资产为权益资产的期权而言，最普遍的模型是布莱克-斯科尔斯期权定价模型。通过设定一些严格的假设并使用无套利定价方法，布莱克-斯科尔斯期权定价模型计算出了一份以不分红的股票为标的资产的欧式看涨期权的理论价格。

要真正地理解布莱克-斯科尔斯期权定价模型，需要掌握一定的数学背景知识，本书只简单地介绍该模型。布莱克-斯科尔斯期权定价公式如下：

$$V_c = N(d_1)P_s - \frac{E}{e^{RT}}N(d_2)$$

其中，

$$d_1 = \frac{\ln(P_s/E) + (R + 0.5\sigma^2)T}{\sigma\sqrt{T}}$$

$$d_2 = d_1 - \sigma\sqrt{T} = \frac{\ln(P_s/E) + (R - 0.5\sigma^2)T}{\sigma\sqrt{T}}$$

式中：V_c——看涨期权的理论价值；

P_s——当前股票价格；

E——执行价格；

R——连续复利计算的无风险利率；

T——期权的剩余期限；

σ——股票连续复利年收益率的标准差；

$N(x)$——标准正态分布变量的累积概率分布函数（即这个变量小于 x 的概率）；

ln——自然对数函数；

e——自然对数的底，约为 2.718 28。

根据看跌-看涨期权平价公式和看涨期权定价公式，我们可以很容易地求出看跌期权的定价公式：

$$V_p = \frac{E}{e^{RT}}[1 - N(d_2)] - P_s[1 - N(d_1)]$$

尽管布莱克-斯科尔斯期权定价模型在权益期权的定价中被广泛应用，但其不适用于为利率期权定价，原因在于布莱克-斯科尔斯期权定价模型的三个假设不适用于利率期权工具定价。

布莱克-斯科尔斯期权定价模型的第一个假设是，标的资产的价格可以为任意大的正值。但是债券价格有上限：零息债券的价格不可能超过其到期价值（面值）；附息债券的价格不可能超过所有利息和到期价值的总和。例如，对于一个面值为 100 元、票面利率为 8%的按年付息的 5 年期债券而言，其价格不可能超过 140 元（5 个 8 元的利息支付加上 100 元的到期价值）。债券价格超过其上限的唯一可能是利率为负时，但这种情况不可能发生。因此，用布莱克-斯科尔斯期权定价模型为利率期权定价有可能得出不合理的期权价格。

布莱克-斯科尔斯期权定价模型的第二个假设是，短期利率在期权期限内保持不变。但是，利率是影响债券价格的最主要的因素。很显然，利率期权的价格会随着利率的变化而变化。因此，在确定利率期权的价格时，假设短期利率恒定不变是不合适的。

布莱克-斯科尔斯期权定价模型的第三个假设是，标的资产价格的波动率在期权期限内是不变的。实际上，随着债券到期日的临近，债券价格的波动率会下降，因为债券的久期也越来越短。因此，标的资产价格的波动率保持不变的假设对于利率期权也是不适用的。

因此，不能用布莱克-斯科尔斯期权定价模型为利率期权定价。利率期权定价所用的模型主要是二叉树模型。

五、二叉树模型

计算利率期权价格的最普遍的方法是使用二叉树模型（binomial model）。在运用二叉树模型计算利率期权价格时，首先要构造出利率二叉树（binomial interest rate tree），即通过图形描述短期利率的未来随机演变过程。具体而言，利率二叉树模型就是通过二叉树图形描述某个期限内短期即期利率变化的各种路径，在二叉树的每个节点上利率的变化只有两种可能：升高或降低，并且概率各为50%。关于利率二叉树的详细介绍请参见第十章第二节。

如何构造利率二叉树呢？即，如何确定未来短期利率变化的各种路径呢？确定短期利率未来演变路径的模型被称为利率期限结构模型（interest rate term-structure model）。利率期限结构模型主要分为两类：无套利机会模型（arbitrage-free model）和均衡模型（equilibrium model）。无套利机会模型是指利用当前的债券市场价格推导出短期利率的未来演变过程，因此，推导出的结果必须符合当时的利率期限结构。均衡模型不同于无套利机会模型，它并不认为债券的市场价格必然合理。从最基本的方面来说，均衡模型是根据当时的期限结构来推导出期望收益所具有的风险溢价（risk premium）。因此，均衡模型推导出的结果就不必与当前观察到的收益率曲线保持一致。全面、深入地了解利率期限结构模型所需要的数学、统计学知识远远超出了本书的范围，本书无法详细地介绍各种利率期限结构模型。感兴趣的读者可参阅有关参考文献。[①]

无套利机会模型是业内人士最普遍使用的模型，即对利率的变化做出某种假设，利用当前的债券市场价格来构造利率二叉树，下面做一简单介绍。

（一）利率二叉树

利率二叉树就是在对利率的变化做出假设的基础上，通过图形描述短期利率未来各种可能的变化情况。具体而言，利率二叉树就是通过二叉树图形描述某个期限内短期即期利率变化的各种路径，在二叉树的每个节点上利率都有两种可能：升高或降低。

图9-2就是一个利率二叉树。每个节点上的r都表示该时点上的1年期即期利率。下标中的数字表示时间，字母H表示该时点上可能出现的较高利率，字母L表示该时点上可能出现的较低利率。注意，在每个节点上的利率只有两种可能性。例如，$r_{2,HL}$表示在第2年的1年期即期利率，即从第2年年初到第3年年初这一年的利率，在达到该节点的过程中1年期利率变化的路径如下：第1年的利率为较高的利率，而第2年的利率则为较低的利率。[②]

---

① 一本全面、深入地介绍利率期限结构模型的优秀著作是 Lionel Martellini and Philippe Priaulet. *Fixed-income Securities: Dynamic Methods for Interest Rate Risk Pricing and Hedging*, London: John Wiley & Sons, 2000。

② 实际上，$r_{2,LH}$和$r_{2,HL}$是相等的。前者是经过了第1年的较低利率和第2年的较高利率达到的节点，后者是经过了第1年的较高利率和第2年的较低利率达到的节点。一般而言，对于任何两个节点，只要经历了相同数目的较高利率和相同数目的较低利率，这两个节点的利率就是相同的，这两个节点实际上就是一个节点，这样的二叉树被称为结合性（recombining）的二叉树。

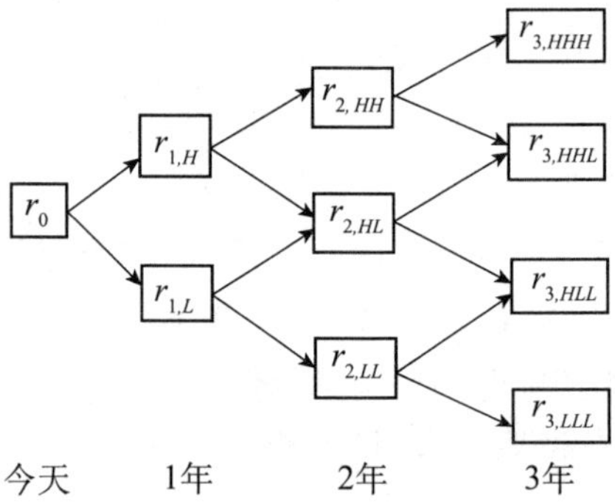

图 9-2　利率二叉树

在利率二叉树中，节点 r_0 是根，代表了目前的 1 年期即期利率。我们假设在每个节点出现的利率只有两种可能——升高或降低，并且两种可能出现的概率相等，都是 50%。进一步假设在整个期间内利率变化服从对数正态随机游走过程，其利率的变动用标准差 σ 来衡量，并且在整个期间内变动率 σ 保持稳定。

下面介绍二叉树中各符号的含义：

σ——整个期间内 1 年期利率波动的标准差；

$r_{1,H}$——在第 1 年年底（第 2 年年初）的较高的 1 年期即期利率；

$r_{1,L}$——在第 1 年年底（第 2 年年初）的较低的 1 年期即期利率。

由于假设利率的变化服从对数正态随机游走过程，所以 $r_{1,H}$ 和 $r_{1,L}$ 的关系如下：

$$r_{1,H}=r_{1,L}e^{2\sigma}$$

式中，e 为自然对数的底，约等于 2.718 28。

在第 2 年可能出现的 1 年期即期利率有三种：

$r_{2,LL}$——第 2 年的 1 年期即期利率，假设第 1 年和第 2 年都出现了较低的利率；

$r_{2,HH}$——第 2 年的 1 年期即期利率，假设第 1 年和第 2 年都出现了较高的利率；

$r_{2,HL}$——第 2 年的 1 年期即期利率，假设第 1 年出现了较高的利率，第 2 年出现了较低的利率，或者第 1 年出现了较低的利率，第 2 年出现了较高的利率。

由于假设利率的变化服从对数正态随机游走过程，所以第 2 年三种可能出现的利率具有如下关系：

$$r_{2,HH}=r_{2,LL}e^{4\sigma}$$

$$r_{2,HL}=r_{2,LL}e^{2\sigma}$$

同理，第 3 年的 1 年期即期利率可能出现四种结果：$r_{3,LLL}$、$r_{3,LLH}$、$r_{3,LHH}$ 和 $r_{3,HHH}$。后三个利率与第一个利率的关系如下：

$$r_{3,LLH}=r_{3,LLL}e^{2\sigma}$$

$$r_{3,LHH}=r_{3,LLL}e^{4\sigma}$$

$$r_{3,HHH}=r_{3,LLL}e^{6\sigma}$$

由于每年的最低利率是该年内其他利率的基础，所以其他利率都可以根据当年的最低利率求出。为简化起见，我们用 r_t 表示第 t 年的最低利率。图 9-3 就是用上述简单方法构造的利率二叉树。

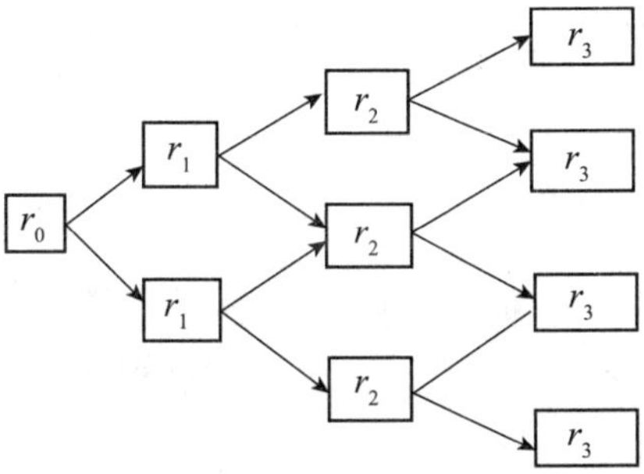

图 9-3 3 年期利率二叉树图

（二）计算节点处债券的价值

为了计算某节点处债券的价值，需要计算债券在该节点右边的两个节点处的价值。例如，想计算节点 $r_2e^{2\sigma}$处的债券价值，就需要知道该节点右边两个节点 $r_3e^{4\sigma}$和$r_3e^{2\sigma}$处的债券价值。实际上，某节点处债券的价值取决于未来现金流的现值，而未来现金流有两种可能性，分别用 V_H+C 和 V_L+C 表示。其中，C 代表债券支付的利息。每个节点 1 年后都存在两种可能的利率，V_H代表按照较高的利率计算的债券价值，V_L代表按照较低的利率计算的债券价值。如果该节点的利率为 r，在该节点债券的价值等于未来两种可能的现金流现值的平均数，由于假设两种情况发生的概率相等，因此该节点债券的价值 V 等于：

$$V=\frac{1}{2}\times\left(\frac{V_H+C}{1+r}+\frac{V_L+C}{1+r}\right) \tag{9.10}$$

如何计算 V_H和 V_L？与计算价值 V 的方法完全一样。由于债券在到期日的现金流是确定的，等于面值加上利息，因此我们可以根据到期日的确定现金流倒推其利率二叉树左边节点的价值，然后通过层层倒推，就可以计算出整个利率二叉树上所有节点的价值。

（三）构造利率二叉树

为了计算节点处的债券价值，就必须知道各节点的利率，这就要构造利率二叉树。下面通过例子介绍一种构造利率二叉树的常用方法——无套利定价方法。该方法利用债券市场上现存的债券价格信息构造利率二叉树。通过构造出来的利率二叉树计算市场上存在的普通债券现金流的现值，其总和应该正好等于该债券的市场价格。通过这种方法构造出来的利率二叉树可以保证不存在套利机会。

假设市场上存在四种债券，四种债券都是按照面值销售，因此债券的到期收益率都等于其票面利率。同时，假设这四种债券都是按年付息。有关信息如表 9-12 所示。下面根据这四种债券的相关信息来构建如图 9-4 所示的 3 年期利率二叉树。

表 9-12

	到期收益率（%）	市场价格	1 年期即期利率（%）
第 1 年	3.5	100	3.500 0
第 2 年	4.2	100	4.214 7

续表

	到期收益率（%）	市场价格	1年期即期利率（%）
第3年	4.7	100	4.734 5
第4年	5.2	100	5.270 7

r_0是已知的，就是目前1年期即期利率3.5%。实际上未知的变量只有三个：r_1、r_2和r_3。这三个变量一旦确定下来，整个二叉树就能构造出来了。

估计r_t要遵循以下步骤：

（1）给出r_t的估计值，即t年后1年期即期利率可能值中的较小值。

（2）利用（1）中估计的r_t计算t年后1年期即期利率的较大值$r_t e^{2\sigma}$，$r_t e^{4\sigma}$，$r_t e^{6\sigma}$，…。

（3）根据某节点1年后两个可能的1年期即期利率，利用该节点2年后的现金流求V_H和V_L。

（4）根据式（9.3）计算节点处债券未来现金流的现值，该值实际上是较高值和较低值的加权平均数。

（5）根据各节点的债券价值通过逐级向前递推计算出债券当前的价值。

（6）不断调整r_t的估计值，直到债券的价值等于其当前的市场价格为止。

下面通过具体例子说明如何利用2年期债券信息来求r_1。如图9-4所示，2年后2年期债券的现金流是确定的：100元本金和4.2元利息，共104.2元。1年后的利息也是确定的，为4.2元。假设σ=10%。首先要主观地确定r_1值，下面就是具体计算过程。

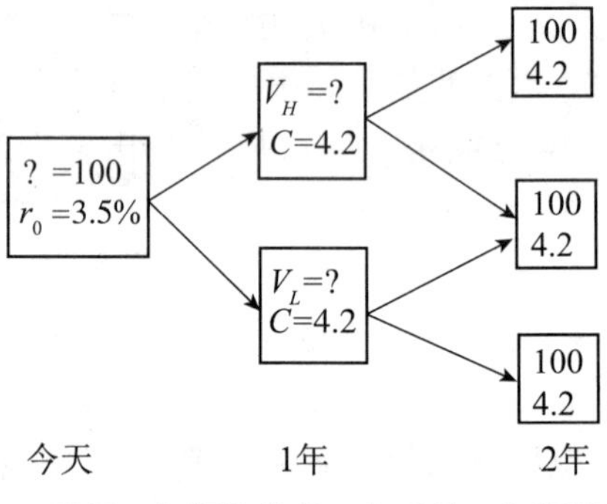

图9-4 利用2年期债券求1年后的1年期即期利率

（1）我们给出的估计值r_1=4.444 8%。实际上该估计值是通过试错法得到的正确值，这就是1年后可能的1年期即期利率中的较低值。

（2）1年后较高的利率值则为5.428 9%（=4.444 8%×$e^{2\times10\%}$）。

（3）1年后债券的两个可能价值的计算如下：

i. 债券2年后的价值（现金流）是确定的，为104.2元；

ii. 如果1年后的1年期即期利率为较高值，则V_H=104.2/1.054 289=98.834（元）；

iii. 如果1年后的1年期即期利率为较低值，则V_L=104.2/1.044 448=99.766

（元）；

iv. 利用式（9.3）可以计算出债券现值的平均值等于 100 元。

（4）因此，可以求出 r_1（或 $r_{1,L}$）和 $r_1e^{2\sigma}$（或 $r_{1,H}$）分别为 4.444 8%和 5.428 9%。

根据同样的方法，我们可以利用 3 年期债券的价格信息和已经求出的 r_1 进一步计算出 r_2。依此类推，我们可以求出所有 r_t，进而构造出整个利率二叉树。

我们再利用 3 年期债券的信息计算 r_2。3 年期债券的价格为 100 元，3 年后到期日的现金流是确定的 104.7 元，包括 100 元本金和 4.7 元利息。由于 r_1 已经求出来了，现在唯一未知的变量就是 r_2。我们还是先给出 r_2 的估计值 4.695 8%。那么，$r_2e^{2\sigma}$ 和 $r_2e^{4\sigma}$ 的值就可以算出来，分别等于 5.735 4%和 7.005 3%。这样，第二年三个节点的债券价值就可以算出来：图 9－3 中节点 r_2 的债券价值为 104.7/(1＋4.695 8%)＝100.004（元）；节点 $r_2e^{2\sigma}$ 的债券价值为 104.7/(1＋5.735 4%)＝99.021（元）；节点 $r_2e^{4\sigma}$ 的债券价值为 104.7/(1＋7.005 3%)＝97.846（元）。因此，节点 $r_1e^{2\sigma}$ 的 V_H＝97.846（元），V_L＝99.021（元），该节点的 r＝5.428 9%，C＝4.7（元）。根据式（9.10）可以算出节点 $r_1e^{2\sigma}$ 的价值为 97.823 元。同理，节点 r_1 的价值为 99.777 元。对于节点 r_0 而言，其 V_H 和 V_L 则分别为 97.823 元和 99.777 元。再次运用式（9.10）可以得到节点 r_0 的价值为 100 元。所以，r_2＝4.695 8%就是我们要求的值。图 9－5 中所有未知量都可以求出来，图 9－6 就是完整的图 9－5。

重复上述步骤，我们可以利用上面求出的 r_1 和 r_2 以及 4 年期债券的信息求出 r_3。用同样的方法可以求出 r_4，r_5，…直至 r_t。

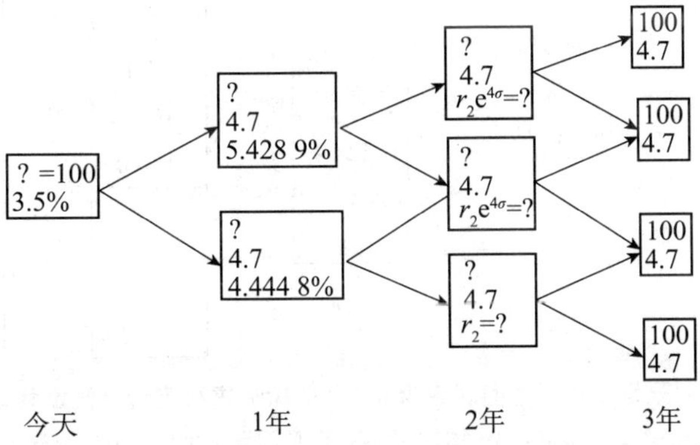

图 9－5　利用 3 年期债券求 2 年后的 1 年期即期利率

下述例子和本书中其他涉及利率二叉树的地方均只用到上述介绍的知识范围，但事实上，利率二叉树还有很多拓展，在利率连续变化的时候，利率二叉树的推导是非常复杂的，本章附录中做了一些介绍，对这方面感兴趣的读者可以再阅读一些这方面的专业书籍来补充这方面的知识。

假设已经利用无套利机会模型构造出了利率二叉树，下面重点介绍如何利用利率二叉树为期权定价。考虑一个 2 年期看涨期权，标的资产为 4 年期、票面利率为 6.5%的国债，执行价格为 100.25，假设利率波动率（年率）为 10%。图 9－7 显示了各时期即期利率和国债价值的二叉树数值。

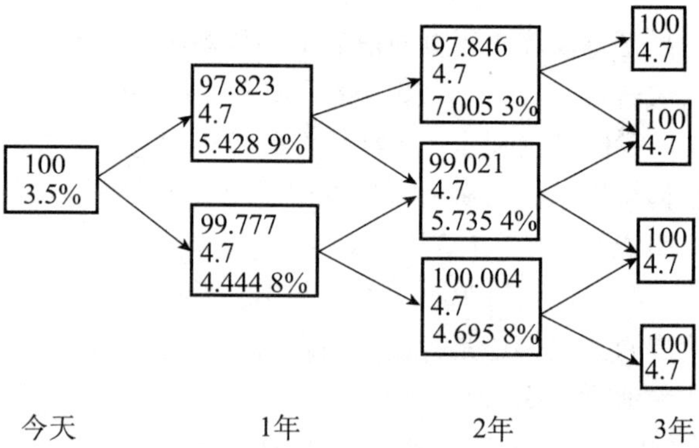

图 9-6　利用 3 年期债券求 2 年后的 1 年期即期利率结果图示

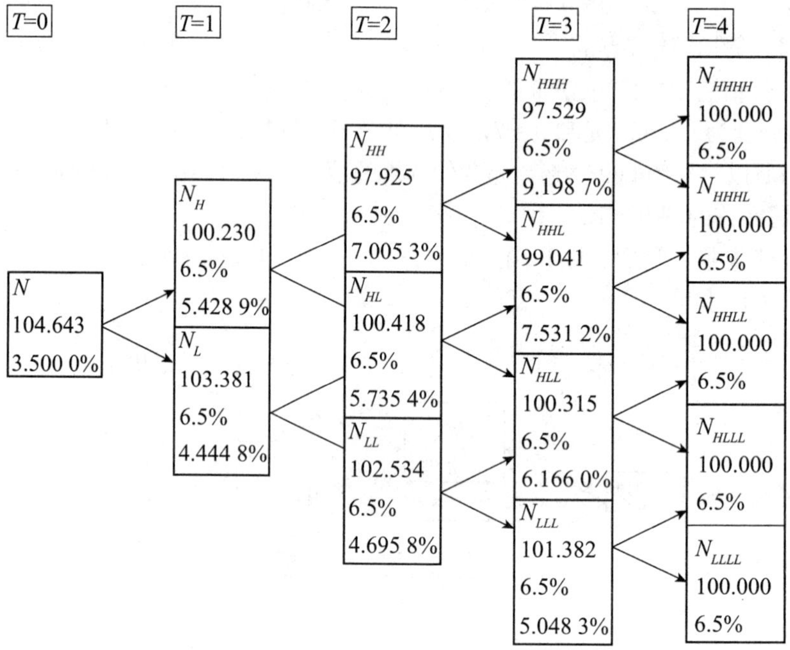

图 9-7　对一个期限为 4 年、票面利率为 6.5%的国债进行定价（假设利率波动率为 10%）

说明：当 $T=1$，$T=2$，$T=3$ 时，上面的数字表示国债的现货价格，下面的数字表示来自二叉树的利率，中间的数字表示国债的票面利率。

某节点处国债的价值取决于未来现金流的现值，而未来现金流有两种可能的情况，分别用 V_H+C 和 V_L+C 表示。其中，C 代表债券支付的利息。每个节点 1 年后都存在两种可能的利率，V_H 代表按照较高的利率计算的国债的价值，V_L 代表按照较低的利率计算的国债的价值。如果该节点的利率为 r，在该节点国债的价值等于未来两种可能的现金流现值的平均数，由于假设两种情况发生的概率相等，因此某节点处国债的价值为：

$$V=\frac{1}{2}\times\left(\frac{V_H+C}{1+r}+\frac{V_L+C}{1+r}\right) \tag{9.11}$$

例如，我们求节点 N_{HH} 的债券价值，按照式（9.11），该节点处国债的价值为：

$$V=\frac{1}{2}\times\left(\frac{97.529+6.5}{1+7.0053\%}+\frac{99.041+6.5}{1+7.0053\%}\right)=97.925$$

我们使用图 9-7 提供的信息计算看涨期权的价值。在第 2 年年末，国债的价值有三种可能：97.925、100.418 和 102.534。给出了各种状态（节点）下可能出现的国债的价值，执行价格为 100.25 的看涨期权在各种状态下的价值就可以确定。下面具体考察第 2 年年末看涨期权的价值，如果 2 年后国债的价格为 97.925，由于执行价格为 100.25，看涨期权的价值为 0；在其他两种状态下，由于 2 年后国债的价格大于执行价格（100.418>100，102.534>100），期权的价值即国债的价格和 100.25 之间的差额。

图 9-8 显示了 2 年后（期权到期日）欧式看涨期权在不同状态下的价值。给出了这些价值，使用逆推法便可以得到欧式看涨期权的现值。当 $T=0$，$T=1$ 时，贴现率是每个节点的第二个数字，而每个节点的第一个数字表示使用该节点贴现率得到的随后两个状态的看涨期权价值平均值的现值。

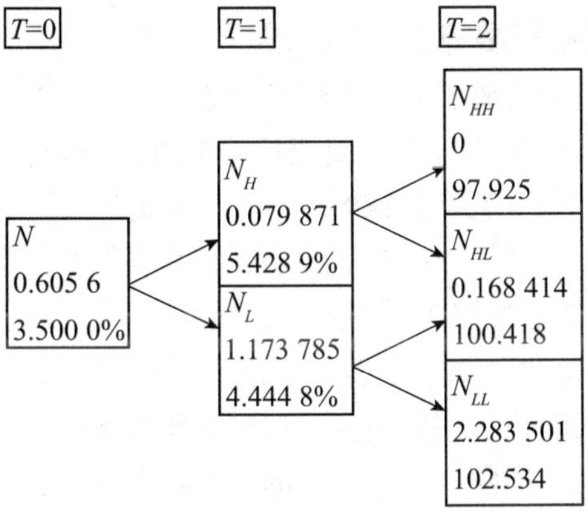

图 9-8　使用二叉树方法对欧式看涨期权进行估值

说明：看涨期权期限为 2 年；执行价格为 100.25；标的资产的现货价格为 104.643；利率波动率为 10%。

节点 N_H 的价值 C_H 就等于其后的两个节点 N_{HH}、N_{HL} 期权价值平均值的现值：

$$C_H=\frac{1}{2}\times\left(\frac{0}{1+5.4289\%}+\frac{0.168414}{1+5.4289\%}\right)=0.079871$$

节点 N_L 的价值 C_L 就等于其后的两个节点 N_{LL}、N_{HL} 期权价值平均值的现值：

$$C_L=\frac{1}{2}\times\left(\frac{2.283501}{1+4.4448\%}+\frac{0.168414}{1+4.4448\%}\right)=1.173785$$

知道了期权在节点 N_H、N_L 的价值，就可以计算期权的价值。期权价值 C 等于两个节点 N_H、N_L 期权价值平均值的现值：

$$C=\frac{1}{2}\times\left(\frac{0.079871}{1+3.5000\%}+\frac{1.173785}{1+3.5000\%}\right)=0.6056$$

使用同样的程序，可以计算看跌期权的价值。图 9-9 中说明了如何运用利率二叉树计算看跌期权的价值。假设看跌期权还有 2 年到期，执行价格为 100.25。2 年后的期权价值显示在第 2 年年末的三个状态中。通过层层递推，求出看跌期权的价值为 0.532 7。

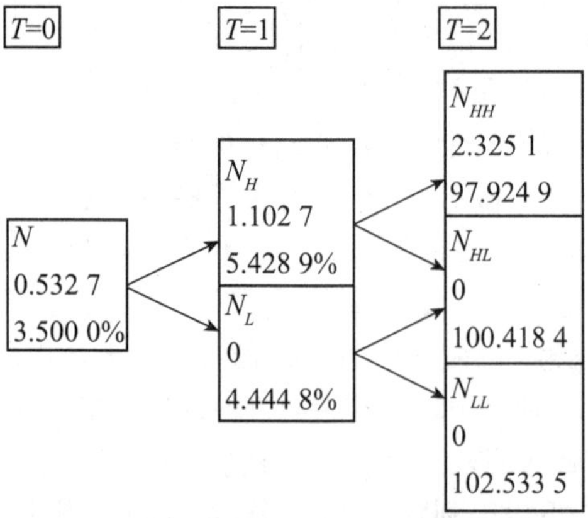

图 9-9 使用无套利二叉树方法对欧式看跌期权进行估值

说明：看跌期权期限为 2 年；执行价格为 100.25；标的资产的现货价格为 104.643；利率波动率为 10%。

六、利率期权风险和敏感性的衡量

利率期权是债券投资组合管理者管理债券投资组合的重要工具。债券投资组合管理者需要知道期权价格对各个影响因素的敏感性。最重要的期权风险度量工具有 δ 值、γ 值、vega 值（或 κ 值）以及 θ 值，其他的还有 ρ 值和 λ 值。下面我们来看一下看涨期权价格对标的债券价格、距离到期日的时间和期望波动率的敏感性。

（一）看涨期权价格对标的资产价格变化的敏感性

图 9-1 显示了基于标的资产（债券）价格的看涨期权的理论价格曲线。曲线描绘了债券价格和看涨期权的理论价格的关系。特别需要指出的是，债券价格和看涨期权的理论价格的曲线是凸曲线，即随着债券价格的上升，曲线的斜率也越来越大。

图 9-1 的横轴上，从原点到执行价格的线段表示当债券的价格小于执行价格时，看涨期权的内部价值为零。一旦债券的价格超过执行价格，看涨期权的内部价值就为正值，可以用从横轴延伸的 45°线表示。原因在于，看涨期权内部价值的增加额等于标的债券价格的增加额。例如，某看涨期权的执行价格为 100，如果债券的价格从 100 上升到 101，那么内部价值增加 1；如果债券的价格从 101 上升到 110，那么期权的内部价值从 1 增加到 10。

期权价格曲线某点处切线的斜率表示当债券价格发生微小变化时，看涨期权理论价格的变动。斜率也称为期权的 δ（delta）值，用公式表示如下：

$$\delta = 期权价格的变动/债券价格的变动$$

我们把 δ 值定义为相对于债券价格变动的期权价格变动，δ 值就是期权价格曲线的斜率。从图 9-1 很容易看出，随着债券价格的上升，期权价格曲线的斜率也不断增加，即期权的 δ 值也逐渐增加。看涨期权的 δ 值的变动范围从 0（深度虚值看涨期权）到 1（深度实值看涨期权）。深度实值看涨期权的 δ 值将趋于 1。也就是说，当债券的价格上升 1 时，看涨期权的价格也近似上升 1。从图 9-1 可以看出，当期权价格曲线的斜率接近超过执行价格的内部价值曲线的斜率时，切线的斜率趋于 1。期权的实值程度越高，期权价格对标的资产价格的敏感性也就越强。相反，若期权的虚值程度很高，那么即使资产价格变化很大也不会有什么影响。

δ 值的一个作用是可用于估计当债券的价格发生变动时，期权价格的变动是多少。它可以用来衡量期权价格对债券价格变化的敏感性。例如，期权的 δ 值为 0.4，这表示债券价格变动 1，看涨期权的价格将大约变动 0.40。由于期权价格和债券价格间的凸性关系，切线大致估计了债券价格的微小变动导致的期权价格变动。然而，对于债券价格的较大变动，δ 值就不是期权价格变动很好的近似了。

δ 值的另一个作用就是可用于度量期权被执行的可能性。当期权为深度虚值期权时，期权几乎没有被执行的可能，δ 值是 0；当期权为深度实值期权时，几乎 100%会被执行，此时的 δ 值是 1；当期权是平值期权时，它被执行的可能性是 50%，从而 δ 值大约是 0.5。

度量期权价格敏感性的另一个重要工具就是 γ（gamma）值，它用来衡量 δ 值对债券价格变动的敏感性，是 δ 值变动和债券价格变动的比率：

$$\gamma = \delta \text{值的变动} / \text{债券价格的变动}$$

从另一个角度看，γ 值是用来度量期权价格曲线的弯曲程度的指标。正如 δ 值度量了曲线上的斜率，δ 值度量了曲线上该点的弯曲程度。用微积分术语来讲，δ 值是一阶导数，γ 值是二阶导数。

γ 值越大，δ 值随资产价格变化的幅度也越大。当期权的虚值程度很高时，δ 值的变动远小于资产价格的变动，因此 γ 值就很小；当期权的实值程度很高时，δ 值随资产价格变动而变动的程度很低，γ 值同样也很小；而当期权是平值期权时，γ 值是最大的，δ 值的变动也是最大的。

（二）看涨期权价格对期限的敏感性

其他因素不变，期权的期限越长，期权价格越高。随着时间的流逝，期权的期限越来越短。在其他条件不变的情况下，随着越来越接近期权的到期日，期权价值下降得越来越快。假如离期权到期日还有 90 天，那么每过一天对期权价值的影响是很小的，但假如离到期日只有 1 天，这种影响就会大得多。期权的 θ（theta）值度量了随着到期日的临近，期权价格的变动情况。更确切地说，它用来衡量距离到期日每减少一天期权价格的变动。θ 值的定义如下：

$$\theta = \text{期权价格的变动} / \text{期权期限的减少天数}$$

假设标的债券的价格不发生变动（这意味着期权的内部价值不变），θ 度量了当期权接近到期日时，期权的时间价值的变化速度。在其他条件不变的情况下，平值期权的 θ 值更大，这是因为深度实值期权和深度虚值期权的时间价值都很小。

期权买方喜欢 θ 较小的期权，这样，当期权接近到期日时，期权价格的下降不至于那么快，期权立权方可以从高 θ 的期权中获利。

（三）看涨期权价格对利率波动率的敏感性

标的资产的价格波动越大，期权的价值也就越大。其他因素不变，利率波动率的变动将导致期权价格的变动。期权的 vega 值（或称为 κ 值）衡量利率波动率每变动 1%时期权价格的变化程度。

当期权的实值程度或虚值程度很高时，波动率的变动都不会有太大的影响。但是，当期权是平值期权时，利率波动率的变动会产生极大的影响，所以平值期权的 vega 值较大。同样，期权的期限越长，期权的价格就越有可能朝有利于购买者的方向变化。所以，在其他条件不变的情况下，期限越长的期权的 vega 值越大。

第五节　利率互换的定价

利率互换合约中，交易双方同意在一段时间内定期交换利息支付。交换支付的利息金额根据名义本金进行计算。在大多数利率互换合约中，交易中的一方支付固定利息并收取浮动利息，另一方则支付浮动利息并收取固定利息。利率互换的报价规则为：互换交易商设定的浮动利率等于某参考利率（如 LIBOR）或参考利率加（减）某固定利差，然后报出固定利率。

一、利率互换的定价方法

由于利率互换的浮动利率一般等于某参考利率，因此，利率互换定价主要是确定利率互换的固定利率。由于实际中的利率互换合约都规定了许多复杂且特殊的条款，因此为利率互换定价应该具体情况具体分析。本节仅介绍利率互换定价的一种简单分析框架，这个简单分析框架能说明利率互换定价的最基本的原理。

在开始签订利率互换合约的时候，交易双方同意交换未来一系列现金流，这种交换应该是等价交换。这意味着，利率互换合约的条款必须使得在签订合约的时候交易双方支付的现金流的现值相等。也就是说，交易双方收取的现金流的现值相等。计算互换利率的最基本原理就是使双方未来互相交换的现金流的现值相等。

一旦互换利率确定后，利率互换合约的一方每次支付（获取）的固定利息就能确定。然而，支付的浮动利息是不确定的，因为它们依赖于利率重定日的参考利率。在签订利率互换合约时，交易双方只能对未来支付的浮动利息进行预期。如何获得未来支付的浮动利息的预期值呢？答案在于远期利率。债券市场预期的未来某个时期的浮动利率应该等于该时期的远期利率，这个远期利率能根据当前的债券市场价格推导出来。为了求利率互换未来一系列现金流的现值，还需要知道适用于每笔现金流的适当贴现率。从理论上说，贴现现金流的利率应该为即期利率。我们运用第六章介绍的方法，通过债券市场上存在的各种期限的债券价格和收益率就可以推导出即期利率和远期利率。

下面通过具体例子说明利率互换定价的基本原理。假定我们为一个 3 年期利率互换定价。互换利率就是使得固定利息现值等于浮动利息现值的利率。为了简化起见，假定利率互换交易商规定浮动利率是 LIBOR（年利率），名义本金为 100 元。债券市场上存在三种期限的平价债券，期限分别为 1 年、2 年和 3 年，票面利率分别为 5%、6%和 7%。由于平价债券的票面利率与其到期收益率正好相等，所以上述三种债券的到期收益率分别为 5%、6%和 7%。利用第六章介绍的方法可以求出各期限的即期利率和远期利率。表 9－13 显示了各期限的到期收益率、即期利率和远期利率。

表 9-13 到期收益率、即期利率和远期利率（%）

	到期收益率	即期利率	远期利率
第 1 年	5	5	5
第 2 年	6	6.030 3	7.070 7
第 3 年	7	7.097 0	9.262 5

设定的利率互换合约的固定利率必须使得互换合约的固定利息现金流的现值等于远期浮动利息现金流的现值，因为如果不是这样的话，那么至少在理论上我们可以建立一系列长期的远期利率协议（它们的价值高于或者低于互换的价值），从而获得套利利润。

在上述例子中，今后 3 年浮动利息支付方支付的浮动利息的预期值分别为 5 元、7.070 7 元和 9.262 5 元，贴现率为各年的即期利率。因此，浮动利息的现值为：

$$\frac{5\%}{(1.05)^1}+\frac{7.070\,7\%}{(1.060\,303)^2}+\frac{9.262\,5\%}{(1.070\,97)^3}$$

假设利率互换合约中的固定利率为 x，则固定利息的现值为：

$$\frac{x}{(1.05)^1}+\frac{x}{(1.060\,303)^2}+\frac{x}{(1.070\,97)^3}$$

由于上述两个式子的值应该相等，为了求 x，解下列一元方程：

$$\frac{5\%}{(1.05)^1}+\frac{7.070\,7\%}{(1.060\,303)^2}+\frac{9.262\,5\%}{(1.070\,97)^3}=\frac{x}{(1.05)^1}+\frac{x}{(1.060\,303)^2}+\frac{x}{(1.070\,97)^3}$$

可以求出 $x=7\%$。因此，该 3 年期利率互换合约的固定利率应该等于 7%。细心的读者会发现，求出的互换合约的固定利率正好等于 3 年期平价债券的票面利率（到期收益率）。这不是巧合。这是因为，在利息支付日浮动利率债券的价格正好等于名义本金，所以固定利息的现值加 3 年后名义本金的现值也应该等于名义本金 100 元。3 年期固定利率的平价债券的票面利率正好等于到期收益率 7%!

二、利率互换合约的价值

互换合约签订后，市场利率的变动将使得互换合约浮动利率一方的现金流发生变化。利率互换合约的价值等于互换合约双方现金流现值的差额。在互换交易中，合约双方虽然不交换名义本金，但为了更清楚地说明互换合约的价值，假设互换双方在合约到期日互相支付名义本金。这种假设并没有妨碍前面的分析，因为这不会影响合约的净现金流。假设在到期日，交易双方分别向对方支付名义本金，这两笔现金流将相互抵消。可是，根据这个假定，利率互换可以被视为如下交易：支付固定利息的一方（俗称卖方）向支付浮动利息的一方（俗称买方）发行固定利率债券；而支付浮动利息的一方向支付固定利息的一方发行浮动利率债券。从这个角度考察利率互换合约的价值就很方便。假设固定利率债券的价值为 B_2，浮动利率债券的价值为 B_1。从支付固定利息方的角度来看，利率互换的价值 V 就是浮动利率债券价值与固定利率债券价值的差额：

$$V=B_1-B_2$$

从支付浮动利息方的角度看，利率互换的价值 V 就是固定利率债券价值与浮动利率债券价值的差额：

$$V=B_2-B_1$$

如何计算 B_1 和 B_2？固定利率债券的价值就是未来利息 C 和本金 Q 的现值总和。

$$B_2=\sum_{i=1}^{n}\frac{C}{(1+r)^{t_i}}+\frac{Q}{(1+r)^n}$$

式中，t_i 为第 i 笔现金流距当前的时间，单位为年。

浮动利率债券在利息支付日（刚支付完利息）的价值等于名义本金 Q，在利息支付日之间的价值则等于名义本金 Q 和下一次支付的利息 I 的现值之和：

$$B_1=\frac{I+Q}{(1+r)^{t_1}}$$

在签订利率互换合约的时候，互换合约的价值为 0，但互换合约的价值会随着时间的推移而变化。因为固定利率债券的久期大于浮动利率债券的久期，所以当利率上升时，固定利率债券的价值下跌幅度将超过浮动利率债券的下跌幅度，这将提高固定利息支付方的互换合约的价值，同时降低浮动利息支付方的互换合约的价值。而当利率下跌时，情况正好相反。

在开始签订互换合约和合约到期时，利率互换合约的价值都为 0，但在合约的有效期限内，合约的价值既有可能为正，也有可能为负。

三、利率互换合约的风险

像其他固定收益证券一样，利率互换合约主要面临两类风险：利率风险和信用风险。因为利率互换合约的价值将随着利率的变化而变化，因此利率合约的交易双方都面临着利率变化导致互换合约价值减少（甚至为负）的风险。众所周知，久期是衡量固定收益证券利率敏感性的指标。此处，我们介绍一个与久期密切相关的概念——金额久期（dollar duration）。金额久期是指收益率 y 的微小变化导致的债券价格 P 的变化幅度，用公式表示如下：

$$\text{金额久期}=\frac{\mathrm{d}p}{\mathrm{d}y}=-\frac{D}{1+y}\times P$$

式中，D 为久期。

如前所述，从浮动利息支付方的角度看，利率互换合约相当于一个投资组合：买入固定利率债券的同时卖空浮动利率债券。因此，从浮动利息支付方的角度看，利率互换合约的金额久期就等于固定利率债券的金额久期与浮动利率债券的金额久期的差额：

$$\begin{array}{c}\text{互换合约的}\\\text{金额久期}\end{array}=\begin{array}{c}\text{固定利率债券的}\\\text{金额久期}\end{array}-\begin{array}{c}\text{浮动利率债券的}\\\text{金额久期}\end{array}$$

由于浮动利率债券的金额久期很小，而且越接近重新设定浮动利率的日期，浮动利率债券的金额久期就越小，所以利率互换合约价值的利率敏感性（金额久期）主要由固定利率债券的金额久期决定。

利率互换合约的信用风险是指交易方不能履行支付利息的义务的风险。利率互换合约的信用风险与普通债券的信用风险的本质区别在于：前者的信用风险只涉及利息，而后者的信用风险则涉及利息和本金。这是因为利率互换并不交换名义本金。假设甲公司债券的信用评级远远低于 AAA 级，该公司发行的 3 年期固定利率债券，其票面利率比同等级的 AAA 级公司债券的票面利率高 100 个基点，这 100 个基点代表了信用风险利差。在本节利率互换定价的例子中，如果甲公司就是固定利息支付方，甲公司与某 AAA 级公司签订互换合约，甲公司支付的固定利率是 8%（7%+1%=8%）吗？答案是否定的，因为 100 个基点的信用风险利差包括利息和本金信用风险。在利率互换合约中，甲公司应该负担的信用风险利差远小于 100 个基点，因为甲公司的交易对手只承担了甲公司不能支付利息的风险。通过进一步分析可知，互换合约的信用风险远远小于利息风险。大多数互换合约都会规定如下条款：如果一方违约，另一方也可以终止付款。所以利率互换合约的交易者仅承担利息支付差额的损失。这意味着互换合约的交易者仅承担互换合约价值损失的风险。

另外，大多数利率互换合约还规定了进一步降低信用风险的条款，如某些利率互换合约规定：若交易一方发生信用降级的情况，则利率互换合约立即根据其市场价值进行清算。另外，大多数利率互换合约都有担保或抵押条款，这极大地降低了信用风险。所以，在利率互换合约中信用风险是很低的，在实践中通常不需要考虑利率互换的信用风险。

第六节　利率上限和利率下限的价值

从本质上看，利率上限和利率下限只不过是一系列期权的组合。更准确地说，利率上限和利率下限是一系列欧式利率期权的组合。因此，可以运用二叉树定价方法来计算利率上限和利率下限的价值。为了计算利率上限的价值，应该先计算每一期的利率上限的价值，然后对各期价值进行加总。根据同样的方法也可以计算利率下限的价值。

下面通过一个具体例子说明如何计算利率上限的价值。首先需要构造利率二叉树，假设我们已经构造出了利率二叉树[①]，如图 9-10 所示，其中各节点的利率为 1 年期即期利率。

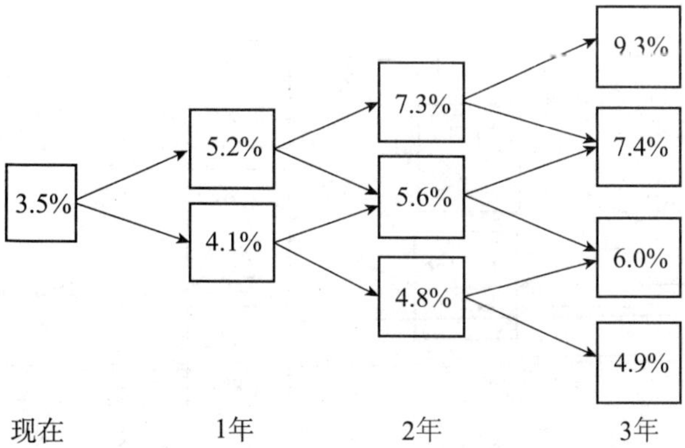

图 9-10　3 年期利率二叉树

① 需要说明的是，图 9-10 中的利率二叉树仅仅是为了满足计算需要而人为构造的，并非根据利率波动率假设和债券价格推导出来的。

假设某利率上限的期限为3年，执行利率为年利率5.0%，名义本金为1 000万美元。参考利率二叉树里的1年期即期利率，利率上限每年支付一次。因此，可以将该利率上限看作三个利率期权构成的组合。三个利率期权的期限分别为1年、2年和3年。将上述三个不同期限的利率期权的价值加总，就是该利率上限的价值。下面就利用二叉树定价模型来求三个不同期限的利率期权的价值。图9-11（A)、图9-11（B）和图9-11（C）分别显示了利用二叉树模型计算1年期、2年期和3年期利率期权的价值的过程。计算某一年（如N年）利率上限的价值，即计算期限为N年的利率期权的价值，可以遵循下列步骤。

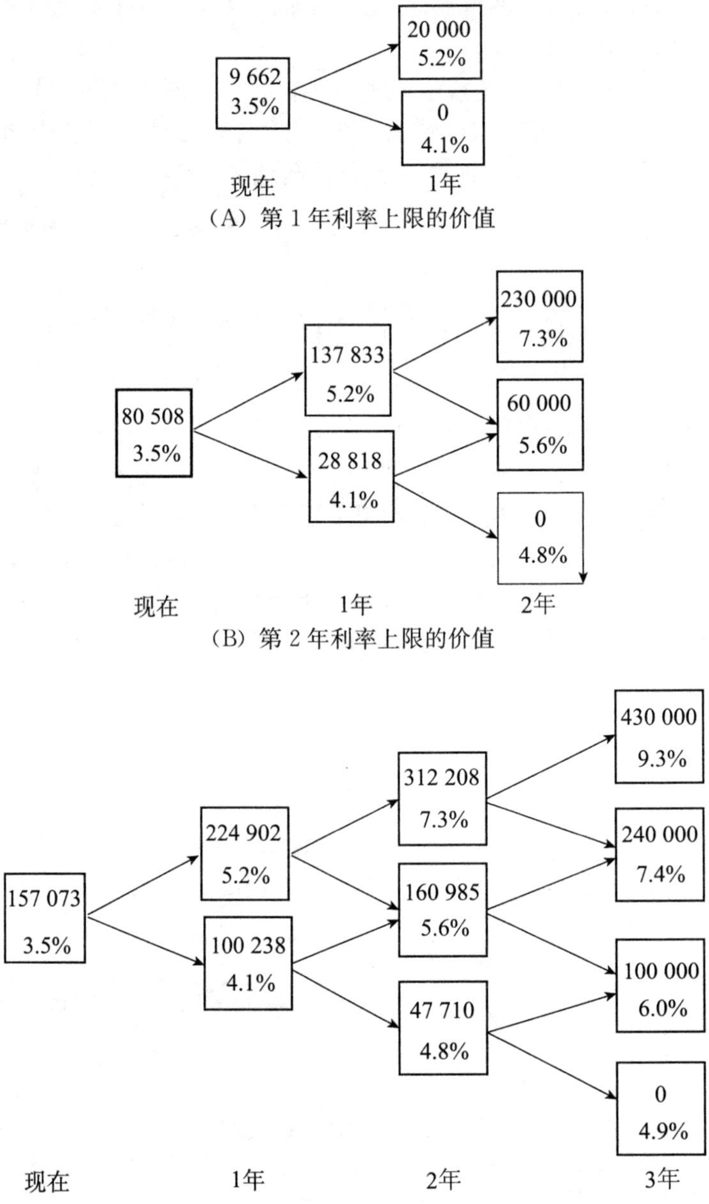

（A）第1年利率上限的价值

（B）第2年利率上限的价值

（C）第3年利率上限的价值

图9-11　各年利率上限的价值

一、计算 *N* 年各节点的支付值

有两种情况：

（1）在某一节点，利率二叉树中的 1 年期即期利率（即参考利率）小于或者等于执行利率 5.0%时，支付为 0。

（2）在某一节点，利率二叉树中的 1 年期即期利率大于 5.0%时，支付为 1 000 万美元的名义本金乘以 1 年期即期利率和 5.0%之间的差额。

在某节点投资者获得的支付值用数学公式表示如下：

名义本金×max[(参考利率－执行利率)，0]

二、用层层递推法确定 *X* 年利率上限在当前的价值

例如，考虑第 3 年年底的利率上限支付值。图 9－11(C) 中，在第 3 年年底最上面的节点，1 年期即期利率为 9.3%，超过了执行利率 5.0%，因而第 3 年投资者获得的支付为：

10 000 000×(9.3%－5.0%)＝430 000（美元）

同理，接下来的两个节点的支付值分别是 240 000 美元和 100 000 美元。最下面节点的支付值则是 0 美元，因为该节点的利率为 4.9%，低于执行利率 5.0%。使用层层递推法可以求出，第 3 年利率上限的价值为 157 073 美元。使用同样的步骤可以求出，第 2 年利率上限的价值为 80 508 美元，第 1 年利率上限的价值为 9 662 美元。利率上限的价值即这三年价值的加总，因此，利率上限的价值为 247 243 美元。

另一种计算利率上限的程序如下：

第一步：每一年，由每个节点的短期利率确定利率上限在各个节点的支付额。支付额的数学公式如下：

名义本金×max[(节点利率－执行利率)，0]

第二步：利率上限到期之前的各个时期，利率上限在各个节点的价值如下：

下一时期两个节点价值的均值/(1＋节点利率)＋第一步得到的价值

我们以第 2 年年底最上面的节点为例。该节点利率上限的支付额等于 10 000 000×(7.3%－5.0%)＝230 000（美元）。而该节点右边两个节点的价值均值的现值则为：

1/2×(430 000＋240 000)/(1＋7.3%)＝312 208（美元）

所以，在该节点的利率上限价值就是支付额和上述均值现值的总和：

312 208＋230 000＝542 208（美元）

第三步：使用层层递推法，确定利率上限在 0 时点的价值。

图 9－12 展示了上述计算方法。注意 3 年期利率上限的价值为 247 242 美元，和前面得到的利率上限价值 247 243 美元几乎一样，两个数字间的微小差异是由四舍五入造成的。

利率下限的价值也可以使用同样的三个步骤计算。需要注意的是，在第一步中，支付金额为：

名义本金×max[(执行利率－节点利率)，0]

具体的操作过程就不再赘述了。

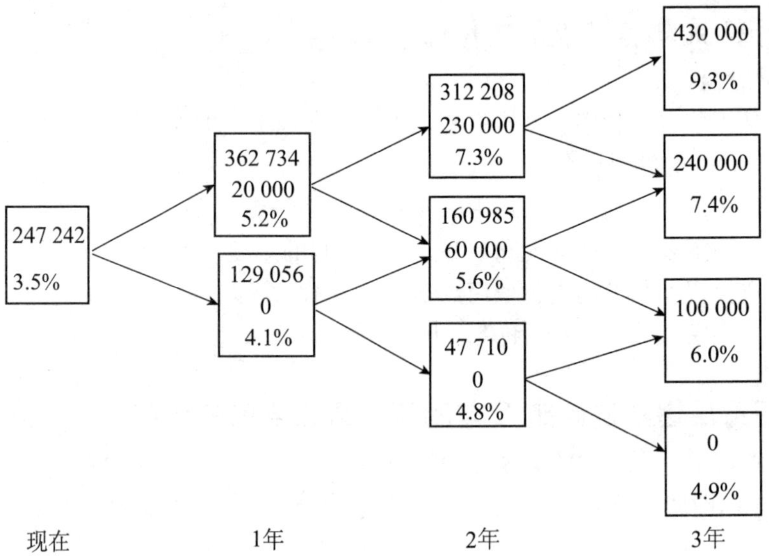

图 9-12　3 年期利率上限的价值

第九章附录　二叉树模型的拓展

在计算利率衍生金融工具或附加期权的债券的价值时，确定正确的短期利率未来演变路径，即构造出正确的利率二叉树模型是关键。本章正文中的二叉树模型都是以一年或者半年为一个节点，事实上，利率期限结构的变化是一个连续的过程，这个过程每天每时每刻都在进行，因此，从精确度的角度讲，二叉树模型将时间划分得越细，其对实际情况的模拟就越标准，这里对于二叉树模型细分的拓展做一个简要的介绍。

利率的期限结构模型主要分为两类：均衡模型和无套利机会模型。在实践中，二叉树的分析方法有 u-d 分析法和标准分析法。u-d 分析法实际上是一种均衡模型，而标准分析法则是一种无套利机会模型。均衡模型的基本思想是：对投资者的效用函数和生产者的生产函数做出某种假设，通过最优化求出市场均衡状态下的利率期限结构模型。u-d 分析法作为一种最简单的均衡模型，就是要计算出在利率二叉树的节点处 u 和 d 的值，知道了最初的利率水平以及 u 和 d 的值，就能非常容易地构造出整个利率二叉树。而无套利机会模型则假设市场上不存在套利机会，利用市场现存的债券价格信息推导出不会产生套利机会的利率二叉树。

两种方法有一个共同的简单假设，那就是即期利率服从对数正态分布。本部分引入以下符号：

S_n——n 期以后的即期利率；

S_0——当前的即期利率，且 $g_n=\ln\dfrac{S_n}{S_0}$；

h——以年为计量单位的二叉树两个节点之间的时间长度；

n——债券持有至到期日要经过的节点的数量，事实上，n=债券距到期日的时间/h。

一、u-d 分析法

这种方法是假设在二叉树的分叉过程中存在一个风险中性概率 q，通过数学推导可以得出以下关系式①：

$$E(g_n)=nE(g_1)=n[q\ln u+(1-q)\ln d]$$

$$V(g_n)=nV(g_1)=nq(1-q)[\ln(u/d)]^2$$

令 μ_e 和 V_e 分别等于某段时间内即期利率的均值和方差，该利率服从对数正态分布，则有：

$$nE(g_1)=n[q\ln u+(1-q)\ln d]=\mu_e$$

$$nV(g_1)=nq(1-q)[\ln(u/d)]^2=V_e$$

μ_e 和 V_e 可以通过统计学的方法利用以前的利率数据求得。可以解出 u 和 d 如下：

$$u=\mathrm{e}^{\sqrt{V_e/n}+\mu_e/n}$$

$$d=\mathrm{e}^{-\sqrt{V_e/n}+\mu_e/n}$$

当 n 足够大的时候，μ_e/n 趋于 0，所以，

$$u=\mathrm{e}^{\sqrt{V_e/n}}$$

$$d=\mathrm{e}^{-\sqrt{V_e/n}}=\frac{1}{u}$$

只要将给定的某段时间内参数的估计值简单加倍就可以得到年度化的参数，比如，如果我们已经解出季度化的均值和方差（设为 q_e 和 Vq_e），那么我们只需要将这些参数简单地乘以 4，就可以得到年度化的数据（$Ae=4q_e$；$VAe=4Vq_e$），所以 u 和 d 的计算公式变为：

$$u=\mathrm{e}^{\sqrt{hV_e^A}+h\mu_e^A}$$

$$d=\mathrm{e}^{-\sqrt{hV_e^A}+h\mu_e^A}$$

［附例 9-1］ 如果服从对数正态分布的 1 年期即期利率的均值和方差分别是 0.044 和 0.010 8，现在我们需要对一只 3 年期的债券进行估值，要求以 6 个月为一个时间单位（即 $h=1/2$），那么我们就需要用一个以 6 个月为一期节点的利率二叉树对该债券进行估值［$n=3/(1/2)=6$（年）］，最后解出 u 和 d 分别为 1.1 和 0.95。

二叉树模型经过如上拓展可以将时期无限细分，从而与事实拟合得无限好，当我们将其拓展到利率连续变化时，通过数学分析可知：

$$\frac{\Delta S_t}{S_t}\approx\Delta\ln S_t=\ln\frac{S_{t+\Delta t}}{S_t}=\ln S_{t+\Delta t}-\ln S_t=\mu\Delta t+\sigma\varepsilon\sqrt{\Delta t}$$

式中，ε 为一系列独立同分布的随机变量，它们服从（+1，−1）二项分布。

将时间段进行微分，可以得到如下等式：

$$\mathrm{d}S_t/S_t=\mu\mathrm{d}t+\sigma\mathrm{d}W_t$$

① 此处将推导过程省略。

式中，$\varepsilon\sqrt{\Delta t}$ 在连续时间的情形下就是 dW_t，dW_t 被称为维纳增量。

所以，当利率在时间轴上连续变化时，我们可以推导出 u 和 d 的如下关系式：

$$\frac{\Delta S_t}{S_t} \approx \Delta \ln S_t = \ln \frac{S_{t+\Delta t}}{S_t}$$

$$\mathrm{Var}(\Delta \ln S_t) = \sigma^2 \Delta t$$

$$\ln \frac{S_{t+\Delta t}}{S_t} = \begin{bmatrix} \sigma\sqrt{\Delta t} \\ -\sigma\sqrt{\Delta t} \end{bmatrix} = \begin{pmatrix} \ln u \\ \ln d = -\ln u \end{pmatrix}$$，概率分别为（50%，50%）

$$E\left(\ln \frac{S_{t+\Delta t}}{S_t}\right) = 0$$

$$\mathrm{Var}\left(\ln \frac{S_{t+\Delta t}}{S_t}\right) = (\ln u)^2$$

$$u = e^{\sigma\sqrt{\Delta t}}$$

$$d = e^{-\sigma\sqrt{\Delta t}}$$

事实上，当二叉树模型无限细分的时候，我们得出的 u 和 d 的表达式和用布莱克-斯科尔斯公式得出的结果一样，感兴趣的读者可以自己验证一下。

由于 u-d 分析法利用的是现实中已知的利率的均值和方差，因此用该模型计算出的利率二叉树一定符合分析者估计的利率的均值和方差，但是这并不意味着用这些利率数据计算出的债券价格一定符合其市场均衡价值。

二、标准分析法

由标准分析法解得的利率二叉树首先满足的条件并不像 u-d 分析法那样，是现在已知的各个期限的即期利率的均值和方差，而是每一期节点上利率较高值和较低值之间的关系。而且利率较高值和较低值之间的这种关系是根据当前市场上债券的均衡价格得出的，因此标准分析法得出的利率二叉树一定满足当前市场上债券均衡价格所给出的利率期限结构，当然这种利率期限结构不一定与当时市场上实际的利率期限结构完全相符。本章中介绍的方法实际上就是标准分析法。

标准分析法中，利率二叉树每一期的较高值和较低值之间满足如下关系：

$$\frac{S_u}{u} = S_0 = \frac{S_d}{d} \Rightarrow S_u = S_d \frac{u}{d}$$

$$S_u = S_d \frac{e^{\sqrt{hV_e^A} + h\mu_e^A}}{e^{-\sqrt{hV_e^A} + h\mu_e^A}} = S_d\, e^{2\sqrt{hV_e^A}}$$

在获得了 S_u 和 S_d 的关系式后，假设存在两个阶段的二叉树模型，那么我们可以得到如下关系式：

$$\frac{1}{(1+y_2)^2} = \frac{0.5B_u + 0.5B_d}{1+S_0}$$

$$\frac{1}{(1+y_2)^2} = \frac{0.5[1/(1+S_u)] + 0.5[1/(1+S_d)]}{1+S_0}$$

$$\frac{1}{(1+y_2)^2} = \frac{0.5[1/(1+S_d\, e^{2\sqrt{hV_e^A}})] + 0.5[1/(1+S_d)]}{1+S_0}$$

上式中只有一个未知数 S_d，解出 S_d后，可以根据 S_u和 S_d的关系式求出 S_u。其他更多节点的利率可以依此类推，不再赘述。

[附例 9-2] 令当前的 1 年期、2 年期、3 年期即期利率分别为 $y_1=10\%$、$y_2=10.122\,38\%$、$y_3=10.244\,88\%$，再令服从对数正态分布的年利率均值和方差分别为 0.048 167 和 0.005 4，则有：

由一期的利率二叉树得出 S_u和 S_d：

$$\frac{1}{(1.101\,223\,8)^2}=\frac{0.5\times[1/(1+S_d e^{2\sqrt{0.005\,4}})]+0.5\times[1/(1+S_d)]}{1.10}$$

$$S_d=9.5\%$$

$$S_u=11\%$$

二期的利率二叉树为：

$$S_{ud}=S_{dd}\ e^{2\sqrt{hV_e^A}}$$

$$S_{uu}=S_{ud}\ e^{2\sqrt{hV_e^A}}=S_{dd}\ e^{4\sqrt{hV_e^A}}$$

$$\frac{1}{(1.102\,448\,8)^3}=\left[0.5\times\left(\frac{0.5\times\frac{1}{1+S_{dd}e^{4\sqrt{0.005\,4}}}+0.5\times\frac{1}{1+S_{dd}e^{2\sqrt{0.005\,4}}}}{1.11}\right)\right.$$

$$\left.+0.5\times\left(\frac{0.5\times\frac{1}{1+S_{dd}\ e^{2\sqrt{0.005\,4}}}+0.5\times\frac{1}{1+S_{dd}}}{1.095}\right)\right]/1.10$$

在二叉树示意图中进行标注，如附图 9-1 所示。

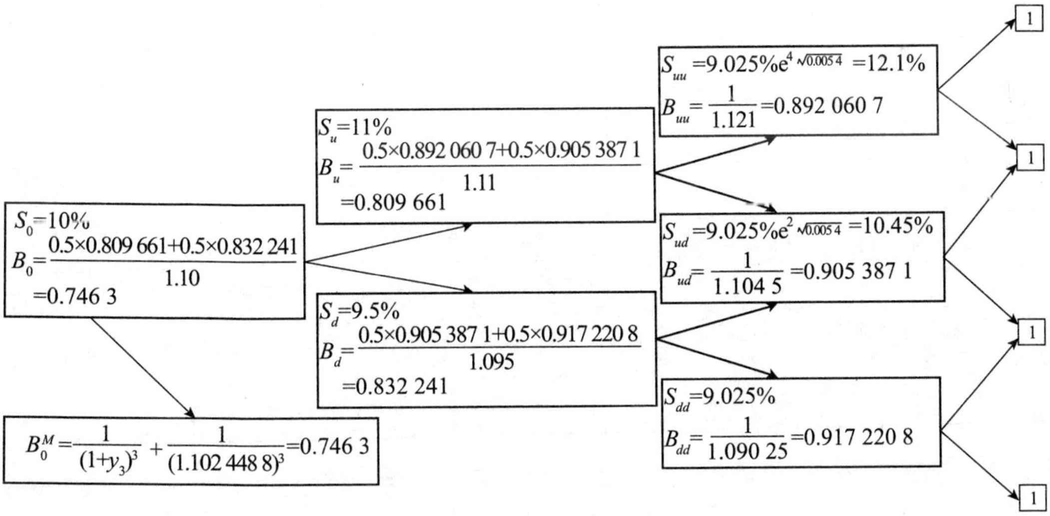

附图 9-1

解出的利率二叉树如附图 9-2 所示。

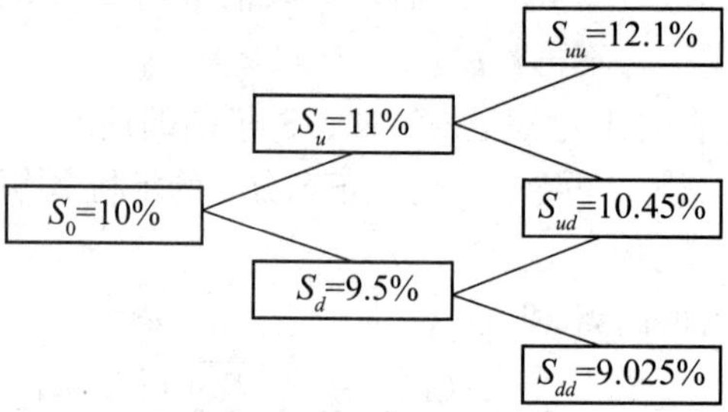

附图 9-2　利率二叉树

第十章

附加期权的债券分析

在前面的章节中我们介绍了如何计算债券的价值、收益率以及如何衡量债券的利率风险。我们也了解了期权的基本特征。在债券市场上，许多债券都附加了一些期权条款，赋予发行人或投资者某种期权。目前，在我国的债券市场上，附加期权的债券主要包括以下三种类型：(发行人）可赎回债券（callable bond)、(投资者）可回售债券（putable bond）和可转换债券（convertible bond)。可赎回债券赋予发行人在到期日之前按照约定价格赎回债券的权利；可回售债券则赋予投资者在到期日之前将债券按照约定的价格回售给发行人的权利；可转换债券是一种公司债券，持有人有权在规定期限内按事先确定的转换价格将其转换成债券发行公司的普通股票。

由于债券的期权赋予了债券发行人或债券投资者在未来改变债券现金流的权利，因此，计算附加期权的债券价值与计算普通债券价值的方法是不相同的。附加期权的债券由两个部分组成：普通债券和期权。计算附加期权的债券价值的方法主要有两种：一种直观的方法是期权定价法，即利用期权定价模型，先分别计算普通债券价值和期权价值，然后将两者加总（相减）就可以得到附加期权的债券价值。另一种是二叉树定价法，即用二叉树定价模型来得到附加期权的债券价值。在实践中，由于附加期权的债券还规定了许多其他条款，违背了传统的期权定价模型的应用条件，因此很难直接应用传统的期权定价模型为债券的期权定价。所以，债券市场的专业人员更多是运用二叉树定价模型为附加期权的债券定价。本章第一节和第二节主要以可赎回债券为例重点介绍如何运用二叉树定价模型计算附加期权的债券的价值。二叉树定价模型的应用范围很广，可以计算其他现金流随着利率的变化而变化的债券的价值。第三节则重点介绍如何运用期权定价模型确定可转换债券的价值。另外，根据附加期权的定价模型就可以进一步计算债券的利率风险。本章第四节介绍如何正确计算附加期权的债券的收益率、久期和凸性。

第一节 可赎回债券的特性分析

一、可赎回债券的价格-收益率关系

可赎回债券除了赋予发行人提前赎回的权利外，其他方面与普通债券完全一样。普通债券的价格-收益率曲线是凸向原点的。图 10－1 描述了可赎回债券和普通债券的价格-收益率曲线。其中，实曲线 AC 代表普通债券的价格-收益率曲线，曲线 BC 则代表可赎回债券的价格-收益率曲线。曲线 BC 由两部分构成：一部分是凸的实曲线，另一部分是凹的虚曲线。可赎回债券的价格-收益率曲线形状可以解释如下：当市场要求的适当贴现率远远高于可转换债券的票面利率时，债券发行人赎回债券的可能性很小。例如，某种可赎回债券的票面利率是 5%，而适当贴现率已升至 10%，债券的市场价格就远远低于面值（赎回价格），发行人不可能按照远远高于市场价格的赎回价格赎回债券。而且，如果发行人赎回债券后需要再融资，就要面临更高的 10%的利率而不是目前 5% 的低利率。因此，在适当贴现率远远超过可赎回债券的票面利率时，发行人的赎回权对债券的影响不大，此时可赎回债券与普通债券非常类似，可赎回债券的价格-收益率曲线与普通债券基本相同。随着收益率的降低，发行人提前赎回获得的收益越来越大，提前赎回债券的可能性也越来越大。肯定存在某个收益率，使得适当贴现率一旦低于该收益率，发行人就会赎回债券。在图 10－1 中，用 y^* 表示该收益率，当收益率低于 y^* 时，两种债券的价格-收益率曲线就分开了。假设在收益率为 y^* 时，普通债券的价格为 106，可赎回债券的赎回价格为 102，投资者不会按照 106 的价格购买可赎回债券，因为发行人赎回债券时只会支付 102。因此，赎回条款的存在限制了利率下降导致的债券价格上升的幅度。可赎回债券的价格-收益率曲线中的虚线部分，即收益率低于 y^* 的部分存在价格压缩（price compression），收益率下降导致债券价格上升的幅度受到限制。

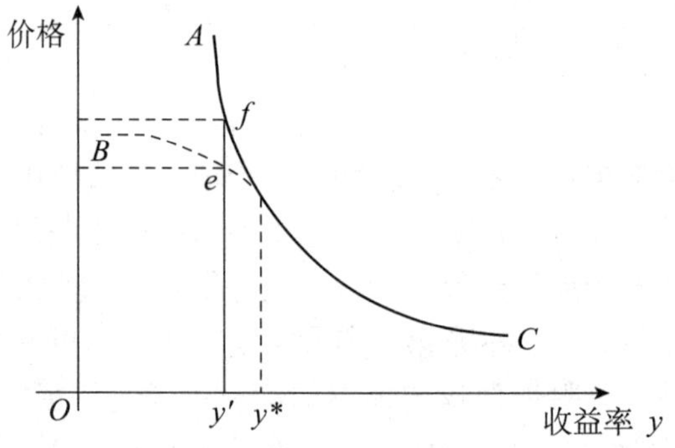

图 10－1 可赎回债券和普通债券的价格-收益率曲线

从图 10－1 可以看出，在收益率低于 y^* 的部分 BC 曲线不是呈现出凸性，而是呈现出负凸性的特征。与凸性正好相反，负凸性是指在收益率变化幅度相同的情况下，收益率下降导致债券价格上升的幅度要小于收益率上升导致债券价格下降的幅度。

特别需要指出的是，即使可赎回债券很有可能被赎回，可赎回债券的价格也可能超过赎回价格。例如，某 7 年期可赎回债券的票面价值为 100 元、票面利率为 12%，1 年后发行人可以按照赎回价格 103 元赎回。假设当时 7 年期同类普通债券的到期收益率为 7%，1 年期债券的到期收益率为 5%。由于该债券的票面利率 14%远远高于当时的到期收益率 7%，所以投资者预期 1 年后该债券将被赎回。因此，投资者将该可赎回债券看作 1 年期债券并据此为债券定价。1 年后可赎回债券的投资者将收到 115 元（包括 103 元的赎回价格和 12 元的利息）。按照当前的 1 年期债券的到期收益率 5%，求上述 1 年后收到的 115 元现金流的现值：

115/1.05=109.5（元）

因此，可赎回债券的价格高于赎回价格，投资者也愿意支付比赎回价格更高的价格购买该可赎回债券。

二、可赎回债券的构成解析

为了建立一种分析可赎回债券价值的框架，就必须了解可赎回债券的构成。可赎回债券是这样一种债券：债券投资者赋予发行人期权，从第一个可赎回之日至到期日这一段时间内，发行人有权按照事先确定的赎回价格提前赎回债券剩下的所有现金流。假设存在两种债券：（1）票面价值为 100 元、票面利率为 10%、期限为 25 年的可赎回债券，5 年后可按 106 元的赎回价格赎回；（2）15 年期、票面利率为 11%、可立即按 100 元（票面价值）赎回的可赎回债券。第一种债券的投资者拥有一种 5 年期不可赎回债券，并且出售给发行人如下期权（看涨期权）：赎回从现在起 5 年后的剩余现金流的权利，赎回的价格为 106 元。第二种债券的投资者拥有一种 15 年期不可赎回债券，并且出售给发行人如下期权：立即赎回债券整个 15 年内的所有现金流，或在将来赎回债券时以 100 元的赎回价格购买债券剩下的所有现金流的权利。

从本质上看，投资者购买可赎回债券时实际上是在进行两种互相独立的交易。首先，投资者从发行人手中以某种价格购买一种不可赎回债券。然后，他出售给发行人一种赎回的期权，为此，他从发行人手中获得一笔金额（期权价格）。

因此，可赎回债券价格可分为两个部分：不可提前赎回债券价格和期权价格。三者的关系如下：

可赎回债券价格=不可赎回债券价格−期权价格 (10.1)

之所以从不可赎回债券价格中减去期权价格，是因为投资者向发行人出售期权时会收到期权价格，这等同于减少了债券购买价格。图 10-1 中直观地呈现了上述三种价格的关系：线段 $y'e$ 代表可赎回债券价格，线段 ef 代表了期权价格，线段 $y'f$ 则代表了不可赎回债券价格。

分析可赎回债券价格的逻辑同样适用于可回售债券。投资者购买可回售债券可以看作进行两种独立的交易：首先，投资者购买了不可回售的普通债券，然后，投资者从发行人手中购买了如下期权（看跌期权）：在规定的期限后投资者可按照事先确定的回售价格将债券卖给发行人的权利。因此，可回售债券价格可以表示为：

可回售债券价格=不可回售债券价格+期权价格 (10.2)

之所以不可回售债券价格加上期权价格才等于可回售债券价格，是因为投资者向发行人购买期权时会支付期权价格，这等同于提高了债券购买价格。

▲ 专栏 10-1

我国首只可回售债券和可赎回债券

2001 年 12 月，国家开发银行发行了我国首只可回售债券，这在我国债券市场无疑是值得瞩目的金融创新。该债券为 10 年期、每年付息的固定利息债券，在第 5 年年末的付息日投资者可以选择以 100 元面值将债券回售给发行人，如果届时投资者选择继续持有该债券，他将不再享有回售权，债券在第 10 年还本付息。

2002 年 6 月，国家开发银行发行了我国首只可赎回债券。该债券为 10 年期债券，该债券前 5 年（2002—2007 年）的票面利率由承销商通过招投标确定，后 5 年（2007—2012 年）的票面利率在前 5 年票面利率的基础上加 120 个基点。但发行人有权选择在 2007 年 6 月以面值全部赎回债券。

第二节　可赎回债券价格的确定

目前，估计附加期权的债券价值的方法主要有两种：二叉树方法（binomial method）和蒙特卡洛模拟方法（Monte Carlo simulation method）。这两种方法都要事先对利率期限结构形成过程（或利率的波动性）做出假设。

一、二叉树方法

二叉树方法，即利用本书上一章所讲的无套利方法构造出利率二叉树，根据其计算出可赎回债券的价值。由于上一章已经较为详细地叙述了利率二叉树的构造方法，此处不再重复，现在假设我们已经利用现存的债券构造出了 3 年期的利率二叉树，如图 10-2 所示。利用构造出的利率二叉树可以计算普通债券的价值，也可以计算可赎回债券的价值。假设市场上存在普通债券和可赎回债券两种债券。两种债券的面值都是 100 元，票面利率都是 6.5%，剩余期限都是 4 年，均是按年付息。二者唯一的区别在于可赎回债券的发行人可以在 1 年后按照面值 100 元赎回。普通债券的价值可以按各年的即期利率计算出未来现金流的现值再加总得来，也可以通过利率二叉树计算，两种方法计算的结果应该是一样的，感兴趣的读者可以验证。下面我们主要介绍如何利用利率二叉树计算可赎回债券的价值。

我们已经知道如何计算任何一个节点处的债券价值 V，由于发行人可以按照赎回价格赎回债券，因此，只要某节点处计算出的债券价值超过了赎回价格，发行人就可以按照赎回价格赎回债券以减少自己的负债。因此，我们首先计算出所有节点处的债券价值 V，然后取赎回价格 100 元和 V 两者之中的较小值作为该节点的债券价值。按照上述方

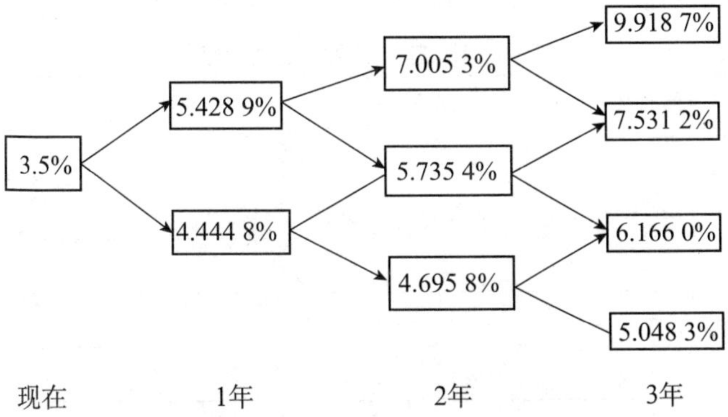

图 10-2　可以确定 3 年期债券价值的利率二叉树

法构造出图 10-3。根据图 10-3 提供的信息，运用式（9.11），我们可以逐步计算出可赎回债券的价值等于 102.899 元。

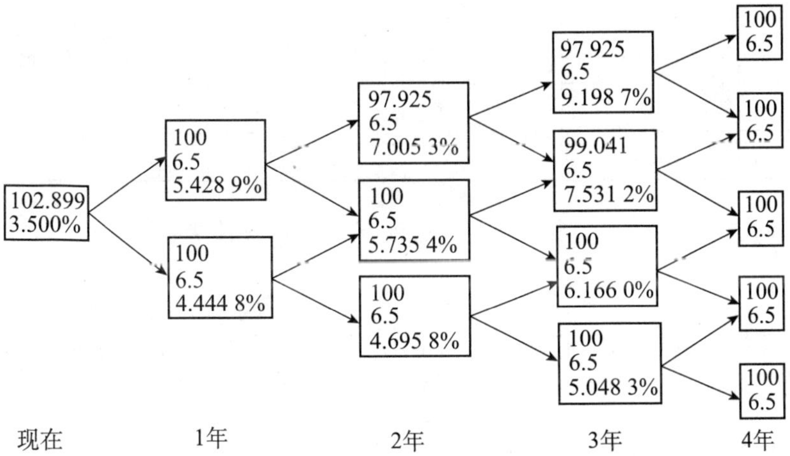

图 10-3　利用利率二叉树确定 4 年期可赎回债券的价值

二、蒙特卡洛模拟方法

蒙特卡洛模拟方法是计算附加期权的债券价值的另一种常用方法。蒙特卡洛模拟方法首先对未来利率期限结构的各种（可能）路径进行假设，然后根据每种利率期限结构分别计算出债券的价值，最后求这些债券可能价值的加权平均值，权数为每种债券价值出现的概率。下面详细介绍如何利用蒙特卡洛模拟方法计算可赎回债券的价值。

首先，根据某种利率期限结构模型或利用利率二叉树对未来可能出现的多种利率路径进行估计。表 10-1 就是年即期利率的路径模拟。$Z_t(N)$ 表示 N 种路径中第 t 年的 1 年期即期利率。实际上，利率的 N 种路径可以看作 N 种利率期限结构。

其次，对于任何一种利率路径确定可赎回债券相应的现金流。此处需要注意的是，如果沿着某种利率路径，某年后的现金流的现值总和超过了赎回价格，发行人将赎回债券，则该年的现金流就是赎回价格加利息，其后各年的现金流都是 0。表 10-2 就是根据表 10-1 模拟的各种即期利率路径得到的各年现金流。

表 10-1　年即期利率的路径模拟

	路径 1	路径 2	路径 3	…	路径 N
第 1 年	$Z_1(1)$	$Z_1(2)$	$Z_1(3)$	…	$Z_1(N)$
第 2 年	$Z_2(1)$	$Z_2(2)$	$Z_2(3)$	…	$Z_2(N)$
第 3 年	$Z_3(1)$	$Z_3(2)$	$Z_3(3)$	…	$Z_3(N)$
⋮	⋮	⋮	⋮	⋮	⋮
第 T 年	$Z_T(1)$	$Z_T(2)$	$Z_T(3)$	…	$Z_T(N)$

表 10-2　每种利率路径下的现金流模拟

	路径 1	路径 2	路径 3	…	路径 N
第 1 年	$C_1(1)$	$C_1(2)$	$C_1(3)$	…	$C_1(N)$
第 2 年	$C_2(1)$	$C_2(2)$	$C_2(3)$	…	$C_2(N)$
第 3 年	$C_3(1)$	$C_3(2)$	$C_3(3)$	…	$C_3(N)$
⋮	⋮	⋮	⋮	⋮	⋮
第 T 年	$C_T(1)$	$C_T(2)$	$C_T(3)$	…	$C_T(N)$

因此，沿着利率路径 n，第 t 年的现金流 $C_t(n)$ 的现值为：

$$PV[C_t(n)] = \frac{C_t(n)}{[1+Z_t(n)+S]^t}$$

式中，S 为适当的利差，该利差反映了不同债券的违约风险和流动性风险等风险。沿着即期利率路径 n 的现值 $PV(n)$ 为该路径各年现金流的现值总和。

$$PV(n) = \sum_{t=1}^{T} PV[C_t(n)]$$

债券的价值 P 等于所有路径现值的加权平均数，假设每种利率路径出现的可能性相同，债券价值可以计算如下：

$$P = (1/N)\sum_{n=1}^{N} PV(n)$$

下面通过一个具体例子说明如何运用蒙特卡洛模拟方法计算可赎回债券的理论价值。

［例 10-1］　假设某按年付息的可赎回债券的票面利率为 4.57%，期限为 10 年，面值为 100 元，5 年后发行人可以按照 100 元的赎回价格赎回债券。根据某利率期限结构模型假设未来存在六种可能的即期利率路径，如表 10-3 所示，求该可赎回债券的理论价值。

首先根据上面介绍的方法计算每种即期利率路径下的债券价值，结果如表 10-4 所示，可赎回债券的价值是六种债券价值的加权平均数：

$$P=\frac{1}{6}\times(100.43+100.55+99.90+99.76+99.68+100.55)=100.145\text{（元）}$$

表 10-3 即期利率的路径（%）

	路径 1	路径 2	路径 3	路径 4	路径 5	路径 6
第 1 年	4.00	4.00	4.00	4.00	4.00	4.00
第 2 年	4.08	4.14	4.29	4.24	4.28	4.28
第 3 年	3.83	4.02	4.35	4.27	4.24	4.23
第 4 年	4.15	3.88	4.25	3.87	4.17	4.30
第 5 年	4.27	4.26	4.68	4.58	4.29	3.99
第 6 年	4.69	4.49	4.33	4.29	4.47	4.32
第 7 年	4.88	5.10	5.24	5.08	5.27	4.70
第 8 年	5.14	4.94	4.75	5.54	5.25	5.08
第 9 年	5.24	5.47	5.15	5.26	5.43	5.64
第 10 年	5.59	5.04	5.29	5.58	5.38	5.02

表 10-4 各即期利率路径下债券的价值　　单位：元

	路径 1	路径 2	路径 3	路径 4	路径 5	路径 6
可赎回债券价格	100.43	100.55	99.90	99.76	99.68	100.55

第三节 可转换债券

一、可转换债券的基本知识

（一）可转换债券的定义

可转换公司债券，又称可转换债券或可转债，是一种公司债券，持有人有权在规定期限内按事先确定的转换价格将其转换成发债公司的普通股票。从本质上看，可转换债券可以看作由两部分构成：普通债券加上赋予债券投资者将债券转换为发行人普通股票的期权。

△ 专栏 10-2

我国可转换公司债券的发展历程

我国第一只可转换公司债券由深圳宝安集团股份有限公司（以下简称“深宝安”）于 1992 年发行。深宝安在发展过程中需要巨额资金，由于当时股票市场和债券市场的规模很小，深宝安管理层积极寻求新的筹资途径，可转换公司债券作为新的筹资手段应运而生。

可转换公司债券的发展历程可分为三个阶段：

（1）萌芽阶段（1992—1996 年）。

深宝安发行可转换公司债券以后，陆续又有南玻集团、中纺机械、庆铃汽车、镇海炼油、华能国际这几家企业在境外市场上（主要是欧洲和中国香港）主要以私募方式发行了可转换公司债券，并积累了一些宝贵的经验。这些发行都是企业行为，国家并没有对这些行为进行过多干预，也没有相应的法规来规范。

(2) 试点阶段（1997—2000 年）。

1997 年 3 月 25 日，经国务院批准，国务院证券委员会发布《可转换公司债券管理暂行办法》，选择一些重点国有企业作为发行可转换公司债券试点企业，并对可转换公司债券的发行、承销及相关条件做出了明确规定。在这期间，先后有南宁化工、吴江丝绸、茂名石化三家非上市公司和虹桥机场、鞍钢新轧共五家企业发行了可转换公司债券，这些债券的发行为我国发展可转债市场积累了相当多的宝贵经验。

(3) 规范发展阶段（2001 年 4 月至今）。

中国证监会 2001 年 4 月发布的《上市公司发行可转换公司债券实施办法》（以下简称《实施办法》）及其三个配套文件正式出台，标志着我国可转换公司债券进入规范发展阶段。

首先，《实施办法》的推出大大简化了可转换公司债券发行申报及核准程序，为发行可转换公司债券奠定了较完备的法律基础。上市公司发行可转换公司债券采取企业申请、主承销商推荐制度，符合发行条件的上市公司都可以在中介机构的辅助下，申请发行可转换公司债券。其次，《实施办法》对拟发行可转换公司债券的公司规定了更严格的标准：发行可转换公司债券的上市公司最近连续三年净资产收益率必须平均在 10%（能源、原材料、基础设施类可放宽至 7%）以上，而扣除非经常性损益后的近三年净资产收益率也必须在 6%以上；公司发债后的资产负债率不得高于 70%；发行前累计债券余额不得超过公司净资产的 40%；每年公司都要有红利可供分配，所分配的红利必须足以支付债券利息；公司发行可转换公司债券需要有担保人提供强制担保，发行的可转换公司债券金额不能超过担保方净资产；如果公司最近三年存在重大违法行为，最近一次募集资金投向被擅自改变，或公司存在虚假披露、误导性陈述等弄虚作假行为，均不得发行可转换公司债券。

2020 年 12 月 31 日，中国证监会发布了《可转换公司债券管理办法》。可以预计，作为一种兼具债权性工具和股权性工具特征的新型融资工具，可转换公司债券势必受到越来越多公司和投资者的青睐，可转换公司债券市场也必将迎来巨大的发展机遇。

（二）与可转换债券有关的术语

要对可转换债券进行深入分析，必须先了解一些重要的术语。可转换债券价格就是指投资者购买可转换债券时实际支付的价格。可转换债券的投资价值是指可转换债券作为普通债券的价值，即取消可转换债券的可转换条款后的普通债券的价值。转换比率（conversion ratio）是事先规定的一个可转换债券可以转换为普通股票的数量。在按面值发行可转换债券时，发行人实际上赋予了债券投资者按转股价格（conversion price）购买普通股票的权利：

转股价格＝可转换债券的票面价值/转换比率

如果某可转换债券规定转换比率为 12，则在转股期内债券持有人可以随时将每一份债券转换为发行人的 12 股普通股票。如果债券的面值为 100 元，则转股价格为 100/12=8.33（元）。

转换价值（conversion value）等于转换时普通股票的价格与转换比率的乘积，也就是投资者将可转换债券转换成的股票的市场价值，用公式表示为：

$$转换价值=转换时普通股票价格\times 转换比率$$

如果一位投资者购买了可转换债券，然后立即将它转换为股票，该投资者为每股普通股票实际支付的价格便被称为市场转换价格，计算方法如下：

$$市场转换价格=可转换债券的市场价格/转换比率$$

市场转换价格是一个对分析很有用的数字，如果股票市场价格与市场转换价格一致，那么股票价格每上升一定数额都会使可转换债券的价值增加，其增加额至少与股票价格上升的数额相同，因此，市场转换价格可被视为一个盈亏平衡点。

可转换债券价格一般会超过转换价值，即市场转换价格一般会大于当期的股票价格。转换溢价（conversion premium）等于可转换债券价格超过转换价值的部分占转换价值的比例，用公式表示如下：

$$转换溢价=\frac{可转换债券价格-转换价值}{转换价值}$$

转换比率、市场转换价格和转换溢价是可转换债券投资中经常使用的术语。因此，投资者应熟悉和掌握这些概念。

（三）可转换债券的附加属性

可转换债券通常还规定了许多附加条款，如转股期条款、转股价格修正条款、可赎回条款和可回售条款等。

可转换债券的转股期条款是指规定在债券发行后一段时间内不可以转换为股票，只有在一段时间后才可以转换，即过了规定的日期后可转换债券才进入转股期的条款。大多数可转换债券都规定了转股价格修正条款，转股价格（转换比率）通常会随着股票的拆分或股利的发放而进行相应的调整，以保证投资者的利益不会受到损害。另外，当股票市场价格连续多个（事先规定的）交易日低于转股价格一定幅度时，转股价格通常会向下调整。

可转换债券的发行人赎回权和投资者回售权，是两种具有强制性的到期前偿还方式，缩短了可转换债券的期限。赎回是指公司股票价格在一段时期内连续高于转股价格达到某一幅度时，公司按事先约定的价格买回未转股的可转换公司债券。回售指公司股票价格在一段时期内连续低于转股价格达到某一幅度时，可转换债券持有人按事先约定的价格将所持债券卖给发行人。

［例 10-2］ 燕京公司规定，在燕京转债的转股期内，如果公司股票收盘价连续 20 个交易日高于当期转股价格的 130%，则公司有权以 102 元/张的含当年利息的价格赎回全部或部分未转成股份的燕京转债。若在该 20 个交易日内发生过转股价格调整的情形，则在调整前的交易日按调整前的转股价格和收盘价计算，在调整后的交易日按调整后的转股价格和收盘价计算。公司每年最多可在约定条件满足时行使一次赎回权，若首次赎回条件满足时不实施赎回，则当年不再行使赎回权。

在燕京转债的转股期内，如果公司股票收盘价连续 20 个交易日低于当期转股价格的 70%，经燕京转债持有人申请，持有人有权将持有的燕京转债按表 10－5 中所列回售价格（含当年利息）回售给公司，并有权选择回售其持有的部分或全部燕京转债。

表 10－5

	第 2 年	第 3 年	第 4 年	第 5 年
回售价格	101 元/张	102 元/张	103 元/张	104 元/张

若在该 20 个交易日内发生过转股价格调整的情形，则在调整前的交易日按调整前的转股价格和收盘价计算；在调整后的交易日按调整后的转股价格和收盘价计算。申请部分或全部回售的燕京转债面值总额必须是 1 000 元人民币的整数倍。燕京转债持有人每年最多可在约定的条件下行使一次回售权，每年首次满足回售条件时，持有人可回售部分或全部未转股的可转换公司债券，若首次回售条件满足时不实施回售，则当年不再行使回售权。

二、可转换债券价值

可转换债券可看作由以下两部分构成：普通债券加上债券持有人将债券转换为普通股票的期权。由此，可转换债券价值可分为三个部分：普通债券价值、转换价值和期权价值。

可转换债券的转换价值等于它如果立即转换为股票的市场价值。很显然，可转换债券的价值不能低于其转换价值，否则，投资者就可以购买可转换债券，然后立即将其转换，获得无风险利润。众多投资者采取这种策略的结果必然导致可转换债券价值不会低于转换价值。同理，可转换债券价值不会低于其作为普通债券的价值。因此，可转换债券价值不会低于以下两者中的最高者：普通债券价值和转换价值。

可转换债券价值通常会超过普通债券价值和转换价值，原因在于可转换债券的投资者不必立即转换债券。相反，投资者可以通过等待并在将来根据普通债券价值和转换价值二者孰高来选择对自己有利的策略（即是转换成普通股还是当作普通债券持有），这种选择权也是有价值的，因而可转换债券价值超过普通债券价值和转换价值。

可转换债券价值可以通过图 10－4 说明。

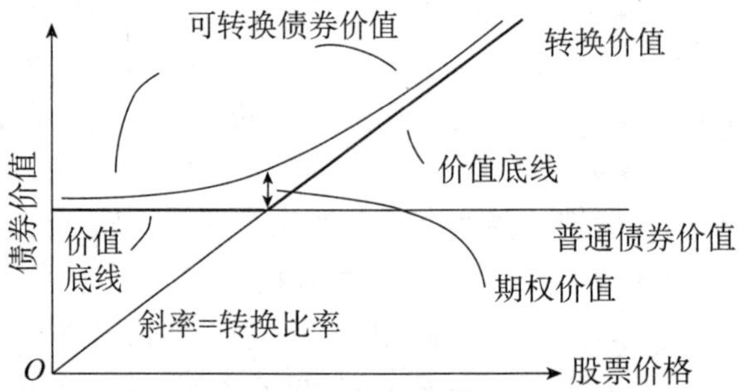

图 10－4　可转换债券价值图解

图 10－4 展示了可转换债券价值与股票价格的函数关系。我们假设，可转换债券无

违约风险。普通债券价值不依赖于股票价格，在图中体现为一条直线。转换价值的斜率就是转换比率。从图中可以看出，可转换债券价值等于其普通债券价值和转换价值二者中的较大值与期权价值之和：

可转换债券价值＝max(普通债券价值，转换价值)＋期权价值

图 10－4 中，可转换债券价值和其价值底线间的垂直距离就是期权价值。当公司的股票价格比较低的时候，可转换债券价值主要取决于普通债券价值。当股票价格比较高时，即转换价值高于普通债券价值时，可转换债券价值主要取决于转换价值。

从理论上说，可以将可转换债券看作普通债券加上看涨期权。因此，可以分别计算普通债券价值和转换价值二者中的较大值以及期权价值，然后将两者加总就可以得到可转换债券价值。但是，实际中很难运用这种方法。这是因为布莱克-斯科尔斯期权定价公式的使用需满足严格的前提条件，而可转换债券的期权很难满足这些前提条件。

(1) 由于投资者将债券转换为股票时，相当于按照转换时普通债券的价格购买股票，因此，转换时普通债券价值就是期权的执行价格。由于普通债券价值不断变化，因此期权的执行价格也不断变化。所以，不能直接应用布莱克-斯科尔斯期权定价公式计算可转换债券的期权价值。

(2) 由于绝大多数可转换债券都规定了可赎回条款和可回售条款，因此，债券的期限是不确定的，而布莱克-斯科尔斯期权定价公式要求到期日确定。

为了克服期权定价模型的上述缺陷，英格索尔（Ingersoll，1977）以及布里南和施瓦茨（Brennan and Schwartz，1977）等经济学家利用或有索取权的定价方法（contingent claims approach）确定可转换债券价值。按这种方法，可转换债券价值主要取决于发行可转换债券的公司价值。布里南和施瓦茨（1980）在以前模型的基础上还提出了一个包括利率变化服从随机过程的模型。介绍这些模型需要有关随机过程的知识，这远远超出了本书的范围，有兴趣的读者可参阅相关文献。

计算可转换债券价值还有一种比较常用的方法，就是二叉树定价方法。二叉树定价方法的优点是更灵活、更富有弹性。对于可转换债券的一些特殊附加条款，如可赎回条款和可回售条款，二叉树定价模型都能处理。而且，二叉树定价模型也没有期权定价模型那些严格的假设，如利率保持不变、执行价格保持不变等。因此，二叉树定价模型在实践中被广泛应用。下面详细介绍如何运用二叉树定价方法计算可转换债券价值。

三、用二叉树定价方法计算可转换债券价值

如前所述，可转换债券价值主要取决于股票价格，而股票价格在未来会不断变化。我们可以对股票价格未来的变化过程做出合理假设，然后构造出可转换债券价值的二叉树，利用二叉树计算可转换债券的价值。

股票价格变化只有两种可能：上升或下降。假设在整个期限内，股票价格每次上升的幅度都相同，每次下降的幅度也都相同。如果在某个时期内股票价格上升，下一期的股票价格就是上一期股票价格的 u 倍，$u>1$，称为上涨系数；如果股票价格下降，下一期的股票价格就是上一期股票价格的 d 倍，$d<1$，称为下跌系数。将目前（今天）的股票价格表示为 S，分别用 uS 和 dS 表示下个时期上涨后的股票价格和下跌后的股票价

格。经过两个时期后，连续上涨两次的股票价格变为 u^2S，连续下跌两次的股票价格变为d^2S，各上涨和下跌一次的股票价格则变为 udS。依此类推，如果经过 n 个时期，经历过 t 次价格上涨和 $n-t$ 次价格下跌，则股票价格变为 $u^td^{n-t}S$。三个时期的股票价格二叉树如图 10－5 所示。

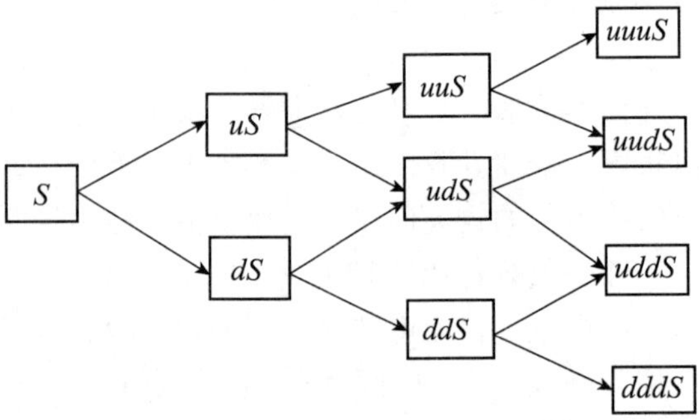

图 10－5　三个时期的股票价格二叉树

（一）期权价格的确定

布莱克-斯科尔斯期权定价公式[①]利用了连续时间的随机过程，要全面、深入地了解该期权定价公式需要足够多的数学背景知识。而二叉树期权定价方法[②]不但考虑了连续时间随机过程的特征，而且其原理非常易于理解，在实践中应用也相对简单。下面我们通过一个具体的例子讲述二叉树期权定价方法的基本原理。

假设只有一个时期，股票在到期日只有两个可能的价格：上涨到某个给定的较高价格，或是下跌到某个给定的较低价格。尽管这是个高度简化的例子，但对于进一步理解更加复杂和现实的模型非常有用。

假设投资期限为 1 年，某个股票年初的价格是 100 元，以该股票作为基础资产的欧式看涨期权的执行价格为 110 元，该期权的期限正好等于 1 年。年末股票的价格要么上涨至 125 元（u 为 1.25），要么下跌至 80 元（d 为 0.8）。股票价格上涨时看涨期权持有人的收入 C_u是 15 元，股票价格下跌时看涨期权持有人的收入 C_d是 0 元。

$$S = 100 - \begin{bmatrix} uS = 125 & (C_u = 15) \\ dS = 80 & (C_d = 0) \end{bmatrix}$$

$$C = ? - \begin{bmatrix} C_u = 15 \\ C_d = 0 \end{bmatrix}$$

我们可以利用股票和债券的某种组合来复制上述看涨期权。所谓的复制，就是股票和债券构成的组合在未来可能出现的两种状态下的现金流与期权的现金流完全一样，即股票价格上涨时组合支付的现金流是 $C_u=15$（元），股票价格下跌时组合支付的现金流则是 $C_d=0$（元）。无论在何种状态下，股票和债券构成的组合与看涨期权的现金流都完全

① Black, F., and Scholes, M., "The Pricing of Options and Corporate Liabilities," *Journal of Political Economy*, 1973, 81: 637－654.

② Cox, J. C., Ross, S. A., and Rubinstein, M., "Option Pricing: A Simplified Approach," *Journal of Financial Economics*, 1979, 7: 229－263.

一样。因此，股票和债券组合的价值就应该等于期权的价格，否则就会出现套利机会。

假设债券的收益率为 r，我们购买 Δ 股股票和价值为 B 的债券构造一个新的资产组合。其中，Δ 和 B 既可以为正（购买或买空），也可以为负（出售或卖空）。为了复制看涨期权，需要满足下列条件：

$$\begin{cases}\Delta uS + B(1+r) = C_u \\ \Delta dS + B(1+r) = C_d\end{cases}$$

解上述联立方程组，可得到以下结果：

$$\Delta = \frac{C_u - C_d}{S(u-d)}$$

$$B = \frac{u \times C_d - d \times C_u}{(u-d)(1+r)}$$

因此，在我们的例子中可以求出：

$$\Delta = \frac{C_u - C_d}{S(u-d)} = \frac{15-0}{100 \times (1.25-0.8)} = \frac{1}{3}$$

$$B = \frac{u \times C_d - d \times C_u}{(u-d)(1+r)} = \frac{1.25 \times 0 - 0.8 \times 15}{(1.25-0.8) \times 1.1} = -24.24$$

所以，资产组合的市场价值为：

$$\Delta S + B = \frac{1}{3} \times 100 - 24.24 = 9.09\ (\text{元})$$

看涨期权的价格也应该是 9.09 元，否则就会产生套利机会：如果期权价格低于 9.09 元，投资者就可以买入期权，同时卖空同等金额的资产组合，从而获得无风险的套利利润；如果期权价格高于 9.09 元，投资者就可以卖空期权，同时买入同等金额的资产组合，也可以获得无风险的套利利润。

由于看涨期权价格等于股票和债券构成的资产组合的价值，用公式表示为：

$$C = \Delta S + B \tag{10.3}$$

将 Δ 和 B 代入式（10.3），可以得到如下结果：

$$C = \frac{C_u - C_d}{u-d} + \frac{u \times C_d - d \times C_u}{(u-d)(1+r)}$$

对上式进行变换，可得到如下等式：

$$C = \frac{1}{1+r} \times \left[\frac{1+r-d}{u-d} \times C_u + \frac{u-(1+r)}{u-d} \times C_d\right] \tag{10.4}$$

我们将式（10.4）中 C_u 和 C_d 的系数分别用 p 和 $1-p$ 表示：

$$p = \frac{1+r-d}{u-d} \tag{10.5}$$

$$1-p = \frac{u-(1+r)}{u-d}$$

式（10.5）可以化简为：

$$C = \frac{1}{1+r} \times [p \times C_u + (1-p)C_d] \tag{10.6}$$

式中，p 被称为风险中性概率（risk-neutral probability）。式（10.6）表明，对于单期

的期权而言，期权价格等于期权收益期望值按照无风险利率进行贴现的现值。其中，计算期权收益的期望值时采用的是期权各种可能收益的风险中性概率而不是其实际概率。上述单期的期权二叉树定价方法可以很容易地推广到多期的期权二叉树模型中。对于多期的期权二叉树模型，可以按照式（10.6）计算每个节点的价值，通过层层递推的方法求出期权的价值。

（二）利用二叉树定价模型计算可转换债券的价值

从本质上看，可转换债券就是一种期权，所以我们可以用二叉树定价模型计算可转换债券价值。首先要构建可转换债券价值的二叉树。在确定每一个节点的价值时要考虑各种附加条款对可转换债券的影响，投资者和发行人都会追求自己的利益最大化，在对自己有利的情况下行使权利。投资者有可能将债券转换为股票或提前将债券回售给发行人[①]，发行人也有可能提前赎回债券。应该综合考虑所有附加条款，选择最有可能的价值作为该节点的价值。某节点的价值可以用式（10.7）表示如下：

$$\text{某节点的价值} = \max[\min(Q_1, Q_2), Q_3] \tag{10.7}$$

式中：Q_1——通过式（10.6）计算出的价值；

Q_2——赎回价格；

Q_3——转换价值。

也就是说，某节点的价值应该按照如下原则确定：首先，选择普通债券价值和赎回价格中的较小值，然后选择上述较小值和转换价值中的较大值作为该节点的价值。这是因为，如果赎回价格小于普通债券价值，发行人将会赎回自己的债券。而投资者接到提前赎回通知后，会对赎回价格和转换价值进行比较，选择对自己最有利的策略。

一旦可转换债券价值的二叉树构建出来，就可以按照上述期权定价公式逐步倒推出可转换债券价值。下面我们通过一个具体例子来说明。

［例 10-3］ 某可转换债券的面值是 1 000 元，票面利率为 4%，按年付息。该可转换债券发行人的股票价格为 50 元。该债券的剩余期限为 9 个月，转换比率为 20（即转股价格为 50 元）。无风险利率为 10%（年度百分数利率）。假设可转换债券的赎回价格为1 100 元。我们采用三个时期的二叉树计算可转换债券的价值，即每个时期期限是 3 个月（即$\frac{1}{4}$年）。

根据上一章所讲的利率二叉树，可以得出：

$$u = e^{0.3\sqrt{1/4}} = 1.161\ 8$$

$$d = \frac{1}{u} = 0.860\ 7$$

$$p = \frac{1+r-d}{u-d}$$

根据式（10.5），我们可以求出 p：

$$p = \frac{1+\frac{10\%}{4}-0.860\ 7}{1.161\ 8-0.860\ 7} = 0.546$$

---

① 由于实践中回售的可能性很小，所以本章后面将不考虑回售。

根据上述信息就可以构建可转换债券价值的二叉树，如图 10-6 所示。

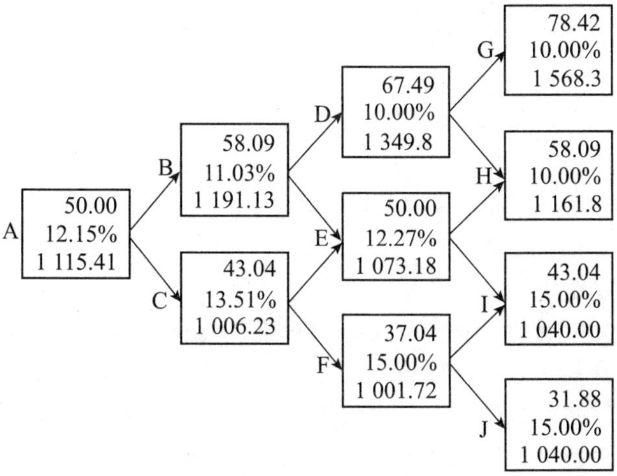

图 10-6　三个时期的可转换债券价值二叉树

在图 10-6 中，每个节点都有三个数字，自上而下分别是股票价格、即期利率和该节点的价值。在节点 G、H，转换价值分别为 1 568.3 元和 1 161.8 元，而普通债券的价值则为 1 040 元（本金 1 000 元，利息 40 元）。因此，投资者会选择转换，节点 G、H 的价值分别为 1 568.3 元和 1 161.8 元。而在节点 I、J，投资者不会转换，价值都是 1 040 元。在节点 D，由于赎回价格小于转换价值，根据式（10.7），投资者肯定会转换，该节点的价值等于转换价值，67.49×20＝1 349.8（元）。在节点 E，根据式（10.6）计算出的结果为1 073.18 元，小于赎回价格 1 100 元，同时又大于转换价值 50×20＝1 000（元）。所以，节点 E 处的价值等于 1 073.18 元。在节点 F，情况与节点 E 类似，所以节点 F 的价值为1 001.72 元。在节点 B，根据式（10.6）计算出的结果为 1 191.13 元，超过了赎回价格（1 100 元），所以发行人提前赎回，投资者接到提前赎回通知后会将债券转换为股票，最终获得转换价值 58.09×20＝1 161.8（元），所以节点 H 的价值为1 161.8 元。在节点 C，根据式（10.6）计算出的结果为 1 006.23 元，小于赎回价格，同时又大于转换价值 43.04×20＝860.8（元），所以节点 C 的价值为 1 006.23 元。在节点 A，根据式（10.6）计算出的结果为 1 115.41 元，小于赎回价格，同时又大于转换价值 50×20＝1 000（元），所以节点 A 的价值为 1 115.41 元。因此，可转换债券的价值就是 1 115.41 元。

第四节　附加期权的债券收益率和风险衡量

一、可赎回债券的收益率

与普通债券相比，衡量附加期权的债券的收益率和风险有其特殊性。在实践中，并不是用到期收益率来衡量可赎回债券的收益率，而是用赎回收益率（yield to call）。赎回收益率是使赎回发生时所有现金流量的现值等于债券价格的利率。用于计算赎回收益率的现金流量，就是如果这种债券在其第一个赎回日被赎回所形成的现金流量。

［例 10-4］ 假设某可赎回债券的期限为 8 年，票面利率为 7%，并且按年付息，面值为 100 元，目前的价格为 106.36 元。假设 3 年后发行人可以按照 103 元的价格赎回该债券，求该债券的赎回收益率。

可以利用下式计算该债券的赎回收益率：

$$106.36=\sum_{i=1}^{3}\frac{7}{(1+r)^i}+\frac{103}{(1+r)^3}$$

其中，r 表示要求的赎回收益率。

可以求出赎回收益率 $r=5.6\%$。

在实践中，债券市场参与者会对每一个可能的赎回日都计算其相应的赎回收益率。计算任何一个赎回日赎回收益率的方法与计算第一个赎回日赎回收益率的方法都一样。在所有计算出来的赎回收益率中，最小值被称为最差收益率（yield to worst）。

与到期收益率类似，赎回收益率也是建立在严格的假设基础上：投资者将债券持有至赎回日，并且发行人在赎回日赎回债券，同时投资者能按照计算出的赎回收益率对利息进行再投资。另外，赎回收益率还有一个重要缺陷，就是没有考虑债券赎回后投资者按照何种收益率对赎回收入进行再投资。例如，两种债券 M 和 N 的期限都是 5 年，M 是普通债券，到期收益率为 10%，N 在 3 年后可被赎回，赎回收益率为 10.7%。对于一个投资期限为 5 年的投资者而言，M 和 N 哪一个更好？这个问题无法回答。因为可赎回债券 5 年期的总收益取决于 3 年后赎回收益按照何种收益率再投资两年。正因为赎回收益率的上述缺陷，其应用范围受到很大的限制。

二、期权调整利差

在本章第二节中，我们计算出的可赎回债券的理论价值是 102.899 元，假设利率的标准差为 10%。如果该可赎回债券的市场价格为 102.218 元，这表明市场价格比根据模型计算出的内部价值低 0.681 元。在实践中，债券市场参与者习惯用利差而不是价格差额比较债券的价格高低。便宜的债券收益率较高，而昂贵的债券收益率较低。

将债券的价格和内部价值差异用利差［该利差被称为期权调整利差（option-adjusted spread，OAS）］的形式来表现。所谓的 OAS，就是一个固定利差，如果所有利率二叉树的节点的利率都加上该固定利差，则根据利率二叉树计算出来的债券价值与市场价格正好相等。本章第二节的可赎回债券的例子中，如果将图 10-2 中的利率二叉树的所有节点利率都加上一个固定利差，使得根据新的利率二叉树计算出来的可赎回债券价值正好等于其市场价格 102.218 元，那么该固定利差应该为 0.35%（35 个基点）。

需要注意的是，债券的期权调整利差还取决于对利率标准差的假设。在上述例子中，如果可赎回债券的价格仍然是 102.218 元，假设利率的标准差是 20%而不是 10%，那么可以计算出新的期权调整利差为−0.11%。一般而言，给定债券的市场价格，假设的利率标准差越大，可赎回（回售）债券的期权调整利差就越低（高）。

三、附加期权的债券利率风险衡量

由于附加期权的债券未来现金流的数额和时间都是不确定的，所以不能用普通的方法计算这类债券的久期和凸性。计算附加期权的债券的久期和凸性最常用的方法是计算其近似久期和近似凸性。计算近似久期和近似凸性的方法在第五章中已经介绍了。此处需要指出的是，在计算近似久期和近似凸性时，需要分别计算收益率上升一个很小的幅度和收益率下降一个很小的幅度时债券的新价格。这就需要根据本章介绍的定价模型来计算收益率变化后的新价格。余下的步骤在第五章已经详细介绍过，不再赘述。

第十章附录　可赎回债券的久期

债券的修正久期（以下简称“久期”）可以衡量债券的利率风险。第十章第一节的分析表明：赎回条款的存在限制了利率下降导致的债券价格上涨的幅度。可赎回债券的价格-收益率曲线存在价格压缩，收益率下降导致债券价格上升的幅度受到限制。可赎回债券的久期应该小于其他方面均相同的普通债券的久期。下面我们通过严格的数学推导证明这个结论。

可赎回债券的价格可以表示如下：

$$P_{cb}=P_{ncb}-P_{co}$$

式中：P_{cb}——可赎回债券的价格；

P_{ncb}——不可赎回债券的价格；

P_{co}——赎回期权的价格。

求此方程式关于收益率 y 的一阶导数，可以得出：

$$\frac{\mathrm{d}P_{cb}}{\mathrm{d}y}=\frac{\mathrm{d}P_{ncb}}{\mathrm{d}y}-\frac{\mathrm{d}P_{co}}{\mathrm{d}y}$$

将上式两边除以可赎回债券的价格，便得出：

$$\frac{\mathrm{d}P_{cb}}{\mathrm{d}y}\times\frac{1}{P_{cb}}=\frac{\mathrm{d}P_{ncb}}{\mathrm{d}y}\times\frac{1}{P_{cb}}-\frac{\mathrm{d}P_{co}}{\mathrm{d}y}\times\frac{1}{P_{cb}}$$

将上式右侧的分子和分母均乘以不可赎回债券的价格，可以得出：

$$\frac{\mathrm{d}P_{cb}}{\mathrm{d}y}\times\frac{1}{P_{cb}}=\frac{\mathrm{d}P_{ncb}}{\mathrm{d}y}\times\frac{1}{P_{ncb}}\times\frac{P_{ncb}}{P_{cb}}-\frac{\mathrm{d}P_{co}}{\mathrm{d}y}\times\frac{1}{P_{ncb}}\times\frac{P_{ncb}}{P_{cb}}$$

其中：

$$D_{cb}=\frac{\mathrm{d}P_{cb}}{\mathrm{d}y}\times\frac{1}{P_{cb}}=\text{可赎回债券的久期}$$

$$D_{ncb}=\frac{\mathrm{d}P_{ncb}}{\mathrm{d}y}\times\frac{1}{P_{ncb}}=\text{不可赎回债券的久期}$$

于是，我们便得到：

$$D_{cb}=D_{ncb}\frac{P_{ncb}}{P_{cb}}-\frac{\mathrm{d}P_{co}}{\mathrm{d}y}\times\frac{1}{P_{ncb}}\times\frac{P_{ncb}}{P_{cb}} \tag{附 10.1}$$

收益率变化引起的赎回期权的价格变化是：

$$\frac{\mathrm{d}P_{co}}{\mathrm{d}y} \tag{附 10.2}$$

然而，赎回期权的价格变化依赖于给定的收益率变化所引起的不可赎回债券的价格变化，即：

$$P_{co} = f(P_{ncb})$$

$$P_{ncb} = g(y)$$

利用微积分的复合函数法则，式（附 10.2）可表示为：

$$\frac{\mathrm{d}P_{co}}{\mathrm{d}y} = \frac{\mathrm{d}P_{co}}{\mathrm{d}P_{ncb}} \times \frac{\mathrm{d}P_{ncb}}{\mathrm{d}y} \tag{附 10.3}$$

式（附 10.3）右侧第一项是不可赎回债券的价格变化引起的赎回期权价格的变化，通常被称为期权的 δ。因此，式（附 10.3）可以重新表述如下：

$$\frac{\mathrm{d}P_{co}}{\mathrm{d}y} = \delta \frac{\mathrm{d}P_{ncb}}{\mathrm{d}y} \tag{附 10.4}$$

将式（附 10.4）代入式（附 10.1），重新整理各项，我们便得到方程式：

$$D_{cb} = D_{ncb} \frac{P_{ncb}}{P_{cb}}(1-\delta) \tag{附 10.5}$$

式（附 10.5）就是可赎回债券的久期表达式。可以看出：可赎回债券的久期取决于：(1) 一种不可赎回债券的久期；(2) 一种不可赎回债券与一种可赎回债券的价格比率；(3) 赎回期权的 δ。

下面重点说明一下 δ 的两个性质：

(1) 票面利率大大低于市场收益率而大幅折价（远远低于面值）出售的可赎回债券，δ 为零，并且可赎回债券的价格等于不可赎回债券的价格。这是因为这种情况下债券不可能被赎回，赎回期权价格接近于 0。不可赎回债券价格发生变化不会导致期权价值发生变化，即期权价值在这种情况下总是等于 0。

(2) 票面利率大大高于市场收益率而大幅溢价（远远高于面值）出售的可赎回债券，δ 接近于 1。这是因为这种情况下债券几乎肯定被赎回，不可赎回债券的任何变化都会导致赎回期权价值发生几乎同等金额的变化。

第一个性质表明，就大幅折价出售的债券而言，赎回期权的价格不取决于不可赎回债券价格的变化。将 $\delta=0$，$\frac{P_{ncb}}{p_{cb}}=1$ 代入式（附 10.5），可以得到：$D_{cb}=D_{ncb}$。

因此，如果一种可赎回债券的票面利率大大低于市场要求的收益率，并且因此而不可能被赎回，那么这种债券的久期便等于相应的不可赎回债券的久期。相反，如果这种债券的票面利率大大高于市场收益率，那么根据第二个性质，δ 会接近于 1。将 $\delta=1$ 代入式（附 10.5）中，我们可求出：

$$D_{cb} = D_{ncb} \frac{P_{ncb}}{p_{cb}}(1-1) = 0$$

因此，这种很可能被赎回的可赎回债券的久期等于 0，即这种债券的利率风险为 0。

对处于上述两种极端情况之间的任何可赎回债券而言，其久期都比不可赎回债券的久期要短。

普通债券具有收益率降低（上升）时久期便增加（缩短）的特性，而可赎回债券不是这样。在达到某种收益率后，如果收益率进一步降低，可赎回债券的久期便会缩短。可赎回债券的这种性质被称作凹性，可参考图 10-1 中的虚线部分。

第十一章 信用风险

信用风险指的是交易对手信用质量发生变化，从而影响证券或投资组合价值的风险。违约是信用风险的一个极端例子，即交易对手不愿或没有能力履行合约义务。此外，交易对手被信用评级机构降级带来的风险也属于信用风险。信用风险存在的前提条件为：投资者持有的头寸是一种资产，该头寸的重置价值为正值。此时，如果交易对手违约，公司就会损失头寸的所有市值。更一般地，投资者遭受的损失是不能回收的部分，其预期值称为违约损失；可以收回的部分称为回收价值，或者用百分数表示为回收率。

第一节 固定收益证券的信用风险分类

从严格意义上说，固定收益证券的信用风险由以下几种风险构成：违约风险、信用利差风险、降级风险和对手风险。

其中最重要的构成部分是违约风险，即固定收益证券发行人无法履行契约所规定的义务，如按时支付利息和到期偿还本金等。实际操作中，市场投资者主要通过信用评级机构给予的信用评级来衡量各个证券的违约风险。除了违约风险之外，固定收益证券的信用风险还有其他的构成部分。即使固定收益证券没有出现违约，固定收益证券的相对价值也会发生变化。信用利差决定了非政府固定收益证券在一定投资期限内的收益。当信用利差变大时，固定收益证券的市场价格会下降。信用利差变大导致固定收益证券价格下降的风险即为信用利差风险（credit spread risk）。

信用评级是评级机构对发行人的信用质量进行衡量后评定的。信用质量升高会引起信用升级（upgrade），信用质量降低会引起信用降级（downgrade）。发行人或者某种固定收益证券被评级公司降级会使得利差变大，导致证券的价格下降，这被称为降级风险（downgrade risk）。即使有诸如保险公司的第三方来进行担保，这些风险也不会消失。

例如，在 2007 年年末，一些进行担保的保险公司自身因为财务困境而被降级。

此外，还有一种信用风险涉及交易的双方。这样的信用风险被称为对手风险(counterparty risk)。一般来说，若交易由做市商或者交易所担保，则对手风险较小。相比之下，场外衍生品交易包含很大的对手风险。

第二节　固定收益证券的信用风险分析和度量

一、公司债券的信用风险分析

本节为公司债券的信用风险分析提供了一个基本框架。信用风险产生的原因主要有以下两个方面：一是发行债券的上市公司由于业务经营不善而陷入现金短缺或流动性不足的困境，无法按时支付利息；二是发行债券的上市公司故意违约，拖欠或不支付利息和本金。

传统上，公司债券信用风险的分析主要集中于债券的违约风险，也就是债券持有人不能收回预计利息和到期本金的风险。在这种定义下，对公司债券信用风险的分析主要通过计算历史上与债券违约风险相关的一系列财务比率来进行，如税前利息保障倍率、杠杆比率和现金流-总债务比率。随着债券交易目的的变化和期权定价理论的发展，基于期权定价理论的信用风险模型（如 KMV 公司的 EDF 模型）近年来越来越普及。该理论模型不局限于分析财务比率，而是会从公司整体价值的角度来分析信用风险。

目前，对公司债券的信用风险分析主要从以下几个方面进行：行业分析、财务因素分析、非财务因素分析、契约条款。

（一）行业分析

对公司债券进行信用风险分析的第一步是行业分析。只有在具体的行业范围内对公司进行分析才是可靠的、有现实意义的。例如，一个年增长率为 12%的公司发行的债券可能竞争力强，信用风险低，但如果该公司所在行业的年均增长率为 30%，则显然该公司在行业中并没有竞争力，甚至可能信用风险偏高。行业分析通常涉及多方面的因素，具体来说主要有：经济周期、发展前景、研发费用、竞争、供应来源、监管程度、劳动力状况和会计因素。

1. 经济周期

行业的经济周期是分析师在分析某个行业时首先要考虑的因素。具体来说，需要考虑行业是与国内生产总值（GDP）的增长密切相关还是属于逆周期行业。在进行行业分析时，应该将公司每股收益的增长与行业增长趋势相比较，如果公司每股收益的增长与行业增长趋势有较大偏离，那么就应该做进一步的分析。一般来说，很少有某个行业的收益仅与一种经济统计量完全相关。不仅各行业对众多经济变量敏感，而且公司或行业内的不同部门还会经常逆经济周期而变化或者相对于总体经济有不同程度的滞后。例如，建筑业可分为房屋建筑业和装修装饰业两个部门。从历史上来看，房屋建筑业领先于 GDP 的增长，而装修装饰业对总体经济趋势不太敏感。因此，在分析建筑业公司时，应该将各业务部门的业绩与相应部门的增长相比较。

2. 发展前景

与经济周期相关的第二个变量是行业的发展前景。不同的发展前景对于公司的意义是不同的。处于高速增长行业中的公司比处于增长水平低于平均值的行业中的公司提高其信用质量的潜力更大。然而，在分析行业的发展前景时还必须考虑准入壁垒和增长的可持续性。如果某个行业发展很快，同时该行业准入门槛低，那么可能会有许多新公司进入该行业，这将会导致公司产品过剩，利润降低，甚至破产。

行业的发展前景也应该在国际范围内加以考虑，特别是对承受国际风险的公司。一般来说，行业的发展前景在各个国家并不相同。一些行业在发达国家是成熟行业，而在发展中国家是成长型行业。

3. 研发费用

研发费用也应该纳入行业状况中进行分析。研发费用指的是用来维持或扩大市场份额的支出。高技术产品可能很快就过时。因此，虽然某一公司可能在行业内处于领先地位，但如果没有资金来保持技术领先或者至少跟上当时的技术水平，从长期来看其行业地位很难保持不变。然而，短期内一个研发费用持续低于行业平均值的公司可能会由于利润的增加而获得高于行业平均值的业绩。

由于要考虑技术发展方向，所以对研发费用的评估很复杂。成功的公司不仅要花费足够的资源用于发展，还要正确估计行业发展方向。若资金的投向错误，那么花费大量的资金也不一定能够保证信用等级不降低。

4. 竞争

竞争的方面有很多，并且随着行业的不同而不同。大部分竞争是以产品质量和价格为基础进行的。然而，竞争也可以来自其他方面，例如，破产经营的航空公司能够通过减少债务利息和终止高成本租赁合约的方式来减少成本并因而获得成本优势。

行业的竞争通常与该行业的市场结构密切相关，并影响该行业的定价自由度。大部分行业竞争激烈，有一定的自由市场性质：需要根据供求关系和相似产品的价格来为其产品定价。然而，若行业中存在寡头，则价格通常会由一个行业领头羊来制定，小企业成为价格接受者。在这种环境下，小企业的生产成本可能会高于行业领头羊，然而却不得不接受行业领头羊制定的价格。此外，行业内竞争的加剧还可能导致生产能力过剩，引起利润下降或者造成损失，使整个行业的财务状况恶化。

5. 供应来源

公司的生产活动对生产原料有极大的依赖性，生产原料构成了公司生产成本的主体部分。若某一公司并不是完全靠自己供给生产原料，但有能力避开生产成本的增长，那么就说明该公司的处境较好。

6. 监管程度

监管程度也应该纳入行业分析中。在考虑监管程度时，不仅要考虑监管是否存在，还应该关注监管会如何变化以及监管对公司的盈利产生的影响。互联网金融行业的兴起及其监管的发展是一个典型的例子。随着支付宝和微信等互联网金融的发展，政府对互联网金融业的监管日渐加强，互联网金融的收益率逐渐降低（各种“宝”类网络理财产品年化收益率逐渐降低）。因此，监管的程度对公司的经营有重要影响。

7. 劳动力状况

行业的劳动力状况应该被纳入分析框架。对行业劳动力的分析包括：行业中是否存在员工的工资受竞争压力影响而容易上涨的情况；管理者能够在多大程度上裁员；公司管理人员的更替情况；公司核心职员被竞争对手“挖走”的可能性；等等。越是劳动力密集型行业，劳动力状况越是重要。一个典型的例子是美国的汽车业：该行业过剩的生产能力和强大的工会组织导致了较高的固定成本以及周期性的经营亏损。

8. 会计因素

最后一个要考虑的行业变量是会计因素。对会计因素的分析包括：该行业中是否有特殊的会计处理；行业标准是否得到了遵守；等等。此外，还要对可比较的数字进行分析。对于运用的会计体系不同于公认的会计准则的公司，要特别关注。应将财务报表调整为按公认会计准则提供的财务报表之后再进行分析。

此外，在会计分析中，对于历史数据要特别小心。各公司经常会对以前年度的会计结果进行调整，从而反映其经营的非连续性和会计规则的变化，这些调整有可能会试图掩盖不好的趋势。为了对各种趋势进行估计，应该同时分析未经调整的报表结果和调整后的报表结果。

（二）财务因素分析

财务因素分析分为两个阶段。第一个阶段是进行传统的比率分析；第二个阶段与普通股分析相关，是对公司股东权益报酬率进行成分分析。

1. 传统的比率分析

通常来说，可以通过计算各种财务比率来进行分析。本小节只选取其中最常用的三个财务比率进行介绍：税前利息保障倍率、杠杆比率和现金流-总债务比率。

（1）税前利息保障倍率。

一般来说，进行信用分析时要计算的第一个比率是税前利息保障倍率（pretax interest coverage）。该比率度量了税前收益是利息费用的多少倍，计算方式为税前收益与利息费用之和除以总利息费用。保障倍率越高，债券信用等级越高。若税前利息保障倍率小于1，则公司必须通过借款、使用现金流或者出售资产等方式来支付利息费用。由于利息费用是税前费用，因而公司的倍率数值一般都是税前值而不是税后值。

此外，应该考虑到税前利息保障倍率的使用效果与公司的其他固定债务有关。例如，若公司有大量的其他固定债务，如租金或租赁费用，那么计算包括这些固定债务的固定费用保障倍率更合适。零售业就是一个典型的例子：该行业内的公司通常都有租赁费用。在这种情况下，简单地计算税前利息保障倍率将对公司债券评级产生误导作用。在计算该比率时，还应该留意或有债务，例如公司对另一公司的债务所做的担保。尽管所分析的公司可能永远不必为担保的债务支付利息或本金，但担保的存在还是降低了运用税前利息保障倍率的效果。

计算出税前利息保障倍率和固定费用保障倍率后，还需要分析这些比率的绝对水平以及与行业数值相比较的相对水平。例如，美国电力行业中税前利息保障倍率为3.0的公司，其信用等级会达到A级，然而在制药行业中具有相似倍率数值的公司信用等级将会低于A级。

（2）杠杆比率。

第二个重要的比率是杠杆比率（leverage ratio）。该比率有好几种定义，最常用的杠杆比率定义为长期债务占总资本（权益）的比率。债务水平越高，所需要的用来支付固定债务的营业收入就越多。若公司的杠杆比率较高，还应考虑其安全边际值（margin of safety）。安全边际值用营业收入可以降低的最大百分数来定义（降低后的营业收入仍能保证公司支付其固定债务）。

计算杠杆比率的最一般的方法是使用公司最近的资产负债表所显示的资本结构。除了这种方法之外，还有一种方法是用普通股的市场估计值来计算资本总额。当公司普通股以明显低于账面价值的价格出售时，用传统方法进行计算时会低估杠杆比率的值。同样，当公司普通股以明显高于账面价值的价格出售时，公司杠杆比率会被高估。然而，传统的计算方法不应该被这种用市场价值进行调整的方法替代。用市场价值进行调整的杠杆比率在股市处于历史性高点时会变得较低。另外，需要注意的是，较高的股权价值并不能带来收入以对固定费用或债务进行支付。

杠杆比率和安全边际值在各行业中差异很大。金融公司一直是杠杆比率最高的，其负债权益比可达到 10∶1。如此高的杠杆比率在金融业是可以接受的，但是有类似杠杆比率的工业类公司面临的信用风险较大，在发行债务时会遇到困难。

除了要考虑公司杠杆比率的绝对水平和相对水平外，还需要考虑债务本身的结构，如债务的利率结构、期限结构等，以及公司有多少债务是固定利率债务，有多少债务是浮动利率债务。若公司的大部分债务为浮动利率债务，那么当利率上升而公司产品价格没有相应地上升时，公司的利润会减少。一般来说，在杠杆比率相似的条件下，浮动利率债务较少的公司比浮动利率债务较多的公司处境要好。此外，还需要考虑债务的期限结构。债务的期限结构直接关系到公司的债务偿还压力。通常情况下，若公司短期内面临大量到期债务，则公司的处境较差。

（3）现金流-总债务比率。

第三个重要的比率是现金流-总债务比率。现金流经常被定义为持续经营活动产生的净收入加上折旧、损耗、摊销以及递延税项。在为了进行信用分析而计算现金流时，还应从子公司上缴的利润中除去非现金部分。实际上，在确定现金流的总体趋势时，应该关注的是由经营活动产生的现金流，任何非正常的资金来源和使用都应该被剔除。对于从子公司获得的现金股利应考虑其适度性（占子公司收入的比例要适度）以及母公司对上缴股利的控制。

2. 股东权益报酬率的成分分析

在完成前面基本的财务比率分析之后，需要进一步分析公司收益率的变化趋势以及股东权益报酬率（return on equity，ROE）的历史情况。这一分析受到重视的程度常常不如传统比率分析。然而，这一分析同样很重要。分析收益率增长和股东权益报酬率可以增进对股东权益报酬率的成分和未来收益率的增长点的了解，这对于确定信用等级是至关重要的。

进行股东权益报酬率成分分析的一种基本方法是将股东权益报酬率分解为三个主要成分：销售利润率、资产周转率、杠杆比率。这三个成分相乘就等于净利润/股权价值，即股东权益报酬率，如下式所示：

$$\frac{净利润}{股权价值}=\frac{净利润}{销售收入}\times\frac{销售收入}{总资产}\times\frac{总资产}{股权价值}$$

在分析三个主要成分的变化趋势时，应该保证时间跨度至少有 5 年或者一个商业周期。得到每个成分的变化趋势后，还需要将其与同行业该成分的变化趋势相比较，并进一步分析其对行业标准数值的偏离。例如，两家公司可能有类似的股东权益报酬率，但是一家公司使用了较高的杠杆比率，而另一家公司却有较高的资产周转率。

分析中，不应该预期同一行业内所有公司都有类似的股东权益报酬率成分。对行业标准值的偏离往往说明了公司具有不同的管理理念。例如，一家公司可能强调资产周转率，而同行业中的另一家公司可能强调税前利润率。

（三）非财务因素分析

在完成了对债券的财务因素分析之后，还应该考虑对一些非财务因素进行分析。非财务因素分析可能会改变公司债券的最终评级结果。非财务因素一般包括公司对国外的依存度、管理水平以及公司所有权。

公司对国外的依存度应通过分析年度报告加以确定。若公司的大部分收入来自具有潜在不稳定性的地区，那么应仔细考虑来自该地区的总收益以及相关的资产，并且进一步考虑在发生资产国有化时公司的前途问题。

对公司管理水平进行评估的最佳方法是在条件允许时直接与公司管理层进行接触。公司收益的历史趋势较准确地反映了公司的管理水平。对公司管理水平有负面影响的因素包括公司的主要领导人将退休、领导层频繁更换、经营理念不稳定等。

公司所有权问题也属于非财务因素。当公司股权由家族或者投资集团控制时，该公司对市场变化的反应可能会比较保守。另外，还应该考虑公司所有人是战略性投资者还是财务性投资者。通常，财务性投资者进行的是短期和中期投资，他们希望在特定时点卖掉他们持有的股份以获利。如果这种出售涉及杠杆收购，那么公司债券的信用等级会有所下降，甚至可能会大幅下降。

（四）契约条款

契约是规范借贷双方权利和义务的法律文件。契约条款对债券发行人营运的许多重要方面进行了规定，因此契约分析应该成为信用分析的一部分。契约条款可视为对投资人提供的保护，其中包括对增发债务的限制、资产的出售和回租的限制以及偿债基金条款。

然而，由于契约在违约情形下很少能够提供保护，因此与财务分析相比，契约条款分析应该处于第二位。例如，根据债券持有人的要求，债券发行人用其资产来做担保，但是当其资产价值低于债务价值时，仍然存在很大风险。

同行业公司的债券契约条款经常是类似的。公司优先债券的信用等级与契约条款的严格性之间并不是完全相关的。例如，有时 A 级债券的契约条款比 BBB 级债券的契约条款所规定的还要严格。然而，次级债券常常比同一公司的优先债券有更宽松的条款。另外，在私募发行的债券中经常会有严格的条款。在分析公司的债券契约时，应该参照行业标准条款。对这两者（更严格或更宽松）之间的差异要加以仔细分析。从这一点来看，太严格的条款并不可取，因为有可能会妨碍公司的正常运营。

二、政府债券的信用风险分析

政府债券是以政府为发行主体、以政府信用为基础的债券。根据发行主体的不同，政府债券可以分为地方政府债券和国债。

（一）地方政府债券的信用风险分析

地方政府债券，是指一国地方政府为满足地方经济和社会公益事业发展的需要，按照有关法律法规的规定向社会发行的一种政府债券。作为地方政府为地方建设筹集资金的一种重要手段，地方政府债券是政府债券体系的一个重要组成部分。其发行人是地方政府或其授权代理机构，筹集的资金主要投向市政基础设施和社会公益性项目的建设。

1. 地方政府债券简介

2014 年 8 月 31 日，全国人大常委会审议通过了《全国人民代表大会常务委员会关于修改〈中华人民共和国预算法〉的决定》，明确允许地方政府适度举债。2014 年 9 月，国务院印发《关于加强地方政府性债务管理的意见》，进一步明确了地方政府债务管理的整体制度安排。本书所指的地方政府债券是由省级政府发行的标准化债券（市县可由省级政府代为举借）。新《预算法》规定地方政府发行债券的收入只能用于公益性资本支出和适度归还存量债务，不得用于经常性支出，按照公益性事业有无收益分为一般债券和专项债券。① 公益性资本支出是指为社会公共利益服务、不以营利为目的，且不能或不宜通过市场化方式运作的政府投资项目，如市政道路、公共交通等基础设施项目以及公共卫生、保障性安居工程等基本建设支出项目。没有收益的公益性事业发展确需政府举借一般债务的，由地方政府发行一般债券融资，主要以一般公共预算收入偿还。地方政府专项债券则是指省、自治区、直辖市政府（含经省级政府批准自办债券发行的计划单列市政府）为有一定收益的公益性项目发行的、约定一定期限内以公益性项目对应的政府性基金或专项收入还本付息的政府债券。

除了上述规范的地方政府债券外，还有规模庞大的准市政债，它们通常被称为城投债，是地方政府投融资平台作为发行主体公开发行的债券（主要包括企业债券、中期票据和短期融资券）。地方政府投融资平台指由地方政府或其所属机构出资设立，从事政府指定或委托的公益性或准公益性项目的融资、投资、建设和运营，拥有独立法人资格的经济实体。这类城投债名义上是由独立经营的企业发行的，但投融资平台实质上为地方政府投融资代理机构，其债券获得了地方政府显性或隐性的担保。2015 年，中央政府决定取消融资平台公司的政府融资职能，推动有经营收益和现金流的融资平台公司进行市场化转型，并通过政府和社会资本合作（PPP②）、政府购买服务等予以支持。理论

① 美国的地方政府债券则分为一般责任债券（general obligation bond）和收益债券（revenue bond）。前者是由州、市、县或镇（政府）发行的债券，均以发行人的税收能力作为偿还债务的保障。后者是为了建造某一基础设施，如机场、收费公路、供水设施等，由依法成立的地方政府代理、授权机构所发行的债券，其偿债资金来源于这些设施有偿使用带来的收益。

② PPP 即 public-private-partnership 的首字母缩写，是指为了提供某种公共产品和服务，以特许权协议为基础，政府与私人组织之间形成一种伙伴式的合作关系，并通过签署合同来明确双方的权利和义务，以确保合作的顺利完成，最终使合作各方达到比预期单独行动更为有利的结果的合作模式。

上而言，地方政府融资平台发行的债券与其他公司债券的信用风险在本质上已经没有区别。

2. 影响一般债券和专项债券信用等级的因素

一般债券和专项债券的偿债资金来源不同，因而它们面临的信用风险不同，违约概率也不相同。理论上而言，一般债券的风险主要取决于地方政府财政状况。专项债券的偿债资金主要来源于公益性项目对应的政府性基金或专项收入，所以其面临的风险主要是政府性基金的财务状况或专项收入的水平。具体来说，一般债券以地方政府的财政收入为偿债资金来源，违约风险低，债券信用等级较高；而专项债券以项目的收益和对应的政府性基金为偿债资金来源，违约概率的高低取决于所投项目的收益水平和政府性基金的财务状况。显然，项目收益的稳定性远不如地方政府财政收入，因此专项债券的违约风险相对较高，信用等级相对较低。

考虑到还款来源的不同，在对这两类地方政府债券进行评级时侧重的因素也不尽相同。国外评级机构对一般债券进行评级时，重点关注当地的经济发展水平和地方政府的财政收支情况；而在对专项债券进行评级时，则侧重于项目的收益水平。

标准普尔对地方政府债券进行评级的方法比较具有代表性，在分析一般债券的信用等级时，主要考虑四类因素：地方经济发展水平、债务负担、财政收支状况及弹性、管理水平。其中，对地方经济发展水平的分析包括但不限于：产业结构，就业状况和收入特点，当地居民的年龄结构、教育水平、劳动力技能和竞争性。对债务负担的分析主要包括：当前债务负担的构成情况、以往债务偿还情况、未来资金需求情况、债务担保情况、债务到期与未来收入的匹配情况。同时，标准普尔还从三个方面衡量地方政府的偿债能力：税基、收入情况、收入来源。在财政收支状况及弹性上，主要考虑财政收支结构、财务杠杆水平和财政预算情况等，通过财务分析得出发行人的财务优势和劣势，并判断地方政府应对经济、政治和财务不确定性的能力。对管理水平的分析可从财政政策、债务政策和经济政策入手。

由于我国政治体制与美国等西方国家存在较大差异，故标准普尔对地方政府债券的信用评级方法在我国只具有参考价值。

3. 影响城投债信用等级高低的因素分析

城投债同时具有公司债券和地方政府债券两个属性，进行信用评级时需区别于一般意义上的地方政府债券，也区别于公司债券。城投债与一般地方政府债券都必须考虑区域经济背景因素，但由于这两类债券的发行主体不同，需要考虑的其他因素不尽相同。一般地方政府债券的发行主体是地方政府，在进行信用评级时可直接评估其财政收入和支出水平；而城投债的发行主体是隶属于地方政府的公司，需要评估地方政府对该公司的经营和偿债的支持力度。城投债与公司债券均主要关注公司的偿债能力，主要分析内容包括公司所处的行业、公司的基本经营情况以及财务状况。但城投债与一般意义上的公司债券的区别在于地方政府对城投债的发行主体的支持力度以及发行主体投资和经营的项目的特殊性。因此，在对城投债的发行主体进行信用评级分析时，要重点关注发行主体所在区域的经济发展水平、发行主体的状况和政府支持力度、偿债安排及财务灵活性。

（1）区域经济发展水平分析。

在进行信用评级分析时，必须对区域经济发展水平进行分析，原因主要在于以下两方面：第一，当地经济发展水平的高低决定了当地政府的财政收入水平以及项目的收益水平。考虑到地方政府对城投债的发行主体的支持力度，地方政府的财政收入决定了城投债的发行主体偿还债券本息的能力。第二，城投债的发行主体大多经营公用事业，具有垄断性，竞争程度很低，其收入水平和偿债能力很大程度上取决于区域经济发展水平。因此，经济因素在评级应考虑的所有因素中最不受发行主体控制，却是决定城投债信用等级高低的重要因素。

1）对地方经济的产业结构和发展水平进行分析。要分析地方经济的产业结构、GDP 水平、人均 GDP 水平以及在全国的排名，考察当地的经济属性、主导产业以及经济发展水平，了解当地经济的稳定性情况。相对于单一的产业结构来说，多元化的产业结构更稳定，更有利于减轻经济波动带来的影响。对用支出法计算的 GDP 进行结构性分析时，可分析消费支出中居民消费和社会消费所占的比重，尤其是社会消费的发展变化趋势和社会消费在地方财政开支中所占比重；对消费构成进行分析的目的在于掌握由当地政府运用自有财力提供的社会公共产品开支规模，进而判断地方政府对利用外部资金（如发行城投债）进行基础设施建设的态度和支持力度。另外，还要分析投资项目中基本建设投资项目所占比重、基本建设投资项目的资金来源。对投资项目资金来源进行分析可以了解当地发行城投债的空间和需求。

2）对居民消费状况进行分析。通过分析地方人口数量、人口增长速度、年龄结构、人均收入水平、基尼系数，并与国内平均水平进行横向对比，可以判断当地居民对某一具体项目的需求大小和需求弹性，进而分析当项目产品价格发生变化时对其需求的可能变化情况。

（2）发行主体的状况和政府支持力度。

1）发行主体的性质。城投债筹集的资金多用于公益项目。公益项目具有规模庞大、建设周期长、无法预料的风险多等特点，可能出现多种问题，如临时性资金周转困难，因产品定价问题导致项目盈利能力较差等。只有地方政府出面支持，这些问题才能得到有效解决，公益项目才能顺利推进，而发行主体的性质决定了地方政府对发行主体支持力度的大小。

2）发行主体的业务运行情况。城投债的发行主体所运营的公益项目建设既有非营利性项目，又有营利性项目。用于偿付城投债本息的既有财政补贴收入，又有项目业务收入。非营利性项目包括城市道路建设、公园建设等，其收入主要来自财政补贴，补贴的多少取决于政府的财政支持力度。营利性项目包括自来水、电力、污水处理、高速公路、机场等，其收入主要来源于项目业务本身，收入多少取决于该项目的盈利能力。

3）政府支持力度。城投债的发行主体作为隶属于地方政府的独立企业，主要依照地方政府的意愿进行投融资活动，地方政府也会相应地给予支持，主要包括经营过程中的政策支持、偿债资金来源的支持和企业发生偿债困难时的特别支持。因此，城投债发行主体的偿债能力受政府支持力度的影响较大。

（3）偿债安排及财务灵活性。

1）偿债资金来源的外部支持。由于城投债发行主体所经营的项目具有周期长、资金回收速度慢、自身盈利水平一般等特点，因此与一般的商业企业相比，偿还到期债务的能力较差。但地方政府可通过建立风险准备金或偿债保证金等方式增强偿还能力，进而提高债券的信用等级。风险准备金或偿债保证金的资金来源包括每年财政预算内的财力安排、纳入政府调节的非税收入调节部分、发债主体的盈利等。

2）债券担保。虽然《担保法》明确规定国家机关和地方政府不得行使保证人职责，但绝大多数城投债都得到了当地地方政府的隐性担保，如为城投债发行主体建立风险准备金，由地方政府另一从事市政基础设施的公司提供担保等。

3）财务灵活性。发行主体的财务灵活性取决于其在短期内必须偿还债务时，筹集足够的流动资金的能力。一般情况下，项目的机动性流动资金主要来源于银行贷款。由于城投债发行主体经营的项目所需资金量大，面临资金不到位的风险大，因此银行的授信额度对发行主体至关重要。

（二）国债的信用风险分析

国债的信用风险完全取决于一国中央政府的主权信用风险，因此对国债信用风险的分析就等同于对国家主权信用风险的分析。影响一国主权信用风险的因素主要分为政治及社会因素、经济实力因素、财政状况因素这三类。

1. 政治及社会因素

尽管经济因素可能在主权信用水平中起核心作用，但影响一国国家风险以及主权信用水平的最根本因素是政治及社会因素。政治安定是一国主权信用水平的最基本保障，因为国家安定是国家信用的基础，一个政治不稳定的国家无法保证自己在国际信贷市场上的公信力，也不会有投资者愿意将资金借给这样的国家。另外，如果一国面临比较严重的政治、军事威胁，其高昂的军费支出将挤占用于偿还国际债务的资金，导致主权信用水平受到很大的负面影响。

（1）政治治理水平。

政治治理水平是衡量一个国家政府质量的重要标准，在标准普尔的评级体系中，也提到了政治治理水平关系到政府机关管理国家的能力。政治治理水平主要包括两个方面：法治执行力和社会动员能力。法治执行力是一国政治治理水平的根本所在。在国家治理方面，法治是最为核心的部分，完善的法律体系是高效率政府治理的前提和保障。社会动员能力是一国政治治理水平的重要体现。一国的政治运行不仅要考虑法律治理，而且需要整个社会的积极参与，如果一国政府没有足够的社会动员能力，那么即使制定了非常严格的法律以及各种条例，也难以得到好的结果。

国际上一般用国家治理指数来衡量一国政治治理水平。世界银行给出的国家治理指数的分析包括六个方面：话语权和责任（voice and accountability）、政治稳定性和不存在暴力（political stability and absence of violence）、政府效率（government effectiveness）、规制质量（regulatory quality）、法制（rule of law），以及腐败控制（control of corruption）。世界银行分别对每个国家的上述六项指标进行了评分，并得出了这些国家的政治治理水平。一般来说，只有政治治理水平比较高的国家才有可能进行比较高效的宏观调控，而高效的宏观调控是一国拥有比较高的主权信用水平的基础。

（2）国家安全水平。

在标准普尔以及惠誉的评级体系中，特别重视一国安全水平对整体政治治理水平的影响。国家安全水平会影响政府的还款能力和还款意愿，国家安全水平的考虑因素包括内部因素和外部因素。内部因素不仅限于内战、动乱等显然会危及一国国家安全的因素，还包括人口、环境、资源等方面的变化，例如人口的剧烈增长以及环境的不断恶化都有可能导致社会的不稳定，从而危及一国的国家安全水平。外部因素主要指的是一国所处的国际环境，也就是特定国家与其他国家之间的国际关系等因素。这些因素的不利变化将影响国家的财政收入，加大国家的财政支出，这样的国家在面对国际债务时自然会力不从心，从而严重影响其主权信用水平。可见，国家安全水平是一个综合各种实际因素的重要指标。

（3）政策效力。

政策效力也是影响一国政治及社会因素的重要指标，穆迪以及惠誉在进行主权信用评级时也考虑到了政策效力因素。政府作为宏观调控的重要主体，最为关心的就是政策制定后能否得到有效执行。如果一国的政策效力很差，说明该国政府在国内没有足够强的公信力，这样的政府在国际上更不可能得到投资者的信任，主权信用水平也会受到明显的影响。同时，社会风险也会对一国的政策效力产生影响。因为政府政策的执行者是社会上的团体以及个人，社会风险比较高的国家其政策效力自然也会有所下降。当一国内部各地区之间，甚至地区内部发生冲突时，即产生了所谓的社会风险。这种国家内部的冲突会严重影响政府对政策的执行力，增大该国的政治风险，从而降低该国的主权信用水平。

2. 经济实力因素

主权信用评级要考虑国家偿还债务的能力，而国家偿还债务的能力显然与国家的经济实力非常相关。

一国的经济实力可以从经济存量水平、经济绩效、金融实力这三个方面进行分析。

（1）经济存量水平。

经济存量水平一般属于非常宏观的经济实力指标，也是衡量一国经济水平最为直接的指标，穆迪的评级体系中专门提到了宏观经济变量对主权信用的影响。常用来衡量经济存量的指标有人均 GDP 和货币发行量。

（2）经济绩效。

经济存量衡量的是国家现有的经济总量，但不能反映经济发展中的一些实际因素，而经济绩效衡量的则是经济指标是否真正为经济发展做出贡献。经济存量衡量的是经济能否快速增长，而经济绩效衡量的则是经济能否更好地发展。只有经济存量以及经济绩效都达到了比较高的水平，才能实现经济又好又快发展。衡量经济绩效的指标包括通货膨胀率、失业率以及产业结构等。

（3）金融实力。

当今社会的经济发展越来越离不开金融，因此在分析影响主权信用评级的因素时，一国的金融实力就显得尤为重要。衡量一国金融实力需要考虑的因素主要包括货币政策和银行业的发展水平，储蓄率和不良贷款率是衡量一国金融实力的常用指标。但随着一国金融发展的多元化，股票发行规模等指标也逐渐成为衡量一国金融实力的重要指标。

3. 财政状况因素

一国的财政状况决定了其是否有足够的资金来偿还债务。因此，在国债的信用风险分析中，财政状况因素占据重要地位，这与企业债券的信用风险分析一样。

国债的偿还必然受到债权人和债务人两方面的约束。一方面是作为债权人的投资者的购买能力，可称为应债能力约束；另一方面是作为债务人的政府的收入及支出，可称为偿债能力约束。国债的适度规模必然取决于应债能力和偿债能力这两者的均衡状态。评价国债信用风险的常规指标包括国债负担率、赤字率、国债依存度、国债偿债率等。对于常规指标分析来说，研究通常以《马斯特里赫特条约》为起点。

（1）从国民经济的应债能力角度分析。

国债虽被称为“金边债券”，但在一定的国民经济发展现状下，客观上存在一定的发债限度。从国民经济应债能力角度来说，用来衡量国债信用风险的指标通常包括国债负担率和赤字率。

1）国债负担率。国债负担率是指国债余额与当年 GDP 的比值，用公式表示如下：

$$\text{国债负担率}=\frac{\text{国债余额}}{\text{GDP}}\times 100\% \tag{11.1}$$

国债负担率着眼于国债存量，反映了整个国民经济对国债的承受能力。《马斯特里赫特条约》规定欧盟成员国的国债负担率不得超过 60%。其他一些发达国家一般规定最高不能超过 45%。但是发达国家之所以将国债负担率定得较高，主要是因为它们的经济发展水平高，财政收入占 GDP 的比重大，而国债余额占 GDP 的比重必须与财政收入占 GDP 的比重相适应。

2）赤字率。赤字率是指财政赤字与同一时期 GDP 的比值，用公式表示为：

$$\text{赤字率}=\frac{\text{财政赤字}}{\text{GDP}}\times 100\% \tag{11.2}$$

赤字率反映了国民经济对财政赤字的承受能力。由于发行国债的初衷之一是弥补财政赤字，因此，财政赤字的变化将会导致国债规模的变化。当财政赤字扩大时，为应对更大规模的财政赤字，国债发行量很有可能扩大。鉴于国债的债务特性，发行规模的扩大必然导致更多的本息需要清偿，倘若财政收不抵支，赤字大幅增长，为偿还本息，可能需要发行更多的债务。这一恶性循环可能对国债的长期可持续发展乃至整个国民经济产生不利影响。如果赤字率长期保持很高，而政府又没有能力或不愿意通过增税等其他方式来减少财政赤字，那就必然会导致高债务以及相伴随的高债务风险。相反，如果债务水平较高的国家政府出现财政盈余，国债违约的可能性也会减小。从经济周期来看，赤字率和经济增长率大致保持着负相关关系。《马斯特里赫特条约》规定欧盟成员国赤字率不得超过 3%。

（2）从财政的偿债能力角度分析。

国家是对一国国债承担还本付息义务的最终责任人，其还本付息主要依靠政府的收入，特别是政府税收，因此，国家财政对国债的承受能力和偿付能力决定了国债必须保持与国家财政相适应的规模。从国债对国家财政的影响来看，举债时政府获得发行收入，但是在偿还债务时，政府却必须为此增加财政支出。因此，政府的借债和偿债过程本身就是国债规模的形成过程，国债余额及当年国债发行额越大，利率越高，国家还本付息的压力也就越大。从财政的偿债能力角度分析，国债风险的衡量指标主要有国债依存度和国债偿债率。

1）国债依存度。国债依存度是指当年债务收入与当年财政支出的比值，可用公式表示如下：

$$国债依存度=\frac{国债发行额}{财政支出}\times 100\% \tag{11.3}$$

国债依存度反映了一国政府的财政支出对债务收入的依赖程度。由于财政支出大多数是无偿的，相应地，财政支出所对应的财政收入也应以无偿性的收入为主，即应以税收为主，债务收入只能作为辅助，补充税收收入。如果一国的国债依存度太高，相对于一定财政支出的债务发行额太大，就表明该国政府的财政支出过于依赖债务的发行，处于脆弱状态。因此，债务依存度是判断一国国债规模合理与否的重要指标。

国债依存度可以从两个不同的口径加以计算，例如，从国家财政角度考虑，国债依存度可以表示为：

$$国家财政国债依存度=\frac{当年国债收入额}{当年全国财政支出额}\times 100\% \tag{11.4}$$

如果从中央财政角度考虑，国债依存度可以表示为：

$$中央财政国债依存度=\frac{当年中央政府债务收入}{当年中央财政支出额}\times 100\% \tag{11.5}$$

从国际经验来看，20 世纪 90 年代以来西方工业化国家的国家财政国债依存度为 10%～20%，发展中国家为 15%～30%；发达国家的中央财政国债依存度为 10%～25%，发展中国家为 25%～35%。

2）国债偿债率。国债的发行是以到期偿付为前提的，这就决定了合理的国债规模必须受到财政收入状况的制约。国债偿债率反映了一国财政的债务清偿能力，它的计算方法为当年国债还本付息额除以当年财政收入，可用公式表示如下：

$$国债偿债率=\frac{当年国债还本付息额}{当年财政收入}\times 100\% \tag{11.6}$$

由于国债的清偿受制于财政收入，所以国债偿债率反映了财政债务清偿能力的大小。和国债依存度相似，国债偿债率也可按两种不同口径计算。若从国家财政角度考虑，国债偿债率可表示为：

$$国家财政偿债率=\frac{当年国债还本付息额}{当年国家财政收入}\times 100\% \tag{11.7}$$

若从中央财政角度考虑，国债偿债率可表示为：

$$中央财政偿债率=\frac{当年中央政府债务还本付息额}{当年中央财政收入}\times 100\% \tag{11.8}$$

对于这一指标，在不考虑偿债基金的情况下，通常认为其国际标准线是 7%～15%。日本、英国、美国、欧盟的这一指标在 2013—2018 年平均分别为 21.92%、7.51%、7.90%、4.95%。

国债偿债率和国债依存度两者之间存在相互依赖、相互影响的关系。如果一国的国债依存度过高，对应的国债发行量过大，将会导致今后若干年巨额的还本付息额，在财政收入不能高速增长的前提下，保持一定的国债偿债率将会加重国债还本付息的负担，政府有可能采用借新债还旧债的策略，这又会增大该国的国债依存度。如果该恶性循环一直延续下去，该国的国债规模将会不可避免地持续扩大，最终，如果国民经济无法负担庞大的国家债务，政府的债务资金链将会断裂，导致国家财政陷入困境。

应当指出的是，上述指标的国际标准线只是经验数据，并不是国际通用警戒线。事实上，各国国情千差万别，国债在各国经济中所起的作用也各不相同，因此很难寻求一个统一的国债规模评价标准。对常规指标的国际比较只能作为参考，评价国债的规模还需要具体情况具体分析。

三、信用风险度量模型

20 世纪 90 年代以来，随着金融创新的不断发展，固定收益证券种类日益增多，信用风险开始凸显其重要性。随着固定收益证券市场的不断发展壮大，投资者逐渐开始重视对固定收益证券信用风险的度量和防范，因此一大批信用风险度量模型开始涌现。目前国际上运用较多的几个信用风险度量模型分别是 KMV 公司的 EDF 模型、J. P. 摩根的信用计量（Credit Metrics）模型、麦肯锡公司的宏观模拟模型、瑞士信贷银行的 Credit Risk^{+}模型、专家评分法以及 Z 评分模型。

（一）KMV 公司的 EDF 模型

EDF 模型是用来估计企业违约概率的信用风险度量模型。EDF 模型由风险管理公司 KMV 公司于 1997 年建立，并历经学术界多次深入研究以及多次与真实数据的对比验证，现在已经发展成一个对信用风险具有高度敏感性，能较为真实地反映企业的信用风险水平的模型。

1. EDF 模型的设计原理

EDF 模型假设：在一定的负债水平下，企业贷款的信用风险取决于企业资产的市场价值。在债务到期日，如果公司资产价值比债务价值高，则债务的偿还没有问题，因为公司完全可以变卖资产去偿还债务。但如果此时公司资产价值低于公司债务价值，公司难以通过变卖资产去还债，公司债权人就面临价值损失的风险。EDF 模型主要应用预期违约率（expected default frequency，EDF）来度量公司未来的违约概率（probability of default）。

违约概率取决于信用风险的大小。对违约的事前判定只能得出一个概率，而无法提前确定违约是否会发生。在 EDF 模型中，EDF 是最终得出的判定公司未来违约概率的指标，它主要由三个因素决定：

（1）资产价值，即公司资产的市场价值，由各资产产生的未来现金流决定。资产价值因素能够衡量公司的发展前景，还能反映宏观经济和行业状况。

（2）资产风险，即资产价值出现各种可能的不确定性。这是对公司面临的各项风险的直接度量，在考虑资产价值时必须考虑其未来可能出现的价值变动及其概率。

（3）债务水平，即公司在财务报表及合同中的负债水平，是公司到期必须偿还的金额。债务水平与公司的杠杆率直接相关。

违约点 DP（default point）为公司资产价值的某一特定值。违约点是公司发生违约的临界点，如果资产价值低于违约点，公司就会违约。

违约距离 DD（distance to default）是公司资产价值离违约点的距离与资产价值和资产价值波动率（标准差）之积的比值，用公式表示如下：

$$违约距离(DD)=\frac{资产价值-违约点}{资产价值\times资产价值波动率} \tag{11.9}$$

在 EDF 模型中，首先要选取一定的公司样本，提取各公司的违约状况信息，并计算相应的违约点和违约距离，拟合出一条能衡量违约点和违约距离关系的曲线。这样，只要能得到公司的违约距离，就能估算出其预期违约率。

2. EDF 模型的理论基础

EDF 模型以布莱克-斯科尔斯-莫顿（Black-Scholes-Merton，BSM）模型为基础。BSM 模型中，将买入股票看作购买公司资产的欧式看涨期权，期权的执行价格即公司资产的面值。在债务到期日，如果公司资产的市场价值高于债务价值，企业就有能力偿还债务，反之则会违约。

3. EDF 模型的计算方法

EDF 模型是通过观察公司长期以来的股票价格及其波动情况，来计算未来某个时点公司的资产价值，然后通过对公司债务情况的分析，计算出违约点（DP），紧接着得出违约距离（DD），最后就可以用违约点和违约距离之间的拟合关系估算出预期违约率。

违约距离能够较好地反映出违约风险水平。违约距离越大，说明违约风险水平越低，信用风险越小；反之，说明违约风险水平较高，并有可能直接影响到公司的偿债能力。

EDF 模型的具体计算过程分为以下三步：

(1) 估计企业资产的市场价值和波动率。

通过观察公司股票的市场价格及其波动率，利用期权定价公式间接得出企业资产的市场价值和波动率。

(2) 计算违约距离 DD。

假设企业资产的市场价值呈正态分布。违约距离的计算公式为：

$$DD=\frac{V-DP}{V\times\sigma_V} \tag{11.10}$$

其中，DP 为违约点（违约点是公司发生违约的临界点，它要大于公司的流动负债，但是小于公司的总负债）。V 为已经得出的企业资产的市场价值，σ_V 为其波动率。

(3) 计算预期违约率。

从理论上来说，公司的预期违约率是公司资产的市场价值低于违约点的概率，即 $1-N(DD)$。然后，通过观察数据库中违约距离和违约点的关系，可以得出预期违约率。

[例 11-1] 某企业资产价值为 $E(V)=1\ 000$ 万元，波动率 $\sigma_V=5\%$，违约点 $(DP)=900$ 万元。则违约距离 DD 为：

$$DD=\frac{1\ 000-900}{1\ 000\times 5\%}=2(\text{个标准差})$$

其经济含义是，当企业资产价值在一年内减少 2 个标准差时，才会出现违约，即预期违约率为 2.5%。

4. 对 EDF 模型的评价

EDF 模型是对传统信用风险度量方法的创新。EDF 模型有以下优点：（1）充分利用股票市场的数据，能对所有上市公司进行违约风险预测；（2）由于 EDF 模型的数据直接来源于股票市场，较为真实有效，因此对预期违约率的估计较其他模型更为准确；（3）EDF 模型的使用较为灵活。只要能得到公司的资产负债水平以及公司资产价值的分布，就能得出任一时间的预期违约率。

EDF 模型存在以下缺点：（1）使用范围不大。对上市公司的预期违约率的预测，由于可以使用股票市场数据，因此较为准确，但是对非上市公司的预期违约率的预测就相对不准确。（2）EDF 模型中，假设公司的资产价值服从正态分布，但是在现实中，公司的资产价值较少服从正态分布，并且大部分情况会出现“厚尾”特征。（3）一般公司的债务结构较为复杂，除了贷款之外还会有担保、契约等，EDF 模型难以对其进行区分。

（二）J. P. 摩根的 Credit Metrics 模型

1997 年，J. P. 摩根为了更准确地量化信用风险，构建出 Credit Metrics 模型（又称信用计量模型）。Credit Metrics 模型一经推出，就受到监管部门的重视，并且最终被各监管部门、银行和评级公司广泛采用。

1. Credit Metrics 模型的基本思想

Credit Metrics 模型的基本思想是，企业信用等级的变化能体现出企业履约能力的变化。一旦企业在资产状况、盈利能力等方面出现问题，就会直接在信用等级上体现出来。因此，Credit Metrics 模型主要是对信用等级的变化进行分析，具体做法是构建信用等级迁移矩阵，该矩阵描述了企业从一个信用等级迁移到另一个信用等级的概率，即信用等级迁移概率。

2. Credit Metrics 模型的框架

Credit Metrics 模型主要考虑企业资产质量的变化，因此，该模型采用的是盯市方法，实时获得与企业资产变化有关的信息，包括三个主要方面：

（1）敞口或内部头寸。

企业的头寸数据一般包括企业构建的投资组合信息、各项交易信息以及一些表外业务的信息等。在一定条件下，Credit Metrics 模型能够判定不同投资风险的相对大小。

（2）信用事件所导致的单个敞口的价值波动。

信用等级变动和违约事件，统称为信用事件。企业的资产一般由各项投资组合而成，因此要先计算出各单项资产的风险，才能对整个投资组合的信用风险进行量化。

（3）不同信贷资产彼此的相关性。

投资组合的整体风险不仅取决于各单项资产的信用风险，还与各单项资产之间的相关性有直接关系。因此在测算出单项资产的信用风险之后，还要考虑它们之间的相关性。

3. Credit Metrics 模型的具体方法

Credit Metrics 模型的理论基础是信用等级迁移矩阵。信用等级迁移矩阵是以标准普尔的评级符号为依据，指在一年内，信用从一个等级变为另一个等级的概率。主要的信用等级包括 AAA、AA、A、BBB、BB、B 和 CCC，以及违约状态的信用等级 D。信用等级变化的概率也称迁移概率，是通过历史数据计算出来的。另外，公司的资产价格用股票和债券市场的相关数据代替。

信用等级迁移矩阵的常见形式如表 11-1 所示。

表 11-1 信用等级迁移矩阵

		1	2	3	4	5	6	…	$n-1$	n
		AAA	AA^+	AA	AA^-	A^+	A	…	C	D
1	AAA	$m_{1,1}$	$m_{1,2}$	$m_{1,3}$	$m_{1,4}$	$m_{1,5}$	$m_{1,6}$	…	$m_{1,n-1}$	$m_{1,n}$
2	AA^+	$m_{2,1}$	$m_{2,2}$	$m_{2,3}$	$m_{2,4}$	$m_{2,5}$	$m_{2,6}$	…	$m_{2,n-1}$	$m_{2,n}$
3	AA	$m_{3,1}$	$m_{3,2}$	$m_{3,3}$	$m_{3,4}$	$m_{3,5}$	$m_{3,6}$	…	$m_{3,n-1}$	$m_{3,n}$
4	AA^-	$m_{4,1}$	$m_{4,2}$	$m_{4,3}$	$m_{4,4}$	$m_{4,5}$	$m_{4,6}$	…	$m_{4,n-1}$	$m_{4,n}$
…	…	…	…	…	…	…	…	…		
$n-1$	C	$m_{n-1,1}$	$m_{n-1,2}$	$m_{n-1,3}$	$m_{n-1,4}$	$m_{n-1,5}$	$m_{n-1,6}$	…	$m_{n-1,n-1}$	$m_{n-1,n}$
n	D	$m_{n,1}$	$m_{n,2}$	$m_{n,3}$	$m_{n,4}$	$m_{n,5}$	$m_{n,6}$	…	$m_{n,n-1}$	$m_{n,n}$

表 11-1 中，信用等级 n 为违约等级，$i=1, 2, \cdots, n-1$ 为非违约等级，$m_{i,j}$ 为考察期初信用等级为 i 的发行人在考察期末迁移到信用等级 j 的比率。一般而言，发行人可以从非违约等级迁移到违约等级；但是发行人一旦违约，就永远处于违约等级，不可能迁移到非违约等级。因此，信用等级迁移矩阵具有吸附性，即 $m_{n,1}=m_{n,2}=\cdots=m_{n,n-1}=0$，$m_{n,n}=100\%$。

在用数据库中的历史数据构建出一个信用等级迁移矩阵之后，通过远期定价模型计算出各信用等级下贷款的远期价值（一般为一年远期），从而得出一年后由贷款构成的投资组合的价值分布。该分布反映了该投资组合在一年后可能出现的价值变化，以及各种情况出现的可能性。

4. 对 Credit Metrics 模型的评价

Credit Metrics 模型的核心就是企业信用等级的迁移决定了投资组合价值的概率分布。它有一个显著的创新点：第一次在违约概率的预测中引入信用等级迁移，并将信用风险置于一个更加全面的框架中。该模型主要有以下几个优点：

（1）该模型一方面可以通过计算投资组合价值的概率分布来得出其违约概率，另一方面可以计算投资组合中资产的变动带来的边际风险效应。

（2）Credit Metrics 模型可以使用蒙特卡洛模拟方法来计算投资组合价值的远期概率分布。

（3）Credit Metrics 模型能够为监管当局和金融机构提供风险管理的依据，使其在违约发生前就采取相应措施来减少损失。

（三）麦肯锡公司的宏观模拟模型

Credit Metrics 模型有一个隐含假设，即信用等级迁移矩阵中信用等级迁移的概率是保持不变的。然而在现实中，信用等级迁移的概率跟经济周期有不可忽视的相关关系。即在经济下行时期，信用降级和违约的概率会高于经济上行时期。

因此，在信用等级迁移矩阵中忽略经济周期，会对违约概率的测算产生不利影响。麦肯锡公司的宏观模拟模型［也叫信用组合观点（credit portfolio view）模型］就是在这样的背景下产生的。宏观模拟模型在 Credit Metrics 模型的基础上，加入了宏观经济周期的因素，主要引入了经济增长率、失业率、通货膨胀率等指标，并考虑这些因素之间的相关关系，通过蒙特卡洛模拟方法模拟这些宏观经济因素对信用等级迁移概率的影响。麦肯锡公司的宏观模拟模型被视为对 Credit Metrics 模型的有力补充。

1. 宏观模拟模型的特点

（1）既是盯市模型，又是违约模型。根据对信用损失的定义的不同，有两种测算违约概率的模型：以贷款的市场价值变化为基础的模型（称为盯市模型）和以预期违约损失为基础的模型（称为违约模型）。盯市模型主要考虑的是信用等级迁移造成的信用价差；违约模型通常关注贷款的两种状态（即违约和不违约）。宏观模拟模型同时具备盯市模型和违约模型的特点，因此既可以把它看作盯市模型，也可以把它看作违约模型。

（2）信用风险驱动因素为宏观经济因素。模型中的信用风险驱动因素是指该模型中将哪种因素作为对违约概率影响最大的因素加以考虑。与其他模型不同，宏观模拟模型的信用风险驱动因素是宏观经济因素。

（3）信用事件具有波动性。在宏观模拟模型中，假设信用事件呈正态分布，而违约概率是关于信用事件的对数函数，因此，违约概率以及信用等级迁移矩阵会随着信用事件的变化而变化。

（4）使用蒙特卡洛模拟方法。宏观模拟模型中对宏观经济因素的引入是通过蒙特卡洛模拟方法来计算其对投资组合价值分布的影响，从而算出最终的风险价值。

2. 宏观模拟模型的运用

首先将样本数据根据时间划分为经济繁荣期数据和经济非繁荣期数据，分别计算两个不同时期的信用等级迁移矩阵，然后将信用等级迁移矩阵同宏观经济因素结合起来，通过蒙特卡洛模拟方法不断模拟和修正信用等级迁移矩阵的变化。

相对于 Credit Metrics 模型而言，宏观模拟模型最大的特点就是在计算信用等级迁移矩阵时考虑宏观经济因素：在经济繁荣期，信用降级的概率更低，而在经济非繁荣期，信用降级的概率更高。模型就是根据信用等级迁移矩阵中信用降级的概率与经济状态的反向关系来构建函数的。在函数的构建过程中，考虑了宏观经济变量（如 GDP 增长率）的滞后性、一般性的经济冲击因素以及一些意外因素。在将意外因素纳入模型的过程中，使用蒙特卡洛模拟方法多次模拟意外状况发生的情形，从而确定对意外因素的使用方式。另外，对宏观经济周期的判定以年为单位，因此每一年的信用等级迁移矩阵各不相同。

3. 宏观模拟模型的优缺点

宏观模拟模型的优点主要有：

（1）关注现实宏观经济因素的影响，将宏观经济因素纳入信用等级迁移矩阵中，比直接采用历史平均值的做法更科学。

（2）信用等级迁移概率具有盯市性，因而可以与 Credit Metrics 模型结合起来，提高模型预测的准确性。

（3）既可以用于单笔贷款，也可以用于群体债务人，如银行面向个人的贷款构成的投资组合。

宏观模拟模型也具有一些不可避免的缺点：

（1）对于宏观经济数据的依赖性较强，在数据的处理上比较复杂，计算难度较大。

（2）由于对宏观经济数据的依赖性，对数据的真实性要求也较高，否则难以构建出适用于现实贷款的模型。

（3）具有一定的主观性。主要表现为在信用等级迁移矩阵的调整过程中，需要相关信贷及信用管理部门做出主观判断。

（4）不能对期权等非线性产品测算违约概率。

（四）瑞士信贷银行的 Credit Risk$^+$ 模型

Credit Risk$^+$ 模型主要通过对风险暴露的大小和期限进行分析，同时考虑借款企业的信用水平以及宏观经济因素，来测算企业违约概率。Credit Risk$^+$ 模型的一个显著特点是：在计算违约风险时使用了保险业中的精算方法。它重点关注借款企业的行为，并针对各行为出现的可能性来确定由贷款构成的投资组合的损失分布，建立企业违约事件的概率分布和由贷款构成的投资组合的损失分布之间的关系。

1. Credit Risk$^+$ 模型的假设

（1）在一定的时间范围，比如一个月内，由贷款构成的投资组合的违约概率与其他月份相同。

（2）不同时期的违约概率之间没有相关性，即某一时期是否发生违约对另一时期的违约概率没有影响。

（3）违约概率针对债务人整体，当这个整体中人数很多时，单个债务人违约的可能性很小。

有了这些假设，就可以认为在给定时期（比如 1 年）内，一个整体中出现违约的数量服从泊松分布，即：

$$P(n\text{ 个违约}) = \frac{\lambda^n e^{-\lambda}}{n!},\ n = 0,\ 1,\ 2,\ \cdots \tag{11.11}$$

式中，λ 为平均每年的违约数。

2. Credit Risk$^+$ 模型的框架

Credit Risk$^+$ 模型的框架如图 11－1 所示，将参数输入模型后，第一阶段计算出违约概率和损失严重程度，由这两个模块推导出违约损失的概率分布，简单来说就是两个阶段和三个模块。

（1）在前期，Credit Risk$^+$ 模型输入的参数主要有：

1）违约率。每个债务人都有不同的违约率，可通过三种方法得到：根据市场上可观察到的可交易工具的信用价差估计债务人的违约率；从信用等级（综合评价债务人的

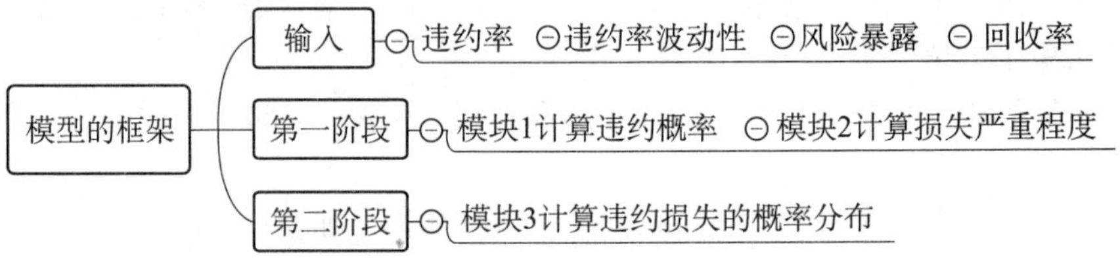

图 11-1　Credit Risk$^+$模型的框架

偿债能力和财务水平的工具）迁移矩阵得到；不采用信用等级和指定的概率值，直接采用连续的违约率。

2）违约率波动性。采用评级公司历史统计数据。

3）风险暴露。对所有信用工具来说，计算风险暴露都是将每个债务人的暴露加总，再进行抵消或扣减的调整。

4）回收率。根据历史数据，回收率是有较大差异的，需要考虑每个债务人的资质、抵押物价值或保证的质量。

（2）第一阶段，计算违约概率和损失严重程度：

1）违约概率可以用连续形式和离散形式来刻画。本模型中采用连续随机变量的形式，并考虑违约率波动性，以此来刻画违约概率的不确定性。在实际问题中，需要建立信用等级和违约概率的对应关系来得到违约概率的最终值。

2）损失严重程度。违约损失额＝债务人总负债额－可回收额，通常设为常数。

（3）第二阶段，计算违约损失的概率分布：

为实现分布的充分分散化，采用频段分级法，将违约损失分成几段。首先，根据所有贷款的风险暴露情况设定风险暴露频段值，记为 L，例如可以取 $L=2$ 万元作为一个频段值。其次，用 N 笔贷款中最大的一笔贷款的风险暴露值除以频段值 L，将计算值四舍五入，称之为风险暴露的频段总级数，设为 m，于是，就得到 m 个风险暴露频段级，计为 v_1，v_2，…，v_m；v_i所对应的风险暴露量为 L_i。最后，将每笔贷款的风险暴露量除以频段值 L，再将计算值四舍五入，然后将该笔贷款归类到该整数值所对应的频段级。

假设处于 v_i频段级的贷款的平均违约数为 λ_i，同时设将 N 笔贷款分级归类后处于 v_i频段级的贷款数量为 N_i，可得：

$$P_i(j)=\frac{\lambda_i^j\,\mathrm{e}^{-\lambda_i}}{j\,!},\ EL(i,\ j)=jL_i\frac{\lambda_i^j\,\mathrm{e}^{-\lambda_i}}{j\,!},\ j=1,\ 2,\ \cdots,\ N_i$$

式中，$L_i=L\times i$ 为 v_i频段级对应的风险暴露数。于是，可以得到处于 v_i频段级的违约概率分布及其对应的损失分布。

求出各个频段级的贷款违约概率即预期损失后，要加总共 m 个风险暴露频段级的损失，以得到由 N 笔贷款构成的投资组合的损失分布。

假设 N 笔贷款中处于 v_i频段级的违约数为 n_i，这样得到一个依次对应于 m 个频段级的违约组合（n_1，n_2，…，n_m），违约组合对应的风险暴露量为：

$$\begin{aligned}L_1n_1+L_2n_2+\cdots+L_mn_m&=Ln_1+2Ln_2+\cdots+mLn_m\\&=(n_1+2n_2+\cdots mn_m)L=nL\end{aligned}$$

根据贷款违约事件的独立性假设和泊松分布假设，得到对应于违约组合（n_1，n_2，…，n_m）的由 N 笔贷款构成的投资组合的违约概率为：

$$P_n(n_1,\ n_2,\ \cdots,\ n_m)=\prod_{i=1}^{m}\frac{\lambda_i^{n_i}\ e^{-\lambda_i}}{n_i\,!}$$

用 G 表示满足 $n_1+2n_2+\cdots+mn_m=n$ 的违约组合的集合，即：

$$G=\{(n_1,\ n_2,\ \cdots,\ n_m)\mid n_1+2n_2+\cdots+mn_m=n\}$$

则由 N 笔贷款构成的投资组合的风险暴露或违约损失为 nL 的概率及其对应的预期损失分别为：

$$P(\text{损失}=nL)=\sum_{(n_1,\ n_2,\ \cdots,\ n_m)\in G}P_n(n_1,n_2,\cdots,n_m)$$

$$EL_n=nL\times P(\text{损失}=nL) \tag{11.12}$$

3. 模型的优点和局限性

Credit Risk$^+$ 模型较其他模型在实际中更容易运用：可以计算出由债券或贷款构成的投资组合的损失概率；相对容易测量债务人的边际风险影响；关注违约事件，且只需要输入较少的估计量和数据。

但运用 Credit Risk$^+$ 模型需要假设一个确定的利率水平，也就是默认信用风险和市场风险是独立的。另外，还需要假设固定的债务人风险暴露，也就是忽略发行人在将来信用等级可能发生的变化，或者忽略远期利率的变化，不考虑引起信用等级迁移的因素，即要求信用风险暴露是固定且独立的。以上两点在实际情况中很难成立。Credit Risk$^+$ 模型比较适用于由债券或贷款构成的投资组合，对期权和互换等非线性产品不太适用。以上四个信用模型的主要特征如表 11-2 所示。

表 11-2　四个信用风险度量模型的主要特征

	Credit Metrics 模型	宏观模拟模型	EDF 模型	Credit Risk$^+$ 模型
风险定义	Δ市场价值	Δ市场价值	Δ市场价值	违约损失
信用事件	信用等级下降/违约	信用等级下降/违约	ΔEDF	Δ保险精算违约率
风险驱动因素	相关资产价值	宏观经济因素	相关资产价值	预期违约率
迁移概率	常数	受宏观经济因素驱动	受 EDF 的期限结构和资产价值驱动	—
信用事件相关性	标准多元正态分布（股权因素模型）	宏观经济因素的条件违约概率函数	标准多元正态分布（资产因素模型）	公共风险因子的条件违约概率
回收率	随机 beta 分布	随机经验分布	随机 beta 分布	违约损失
利率	常数	常数	常数	常数
数值方法	模拟/解析计量	模拟计量	模拟/解析计量	解析计量

（五）专家评分法

专家评分法历史比较悠久，很早就应用于商业银行长期信贷的贷款者信用风险分析和评估中。专家评分法均是从几个因素出发对债务人进行分析，由于因素的选择有所不同，产生了 5C、5P、5W 等多种方法。本部分介绍常用的 5C 因素分析法，5C 是指品质（character）、资本（capital）、还债能力（capacity）、担保（collateral）、经营状况（condition）。以下对五个因素进行详细解释。

1. 品质

品质指的是债务人的偿债意愿和信用状况。贷款审批者需要确认贷款申请人使用贷款的用途是否符合国家和银行规定，是否具有还款能力和还款意愿，还需要谨慎审核借款人的信用状况、贷款历史记录、与银行及客户的关系和资金往来，通过这些历史资料对贷款用途的真实性、归还借款的责任和能力有一定了解。

2. 资本

资本指的是借款人的财务能力，即借款人所属资产的价值、性质和变现能力，可通过负债比率、流动比率、速动比率等财务指标衡量。还需要特别注重借款人在还本付息期间的流动资金是否能够覆盖贷款。

3. 还债能力

还债能力指的是借款人的综合偿付能力。首先，要考虑借款人申请贷款和签署贷款协议的资格和合法权利；其次，要考虑债务人的经营管理能力，如主要负责人、股东会和董事会的经营管理才能、管理经验、教育水平、危机应对能力、领导力和决策力都是对企业的发展来说很重要的因素；最后，要关注借款人的财务能力，如固定资产和收益变动情况。

4. 担保

担保指的是抵押物和担保人，具体可以是固定资产、其他企业等。担保实际上是给信贷资产提供安全保障。对于抵押物，应考虑其价值、已使用年限、剩余年限折旧、专业化程度和更新速度、市场接受度等；对于担保人，应考虑第三方是否具有担保的资格、担保人和债务人的关系、担保人的资金实力和信誉、担保人提供的抵押品质量等。

5. 经营状况

经营状况和经营环境指的是企业内部和外部环境。内部环境包括企业的经营方向、经营特点、盈利模式、技术水平、市场份额、竞争对手和劳资关系等企业自身可控制的因素；外部环境涵盖的范围很广，一般指政局、社会政策、经济周期、通货膨胀、国民消费水平、产业结构、行业发展趋势、行业竞争状况、固定成本（如原材料价格）、可变成本（如工资水平）、市场需求偏好等。

传统的专家评分法本身存在一些缺陷，包括：成本过高；银行放贷时，使用专家评分法需要一定数量的信用状况专业分析人员进行资料审核、实地考察等，耗费的时间和资金对银行来说是一笔不小的负担；存在较多的主观因素，例如，信贷分析员和专家本身的素质高低、经验多寡及道德水准参差不齐，可能会使评分带有一定的主观性和不确定性；可能会因官僚主义和个人偏好而导致信贷过度集中的问题。

（六）Z 评分模型

Z 评分模型（Z-score model）是由美国纽约大学爱德华·奥特曼（Edward Altman）教授于 1968 年提出的，它采用了多元判别法（multivariate discrimination analysis，MDA）。该模型提出后受到了各界人士的关注，不少金融机构用它来计算信用风险，并取得了较显著的效果。

Z评分模型是以财务比率为基础、运用多元判别法进行分析的多变量模型。它建立在单变量指标的比率的相对水平和绝对水平的基础上，通过对一组公司数据进行综合和权重计算，得到衡量标准，在组内差异最小化的同时实现组间差异最大化。因为破产企业的比率数据和财务情况与那些运营状况良好的企业是截然不同的，所以利用该模型可以有效地判断企业是否有破产的危险，当申请者的评分濒临临界点时，提醒银行要谨慎对待，要么拒绝贷款申请，要么进行详细审查。

Z评分模型确立的函数形式为：

$$Z=1.2X_1+1.4X_2+3.3X_3+0.6X_4+0.999X_5 \tag{11.13}$$

式中五个变量的计算方式分别是：

X_1＝营运资本/总资产；营运资本＝流动资产－流动负债。X_1衡量的是公司的流动资产与总资产的关系，公司经历长期亏损时，其当前的流动资产与总资产的比值将会有所降低。

X_2＝留存收益/总资产。X_2衡量的是公司的累积盈利能力，该数值越高，说明公司发展越好，实力越强。但该指标需考虑企业成立时间的长短，因为新企业一般累积盈利较少，该指标较低存在一定的合理性，根据历史数据，新企业在所有倒闭的企业中所占比例相当高。

X_3＝息税前收益/总资产。X_3衡量的是息税前收益占总资产的比例，即公司的盈利水平，它排除了利息和税收的因素，不受税收和财务杠杆的约束。该指标可用于说明企业长期稳定生存的可能性，因此用来预测企业是否会倒闭非常有效。

X_4＝股权市值/账面负债，股权市值＝公司优先股市值＋普通股市值，账面负债＝短期负债账面值＋长期负债账面值。X_4衡量的是在资不抵债、宣布破产之前，公司资产价值下降的最低程度。

X_5＝销售收入/总资产。X_5又称为资产周转率，反映一个公司创造销售收入的能力，也反映公司管理层参与市场竞争的能力。该指标有效地提高了Z评分模型的评价能力。

每个比率的权重都是根据各行业的实际情况科学确定的，主要取决于该比率对偿债能力的影响程度。

实际运用时，将贷款申请人的相关财务数据代入，计算出Z得分，一般取2.675作为违约临界点，当$Z<2.675$时，贷款申请人违约的可能性很大，且Z值越小，风险越大，公司越有可能无法按时还本付息，甚至破产；当$Z\geqslant 2.675$时，贷款申请人被划入非违约组，且Z值越大，资信越好，公司的财务状况越健康，风险越小。

可以看出，Z评分模型使用起来非常方便，准确性较高，对银行的预警效果明显，但模型是简单的线性模型，与现实中复杂的非线性情况不符。此外，模型的准确性依赖于完整、正确的公司数据，而且在不同的国家、时期、行业，模型的变量和系数会发生变化，需要适时更新。

第三节　固定收益证券信用风险的管理

信用风险管理一直是风险管理的重要组成部分，固定收益证券信用风险管理通过提高债务人违约的代价，降低债务人违约的概率，或者给予债权人更多的权利来降低损失的可能性。固定收益证券信用风险的转移技术及方法不胜枚举，而且在不断更新中，本节将从传统和新型两方面介绍固定收益证券信用风险的管理方法，传统的管理方法包括债券保险、担保、提前终止、再分配、净值结算、逐日盯市、看跌期权；新型的管理方法中，我们重点介绍信用衍生品，包括信用违约互换、总收益互换、资产支持信用联结票据、利差期权、债务担保凭证。

一、传统的固定收益证券信用风险管理方法

传统的固定收益证券信用风险管理方法的使用范围不限于贷款和债券，本部分对其做一个简单介绍。

（一）债券保险

债券保险的做法是：债券发行人向专业的第三方保险机构支付一笔保费，保险机构承诺当债券发行人无法履约回购合约中约定的债券时，代为支付本息，实际上形成了债券发行人、债券持有人和保险公司三方的互利共赢关系。债券发行人通过购买保险实现了信用增级，降低了融资成本，债券持有人降低了损失的可能性，保险公司承保的是信用风险。债券保险的介入使得整个市场的流动性提高了。债券保险在美国证券市场尤其是市政债券市场上的发展比较完善，大约三分之一的市政债券都和保险打包发行，其应用之广也得益于丰富清晰的债券市场信用层次和规范严格的保险制度。在 2007 年 10 月之前，我国大多是由商业银行为公司信用债券提供担保，存在较大的行政干预因素，对公司信用债券的发展没有多大的促进作用，因此之后商业银行退出了债券担保领域。2014 年保险业发布《关于加快发展现代保险服务业的若干意见》（“新国十条”），明确提出探索发展债券信用保险，目前中国的债券保险正在逐步发展之中。

（二）担保

担保有五种方式，即保证、抵押、质押、留置、定金，其实质上也是一种保险，是一种为保护债权人能顺利实现债权，法律以债务人或第三方的信誉或财物来约束债务人履行债务的制度。担保是债务人具有法律效力的承诺，对担保人和被担保人的行为都有一定的制约作用，若被担保人到期不履行承诺，担保人就必须代被担保人先行履行责任。如果第三方的信誉较好或提供的担保物质量较高。那么可以很好地降低交易的信用风险头寸。随着国民经济持续快速增长，我国担保业已经取得了长足的进步（尤其是 2008 年以来），发挥了其信用评级、信用增级及信用放大的作用。

在担保的五种方式中，抵押的历史很长，可能是最早保护债权人免受损失的方法，是债务人提供私人资产（一般是固定资产或价值较高的物品）作为担保物的行为，以抵押人所抵押的实物形态为主体，不转移抵押物的所有权和使用权。当债务人不履行债务时，债权人有权依法将抵押物折价或拍卖来获得优先受偿。抵押物的变现能力和本身的价值是债权人损失程度的主要影响因素，抵押物价值波动性越大，债权人越有可能遭受损失。比如在房地产市场中，房地产作为抵押物时，其价值会随着开发商的违约概率的变化而变化。如果抵押物价值高且比较稳定，债权人遭受损失的可能性也会较小，受偿比较有保障。

（三）提前终止

提前终止是交易双方的一种约定行为，借款人和贷款人在事前做出约定，一旦出现协议中写明的情况，比如借款人信用等级下降等不利于贷款人的事件，贷款人有权要求对方按照当时的市场价格结束交易，这样做能够很好地保护债权人的利益。

（四）再分配

再分配和提前终止比较类似，如果交易合同中列出了再分配条款，那么实际上授予了债权人一定的权利，即当交易对手的信用等级下降等不利于债权人的事件发生时，债权人可以要求收回头寸，将其重新分配给第三方，从而降低了债权人遭受损失的可能性。

（五）净值结算

净值结算机制多用于金融衍生品市场控制风险，是降低信用风险的最重要的制度安排之一。净值又称轧差，非常普遍地应用于现代金融市场上的清算。根据有效的净值结算协议，当交易商和同一家机构同时开展多笔交易时，在重置价值为正的交易和重置价值为负的交易同时存在的情况下，净重置价值代表了真正的信用风险头寸，实现了风险转移。

（六）逐日盯市

期货交易中经常提到的逐日盯市制度是指结算部门在每日闭市后计算、检查保证金账户余额，通过适时发出追加保证金通知，使保证金余额维持在一定的水平之上，防止负债现象发生的结算制度。这一制度有效地实现了每日无负债，有利于交易的正常运转。在固定收益证券的交易中，逐日盯市是指交易双方同意定期公布交易的市场价值，根据该市场价值计算交易双方的损益情况，及时进行追缴，这在许多时候可以有效消除信用风险，是最有效的信用增级技术之一。但该方法对监控和清算系统的要求较高。

（七）看跌期权

看跌期权是指期权的购买者可以在期权合约有效期内按执行价格卖出一定数量的标的资产，也可以选择不卖出。当期权约定的价格即执行价格高于未来标的资产的市场价格时，看跌期权的买方可以以执行价格卖出，从而获得利润；当执行价格低于市场价格时，期权买方可以放弃权利，到期以市场价格结算，仅损失期权费。许多企业债券附加了传统的看跌期权，这就给投资者提供了违约保护，因为投资者有权按照执行价格（如面值）提前回售债券，从而避免遭受更大的损失。

二、新型的固定收益证券信用风险管理方法

固定收益证券信用风险管理方法在不断地创新，本小节介绍比较典型的新型信用风险管理方法——信用衍生品。信用衍生品大部分是结构性产品，一般附加于基础衍生品或票据等普通金融工具上，期限比标的资产短。信用衍生品大体上可分为以下几类：信用违约互换、总收益互换、资产支持信用联结票据、利差期权和债务担保凭证。

信用衍生品的应用目前主要限于投资级贷款或债券，而且信用衍生品是一把双刃剑，投资者可以拆分信用风险，但同时也扩大了对交易对手的信用风险敞口，尤其在存

在杠杆交易的情况下。

（一）信用违约互换

信用违约互换（CDS）的标的是基础资产比如债券的违约风险，实质上是对标的资产的卖权，也是对标的资产违约的一种保险。

CDS 的交易原理是：信用风险的售出方（又称“保护购买方”）定期向购买方（又称“保护销售方”）支付保费，保费金额是标的资产的名义价值与双方约定基点的乘积；当债券违约时，购买方支付赔偿金额给售出方，赔偿金额是标的资产的名义价值与双方约定的回收因子的差额，回收因子是指在违约情况下，债权人预期可收回的金额，该部分不需要提供赔偿；支付完赔偿金额后，售出方停止支付保费。

CDS 对信用风险的售出方和购买方均有好处，购买方可以将信用风险分离出去，售出方则可以利用 CDS 进行杠杆交易和融资决策，而且是定制的，具有很大的灵活性，对于积极管理信用风险非常有效。

CDS 有几个特点：第一，CDS 进行资金赔偿的临界点是出现债券违约或其他信用事件，因此需要事先明确定义信用事件，以避免日后产生不必要的法律纠纷；第二，一般信用违约互换协议中会包含这样一个重要条款，即当信用事件发生的时候，由第三方证明其信用状况发生了变化；第三，信用事件发生后的赔偿金额可以事先在协议中确定，也可以按标的资产的名义价值与可收回金额的差额支付，对于债券来说，回收率由债券违约后的市场价值决定。

（二）总收益互换

顾名思义，总收益互换（total return swap，TRS）的交易标的是固定收益债券的收益。它的应用范围很广，任何类型的证券，比如浮动利率票据、付息债券等都可用 TRS。和其他信用衍生品一样，TRS 的期限比标的资产的期限短很多，比如标的资产的期限是5～10 年，TRS 的期限可以是 3～5 年。总收益互换和信用违约互换最大的区别在于，总收益互换不仅把信用风险转移出去，而且将其他风险，如利率风险、汇率风险等也转移了。

TRS 的交易原理是：买方（一般是银行）向投资者购买 TRS，定期支付浮动利息，利率一般与 LIBOR 挂钩；买方需要定期向卖方支付标的资产的全部收益（包括期限内标的资产产生的全部利息的现金流和价值变动金额），卖方则需要定期向买方支付一个固定比例的金额（通常是 LIBOR＋x 个基点），并承诺向买方支付由信用事件发生带来的损失。我们通过一个具体例子来说明 TRS 的交易原理。

［例 11－2］ 假设 A 银行向某公司发放固定利率为 8%的贷款 1 亿元，该银行（买方）可以向 B 投资者（卖方）购买一份 TRS 来对冲风险。在这份 TRS 中，银行向 B 投资者定期支付这笔贷款的全部利息与贷款市值变动部分之和，作为回报，B 投资者承诺定期向 A 银行支付 LIBOR＋50 个基点的收益。如果当前的 LIBOR 为 7%，并且一年后贷款的价值从 1 亿元跌至 9 500 万元，那么：

银行从投资者 B 那里获得的收入为 10 000×7.5%＝750（万元）。

银行向投资者 B 的支付包括两部分：贷款利息和贷款价值变动，分别为 10 000×8%＝800（万元）和－500 万元，总计为 300 万元。

（三）资产支持信用联结票据

信用联结票据（credit-linked note，CLN）是债券和信用违约互换相结合的信用衍生品。随着信用联结票据的发展，出现了专门从事 CLN 业务的金融机构。这些金融机构通常以特殊目的载体（special-purpose vehicle，SPV）的形式发行 CLN，CLN 的发行人向 CLN 的购买者支付安全性资产的利息以及从银行收取的费用的一部分。发行 CLN 所得的收入用于购买安全性资产，例如国库券或者货币市场资产。CLN 的发行人同有信用风险对冲需求的机构再签订一种“纯粹”的信用违约互换合约，由银行向 CLN 的发行人支付信用违约互换的费用。当发生违约事件时，CLN 的发行人负责向购买者（有信用风险对冲需求的机构）赔偿违约资产的损失，这一支付过程由发行 CLN 所购买的安全性资产提供保障。对于 CLN 的发行人而言，这一交易过程不存在风险，它实质上是处于信用保护的需求者（例如，有信用风险对冲需求的银行）和信用保护的提供者（购买 CLN 的机构）之间的中介机构。CLN 的购买者是信用保护的提供者，其收入就是安全性资产的利息以及 CLN 发行人从信用风险对冲机构那里收取的一部分费用。

与信用违约互换相比，信用联结票据减少了交易对手风险，因此有对冲信用风险需求的机构更乐于采取这种方式。

（四）利差期权

利差期权并不是严格意义上的信用衍生品，但具有类似于信贷的特点，其标的资产是公司债券与相同期限国债的收益利差，约定的执行价格是期权到期日的远期利差。当到期日的市场利差大于期权执行价格时，将进行清算支付，清算支付金额＝(到期日利差－期权执行价格)×标的债券久期×债券名义本金；反之，若到期日利差小于期权执行价格，清算支付金额为零。

利差期权常用于对冲特定债券或由债券构成的投资组合的风险，当信用利差扩大时，债券价格下降，反之上升。

（五）债务担保凭证

债务担保凭证（CBO）是一种有效的证券化产品，以高收益的企业债券作为抵押物发行，将投资级以下的高收益债券集合成资产池，并按照偿还的优先顺序分层，从而实现通过证券内部信用增级促进销售的目的。CBO 与贷款担保凭证（CLO）统称为担保债务凭证（CDO）。

CBO 的设计原理是建立一个特殊目的载体或信托，发行三种类型的证券，包括高级有担保 A 类票据（投资级）、高级有担保 B 类票据（投资级）和次级票据或权益分券（未评级），发行收入用于购买高收益债券（作为发行三类证券的抵押物）。前几年为再投资期或锁定期，在此期间标的债券产生的现金流收入均重新投资于新债券中，过了该时期，上述三类证券将随着标的债券的逐渐偿还而逐步赎回。当发生损失时，权益分券首先承担违约损失，且没有任何支付承诺；直到其完全赔付以后，才开始由高级债券投资者承担损失。

CBO 的最大特点是分层，在分层后，大量投资者包括保险公司和养老基金都可以投资其中的高级证券。但需要注意的是：信用增级是以将违约风险分流给权益分券为代价的，而且债券期限与CBO的结构期限不匹配，所以容易出现权益分券收益率波动较大的现象，收益率模拟结果的范围是从－100％（完全损失）到＋30％，因此需要积极管理债券组合，有一个优秀的高收益债券组合管理者非常重要。

信用衍生品适用于动态组合管理，对于全球银行业和金融业越来越重要。一方面，它在银行系统内部重新分配和组合信用风险；另一方面，它将信用风险从银行体系内部转移到外部的保险公司、投资基金和对冲基金中。不仅是对于银行，而且对于所有需要管理信用风险的机构，信用衍生品都具有非常好的流动性和灵活性，有利于为信用风险定价，反映投资者对信用风险的看法，然而使用信用衍生品必须做好评级和监督，以防范衍生品滥用带来的危机。

参考文献

1. 高坚．中国债券．北京：经济科学出版社，1999.

2. 中国证券业协会．金融市场基础知识．北京：中国财政经济出版社，2018.

3. 中国证券业协会．证券市场基本法律法规．北京：中国财政经济出版社，2018.

4. 周正庆．领导干部证券知识读本．北京：中国金融出版社，1998.

5. Babbel，D. F.，Zenios，S. A.，"Pitfalls in the Analysis of Option-adjusted Spreads," *Financial Analysts Journal*，July-August 1992.

6. Beidleman，C. R.，*Interest Rate Swaps*，Homewood，I. L.：Business One Irwin，1991.

7. Brown，K. C.，Smith，D. J.，"Forward Swaps，Swap Options，and the Management of Callable Debt，" in Kolb，R. W.，*Financial Derivatives*，Upper Saddle River，N. J.：Pearson Education，1992，Originally published in *The Journal of Applied Corporate Finance*，Vol. 2，No. 4，Winter 1990.

8. Brown，K. C.，Smith，D. J.，*Interest Rate and Currency Swaps：A Tutorial*，Research Foundation of the Institute of Chartered Financial Analysts，September 1995.

9. Dattatreya，R. E.，Fabozzi，F. J.，"A Framework for Analyzing Bonds：Horizon Return，Duration，and Convexity，" in Fabozzi，F. J.，Fabozzi，T. D.，*Current Topics in Investment Management*，New Hope，P. A.：Longman Higher Education，1989.

10. Fabozzi，F.，Garlicki，T. D.，*Advances in Bond Analysis and Portfolio Strategies*，Chicago：Probus Publishing，1987.

11. Fabozzi，F. J.，*Bond Markets，Analysis and Strategies*，3rd ed，Englewood Cliffs，N. J.：Prentice-Hall，1995.

12. Fabozzi，F. J.，ed.，*The Handbook of Fixed Income Securities*，3rd ed，

Homewood，I. L.：Business One-Irwin，1991.

13. Fabozzi，F. J.，T. Dessa Fabozzi，eds.，*The Handbook of Fixed Income Securities*，4th ed，Milton Keynes，UK：Irwin Professional Publishing，1995.

14. Fabozzi，F.，Modigliani，F.，*Capital Markets：Institutions and Instruments*，Englewood Cliffs，N. J.：Prentice-Hall，1992.

15. Garbade，K. D.，*Securities Markets*，New York：McGraw-Hill，1996.

16. Hull，A.，*Futures，Options and Other Derivative Securities*，2nd ed，Englewood Cliffs，N. J.：Prentice-Hall，1993.

17. Hull，J. C.，*Options，Futures，and Other Derivatives*，5th ed，Englewood Cliffs，N. J.：Prentice-Hall，2003.

18. Jarrow，R. A.，*Modelling Fixed Income Securities and Interest Rate Options*，New York：McGraw-Hill，1996.

19. Kalotay，A. J.，Williams，G.，Fabozzi，F. J.，"A Model for Valuing Bonds and Embedded Options，" *Financial Analysts Journal*，May-June 1993：35－36.

20. Kapner，K.，Marshall，J.，*The Swaps Handbook*，New York：New York Institute of Finance，1990.

21. Kuhn，R.，*Corporate and Municipal Securities*，Homewood，I. L.：Dow Jones-Irwin，1990.

22. Saunders，A.，*Financial Institutions Management*，Milton Keynes，UK：Irwin Professional Publishing，1994.

23. Sundaresan，S. M.，*Fixed Income Markets and Their Derivatives*，Cincinnati，O. H.：South-Western College Publishing，1997.

24. Tuckman，B.，*Fixed Income Securities*，University Edition，Hoboken，N. J.：John Wiley & Sons，Inc.，1995.

25. Van Horne，J. C.，*Financial Market Rates and Flows*，5th ed，Englewood Cliffs，N. J.：Prentice-Hall，1998.

26. Wilson，R.，Fabozzi，F. J.，*The New Corporate Bond Market*，Chicago：Probus Publishing，1990.

教学支持说明

1. 教辅资源获取方式

为秉承中国人民大学出版社对教材类产品一贯的教学支持，我们将向采纳本书作为教材的教师免费提供丰富的教辅资源。您可直接到中国人民大学出版社官网的教师服务中心注册下载——http://www.crup.com.cn/Teacher。

如遇到注册、搜索等技术问题，可咨询网页右下角在线 QQ 客服，周一到周五工作时间有专人负责处理。

注册成为我社教师会员后，您可长期根据您所属的课程类别申请纸质样书、电子样书和教辅资源，自行完成免费下载。您也可登录我社官网的“教师服务中心”，我们经常举办赠送纸质样书、赠送电子样书、线上直播、资源下载、全国各专业培训及会议信息共享等网上教材进校园活动，期待您的积极参与！

2. 高校教师可加入下述学科教师 QQ 交流群，获取更多教学服务

经济类教师交流群：781029042

财政金融教师交流群：182073309

国际贸易教师交流群：162921240

税收教师交流群：119667851

3. 购书联系方式

网上书店咨询电话：010－82501766

邮购咨询电话：010－62515351

团购咨询电话：010－62513136

中国人民大学出版社经济分社

地址：北京市海淀区中关村大街甲 59 号文化大厦 1506 室　100872

电话：010－62515803　010－62516948

传真：010－62514775

E-mail：jjfs@crup.com.cn